编写委员会

主　编　张　源

编　委　崔　建　于　洋　刘明星　张金国
陈津梁　李亚伦　王利宸　王光年
杨华红　暴锐麟

户外运动基础教学理论

HUWAI YUNDONG JICHU JIAOXUE LILUN

张 源 主编

蘭州大學出版社
LANZHOU UNIVERSITY PRESS

图书在版编目（CIP）数据

户外运动基础教学理论 / 张源主编. -- 兰州 : 兰州大学出版社, 2025. 8. -- ISBN 978-7-311-06925-4

Ⅰ. G807.4

中国国家版本馆 CIP 数据核字第 2025GF5933 号

责任编辑 王曦莹 熊 芳
封面设计 雷们起

书 名 户外运动基础教学理论
作 者 张 源 主 编
出版发行 兰州大学出版社 （地址：兰州市天水南路222号 730000）
电 话 0931-8912613（总编办公室） 0931-8617156（营销中心）
网 址 http://press.lzu.edu.cn
电子信箱 press@lzu.edu.cn
印 刷 甘肃日报报业集团有限责任公司印务分公司
开 本 787 mm×1092 mm 1/16
成品尺寸 185 mm×260 mm
印 张 23.5（插页4）
字 数 486千
版 次 2025年8月第1版
印 次 2025年8月第1次印刷
书 号 ISBN 978-7-311-06925-4
定 价 98.00元

前 言

户外运动作为连接人类与自然的重要纽带，已从传统的探险活动发展为兼具教育价值、文化内涵和社会功能的系统性学科。作为从事户外运动教学与研究十余年的教育工作者，我深切地感受到中国户外运动教育正站在理论与实践双重革新的关键节点。本书的撰写，正是基于这样的时代背景与教育需求，试图构建具有中国特色的户外运动基础教学理论体系。

在全球化与本土化交织的当下，户外运动已突破传统体育项目的边界，成为融合生态教育、生存教育、人格教育的复合型教育载体。从教育视角审视，户外运动具有独特的四维价值：在身体维度，它促进运动机能的全面发展；在认知维度，它培养空间智能与风险决策能力；在情感维度，它塑造坚韧品格与团队精神；在生态维度，它建立人与自然的深度联结。这种多维度的教育价值，使其成为落实“五育并举”教育方针的有效载体。本书试图突破传统技能传授的局限，构建“知识—技能—素养”三位一体的教学框架，将户外运动提升为完整的教育生态系统。

本书的编写历时3年，基于笔者在国内外12个户外教育基地的实证研究，融合了教育学、运动人体科学、环境心理学等多学科理论。全书共3篇12章。第一篇初识户外运动（第1—3章）介绍了户外运动的概况、功能和在教育中的作用；第二篇户外运动技能（第4—6章）介绍了户外运动常用装备、基础技能、体能储备；第三篇户外运动教学（第7—12章）介绍了户外运动教学基础理论、教学组织与管理、教学项目。

本书的完成得益于诸多同仁的支持。感谢国家体育总局登山运动管理中心的专家团队提供政策指导，感谢西藏登山学校、中国地质大学（武汉）户外教研室的同行分享教学案例，特别感谢参与课程实验的17所中小学师生，他们的反馈是理论完善的重要依据。

作为我国第一本系统论述户外运动基础教学理论的教材，本书难免存在需要完善之处。我们期待通过教学实践的检验持续改进理论体系，更希望抛砖引玉，引发更多教育工作者对户外运动教育的深度思考。当我们的学生在山野间学会敬畏自然，在团队协作中理解责任担当，在克服困难时实现自我超越，这便是户外运动教育最美的注脚。

教育是点燃火种，而非填满容器。愿这本教材成为燎原的星火，助力中国户外运动教育走向专业化、科学化的发展道路，让更多人在自然的怀抱中收获成长的力量。当我们培养出既具备专业技能又心怀生态伦理的新时代户外人，便是对“绿水青山就是金山银山”理念最好的教育实践。

谨以此书献给所有热爱自然、投身户外教育的同行们。

目 录

第一篇 初识户外运动

第二篇　户外运动技能

第三篇　户外运动教学

第一篇　初识户外运动

第一章
户外运动概述

第一节　户外运动的起源与发展

户外，是汉语词汇，指室外露天处，与室内有区别，户外活动也就是在露天场所的活动。户外运动是一组在自然环境中举行的带有探险或体验探险性质的运动项目群。其中包括登山、攀岩、悬崖速降、皮划艇、潜水、帆船、定向运动等项目。户外运动中多数项目带有探险性，属于极限和亚极限运动，有很大的挑战性和刺激性。

户外运动的历史，最早可追溯到18世纪的欧洲。1786年8月3日，由德·索修尔本人率领、巴尔玛做向导的一支20多人组成的登山队，登上了西欧第一高峰——勃朗峰，揭开了现代登山运动的序幕。在整个登山的过程中，他们进行了有关人体生理、自然环境等方面的考察，取得了许多宝贵的高山科学资料。后来，人们把登山运动称为“阿尔卑斯运动”，把1786年作为登山运动的诞生年，把阿尔卑斯山下的夏木尼镇作为登山运动的发源地，德·索修尔、巴尔玛等人则被称为世界登山运动的创始人，这一说法得到了国际登山界的公认。

18世纪，有一些传教士为了传教，不得不穿越山区；科学家开始走入山区，做一些自然生态的研究。除了这些人外，还有一些实业家和企业家等社会新阶层，这些人有了一定的资金后，同时也为了追求另一种刺激，就开始把登山当成一种休闲方式。在当时，“首登（某座山头被人类第一次登顶）”就成为所有登山者追求的目标。当那些在阿尔卑斯山区中，比较平缓且容易到达的山峰都被首登过后，剩下的就是有着相当难度的大山了。

当时的登山者，为了克服这些终年积雪的冰岩地形，进而发展出一整套技术。只是此时，无论是技术上还是装备上都还相当简陋。一直到第二次世界大战前后，为了符合特种地形作战的需求，军队开始发展这些技术，攀岩和野营才逐渐有了雏形，而真正形成分类的体育项目还是在20世纪70年代以后。虽然这些项目的历史很短，但在几十年中已经成为发达国家里很普及的运动。

早期的户外运动其实是一种生存手段，如采药、狩猎、战争等活动，无一不是人类为了生存或发展而被迫进行的活动。第二次世界大战期间，英国特种部队开始利用自然屏障和绳网进行障碍训练，其目的是提高部队的野外作战能力和团队合作能力。

二战后，随着战争的结束和经济的发展，户外活动开始走出军事和求生范畴，成为人类娱乐、休闲和提升生活质量的一种新生活方式。英国素称“户外运动之乡”，也是近代竞技运动的重要发源地。18世纪60年代，开始出现工业革命，在英国，蒸汽机和纺织机被广泛地应用在生产上，促进了工业生产的飞跃发展。尽管当时以军事为目的的兵式体操运动正席卷整个欧洲，但英国新兴的资产阶级为了解决由大机械生产、生产节奏加快及城市人口剧增等一系列社会问题，在全国积极推行户外运动，如狩猎、钓鱼、射箭、旅行、登山、赛艇、帆船、游泳、水球、滑冰、疾跑、跳远、跳高、撑竿跳高、投石、掷铁饼、羽毛球、板球、地滚球、高尔夫球、曲棍球、橄榄球、足球等运动。户外运动作为理想的体育休闲手段，正以一种更加自由、随意的运动方式，备受英国大众的青睐。随着英国的对外发展，户外运动的影响很快传到了美国、法国及世界其他国家。英国户外运动的发展主要表现为深受英国大众喜爱，普及面很广，各项运动技术水平高，规则的制定渐趋统一，全国性的单项运动协会陆续成立，以及各项体育运动向世界各国传播。

户外运动以其独特的魅力，吸引着越来越多的人参与其中。随着户外运动的发展，它也逐步形成了新的体育竞赛项目。1973年，经过激烈争论，户外运动形成了以长距离自然水域游泳、长距离山地自行车和马拉松比赛为主的体育竞赛形式，这就是所谓的“铁人三项”。后来，在新西兰又诞生了平原和山地铁人赛。1980年，滑雪、山地跑、激流皮艇等项目又被加入了“铁人三项”项目。

越野挑战赛起源于1987年，法国记者热拉尔·菲西突发奇想：如何把麦哲伦环球航行移植到陆地上，让更多的人参与其中。他提出了一个计划，即赛程为7天，5人一组，昼夜兼程，通过已经设立好的站口，并且在比赛中不得使用任何交通工具。但是他的这个计划在寻求支持的时候遇到了人们的种种不解。后来，经过2年的努力，终于有人愿意赞助他的计划。

现在越野挑战赛发展得非常迅速，每年在世界各地有近百个国家举办大大小小不同种类的挑战赛。近年来，又诞生了各大洲的锦标赛以及世界锦标赛等规模更大的比赛。各种类型的比赛成千上万，遍及世界各地。探险越野挑战赛虽让人精疲力竭，但在大自然中人们释放了活力。随着挑战赛规模的扩大，参与人员中除了职业选手和经过训练的业余选手外，还有很多普通大众参与其中，享受户外运动带来的快乐和刺激。比赛成绩是其次，重要的是参与和锻炼身体。不可否认，户外运动现在已经成了一种时尚的体育形式。

第二节 户外运动在中国的发展

户外运动于20世纪80年代中期传入我国，从纯官方化转向社会化和民间化则是在20世纪90年代中后期。1998年初，户外运动在北京、上海、广州、昆明等地悄然兴起，电视、报纸、杂志等媒体掀起了户外运动报道的热潮，户外运动逐渐进入人们的视野，并日益成为人们追逐的新时尚。通过媒体的大力报道，户外运动很快发展到其他各大城市，户外社团也如雨后春笋般兴起。2000年后，户外运动在我国得到了前所未有的发展，带动了户外用品商店、户外运动俱乐部这两个新的市场。

在后工业化的环境中，喧嚣的都市、紧张的生活节奏、被污染的空气，使人类本性中最原始的纯真与自然逐渐淡化。在纯自然、未经任何人工修饰的环境中，户外运动可以使人们尽情享受大自然的独特魅力：在日落黄昏时领悟生命之美，在高山探险中感受团结的力量，在断壁残垣中体会人性的本能。人面对自然时会产生强烈的归属感，尤其是人们长期在喧嚣的城市生活，亲近自然的愿望越来越强烈，户外运动便成为人与自然沟通的桥梁。

户外运动体现的是一种积极健康的生活方式，它不仅会培养参与者积极向上的人生态度，还能陶冶情操、开阔胸怀、修养身心以及锻炼身体，与此同时，户外运动也是对自我的一种挑战。户外运动可以更好地使参与者认识到自身的潜能，在遇到困境时增强其自信心，迎接挑战，克服困难。户外运动能培养人们在困境中互相帮助、互相依存的合作精神。

伴随着我国经济的快速发展，户外运动的发展前景非常广阔，一方面可以提高参与者的团队合作精神，达到强身健体的效果；另一方面在协调人与自然和谐相处上，也有着重大的意义。近年来，虽然户外运动在我国特别是高校发展迅速，但是户外运动的发展也引起了诸多问题，值得我们深思。如何趋利避害，充分发挥户外运动给我们带来的正面力量，尽量减少户外运动对人们的伤害，日益成为学界研究的热点。因此，我们从实践出发，广泛调查我国户外运动发展的现状和存在的问题，这对于户外运动的持续健康发展有着重大的理论和现实意义。

我国的户外运动起源和国外大致相同，均起源于登山运动，但是我国开展户外运动比外国晚了近100年。在计划经济时代，我国的登山运动由政府出面组织，参与人数很少，目的也很明确：进行科学考察和登高记录。1957年，中华全国总工会登山队登上了海拔7556米的贡嘎山，这是我国第一次组织的登山活动，自此，我国的登山运动进入了一个新的时期。1958年4月，我国成立了“中国登山运动协会”，该协会的设立和提高我国体育在世界上的地位紧密联系在一起，以“勇攀高峰”和弘扬体育精神为目标。

20世纪80年代，随着中国的户外资源对外开放，外国登山者和探险家带来了户外运动的新概念。外国人在国内进行山地穿越、漂流、山地自行车、滑雪、攀岩和登山活动，令人耳目一新。之后，一些国内探险旅游爱好者开始参加这些户外运动。1989年，中国第一家组织野外运动的民间社团在昆明成立。1993年，中国登山协会在北京举办了首届全国野外运动研讨会，对户外（即野外）运动的开展进行了首次讨论和梳理，这对中国户外运动的普及起到了巨大的推动作用。随后，一些地方相继成立了相关的户外运动组织，在困难的条件下积极开展户外运动，成为户外运动的先驱。

20世纪90年代后期，中国的户外运动和户外俱乐部高速发展，已有百余家相关组织相继成立，每到节假日在全国各地有许多爱好者背上背包，到户外组织各项活动。当时，国家体委的领导提出了在全国举行野外运动大会的想法，中国登山协会的工作人员随后在全国各地开展了广泛的调查研究，提出一系列的建议和规范，以促进户外运动发展，并为制定决策提供了依据。2001年，中国登山协会提出“服务、规范、引导”的方针，做了许多户外运动发展的开创性工作。

我国在开展户外运动方面具有极强的资源优势。陆地资源方面，我国拥有960万平方千米的广阔领土，境内分布着无数崇山峻岭，利用这些资源可以进行登山、攀岩、滑雪、越野生存、徒步越野、山地自行车等野外项目。另外，我国还有很多著名的沙漠，像塔克拉玛干沙漠等10多个著名沙漠地带，可以进行汽车摩托车拉力及野外生存等户外项目。水上资源方面，我国河流众多，有世界第三长河——长江，哺育中华民族的母亲河——黄河，世界最长的人工运河——京杭大运河。流域面积在100平方千米的河流有50000多条，超过1000平方千米的河流有1600多条，超过10000平方千米的河流有163条。天然河道总长40余万千米。许多河流流经的地区地势险峻，河道曲折，为户外运动创造了有利条件，如漂流、冲浪、游泳等。我国的湖泊水库面积达10742万公顷，海域面积达473万平方千米，海岸带面积达28万平方千米，利用这些水面资源可进行潜水、冲浪、滑水、游泳、海水浴等运动。

户外运动在我国发展迅速，并已经初步形成市场规模。随着人们生活水平的提高、工作压力的增加，走出室内，体验大自然，寻求未知、神秘的探险旅程，成了人们热衷的休闲运动。户外休闲热的大幅升温，给户外运动市场带来了巨大的发展空间和潜力。

一方面，我国经济水平不断发展，社会开始转型，呈现出多元化的发展状态，人们的生活方式也更加注重个性化。传统的观光旅游休闲已经很难满足当代人的需要，个性化的户外体验越来越成为人们首选的休闲方式，国内市场发展潜力巨大。另一方面，我国众多名山大川、大漠盆地等自古以来就是东西方探险家心驰神往的地方。目前，我国逐步推出了一些户外探险产品，如高山徒步、丝绸古道探险、沙漠探险等系列产品，在国际上引起了一定的反响，吸引了一批固定的国际客源。

随着户外运动参与人群的扩大和相关活动俱乐部的增加，户外运动这块“蛋糕”越做越大。自从中国加入世界贸易组织（WTO）后，来华的外国游客数量剧增，我国在户外运动方面有着得天独厚的自然条件，外国游客的进入，带来了较为先进的运动理念，这有助于此项运动在我国的发展。

户外时尚运动兴起的同时，我国的相关运动产品也如雨后春笋般增加。据相关调查，在广州、深圳，与户外运动相关的各时尚运动俱乐部产品销售额每年翻倍增长，原因是户外运动在中国的迅速崛起。

户外运动在我国发展迅猛并逐步形成产业规模，使人们离开传统意义上的体育场馆，走向大自然，纵情于山水间，寻求人类生存的本质意义。与欧美一些发达国家相比，尽管我国自然资源丰富，但户外运动项目开发程度仍有很大差距。我国户外运动的程度较低的原因包括经营因素和管理因素两方面。一方面，由于我国正处于社会主义初级阶段，经济发展水平相对较低；另一方面，我国户外运动开发力度不足，经营观念不强，许多户外体育运动项目的潜力仍未被开发。但是，我国户外运动的开发有许多有利条件，随着我国国力的不断增强以及人民生活水平的日益提高，国内外市场需求日趋增大，未来我国户外运动发展的前景光明，有着巨大的发展潜力和良好的发展前景。

第三节　户外运动的概念、特点与分类

一、户外运动的概念

一直以来，学界对于户外运动概念的认识和界定具有模糊性和边缘性。我国户外运动早期发展受到欧美影响，“户外运动”一词来源于英文“outdoor sports”的直译。随着户外热在我国的兴起，户外运动常常与“户外休闲运动”“野外体育”“体育旅游”“极限运动”“户外探险”“探险旅游”等词混用。经过多年的探讨与研究，户外运动的概念日渐明确，相关专家学者也逐渐形成共识。

户外运动的概念分为广义和狭义。广义的户外运动是指室外运动，即所有在室外进行的运动，它几乎涵盖了所有运动，如室外球类、骑马、射箭、游泳、水上运动等大类以及其中的各小项。由于绝大多数的运动都可在室外举行，广义的户外运动几乎等同于运动，其概念便失去了研究的意义。因此，户外运动的概念趋于狭义方向

发展。

狭义的户外运动通常以国家登山运动管理中心的定义为标准，即户外运动是一组以自然环境为场地（非专用场地）开展的带有探险性质或体验探险的体育项目群，主要包括陆地、水域、空域三大类。

二、户外运动的特点

户外运动是一项综合性非常强且具有高风险的体育运动。参与其中，你将面对复杂多变的气候环境，若发生意外，求救和救援的难度都会非常大。因此，要成为一名真正的户外运动爱好者，不仅要有广博的知识面，而且还要具有良好的心态、团队精神、果断的性格等。户外运动具有以下特征：

第一，户外运动在自然环境中进行，具有回归自然、返璞归真的特征。人们只有发自内心地热爱和亲近自然，才能深入感悟户外运动的乐趣。这种热爱不仅包括对自然环境美妙温情的欣赏，也包含对它的残酷恶劣的接受。户外运动吸引着生活在城市中的现代人，给人以更自然、更人性化的享受。户外运动符合中国“天、地、人”一体的哲理，具有人与自然协调发展和生态环境保护的观念。

第二，户外运动具有不同程度的挑战性和探险性，常常具有不可预期的结果。参加户外运动，要有挑战自我极限、吃苦受累的心理准备，同时要保持积极健康的心态。体验探险等运动可以激发人们的上进心和求知欲，在兴奋和刺激中激发人类潜能，在磨炼中完善人格，提升应对挑战、克服困难的信心和勇气。

第三，户外运动强调团队精神。尤其是在恶劣环境中，团队的力量远大于个人的力量。一个团队只有统一思想、团结协作、互相帮助，甚至同生共死，才能取得成功。在户外运动中所得到的情感和友谊是刻骨铭心、终生难忘的。

第四，户外运动是一门综合性的学科。户外运动不仅受地理环境的影响，也受到气候、生物、天象、水文甚至地域文化等其他因素的影响，要求参与者不仅是一个运动强者，还应是一个知识全面的复合型人才。参加户外运动的人应具有多方面的科学知识，能够熟知专门技术、生活技能并能解决突发问题。

第五，户外运动对体能有近乎极限的要求。“挑战极限，完善自我”是户外运动的常用口号。户外运动是一种具有极强专业性的体育运动，有着极为科学的运动方法和训练方式，对参加者在心理、生理以及装备等方面都有非常高的专业要求。

第六，户外运动是体验式教育的重要组成部分。通过组织和引导，使参加者在亲身实践中自觉地学习天文地理、气候水文、运动医学，乃至人文历史等知识，同时也将团队精神、奉献、互助等为人处世的基本道理内化为健康的心理品格，进而转化为良好的行为习惯。

总之，作为人文体育、绿色体育、科技体育，户外运动是广大人民群众健身益智的一种重要选择，是促进社会发展、构建和谐社会的重要手段之一。户外运动产业是一项朝阳产业，它在扩大体育消费、增加就业机会、带动相关产业发展以及促进经济繁荣方面的作用将会日趋显著。

三、户外运动的分类

户外运动可以大致分为空域、陆域、水域以及综合项目四大类，每一大类户外运动都能够分为多个小类。例如，空域包含滑翔伞与高空跳伞等项目，陆域包含徒步、单车、登山、速降、攀爬、探洞等项目；水域则包含潜水、航海等项目；综合项目则包含野营活动类、航空运动类、娱乐休闲类、团体运动类等项目。而每一小类又能细分出具体的项目，例如：

潜水类户外项目能够细分为：潜泳、水下定向、水下摄影、游泳、跳水、水球、漂流。

航海类户外项目能够细分为：冲浪、滑水、风帆、舢板、帆船、游艇、摩托艇、水上摩托、漂流。

徒步类户外项目能够细分为：散步、行军、跑步、暴走、定向越野、猎狐。

单车类户外项目能够细分为：公路车长途、山地车越野、小轮车机动、山地速降。

登山类户外项目能够细分为：徒步登山、山地穿越、攀岩登山、攀登雪山。

速降类户外项目能够细分为：滑雪、滑梯、滑草、岩降、溪降。

攀爬类户外项目能够细分为：攀岩、攀石、器械攀登。

探洞类户外项目能够细分为：天然洞穴、人工洞穴、水下溶洞。

野营活动类户外项目能够细分为：野营露宿、打猎野炊、采集花草、模拟野战、拓展训练、荒岛生存。钓鱼（塘钓、海钓、钓虾）、捕鱼捉蟹、捉蟮逮鼠、捉虫捕蝶、烧烤烹调。摄影写生、地质考察、采集矿石、调查民俗、考察古迹、采访奇闻。

航空运动类户外项目能够细分为：山地越野、公路竞赛、长途旅游、赛车、越野、探险、旅游、度假。滑雪、滑冰、滑水、旱冰、滑板、蹦极、岩跳。跳伞、滑翔伞、动力伞、热气球、滑翔机、超轻型飞机。

娱乐休闲类户外项目能够细分为：老鹰捉小鸡、丢手绢、跳格子、到下关、救人、斗鸡、群马混战。打弹子、跳皮筋、刷陀螺、掷杏核、耍空竹、放风筝、斗草。皮球、篮球、排球、足球、羽毛球、网球、沙袋。羊车、狗车、爬犁。自行车、独轮车。

军体运动类户外项目能够细分为：手旗通信、灯光通信、报话通信、摩托通信。气枪、打猎、射箭、镖弩、彩弹野战。

户外运动主要种类包括以下几种：

其一，攀岩。分为自然场地攀岩和人工场地攀岩，是一项刺激且很有挑战性的活动。

其二，攀冰。攀冰由攀岩运动发展而来，是攀登高山、雪山的必修科目，更是登山运动的基本技能之一。攀冰主要指攀登自然冰，分为冰瀑和冰挂两种。攀冰是一项借助装备、器械而进行的运动，要求装备质量高且经久耐用。

其三，速降。悬崖速降，在教练的指导与保护下，运用各种专业登山器材，由教练现场指导器材的使用及技术动作，在天然陡壁上凌空飞步，利用绳索由岩壁顶端下降到地面。

其四，野营。在野外露营、野炊。学习各种野外生活技能。在自然的环境下，人与人之间的关系变得紧密、融洽。露营是一种休闲活动，通常露营者携带帐篷，离开城市在野外扎营，度过一个或者多个夜晚。露营通常和其他活动联系在一起，如徒步、钓鱼或者游泳等。

其五，野外定向，又名定向越野，是一种在野外利用地图和指南针，以不同形式去完成一段路程，并在检查点为控制卡（记录卡）打上印记的活动。

其六，定向。定向运动也是竞技体育项目之一，它类似于众所周知的寻找宝藏。大致过程是：在旷野、山丘的丛林或近郊公园等优美的自然环境中，事先隐藏好数个点，参加者手持地图和指南针找出点的所在方向。采用徒步、奔跑，迅速准确地逐个找出，有机地将个人休闲、娱乐与团队熔炼、协作融为一体。

其七，城市定向。与定向越野区别最大的是它在各大城市内举行，其复杂性和难度都小于定向越野。城市定向通常以比赛形式出现，一般强调文化性和娱乐性，要求类似“寻宝”游戏。

其八，溯溪。是在峡谷溪流的上下游之间，克服地形上的各处障碍，穷水之源而登山之巅的一项探险运动。其特点与乐趣在于不断克服一个接一个的急流、瀑布、跌水、旋涡，急流勇进，逆水前行。当然，专门的器械、技术不可少，更要依靠队友之间的倾力配合。由于自始至终在水中行进，时而蹚、时而游，往往不长的一段溪谷也要历尽艰辛才能穿过。

其九，探险。户外休闲运动中多数带有探险性，属于极限和亚极限运动，有很大的挑战性和刺激性。拥抱自然，挑战自我，能够培养个人的毅力、团队之间合作精神，提高野外生存能力。

其十，徒步。亦称作远足、行山或健行，并不是通常意义上的散步，也不是体育竞赛中的竞走项目，而是指有目的地在城市的郊区、乡村行走或攀登，不需要登上山顶，但是登山和穿越密切相关，两种活动经常结合在一起。

其十一，登山。和穿越一样都需要专门的设备，例如专门的登山鞋、冲锋衣裤等。登山穿越爱好者也需要准备一定的食物和工具，比如刀具、指北针等。

其十二，潜水。泛指所有的水面下活动，包含使用压缩机由水面供气的潜水；由潜水员自行携带呼吸系统的水肺潜水；以及不携带呼吸系统，仅使用轻装备的自由潜水。

其十三，冲浪。是冲浪者利用冲浪板越过涌起的浪头的水上运动。主要的装备是冲浪板和系在脚上的安全绳。

其十四，钓鱼。是捕捉鱼类的一种方法。钓鱼的主要工具有钓竿、鱼饵。钓竿一般由竹子或塑料等轻而有力的杆状材料制成，钓竿和鱼饵用丝线连接。一般的鱼饵可以是蚯蚓、米饭、菜叶、苍蝇、蛆等，也可以是专门制作的鱼饵。

第二章 户外运动的功能

第一节 健身功能

生活的快节奏、现代社会的激烈竞争使人们受到的来自各方面的压力越来越大，随之而来的是劳动者的生理、心理等疾病的增加，尤其在心理方面。人们不能在劳动中充分体验到快乐，造成心理失衡。而户外运动作为一种休闲娱乐方式，可以使人的身心和谐统一，即身体活动本身与心情愉悦相互协调。对于每一项体育活动，被迫参与和主动参与，其锻炼效果是截然不同的。在心理上，被迫参与运动很难让人们从运动中产生愉悦感，当然也没有积极性可言，更难以持久。而人们主动参与运动，大多是因为喜欢，从而很容易激发人的参与兴趣，并且在愉悦的心情支持下，生理承受能力也大为增强，内心的压抑情绪会随之缓解或发泄出来。因此，户外运动是人们自发的休闲体育运动，人们可以自我支配或选择，根据自己的兴趣、爱好自由选择活动时间、内容，走出繁重的室内劳动，全身心地回归到大自然中去。通过身体活动增进健康、调节心理，这是户外运动的价值所在。

一、户外运动可提升人体心肺功能

在影响人体健康的众多因素中，心肺功能是指人体心脏泵血及肺部吸入氧气的能力，而两者的能力又直接影响全身器官及肌肉的活动，故此十分重要。人们在参与户外运动后，心肺功能会有显著的提高。所以说，定期参加户外运动可以有效改善心肺功能，并且可以促进全身器官的健康。在进行需要长时间消耗大量能量的户外运动中，如徒步、登山等，心脏为了适应这种高强度且长时间的供能需要，心肌张力会增强。

心率是指每分钟心脏搏动的次数。成年人静息时，心率在60～100次/分钟之间，平均为75次/分钟。经常从事户外运动健身的人，随着心肌增厚、心脏增大，导致每搏量增加，从而使静息状态下每分钟心跳的次数减少。如经常从事户外运动锻炼和训练的人，心率在50次/分钟左右，马拉松健身者和运动员的心率更低。其机制是心迷走中枢紧张性增强所致。心脏容积增大，心肌收缩力加强，使每搏量增加。例如，在安静状态下，一个普通人的每搏量为75毫升，则心脏每分钟要搏动67次；一个户外运动健身爱好者的每搏量为85毫升，则心脏搏动59次/分钟就足够了；而一个户外运动员，他的每搏量为100毫升，则心脏只搏动50次/分钟就足够了。训练有素的人，心动徐缓，心跳减慢，心脏的舒张期延长，心肌就可以得到更多的休息，从而使心脏的工作能力更持久。因此，在安静状态下，同时出现每搏量增加和心率降低的现象是心脏功能提高的重要标志，说明心血管系统的机能得到提高。

首先，从事户外运动能够预防和治疗高血压，其具体机制是人体的血压主要是受交感神经和副交感神经的控制，交感神经兴奋使血压升高，副交感神经兴奋使血压降低。长期从事户外运动可使交感神经的兴奋性下降，使副交感神经的兴奋性处于优势，导致血压下降。户外运动能明显提高体内前列腺素、一氧化氮等血管舒张物质的水平，可促进血管平滑肌的舒张，维持血管的正常弹性，有利于降低血压。钠可以增加肾脏对水的重吸收，从而导致水分在体内的潴留，使体内的血液总量增加，引起血压升高。而户外运动能促进体内钠（随汗液）的排出，使钠水平下降，全血和血浆的容量下降，因而产生降血压的效果。户外运动还可引起中枢神经系统内一种称为内啡肽的物质的生成增加，从而降低交感神经的兴奋性，使血压降低。经常从事户外运动能使血液中高密度脂蛋白的含量增高。进行轻度运动（慢跑）的人，其高密度脂蛋白胆固醇比一般人呈显著高值。高密度脂蛋白能主动地担负起清理血管的任务，消除沉积在血管壁上的脂肪，防止动脉粥样硬化，保持血管弹性，从而降低血流阻力，使血压降低。

其次，可防治冠心病。冠心病的全称为“冠状动脉粥样硬化性心脏病”，是因为心脏的冠状动脉内膜发生粥样硬化，使冠状血管的管腔狭窄或堵塞，从而导致心肌供血不足而引起的心脏病，因此又称“缺血性心脏病”。从事户外运动预防和治疗冠心病的机制是，户外运动中机体主要通过“燃烧”脂肪为运动提供能量，因此可有效降低血脂水平，减少脂肪在血管壁的沉积，从而减少冠心病的发生。户外运动可以升高血液中高密度脂蛋白的水平，高密度脂蛋白将胆固醇从其他组织运送到肝脏代谢，因此可减少胆固醇在血管壁的沉积。运动可加快血液的循环速度，尤其是加快冠状动脉内的血流速度，从而减少脂类物质在冠状动脉壁上的沉积。经常从事户外运动可使冠状动脉口径增大，从而减少冠心病的发生概率。

二、户外运动可促进人体骨骼生长

在户外运动中，例如定向越野这类项目，在野外，人们往往都不太熟悉地形，当运动参与者需要跳过小土崖等障碍物，或跨过沟溪时，都需要进行跳跃动作。如果运动者的动作都是随意地完成，这样就会让运动者的踝关节容易受伤，要使用正确的姿势跳跃才可以避免或者减轻伤害。因此，参与户外运动对人们踝关节的快速爆发力要求相对较高。人们经常参与户外运动会对弹跳能力产生好的影响。

在人体运动中，骨骼起杠杆、连接、保护等作用。长期从事户外运动健身可使骨密质增厚，骨径变粗，骨面肌肉附着处突起明显，骨小梁的排列依张力和压力的变化更加清晰而有规律，骨的新陈代谢加强，血液循环得以改善，从而在形态结构上产生良好的适应性变化。随着形态结构的变化，骨骼变得更加粗壮和坚固，抗折、抗压缩和抗扭转性能提高，这对身体素质的提高有好处。

从事户外运动健身还可预防和治疗骨质疏松症。骨质疏松症是由骨组织密度减小或骨组织病变引起的，易造成股骨、椎骨、桡骨等部位骨折。这是由于进行户外活动时，不仅令全身血液循环速度加快，而且地面的冲击力可有效地促进骨质的形成。另外，在户外进行活动时，除了可以获得更多的氧气外，还可接受更多的紫外线照射。人体皮肤下有一种叫7-脱氢胆固醇的固醇类物质，在受到阳光照射后可形成活性维生素D，而维生素D可促进体内钙的吸收和利用，这对骨骼的生长发育极为重要，也对预防骨质疏松具有重要作用。

三、户外运动可提升人体柔韧性

柔韧素质是指人体各个关节的活动幅度以及肌肉、肌腱和韧带等软组织的伸展能力。对于从事户外运动的人来说，柔韧素质特别重要，越协调的动作，对柔韧性要求就越高。在户外运动练习前进行柔韧性锻炼能扩大关节韧带的活动范围，有利于提高身体的灵活性和协调性；在意外事故发生时可避免和减轻损伤，还可使僵硬的肌肉得到放松，防止肌肉痉挛，减轻肌肉疲劳。

随着年龄的增长，关节的稳定性和灵活性逐渐下降。这是因为关节面退化、胶原纤维降解、滑液膜纤维化、滑液黏滞性减小、关节韧带伸展性下降等原因造成的。长期从事户外运动可以延缓上述情况的发生，对防止老年性关节炎、关节附近肌肉萎缩、韧带松弛、滑液分泌减少和关节强直等均有效。这是因为长期从事户外运动可使关节面骨密质增厚、关节周围肌肉力量增强，还可使肌腱和韧带增粗。由于关节周围肌肉力量增强，肌腱和韧带增粗，关节面骨密质增厚，从而提高了关节的稳定性。关节稳定性的提高加强了对关节的保护作用。另外，长期从事户外运动可使关节的柔韧性和关节的运动幅度增大。

四、户外运动可提高人体灵敏度

人体灵敏度是指人体迅速改变体位、转换动作和随机应变的能力。在户外运动中，灵敏度是指人体在各种突然变化的条件下，能够迅速、准确、协调、灵活地完成动作的能力，是各种运动技能和身体素质在运动中的综合表现。此外，在户外运动中，掌握的运动技能越多就越熟练，大脑皮层中暂时性神经联系的接通就越迅速、准确，动作也越灵巧。灵敏度是人体各种运动能力在运动过程中的综合体现，良好的灵敏度不但有助于身体更快、更准确、更协调地掌握技术和技能，而且能让身体素质充分、有效地运用到实践中去，可以防止在进行户外运动时发生伤害事故。

神经系统在人体各个器官系统中居于主导地位，它控制和协调着各个器官系统的活动，使人体成为一个有机整体，以适应内外环境的变化。长期从事户外运动，能使神经兴奋与抑制、传导与反应等机能得到明显改善；可以使人的精力充沛，精明果断，动作迅速、准确、有力；使人体对外界刺激的适应能力有明显提高；使机体对致病因素的抵抗能力有显著增强。如当户外运动者受到突然的寒冷侵袭时，身体就能迅速收缩毛孔和表层血管，增加新陈代谢等防御反射；而在炎热的环境里，身体就能迅速舒张表层血管，提高皮肤温度，出汗，以加强身体中热量的散发。这些都是神经系统功能良好的具体表现。因此，户外运动能提高控制身体和集中用力的能力，能有效地提升身体的灵敏度。

五、户外运动可改善人体呼吸系统机能

（一）提高肺通气效率

安静时，一般人每分钟呼吸12～16次，每次吸入新鲜空气500 mL左右，而长期从事户外运动的人，在安静时呼吸深度增加，呼吸频率下降。运动时，在相同肺通气量的情况下，户外运动爱好者的呼吸频率比不锻炼者要低，即户外运动爱好者肺通气量的增长依靠呼吸深度增加来保证供氧量的程度大于无锻炼者。运动中较深的呼吸，将使肺泡通气量和气体交换率加大，使肺通气更有效，同时呼吸肌的耗氧量也随之下降。户外运动要有一定的深呼吸压力，它可以使隔膜下降，压迫肝脏瘀血流出，从而改善气体交换作用。所以在同样的肺通气量下，户外运动爱好者呼吸肌的耗氧量比无锻炼者少。无锻炼者在运动中往往呼吸节律不规则，在长时间剧烈运动中还可能因呼吸紊乱而导致呼吸肌疲劳，从而导致耗氧量增多，降低运动能力。

（二）增加肺活量

肺活量反映肺的储备力量和适应能力，也反映出呼吸器官的最大工作能力。因此，它是评定呼吸机能的指标之一。肺活量有较大的个体差异，与年龄、性别、体表面积、体位、呼吸肌力量强弱等都有关系。正常成人男性约为3500mL，女性约为2500 mL；少年儿童的肺活量比成人小；中老年人的肺活量随着年龄的增长逐渐减小。

长期从事户外运动的人的肺和胸廓具有良好的弹性，呼吸肌的力量增强，胸围也增大。平时由于需氧量不多，因此并不需要全部肺泡参加工作，只需要约1/20的肺泡张开就可以满足需要。而锻炼时由于需氧量增加，促使大部分肺泡充分张开，这对肺泡的生长发育及弹性的改善十分有益。所以户外运动爱好者的肺活量要比无锻炼者大得多，一般可增大20%左右。据有关调查，经常进行长跑的中老年人的肺活量，比同龄的无锻炼者大30%左右；70岁以上的户外运动爱好者的呼吸机能相当于40岁不参加锻炼者的水平。肺活量的增大是呼吸系统机能增强的标志。呼吸机能的增强，将使人体的摄氧能力大大提高，这无论对健康还是对预防疾病都有重要意义。

六、户外运动可提高身体适应能力

俗语讲：“冬练三九，夏练三伏。”“三九”是指一年之中最冷的时期，如人体经常在这样的寒冷环境里锻炼，在一定限度内可产生对低温环境的适应，我们称之为“冷适应”。这是因为锻炼提高了神经系统对体温的调节能力。在气温变化时，机体能主动适应环境，及时地调动生热机能，维持体温恒定，提高御寒能力，并增强机体的抗病能力。“三伏”是指一年之中最热的时期。在高温环境里，人体可在一定限度内产生对高温环境的适应，这就是“热适应”。热适应后，机体在体温调节、水盐代谢和心血管机能等方面发生一系列的改善，如在热环境下锻炼时，体温升高较少，这表明体温调节机能提高，排汗能力加强，而且汗液中的电解质含量较低，减少了体内电解质的丢失，有利于水盐平衡；心率增加减少，血压稳定，这说明心血管系统机能有所改善。热适应的形成还可有效地防止中暑。因此，经常从事户外运动的人，体质增强，对自然环境具有一定的适应能力，能够承受严冬和酷暑的考验。

第二节　休闲功能

休闲是指在非劳动和非工作时间内以各种“玩”的方式求得身心的调节与放松，达到生命保健、体能恢复、身心愉悦目的的一种业余生活。科学文明的休闲方式，可以有效地促进能量的储存和释放，它包括对智能、体能的调节和生理、心理机能的锻炼。休闲是一种心灵的体验。

户外运动虽然具有很大的挑战性和危险性，但却没有竞技体育激烈的对抗性，且可以避免因失败而产生的消极心理，不必肩负成败的责任，无论在精神上还是体能上都不存在任何压力。人们可以在闲暇时根据自己的实际情况，自由选择活动的项目、方式、时间，依据自己的意志和想法，自由自主、轻松愉快地从事各种身体活动，从而忘却学习、工作、生活中的一切烦恼、痛苦，在精神上获得解放、自由和快乐感。

在社会不断发展的进程中，人类也在不断寻找着生命的意义，并对人类的前途和命运进行思考。于光远先生曾经指出："'闲'是生产力发展的根本目的之一，闲暇时间的长短与人类的文明进步是并行发展的——从现在看将来，如果不属于闲的劳动时间随着社会生产力的发展进一步减少，闲的地位还可以进一步提高，这是走向未来经济高速发展的必经之路。"

随着知识经济时代的来临，人类社会正以史无前例的速度快速发展着。它带来了两个变化：一方面，随着科学技术的迅猛发展和生产力水平的不断提高，人们的物质生活水平得到极大提高，同时，由于生产劳动自动化和家务劳动的社会化，社会必要劳动时间的支出越来越少，人的余暇时间越来越多，人们拥有了更多的空闲时间；另一方面，全球网络化使各种文化和各个民族之间的相互融合和相互渗透在越来越多的方面体现出来。这时，人类仅仅为了生存而生存的时代将结束，而为取得高级享受而斗争的时代将开始。余暇时间作为我们生活的重要组成部分正在浮出水面，并成为人民大众如何提高文化精神生活质量面临的新课题。体育作为一种特殊的社会文化活动，具有游戏、娱乐、改善和发展人的身心健康、提高人体机能水平等多种特点与功能，无论是过去、现在还是将来，都对人的休闲生活有着重要意义。

现代社会是经济、政治、文化和科学技术高度发展的社会。体育的繁荣与发展是现代社会的一个重要标志。各种体育报刊的急剧增加、电视机和电脑的普及以及互联网接入千家万户等，使体育信息量不断增加，体育正以前所未有的速度在人们生活中传播，影响也越来越大。而"体育生活化"也逐渐成为一种趋势。休闲时间的增加、休闲设施的改善、观念的改变，这些为人们更好地享受体育活动的乐趣打下了基础。体育全球化以及国际文化交流使得一些体育项目在社会中迅速传播，如体育舞蹈、健美操等。在我国，一些外来体育项目受到了人们的欢迎，如沙滩排球、壁球等成为人们休闲生活中的新内容。一些新兴体育活动也如雨后春笋般迅速发展起来。

现代社会高效率、快节奏的生活方式将人们禁锢于城市的牢笼中，使人们在工作中经常处于激烈竞争和超负荷运转的高度紧张状态，城市化使得人们和大自然交流的机会越来越少。于是很多厌倦了都市"人造森林"生活的人们开始把目光投向了城市郊区和大自然。远离城市的喧嚣，摆脱工作的压力，忘掉生活的烦恼，到轻松愉快的自然环境中放松心情，充分享受自然山水和清新空气给身心带来的愉悦和轻松，逐渐成为现代人的需求。同时，随着人们花钱买健康的消费观念日益形成，越来越多的人愿意花钱在户外寻求一种自我实现和自我表达的方式。另外，假期时间的延长也为人们的户外运动休闲提供了可能。

一、户外运动能调节情绪

情绪是人对客观事物是否符合人的需要而产生的体验。中医认为“怒伤肝、喜伤心、思伤脾、恐伤肾”，说明情绪、精神对人的健康的重要性。户外运动对不良情绪有着良好的调节作用，摩根（Morgan）于1988年提出：在运动情境中，户外运动者的消极情绪量表得分低于一般人，而积极情绪量表得分则高于一般人。有紧张情绪的人，只要散步15分钟后，紧张情绪就会松弛下来。户外运动之所以能调节情绪是因为从事户外运动能使大脑的兴奋和抑制保持平衡，使血液和大脑中的去甲肾上腺素增多，提高神经系统的兴奋性。当血液中去甲肾上腺素增多时，人们的情绪就愉快。

从事户外运动能减少精神压力，使人感到轻松愉快。从心理学角度探视身体，人的身体可以产生愉快、兴趣、高兴、烦恼、悲伤、压抑等心理感受。身体的健康直接关系到心理的健康，心理的健康也直接关系到身体的健康。因此，从事户外运动能给予人健康向上的心理，矫正对人体有害的心理。

焦虑是一种伴随着某种不祥预感而产生的令人不愉快的情绪，是一种复杂的情绪状态。抑郁的临床特点表现为悲观、悲伤、无助感、低自尊和绝望。

长期从事户外运动，可降低人的焦虑和抑郁水平。对于一个健康的人来说，长期从事户外运动对促进其心理健康有效益；而对于一个有心理疾病的人来说，这种效益会更加明显。有研究表明，从事户外运动的学生，其心境状态改善程度大，特别是那些参与前存在情绪问题的学生，其心境状态改善的程度最为明显。

二、户外运动可促进人的全面发展

生活方式是指人们在某种价值观念指导下，各种生活活动的形式，它包括人们的物质生活、精神生活、政治生活和社会生活。这里所说的生活活动是指人们的行为，即在一定的空间与时间中，人们为了达到一定的目的，利用可以取得的物质条件和社会条件而采取的一种行动。人总是生活在一定的生活方式之中的。一定的生活方式由一定的生活活动条件、生活形式和具有一定生活观念的人构成。显然，对于亿万从事户外运动的人来说，户外运动已经成为他们的一种比较稳定的生活方式。户外运动之所以成为一种生活方式，是因为户外运动具备了生活方式所具有的本质特征。从事户外运动的人都具有一定的健身观念和健身知识，他们从事户外运动都是在一定的健身观念和健身知识支配下进行的。同时，他们从事户外运动都具备了一定的生活活动条件，即闲暇时间、活动场地和消费支出等。在生活活动形式——户外运动形式中，人们已经掌握了必要的健身方法、手段和组织形式。户外运动不仅是一种个人的生活方式，也是一种社会群体的生活方式。户外运动作为一种生活方式，不仅是人们的精神文化生活方式，而且是人们的社会交往生活方式和日常消费生活方式。户外运动在满足人的精神文化需求、提高人的精神文化素质、促进人的全面发展方面，在增进人的思想与情感交流、融洽人际关系、加强人与人之间的沟通与了解方面都具有明显的作用。因此，户外运动是亿万人民群众实实在在的一种生活方式。

注重生态是休闲体育发展的至高理念，而休闲体育是生态更文明的实践手段。生态文明作为人类文明发展历程中更高级的一种形态，是一种绿色生活方式的体现。城市休闲体育是纯绿色项目，它的开展对环境要求极高，一幅“山水林间”的自然景致实属正常，以促使体验者心态畅爽，更能促进人与人之间的相互交流，以摆脱城市中邻里间的陌生与尴尬。因此，生态文明的顶层设计与户外休闲体育的具体执行相辅相成、彼此交融，正所谓生态文明成为休闲体育的至高境界，而休闲体育则确保生态文明行稳致远。户外休闲体育改变了人自身及人与人、人与自然、人与社会之间的关系，是城市生态文明建设的重要驱动力。

总的来说，户外运动具有休闲功能，能够使人在非劳动及非工作时间内以各种“玩”的方式求得身心的调节与放松，达到生命保健、体能恢复、身心愉悦的目的，可以有效地促进能量的储蓄和释放，是一种心灵的体验。

第三节　娱乐功能

一、促进人际关系

在发达国家，休闲产业在国民经济中的地位已经达到了以前难以想象的高度，随着现代社会由工业化向后工业化、信息化社会发展，发达国家已经进入“休闲时代”，发展中国家也将紧随其后。在我国，随着人们生活水平的提高，一些专业和业余的户外运动休闲群体逐渐壮大，户外运动的着装、各种装备用品逐渐成为人们生活的一部分。

1997年，户外拓展作为一个体育产业在中国开始兴起，走到今天，户外拓展培训已经成为一种时尚，也作为体育产业的一个重要组成部分。全国各地都纷纷建立了户外拓展公司，由于户外拓展产业的发展，带动了旅游业的发展。因为户外运动必须到户外的度假村、旅游景点开展，这样也变相地给旅游业注入了消费人数，从而拉动了旅游业的发展。户外运动不仅可以休闲娱乐、健身，同时也可以消除工作带来的烦恼、拓展交际、增进情感交流。人们通过户外运动可以结识许多不同身份、年龄、性别的朋友，丰富精神生活并增进相互间的感情交流。户外运动作为一种休闲体育活动，已经成为人们情感交流的有效途径，可以说休闲体育在某种意义上成了人与人之间的情感桥梁。

二、促进人的现代化

人的现代化主要是指人的各种素质的现代化，包括思维方式、价值观念、行为特点和情感方式等方面的现代化。我们现在生活的社会已经成为高度发展的现代社会（现代社会指以工业发展为标志，经济、政治、科学技术、文化生活高度发展的社会），要适应现代社会，就要实现人的现代化。社会的现代化在很大程度上取决于人的现代化程度。社会的现代化与人的现代化必须同时实现，否则这种“现代化”就是脆弱的、不能持久的。

现代社会要求人在行为上重视技术技能，精于计算，惜时守时，讲求效率，办事有计划性，信息广而灵，有竞争意识；要求人在人际关系上善于互相尊重，既多发表意见，又习惯听取他人意见，讲究分配的公正性，具有乐观的生活态度。在户外运动中形成的价值观念，既反映了社会现实生活，又反作用于社会现实生活。户外运动能促使人成为现代人，适应现代社会的要求。

（一）户外运动能培养现代人的竞争意识

竞争的观念在现代社会中是一种重要的价值观念。社会中的竞争是指人或各种类型的团体，为了统一的追求目标而进行的较量，从而决出胜负和优劣，并进行利益的再分配。户外运动中的竞争是社会竞争的一种基本形式。其目的是击败某种对立物。对立物可以是一个人或一个队，也可以是一项纪录。户外运动与保守性格势不两立，强烈的竞争性督促每一个参与者不断去创新和变革。在运动中，不讲门第，不排世袭，不序尊卑。在竞赛活动中，不承认除个人身体、心理以外的任何不平等。户外运动最讲法制，不徇私情；最讲现实，不讲资历；最讲务实，不图虚妄。这就要求每一个参与者都要尽自己最大努力去竞争，从而增强参与者的竞争意识。

（二）户外运动能扩展现代人“开放的视野”

现代户外运动是一个开放的系统，若失去对外联系就会丧失生命力。它不可能在封闭的系统中自生，但必定在封闭的环境中自灭。在当今变得“越来越小”的地球上，户外运动的组织者和参加者强烈地意识到“地球村”这个概念。

户外运动接受开放的思想，“冲出亚洲，走向世界”，既可以理解为一个激励奋进的口号，也可以视为一个鼓励对外开放的宣言。它所表达的观念震荡了人们“闻不出乡里，交止于四邻”的封闭状态，激发各行各业的人们把目光放于未来和整个世界，而这恰恰是现代人要具备的可贵的社会心理品质。

（三）户外运动能丰富现代人的情感生活

户外运动是一种极富感情色彩的高尚活动，它是人们高级情感的产物，又是人类高级情感的发生器，它丰富着人类的情感宝库。在户外运动中，人们追求积极向上的荣誉感和相互交往的亲和感，用“费厄泼赖”（fairplay）精神保持自己的伦理感，因此，可以说户外运动能承担充实现代人高级情感生活的功能。

户外运动给人们提供的情感体验是复杂多样的，顺应了现代人对情感多方面的要求。在户外运动中，人们可以得到对集体、团队、协会的信赖感、依托感；人们可以在成功与失败、荣誉与耻辱、竞争与退让之间进行拼搏与选择，享受着各种复杂情感的“折磨”和“冶炼”。

第四节　社会功能

户外运动的社会功能主要表现在刺激消费和扩大内需、增加社会就业渠道、优化体育产业结构和布局、促进产业融合四个方面。

第一，在刺激消费和扩大内需方面，户外运动作为体育项目群，含有登山、徒步、攀岩、滑雪等时尚运动项目，满足了社会不同群体日益增长的体育消费需求，且户外运动已逐渐成为部分群体提高生活品质的方式之一。

第二，在增加社会就业渠道方面，户外运动在给人们带来享受的同时，还可以推动区域经济发展，为社会增加就业岗位。比如英、美等国的户外运动已经成为经济发展的支柱产业，有力地维持了欧美国家的经济增长速度，各种旅游综合经济价值已过万亿元，有效提升了欧美国家剩余劳动力的就业率。

第三，在优化体育产业结构和布局方面，打破了长期以来我国传统体育项目内容一成不变、陈旧老套的局面，加上中西部地区体育产业相对落后，一定程度上阻碍了我国体育产业发展的均衡性，因此，发展户外运动有利于更新我国体育服务业项目的内容，促进体育产业发展提质增效，凭借中西部地区的自然资源发展户外运动，为体育产业转型升级提供新动能。

第四，在促进产业融合方面，户外运动正朝着“大户外”“泛户外”的方向发展，也就是说户外运动的外延被不断扩大，与探险、文化、教育、旅游等多业态相互交叉融合，最后经过资源整合逐步形成一种复杂的体育文化和社会现象。传统的文化、旅游消费步入瓶颈，需要户外休闲体育作为支撑，而休闲体育消费将是文化、体育、旅游消费升级的切入口，人们的生活方式将迎来休闲体育消费时代。户外休闲体育产业消费对于培育新的经济增长点具有重要意义。在城市生态文明建设下，休闲体育不仅引领休闲体育消费需求不断扩大，推进休闲体育产品供给不断丰富，而且会加快休闲体育产业与文化、旅游、健康、医疗、教育、农业等产业的融合发展。随着户外休闲体育消费不断从物质型消费向服务型消费升级转变，将带动户外休闲体育产业结构的优化，促进休闲体育产业的繁荣。

户外运动的社会价值主要表现在促进社会的繁荣和稳定、利于人与人之间的社会交往、改善人们的生活方式、提高公民的社会意识、助力社会主义建设等五个方面。在促进社会的繁荣和稳定方面，户外运动作为全民健身的重要途径和手段，有效地调整了人们闲暇时间的支配，丰富了人们的精神世界，提高了人们的生活幸福感、满足感，对构建和谐社会、推动社会主义经济建设具有不可替代的间接作用；在利于人与人之间的社会交往方面，户外运动往往以集体活动为主，需要通过团队的头脑风暴完成各项任务，有利于增进现代人与人之间的沟通交流以及促进相互了解；在改善人们的生活方式方面，户外运动作为休闲的一种途径，已经被人们认为是一种与城市生活相对的休闲生活方式；在提高公民的社会意识方面，户外运动中所倡导的绿色教育理念提高了人们的环保意识，培养了公民的社会责任感；在助力社会主义建设方面，户外运动中的登山精神强化了社会主义核心价值观，彰显了中国特色社会主义发展道路的优越性。

第三章
户外运动在教育中的作用

第一节　户外运动教育的概念

户外运动教育能让青少年真正地了解这个世界。青少年通过学校教育所获得的知识及其所反映的客观事物是他们的认识客体，而知识只有在实际和社会交往的活动中，才能得以运用和升华；同时，青少年只有在实践活动中，认识才能得以发展和提高，户外运动的过程就是一种全新的认识过程，也是知识再生产的过程。青少年在户外运动过程中，接受着环境的影响，同时也改造着环境，并在改造环境的过程中改造着自己。户外运动是发展青少年认知能力的有效途径。

户外运动教育不同于以往的体育教学，由于户外运动教育在每个国家的发展历程不同，每个国家对于户外运动教育的重视程度和开设目的也各不相同。因此，关于户外运动教育的定义也各不相同，有的学者从户外运动教育的教育性上定义，有的学者从户外运动教育的内容上定义。总之，关于户外运动教育的定义众说纷纭，但较为统一的说法是：户外运动教育是指在户外进行的，以户外运动的理论知识和运动技能为教学内容，以提高学生身体素质和心理素质为教学目的的体育课教学内容的总和。

户外运动教育根据青少年年龄特征、身心发展特点和兴趣爱好，有目的地组织其参加不同的运动项目。户外活动过程中可培养青少年的主体意识和创造意识，调动其主观能动性，使其在自觉地分析、解决问题中充分展现自我才能和发挥创造精神。户外运动的所见所闻能诱发青少年的好奇心，引发他们思考并探索，而好奇心是培养创造才能的第一步。户外运动可根据个体特点因地制宜地进行因材施教，所以一定程度上可弥补传统教学上的不足，户外运动在学生个性自由发展和思维开拓等方面的价值不容小觑。相关实验研究表明，游戏和运动之所以能提高学习效率，是因为游戏和运动使人们的大脑结构得到优化。在运动中，大脑会不断地产生一种叫作脑源性神经营养因子的物质，而这种物质正是大脑神经细胞生长发育的必需养分。科学研究发现，一个长期缺乏运动的人，其大脑得不到必要的刺激，因而新生长出的大脑神经细胞就很难与神经网络系统进行连接，长时间之后这些神经细胞就会逐渐失去生命力。因此，对于那些处在生长发育关键时期的青少年来说，想拥有一个聪明的大脑并能高效率地学习，户外运动必不可少，因为聪明的大脑需要运动。

体育文化从本质上讲是从民间体育传承而来，具有宝贵的民族特色、地区特点和重要的历史发展意义。大学体育户外运动是体育文化传承的表现，它让我们看见了宝贵的文化在传承的同时也随着时代的发展而进步，传承和进步并进，这是难能可贵的。既然它来自民间，那么换句话说，就是它来自百姓之家，能够反映百姓生活的场景，也是百姓对生活的一种向往。体育文化也是我国文化传承中一个重要的组成部分，是我国劳动人民智慧的结晶，作为21世纪的青年人要尽最大的努力做好传承工作，如何将这个历史性的任务传承下去，学校是最有影响力的传播地点，要把体育文化和现代艺术相结合，不让我国古老的体育文化在我们这一代消失。

户外运动教育作为重要的改革对象，因为它不仅可以增加课程内容的探索性、趣味性，还能给学生带来快乐感，可以说户外运动教育是利用自然环境的特殊条件达到体育运动带来的独特享受的教育形式。在进行户外运动教学时，我们要把目光放在群体活动上，以群体活动为主导。如果将户外运动模式变成课本中可以选择的教学内容，例如，在众多教学方法当中，登山运动是比较受大学生欢迎的。登山运动可以促进身体的新陈代谢，从而让身体的抵抗力得到提升；不仅如此，在登山过程中，学生需要在自然环境中长时间地跳跃、走路、攀爬，以完成高强度的运动要求，这能够使学生的思维敏捷能力、速度反应能力、力量协调能力、耐力持久性等身体综合素质得到有效提升，并且这些提升在校内的体育课堂中是根本无法做到的。除登山运动以外，还有很多户外运动项目，学生可以根据自己的身体状态和个人喜好选择适合自己的户外体育运动项目。

第二节　户外运动的教育价值

户外运动对学生的教育价值主要体现在知识层面、生存技能层面和精神层面。在知识层面上，户外运动是一项融合了体育学、地理学、气象学、医学、管理学等多门学科的综合活动，因此，户外运动教学内容丰富，传授的知识面广，学生通过户外运动教学能够掌握与生态、地理环境、医学、运动与健康等有关的基本知识；在生存技能层面上，大自然这样原生态的环境更加贴近我们的现实生存环境，通过野外教学，使学生更加快速地掌握户外装备的使用技术，培养学生应对户外突发紧急状况的能力，提升学生组织与策划户外运动的本领，从而有效提高学生适应大自然以及现实社会的能力，培养学生的自主实践开拓的精神，提高学生批判性思维和发现问题、解决问题的能力，培养学生的意志，增强学生在高压之下做出迅速反应与决策判断的能力；在精神层面上，户外运动不仅为学生提供了寻求刺激和挑战极限、激发潜力的机会，还有助于树立学生的自信心和终身体育意识，培养吃苦耐劳的优良品质，增强心理调节能力，同时，可以陶冶情操，培养人际交往和团队合作的意识，以及建立保护生态环境的社会责任感。

户外运动的教学价值主要体现在优化教育资源配置、学校体育思想以及贯彻落实学校体育课程改革目标三方面。户外运动将教学场地设置在大自然中，在一定程度上缓解了学校教育资源的压力，实现了教育资源的优化；户外运动形式多样，互动式教学模式使得教学氛围轻松愉悦，有利于学生的身心健康。因此，户外运动是实现高校体育思想"健康第一"的切入点。21世纪初期，教育部颁布的《全国普通高等学校体育课程教学指导纲要》明确提出，高校根据各自的地理环境将现有的自然生态资源融入日常的体育课程中，以体现课程改革与创新，而户外运动教学正好能实现这一目标。

户外运动的体验价值主要表现在情感体验、感官体验、知识体验和实践体验等方面。户外运动的参与者能够在活动过程中对自我身体、生活、生命获得感悟和认知，通过视觉、听觉、嗅觉等感官体验大自然的独特魅力。户外运动能够带给人新的信息和知识，开阔人们的视野；通过户外生存技能的学习，提升自身的动手实践能力。户外运动从探险性质向娱乐化、休闲化转变的过程，其实也是大众审美演变的过程。从美感体验角度看，户外运动本身蕴藏着深厚的环境美学意义，这主要来源于一次完整的户外运动经历会带给参与者身心的洗礼和发自内心的幸福感，而这正是审美价值的体现。其次，户外运动的开展场地是在大自然中，野外环境本身就会为参与者提供一种愉悦的体验感。

第三节 户外运动与思想政治教育

学生品德发展是在活动中能动实现的，进行德育要善于组织、指导学生活动，而户外运动过程正是德育的渗透过程。符合教育目的和青少年特点的各种户外教育活动，能激发学生的兴趣、爱好与追求。他们在完成一定户外任务和社会交往与协作的过程中，一方面，学生要遵守社会、集体或教师提出的道德规范与要求；另一方面，学生也会产生遵守道德规范、评价和调节人际关系及个人行为的需要。因此，青少年在无形中便会自觉形成相应的品德。青少年在户外运动过程中不仅能锻炼体魄、“育”其心志，还能提高抵抗挫折的能力。

户外运动有益于培养学生的真知、善心和美感。大自然就像一本鲜活、生动、多姿且读不透的“无字天书”。从书本上得来的关于自然界的知识是有限的，读万卷书还要行万里路。户外运动教育能让学生到大自然中去认识、去学习、去实践，去亲身感受祖国大好河山的雄伟与壮阔，从而使他们对人类赖以生存的大自然心生敬畏。走近大自然，融入大自然的怀抱，能让学生亲身感受到大自然对人类的恩惠，从而培养学生对大自然的感恩与热爱之情。

思想政治教育是关系国家教育方针、培养什么样的社会主义接班人、树立个体核心价值观的重要途径，作为教育者应不拘泥于形式，开拓思维，只要是有助于思想政治教育工作开展的都可以大力实践。随着社会文明程度的提高，未来生活日趋现代化，人们的工作和学习也就越离不开体育活动，因此，将思想政治教育融入户外体育活动中，将会是一举多得的创举。从以上分析来看，户外运动能够促进学生身心健康成长。体育活动在学生管理工作中的独特意义是其他手段和方法都无法取代的。为使思想教育在体育活动中得以更好开展，管理者应根据学生的实际和管理需要，加强对体育项目规则、组织形式等的研究，变换户外运动教育的组织形式、内容、类别、规模，力争取得更有效的思想政治教育效果。例如，学校充分利用当地红色资源开展相应的户外运动，从而促进学生在户外运动过程中接受良好的思想政治教育。

第四节　户外运动与身心健康

在缓解压力和愉悦身心方面，户外运动将人们带离城市的喧嚣，使人们沉浸在大自然的安逸中，释放生活和工作带来的心理压力，在灵魂深处，人们能够感受并获得对自我的一种控制力量，从而达到身心和谐、人际和谐、人与自然和谐的高度统一；在挑战自然和超越自我方面，户外运动的冒险性特征满足了当代年轻人的心理需求，如强烈的挑战愿望和个性需求；在丰富心灵和陶冶情操方面，户外运动注重培养人们的生存能力、团队协作精神、个人创造性以及追本溯源的情操，丰富了人们的情感世界，陶冶了人的心灵和性情，使人们得到了人性的健全发展；在满足消费需求和提高生活质量方面，户外运动凭借其丰富的项目群，具有休闲娱乐、挑战自我等多种功能，对于年轻时尚、追求特立独行的群体而言，户外运动是他们表现自我、展露个性的极佳方式和手段，在提高生活质量的同时也锻炼了身心，可谓一举多得。

身心发展包括两方面内容：身体和心理。而心理健康是指心理发展达到相应年龄的正常水平，情绪积极，性格开朗，无心理障碍，对环境有较强的适应能力。身体健康是身心健康的基础，心理健康则是关键，两者紧密联系，缺一不可。现代医学通过从整体的角度对人的生命现象和人体进行综合研究，对“健康”提出了新的医学模式，即“生物—心理—社会”医学模式，认识到身体和心理因素通过相互作用、相互影响，对人的身心健康发展起着关键性的作用。

专门性户外活动是指以提高单个体育技能为目的而展开的户外活动。例如，旱冰或滑板运动，旨在提高学生的反应能力和平衡能力，通过经常练习，可以使反应能力和平衡能力相对薄弱的学生逐步地建立起这种能力。用这种一步步目标专门化的体育活动来提高学生的体育技能，可以使学生身体得到健康发展并增强体质。以提高某一个体育技能目标为中心，其他各项体育项目参与其中，并且使其他各项素质都得到锻炼的活动，就是综合性户外体育活动。例如，自行车越野，能提高学生的心肺功能，锻炼下肢肌力和增强全身耐力。骑自行车对内脏器官的耐力锻炼效果与游泳和跑步相同。此项运动不仅使下肢肌肉得到锻炼，还可使颈、背、臂、腹、腰、臀部等上肢肌肉，以及关节、韧带得到锻炼。总之，户外运动可以使学生的身体各器官得到锻炼，使身体机能发展到更高层次。

在青春期进行户外运动，可有效缓解身体快速发育带来的各种不适状态。户外运动对身体发展的积极影响表现如下：能使骨横径变粗，促进骨骼生长，使骨密质变厚，骨骼和肌肉的质量提高；能使肌肉横断面积增大，肌纤维变粗，使耐力、力量、速度提高，增强各部位关节的灵活性；能使心肺功能提高，使身体摄入更多的氧气；能提高神经功能的均衡性、灵活性和耐久力，使大脑的兴奋与抑制过程进行合理交替，有效缓解紧张情绪，清醒头脑，活跃思维，消除疲劳。

第二篇　户外运动技能

第四章
户外运动常用装备

第一节　装备分类

户外装备是指户外运动爱好者在户外运动中需要使用的生活用品和进行运动时所用器材的总称。户外运动既不同于居家生活，也不同于普通旅游那样有完善的补给条件，户外的环境往往比较恶劣且多变。所以在户外运动中，装备占有相当重要的地位，参与者为了保证活动顺利进行和自身安全，需备有合适的户外装备。比如，野外穿越往往需要露营，这时参与者应该携带合适的露营装备；溯溪运动中，活动环境处于水中，需要装备具有良好的防水性；高海拔登山运动中，对装备有着极高的保暖、防风要求。

户外装备按照使用范围，可以分为个人装备和公用装备。个人装备包括背包、睡袋、防潮垫、户外衣物、登山杖等；公用装备是指一个团队集体使用的物品，主要包括帐篷、炉具、对讲机、绳索等。公用装备可以是个人所有，但是由团队成员共同使用。

户外装备按照户外用途，又可以分为基础装备和专业装备。基础装备一般指大多数户外运动常用的、大多数户外爱好者都会拥有的装备，例如背包、睡袋、帐篷、户外服装、指北针、灯具等；专业装备是指在特殊活动中需要使用的装备，例如高海拔登山中的高山靴、冰爪、冰镐，攀岩运动中的安全带、攀岩鞋，探险活动中的海事卫星电话，滑雪运动中的滑雪板等。

针对户外运动的特殊性质，参与者对于户外装备的设计和质量也有着特别的要求。比如冲锋衣除了要求材料有防水性外，还需要透气、耐磨、防风等特性；另外，在设计上也有别于一般的防水衣物。应该说，户外装备是根据参与者的实际需要来设计生产的，消费者应该根据自己的需要来选择户外装备，以便达到物尽其用的目的。在登山和探险等户外活动中，装备就是运动者的生命，如果装备不适合或者使用不当，轻则会导致运动者受伤，重则会使运动者有生命危险。

第二节　个人基本装备

个人基本装备是指进行户外运动时，参与者在户外生活、活动所必需的个人用具。主要包括背包、帐篷、睡袋、防潮垫、户外服装、快干衣物、帽子、鞋袜、防晒用品和照明设备等。

一、背包

背包是户外最重要、最基础的装备之一。户外活动中，通常都需要携带大量物品，如帐篷、睡袋、衣物、食品等，这时一个专用的背包就可以发挥很大的作用。早期的背包背负系统设计不合理，将重量集中在双肩上，长期使用之后会造成肩、腰部的酸痛疲乏。如今随着设计水平的不断提高，专业的户外背包既可以省去手提的麻烦，又可以保持行走的稳定，而且能够最大限度地减轻旅行者在负重情况下的身体疲劳。

（一）分类

不同大小和设计的背包适合不同领域的户外运动，如高海拔登山、攀冰、自行车等户外运动所使用的背包都有特殊的外挂系统，以方便携带冰镐、头盔、水袋等用具。

1.根据使用范围分类

（1）登山包

一般是指进行高海拔山峰的攀登活动时所使用的背包。因为其环境特点，除了需要可靠的质量外，背包还需要特殊的设计，比如专门的外挂装置，方便携带冰镐、冰爪、绳索等技术装备。

（2）越野包

一般是指长途负重穿越，往往需要在野外露营时所使用的背包。长途负重穿越对于背包的要求较高，不但需要方便实用，还需要具有耐用性以及较好的负重能力和舒适度。

（3）徒步包

一般是短途行走，负重较轻，基本不用携带露营装备时所使用的背包。背包大小适中即可，多在20～40升，需要舒适、结实且具有一定的功能性。

（4）旅行包

一般是指在城市、旅游景点观光游览时所使用的背包。对于设计无特殊要求，方便、结实、实用即可。除了双肩背包以外，也有单肩设计的。

（5）骑行包

骑行包即自行车运动专用背包，大小一般为10～20升，主要设计要求为紧凑贴身，不能影响骑行，并尽可能地降低风阻，背负部分需要有良好的透气性。骑行包一般没有水袋口，背包外部有专门挂头盔的地方。

（6）儿童包

儿童包是根据儿童的身体特点，专为他们设计的背包，以舒适为主，尺寸也适合儿童的身体。

2.根据结构功能分类

（1）软式背包

此类背包基本为中、小型，没有任何内外支架，一般没有背负系统。用于户外的软式背包会在功能性和耐用性方面做一些特殊设计，如水袋口或耳机口等。软式背包属于多用途背包，比较适合轻装登顶、一日郊区徒步或攀岩等活动。

（2）外支架背包

此类背包拥有非常牢固的外部支架，早期的背包均为此种类型，其骨架结构均为H形，在背包和肩膀及臀部之间起着良好的支撑作用。背包和背负系统（可调节肩带、腰带、胸带等）均固定在背包的框架上。

（3）内支架背包

此类背包将支架移至背包内部，使得支架和背包更紧密地融为一体，体积大大减小，同时也能更好地将负重在肩膀和臀部之间进行分配。此类背包的骨架材质多为铝合金或碳纤维，外观为流线型设计，符合人体工程学，能贴紧背负者的背部，行进时身体易保持平衡，不易跌倒。如今绝大多数人使用的都是内支架背包。

（二）结构功能

结构功能是一个背包品牌设计力、生产实力等方面的集中体现。

1.容积

背包的容积常以“升”（L）为单位。根据户外运动的类别和时间的不同，需要的容积也不同。比如一般2～3天的越野活动，男性背包大小需要60～70升，女性需要50～60升。不同生产商所标示的背包容积的标准也往往有所不同。另外，为了提高背包的适应性，很多厂家生产的背包都有容积调节功能，具有一定的可扩充性。这样的设计包含可扩充的包体（多数为10升左右）、更多的外挂装置（可以外挂更多的装备）、可自由脱卸的左右侧包等。

2.背负系统

简单地说，我们把背包与身体接触的部分，包括腰带、肩带、胸扣、支撑结构等部分称为背负系统。背负系统设计的目的在于让使用者背得更舒适，并且在正确的姿势下进行行走、攀爬等活动。符合人体工程学的背包设计，可以将负重合理地分配到身体的髋、腰、肩等各部位，避免一处集中受力。背负系统集中了一个品牌背包的最高设计水平，是背包的基础。

（1）腰带

宽大厚实的腰带能将大部分的重量传递到臀部，从而减轻肩部的负担。

（2）肩带

优良的肩带能使背负更舒适，从而让使用者能够合理控制身体的重心，同时方便调节长短。

（3）支架

支架是负重的关键部分，它能使背包贴合身体，并且在负重的情况下保证背包不会变形。目前，背包的支架常使用铝合金材料，有些高档的背包会采用钛合金材料。

（4）面料

背包常用的面料有普通尼龙（nylon）面料和考杜拉（cordura）面料。普通尼龙面料质量较轻，有着不错的强度，易干且不容易发霉，缺点是不耐磨且不防火。考杜拉面料可以用在背包的不同部分，比如背包底部需要更高的耐磨性，常常使用1000D考杜拉面料。

（5）卡扣

腰带、胸扣和头包等处都要使用搭扣，尤其是腰带的主扣，一定要选择质量好的产品，这样才能保证使用效果。一般好的背包都会使用尼龙扣件，以最大限度地保证卡扣在使用中不会断裂、损坏。

（6）收缩带

背包的收缩带可以紧固背带，保持背包的紧凑。肩部调节带是背负系统中的一个重要设计，却常常被忽略。一般好的收缩带需要针脚紧密无毛边，质地柔软且不易变形，折叠恢复后不易留下褶皱。

（三）使用技巧

1.背包装填

背包装填的方法关系到背包空间的充分利用和使用者的背负感觉。物品摆放的位置，会很大程度上影响使用者的方便程度和舒适程度，不合适的装填方法会造成重心偏移，导致背包损坏。

背包的装填方法如下：

①背包重量需合理分布。正常情况下重心应较高并靠近背部，让臀部承受大部分的重量，即轻的物品（如睡袋和备用衣物等）放置底层，重的物品（如水、食品）放在上部。而当遇上艰难的地形时，重的物品可稍往下放，使重心降低，这样较易保持平衡。

②装填时要保证物品便于取用，随时要用的东西如手套、帽子、墨镜、地图、冲锋衣、防雨罩等，最好放在头包或侧包中。

③坚硬物品不要放在贴近后背的部位，以免其棱角压迫背部。

④物品要分类袋装，将同类物品或同时使用的物品放在一袋中，以便取用。

⑤最好养成物品固定放置的习惯，这样不但整理背包较快，而且即使在光线不好的情况下也能较快地从背包中摸出想要的东西。

⑥为了防水，可将物品分别用塑料袋或密封袋装好，配合背包防雨罩，可以保证在雨中行走或不慎落水时包内物品不被打湿。另外，可以在背包内套一个大的垃圾袋来保持物品干燥。

⑦帐篷、地席、防潮垫等可放在背包外部，使用外挂固定。外挂的时候要仔细检查外挂带是否牢固。可根据背包重心位置和穿越地形决定是挂在背包顶部还是底部。

装好的背包应保持左右重量平衡，所有物品应尽量压实，避免留下空隙。

2.上包方法

上包方法主要有两种。

第一种：双脚站立成弓箭步，双手分别提住背带，将背包提到大腿上，一只手先穿入肩带，然后背包上肩，以单肩撑住背包，随后另一只手快速穿入另一边的肩带，随即扣好腰带主扣完成上包动作。

第二种：将背包放置到较高的地方，人只要稍微蹲下便可将双手同时穿入肩带，站起后扣好腰带主扣完成上肩动作。

注意：完成上肩动作后不要着急起步，应对背包的各种调节带再做适度调整，以最舒适的背负状态前进。

3.下包方法

下包动作与上包动作反向即可，但注意放下背包时应轻缓，重摔很容易损坏背包和包中物品。

4.注意事项

①一个人长时间使用同一个背包后，背包的背负系统会根据他的身体调整成固定模式，其他人再使用可能会感到不适，所以不建议将背包借给别人使用。

②无论是在路上休息还是抵达驻地，下包后第一件事就是要把腰带主扣扣上，避免腰带主扣被踩坏。

③在通过急流、陡峭地段时，需有绳索保护。在无保护通过时，应放松肩带，解

开腰带和胸带，以便在出现危险时，能以最快速度使人包分离。

④露营时，背包口要扣好，避免小动物或杂物进入背包。

⑤如果背包放置在帐篷外，则睡觉前最好用防雨罩覆盖背包，因为即使是晴朗的夜晚，露水依然会打湿背包。

⑥冬季寒冷环境下露营时，可以将空背包置于脚下，套在睡袋外，起到一定的保暖作用。

二、帐篷

如果说睡袋和防潮垫是户外爱好者的被子和床，那么帐篷就是他们的“家”。疲惫的一天行程后，有一个舒适的“家”很是必要。在户外宿营时，帐篷提供了防风防寒的功能，同时还能防止小动物的侵扰。以前人们经常使用简陋的帆布搭建棚子居住，夜里的低温和露水会对身体造成伤害。而有了帐篷，这些不利的情况就会大大减少。

（一）分类

帐篷的分类有很多种，主要分为以下几种。

1.按帐杆区分

按帐杆材质可分为玻璃钢杆帐篷和铝杆帐篷。

（1）玻璃钢杆帐篷

一般常用于低强度的户外运动。玻璃钢帐杆较重，材质较脆，耐寒性和抗风性都不如铝杆，但是由于其价格便宜，足以应付一般日常环境，所以也有一定的使用范围。

（2）铝杆帐篷

原来铝杆帐篷多是为攀登雪山或者在高寒地带的户外运动准备的，使用的材料为航空铝，重量轻、抗风性好、延展性好。近年来，随着技术的不断改进，铝制杆的价格不断下降，越来越多的普通帐篷也采用铝制杆。

2.按帐布的层数分

按帐布的层数可分为单层帐篷和双层帐篷。

（1）单层帐篷

市场上有一些单层帐篷，主要使用范围为冲锋帐，为攀登雪山时使用。此类帐篷重量轻、体积小、价格高，生产上对于各部分材质和做工要求很高。尤其是帐篷的面料，因为只有一层，所以需要帐布兼具防水透气的功能。但是一些帐篷生产商为了满足市场的需要也推出了一些低价的单层帐篷，主要用于郊游、海滩，但实际防雨性、抗风性都很差，基本无法满足户外运动的要求。

（2）双层帐篷

目前，市场上常见的帐篷皆属于双层帐篷，两层帐布各有功用。外帐主要用来防风防雨，内帐用来提供居住空间及必需的透气性和通风能力。帐篷内人呼出的热气会在帐篷外冷空气的作用下，在帐篷内壁凝结成水珠，从而打湿睡袋。双层帐篷的设计，优点在于热气会透过内帐，在外帐内壁凝结成水珠然后直接流到地面。

3.按适用季节分

按适用季节可分为三季帐和四季帐。

（1）三季帐

此类帐篷是最为常见的帐篷类型，因为大多数户外爱好者都是在春、夏、秋三季活动，此类帐篷可以满足绝大多数环境下的使用需求。此类帐篷的设计简洁、透气、搭建方便，常用2～3根帐杆来撑起帐篷主体，在材料使用方面突出性价比。有些较好的三季帐的强度也可在比较恶劣的天气下使用，如降雪、大风等。

（2）四季帐

此类帐篷的设计使用范围为较严酷的自然环境，例如雪山攀登、极地穿越等，通过3～4根或更多的帐杆增加强度，以便适应大风、大雪等恶劣天气。此类帐篷保暖性好，但透气性稍差，在面料和帐杆上尽可能使用最好的材质，同样强度下追求更轻，所以价格更高，但是物有所值。此类帐篷往往是行程顺利和人身安全的保障。

4.按外观和搭建方式分

按外观和搭建方式可分为A形帐篷、圆顶帐篷、隧道式帐篷和露营袋。帐篷的品牌众多，外观也是各式各样，这里主要介绍几种常见的外观样式。

（1）A形帐篷

A形帐篷属于传统造型的帐篷，外形就像我们以前居住的有屋檐的屋子，搭建时需要利用帐钉将帐篷固定在地面上，然后利用帐杆将帐篷撑起来，再用绳子固定。帐篷从前方看去是一个三角形，此类帐篷在早期使用得比较多，但侧面受到风吹时强度会大幅下降。另外一个缺点是帐篷内空间较小，帐篷两侧较为倾斜，内部空间较小。现在已经较少看到此类帐篷。

（2）圆顶帐篷（也称蒙古包式帐篷）

这是目前市面上最常见的款式，多采用双杆交叉支撑，拆装都比较简便。又因为其屋顶较高，形似倒扣的碗，所以也叫蒙古包式帐篷。此类帐篷的帐杆利用内部的松紧绳连接起来，搭建时弯曲帐杆，利用帐杆的张力将帐布撑起来。这种帐篷的优点是可独立站立，搭建方便，抗风性较强，帐篷内的活动空间比较舒适。为了增加强度，此类帐篷也有使用3根甚至更多的帐杆交叉搭建。

（3）隧道式帐篷

此类帐篷是由前后各一个半圆形的帐杆所构成，彼此平行不交叉，整个帐篷外形如同隧道状。此类帐篷不能独立站立，需要靠帐钉和防风绳才能固定成型。其优点是强度大，因为帐篷比较低矮，受风面积小，重量轻，搭建快，只要穿好帐杆，两端一拉即可。其缺点是必须依靠帐钉和防风绳才能搭建，在水泥地等硬质营地使用不方便。同时，由于比较低矮，帐篷内部空间较小，活动会受到限制。

（4）露营袋

露营袋是一款比较特殊的帐篷，外形类似一个睡袋，依靠两根很短的帐杆在头部支撑起一个空间。使用者躺在里面如同钻入一个更大的睡袋。露营袋可以提升舒适度，但不能抵御长时间降雨和恶劣天气。露营袋的重量较轻、体积较小，帐布面料多采用防水透气材料，价格昂贵，主要作用是在极端情况下提供一个相对舒适的环境，发挥类似于救生毯的作用。

5.按大小分

按大小可分为单人帐、双人帐、多人帐。

（1）单人帐

单人帐主要用于自行车运动、长线旅游等活动，最主要的特点是轻便，大多数重量为1.5～2千克。此类帐篷一般空间较小，只能容纳一个人和一个背包。

设计上有单杆（需要配合地钉才能搭建）和双杆，帐杆多采用铝杆。

（2）双人帐

大多数帐篷都是双人帐，一般此类帐篷可以容纳2～3人，重量适中，使用范围广，所用材质也根据用途各有不同。

（3）多人帐

多人帐一般指满足4个人或者4人以上使用的帐篷，如家庭帐篷、登山时的大本营帐篷等。此类帐篷大多体积大、重量大，不适合背包旅行，或者需要由多人分担背负。此类帐篷一般作为集体装备备用，或者用于自驾车等无须人工背负的户外活动时使用。

（二）结构功能

帐篷主要由以下六种部件构成。

1.帐杆

帐杆主要负责帐篷的支撑成形和承受外界的风力，其材质多为铝合金或玻璃钢。帐杆是帐篷的关键部件，帐篷主要由数节长度相同的帐杆通过内部的一根松紧绳连接而成，连接起来后可以弯曲，收纳时可以折起放入帐篷套。

2.外帐

外帐指的是双层帐篷外侧的帐布，起到防水、防风的作用，通常是防水的尼龙布。尼龙布薄而轻，适合登山和徒步者选用。牛津布厚，比较重，适合自驾车或集体使用的大本营帐篷。从防水涂层看，现在多用PU涂层，防水效果不错，一般外帐的防水压力要求1500毫米汞柱以上。

3. 内帐

内帐指的是双层帐篷内侧的帐布，通常是由具有透气性的尼龙布甚至丝网构成。内帐帐底与地面接触，材料需要耐磨、防水，防水要求一般达到3000毫米汞柱以上，现在多用PU涂层的牛津布做帐底。

4. 帐钉

帐钉用来固定帐篷和防水绳，由木材、金属或塑料等材质制成，其中铝制帐钉重量轻，比较常用。外形有T形、半月形、片状等，针对草地、岩石地或雪地都有相应设计。

5. 防风绳

防风绳用来固定帐篷，增加帐篷的强度和稳定性。需要选择有一定抗拉性的绳索，一般连接帐杆和重物，如石头、断木等，也可以用帐钉固定。

6. 帐篷套

帐篷套包括帐篷袋、帐钉袋、帐杆袋，是收纳帐篷时使用的外包装。

（三）使用技巧

帐篷的使用虽不复杂，但应该说也是一门学问，同样的帐篷，使用得当，防风、防雨效果俱佳，反之则不理想。使用帐篷时应注意以下事项。

1. 搭建地址的选择

①营址应该在相对平坦的地方，避免在可能有落石的地点扎营，以免被落石砸伤；不要在水边扎营，以免突然涨水冲走帐篷；不要在大树下扎营，以免遭雷击。

②地面要相对干燥，以薄草坪为佳。

③帐篷出入口应背向风口。

④避免在斜坡上扎营，如地面稍有坡度，出口应选在下坡处，这样便于挖沟排水。

⑤选定营址后要清理干净石头、树枝等杂物，既可以提高睡眠舒适性，还可以避免划破帐篷底。

2. 搭建帐篷

①帐篷铺开后应首先固定帐篷的四角，使帐篷底在地面上铺平。

②根据帐篷搭建的方式，先撑起外帐或内帐，注意使外帐绷紧并和内帐保持一定距离，这样有利于帐篷的防雨。有雪裙的帐篷，应用沙土或石头压好雪裙。

③如有条件，可垫一张地席，这样既可保护帐篷底，又可达到较好的防水效果。

④记住要使用地钉和防风绳，户外天气多变，应准备充分。

⑤使用地钉切忌用脚踩，地下可能会有石头，太过用力会折弯地钉。

⑥防风绳与地钉成90°角最好，这样有利于达到最大强度。

⑦撑好帐篷之后，检查一下内外帐间的距离，若贴在一起，则会影响防雨和防露水的效果，应做调整。

3.挖排水沟

露营时，天气多变，尤其是在山中，晴雨不定，一定要记得在帐篷四周挖排水沟。排水沟沿着帐篷的四边，位置以能够使外帐的水正好流入排水沟为宜。

4.帐篷的打包

购买帐篷时都会带有一个帐篷袋，大多数时候使用者都是将其直接放入背包中或外挂。但帐篷的重量要远远大于防潮垫，外挂时稳定性不好。直接放入背包中，由于其体积较大、形状固定，影响整个背包重心的调整，背包内的空间得不到合理利用。为了合理分配包内空间，可以考虑把帐篷拆开放置，内外帐可以根据背包容量重新折叠放置，而帐杆可以贴紧背负系统插入背包中。

5.注意事项

①穿着登山鞋不可进入帐篷，靴底的烂泥或小石粒会弄脏帐篷并磨损其底层。

②避免让雨水进入内帐，湿衣物应避免弄湿其他物品。

③尽量不要在帐内点火做饭，以免损坏帐篷。

④睡觉时应打开通气口，保持帐内通风。

三、睡袋

在一天的长途奔波之后，疲惫的旅行者需要一个舒适温暖的地方充分休息。

帐篷为大家提供了“房间”，而睡袋和防潮垫则是“被子”和“褥子”。合适的睡袋可以为户外爱好者提供良好、安全、温暖的睡眠条件。睡袋是户外露营的必需品，同时也可以在普通旅行中作为卧具使用。

事实上，在户外露营时，帐篷的主要功用是遮风挡雨，睡袋才是最重要的夜间保暖工具。因此，睡袋的选择十分重要，太冷则无法入睡，伤害身体；太热则代表睡袋较重，携带了多余重量。

（一）分类

人们习惯上根据形状的不同，将睡袋分为木乃伊形和信封形；也可根据制作睡袋的材料以及睡袋内填充物的不同，将睡袋分为棉睡袋、羽绒睡袋和抓绒睡袋。

1.根据形状分类

（1）木乃伊形睡袋

也叫妈咪形睡袋。顾名思义，这种睡袋的外形类似于埃及的木乃伊，肩部比较宽，然后往下到脚部逐渐变窄，肩部以上可以收紧，包裹住头部，防止热量流失。

（2）信封形睡袋

其外部形状类似于一个信封，所以得名。此类睡袋大多适用于低强度户外运动中较温暖环境下的露营，或者作为居家以及入住旅馆的卧具。

2.根据材质分类

（1）棉睡袋

大多数户外爱好者都使用棉睡袋，通常棉睡袋的舒适温度在0℃～5℃，一般在春夏秋三季组织的户外运动，均可以选择这种睡袋。现阶段制作棉睡袋时，多选择中空棉来填充，这种棉的纤维带有小孔，不但可以减轻重量，而且大大增强了保暖性。

（2）羽绒睡袋

此类睡袋多用于寒冷天气下的户外活动，一般填充料是鸭绒或鹅绒，同等条件下鹅绒的保暖程度要稍高于鸭绒。由于绒毛之间的空气含量大，所以羽绒睡袋的保暖性很强，而且便于压缩，在同等重量下其性能要优于棉质睡袋。

（3）抓绒睡袋

此类睡袋材质较薄，保暖性较以上两种差很多，单独使用时只能用于夏季户外活动，或者当作卫生睡袋在旅店使用。抓绒睡袋还有一个更好的使用方法，就是将其放入棉质或羽绒睡袋内，遇到十分寒冷的环境时，这样的保暖效果会更好。

（二）结构功能

睡袋不能发热，只能保温，因此，在进行结构设计时应最大限度地避免热量散失。

1.头部

睡袋的头部有一个帽兜，宜选择大小合适的，太小了不利于头部活动，太大了会遮挡脸部，适宜的大小可以最大限度地减少热量散失。一般的帽兜在设计时会在边缘加入绳扣，便于使用者根据气温和自身习惯调节。

2.颈部

从睡袋结构上看，颈部是最容易钻入冷空气的部位，为了保证睡袋的严密性，避免热量从此处散失，通常会在睡袋的颈部加上收紧领或胸领这样的隔断。特别是在极度寒冷的环境下，睡袋上的这种颈部设计的效果更加明显。

3.脚部

脚部离心脏最远，是最容易被冻伤的部位，所以露营时要特别注意脚部保暖，一般的睡袋，脚部位置也会比较厚实。当环境温度极低时，可以在睡袋里用抓绒衣裹住脚部，并在睡袋外面套上背包或加盖其他厚衣物。

4. 内外材料

不同材质的睡袋在选择内外材料时要考量的因素也不同。在选择棉睡袋时，应该以内部舒适度优先，选择外部材料时则要兼顾耐磨性和防泼水性，涤纶和尼龙这两种材料就很适合。羽绒睡袋必须选择透气性好的内部材料，因为如果湿气散不出去，会极大地影响睡袋的保暖性能；选择外部材料时，也要注重防泼水性；此外，在选择时还要考虑到绒毛露出的问题。优质内外材料是保证睡袋具有良好保暖性和较长使用寿命的关键。

5. 温标

温标是户外运动者选择睡袋的重要指标之一，每个睡袋都有舒适温度、最高温度和极限温度这三个温标，通过这些数据，我们可以清晰地了解这个睡袋的性能。舒适温度顾名思义是指使用者在这个温度范围内使用睡袋较为适宜，会感到非常舒适；最高温度指的是使用者在这个温度下使用睡袋会感觉太热，超过这个温度使用睡袋会有不良后果；极限温度则指的是睡袋可以安全使用的最低温度，若低于这个温度，使用者有可能被冻伤。

6. 拉链

睡袋一般会采用双头拉链，这种拉链的优势在于使用者可以在睡袋内部拉开或收紧睡袋。拉链的内侧应附有一层薄且硬的织物带（PP带），叫作防缠贴条，其作用是避免拉链和面料缠绕。从头到尾，整条拉链都必须带有挡风层，这种严密的设计有效地减少了从拉链缝隙中进入睡袋的冷空气。此外，有少数睡袋在左右两侧还设有拉链，两个这种类型的睡袋可以拼合在一起，构成一个双人睡袋。

7. 口袋

一些睡袋会在其颈部内靠下的位置缝制一个小口袋，可以在其中存放一些小件物品，如钥匙、钱物等。

8. 睡袋压缩袋

睡袋压缩袋是专门用于收纳睡袋的。睡袋本身体积较大，压缩袋能够将其体积压缩至最小，便于放入背包中携带。一般对这种压缩袋的要求较高，不仅要具有良好的防水性，以保证睡袋不会潮湿，而且无论是面料、卡扣还是松紧绳都必须选择非常结实的材料，连接处也要结实紧密，这样压缩袋才有足够的强度来压缩睡袋。

（三）使用技巧

经过一天的长途跋涉后，睡一个安稳的好觉非常重要。睡袋是没有发热功能的，只能减少睡袋内的热量散失，人体才是热量的来源，所以要睡一个好觉必须在体内储存足够的热量，还要选择好周围的环境。外界环境也会影响睡觉的舒适度。睡袋的保暖性、舒适性由以下五个方面决定。

1.睡袋本身

①要根据户外活动地点的环境和温度选择适宜的睡袋。

②扎好帐篷后的第一件事就是打开睡袋，使其处于蓬松状态，越早打开越好。

③进入睡袋后，应将帽子和颈部的抽绳收紧，并将脱下来的衣物覆盖在睡袋脚部，以提高睡袋的保暖性。

④所有类型的睡袋在使用时都要保证其干燥，特别是羽绒睡袋，一旦弄湿将失去所有保暖性，并且很难晾干。

2.帐篷的条件

①帐篷里住的人越多越好，最少也要达到标准人数。

②允许在帐篷内使用发热设备，如汽灯和炉子等，但一定要注意用火安全。

③露营时通常会点燃篝火取暖，可将帐篷搭建在熄灭的篝火上，但之前一定要保证其完全熄灭，还要在其上覆盖一层厚厚的泥土。

④不能为了保暖，把帐篷建得密不透风，适度的通风可以将氧气输送到帐篷内，同时将人呼出的水汽带出，避免这些水汽凝结于帐篷上，滴落打湿睡袋。

3.衣物的穿着

①为了睡觉时更舒适、更暖和，切勿穿着潮湿的内衣或袜子入睡。

②当感受到睡袋厚度不够时，可以多穿几件衣服进入睡袋，甚至可以将抓绒衣和羽绒服都塞到睡袋里，也可以在睡袋外覆盖更多的衣物。

③可以选择戴一顶帽子入睡，因为从头部散失的热量会占到热量总散失量的一半。

4.地表的绝缘

①最好选择干净平整的地面作为宿营地。

②睡袋下必须铺一条优质的防潮垫。

③最好在防潮垫下再铺一张地布或地席。

5.身体的条件

①为了保证人体的正常新陈代谢，切勿在口渴状态下入睡，条件允许的话，应在睡前喝一些热饮。

②进入睡袋前，应适当做一些运动来热身，但最好不要出汗。

四、防潮垫

在户外露营的人都知道，和睡袋一样，防潮垫也是户外露营的必备装备。

防潮垫的作用在于防潮隔热，抵御来自地面的寒气，保证睡眠质量，保护露营者的身体健康。即使是在夏天，地球表面的温度还是比空气的温度要低很多，当我们的身体接触地面时，传导作用会将身体的热量带到地面，导致皮肤失去能量而产生冰冷的感觉。因此，我们需要防潮垫来帮我们做好隔绝的工作，这样才不会因为损失能量而导致失温。

（一）分类

如今市场上常见的防潮垫主要有两种：一种是泡沫防潮垫，另一种是自充气防潮垫。前者价格便宜且重量轻，后者价格略高，但比较舒适。

1.泡沫防潮垫

泡沫防潮垫又可分为两种：开放式发泡防潮垫和封闭式发泡防潮垫。

（1）开放式发泡防潮垫

一般是由膨胀的聚氨酯制成，里面有许多细微的气室，可以允许外界空气的进入，形成隔热层，但吸水，一旦碰到水就不能使用。

（2）封闭式发泡防潮垫

内部含有很多封闭的细微气室的泡沫防潮垫，隔热效果好，不会吸水。缺点是有一定的重量，垫子的厚度较薄，睡眠时可能不够舒适。为了舒适，现在多选用双层封闭式发泡防潮垫。

2.自动充气防潮垫

自动充气防潮垫内部是开放式发泡层，表面为组织紧密、防水性佳的尼龙布，同时还设有自动充气阀以方便空气流通。

（二）结构功能

防潮垫的隔绝原理跟我们使用睡袋和保暖衣服一样，都是利用一层几乎不流动的空气形成隔绝层，挡住外界的低温，防止身体的热量散失。其隔绝效果根据使用的材质而有所不同。

防潮垫都是由“发泡”构成的，其最基本的种类有两种：封闭式和开放式。封闭式发泡是一种由细小气泡构成的塑料防潮垫，由于每个气泡都是独立单位而且封闭，所以这种防潮垫不吸水。户外用品店销售的不可压缩、不会膨胀、无法拆解、有多种颜色的防潮垫多是封闭式的。

封闭式防潮垫是耐磨的，即使被冰爪踩到或者被登山杖戳到，也并不会因此不能使用。被损坏的只是一个部分，其他部分仍是完好的。但是由于它并不是非常柔软，所以对一些习惯于睡柔软床垫的人来说，还是很难适应的。

在制作自充气防潮垫时，防潮垫的内芯用压缩性和膨胀性很好的海绵填充，挤压海绵中的气体，关闭气阀使垫内呈半真空状态，体积变小。打开气阀，在外界空气压力的作用下，海绵膨胀，可以自动把空气吸到垫内，因此，称其为自动充气防潮垫。充满空气的防潮垫有非常好的弹性和舒适性。

（三）使用技巧

第一，防潮垫一般都是外挂在背包上，使用防潮垫套可以减少不必要的损坏，能大大延长垫子的使用寿命。

第二，将地布、地席配合防潮垫使用，保温效果和舒适度更好。

第三，地席、地布大多不能代替防潮垫的功能，而防潮垫可代替地席或地布的基本功能。

第四，一般自充气防潮垫自动充气结束后可以补2～3口气，以增强其弹性，但应注意的是，不要过多依靠补气，尤其用嘴补气时，口中带有的水汽会影响气阀的使用寿命。

第五，使用时注意地面是否平整，应清理干净地面上的石子、树枝等异物。

第六，一般防潮垫的材质都易燃，所以要注意防火，不要在防潮垫上使用炉具。

五、户外服装

户外运动往往是在自然环境中进行，阳光、雨雪、狂风等都可能成为参与者的“敌人”。为了保护自己的身体，圆满地完成计划，户外服装就体现出其不可或缺的重要性。

户外活动的内容与形式很多，从一般的郊游、徒步旅行，到登山、攀岩、越野自行车，以及滑雪、溯溪、帆板等。为了适应这些户外运动形式，市场上也出现了各种款式和类型的户外服装，如贴身紧凑的自行车骑行服、排汗快干的内衣、滑雪专用的滑雪服等。试想，如果背负着大包行走在山野中，遇到风雨时，绝不可能拿出雨伞，这时候需要的是一套能够抵御风雨的冲锋衣裤。又如毛衣是大家用来保温的日常衣物，但是在户外，一旦毛衣被打湿，保温性能将大大减弱，重量增加且不易干燥，穿着湿漉漉的衣服不但感觉苦不堪言，严重时还会危及生命。

所以户外服装的出现，在功能性上满足了户外爱好者的专业要求，为户外运动的开展和参与者的人身安全提供了保障。

（一）分类

为了适应自然环境下多变的天气，抵御恶劣环境对人体的伤害，防止身体的热量散失，快速排出运动中所产生的汗水，户外参与者对户外服装的穿着提出“三层着装”的概念，据此来选择购买、增减衣物，可以适应各种天气的变化以及各项户外运动的实际需求。其实，“三层着装”的概念不仅仅适合户外运动，对一般日常生活也是十分适用的。“三层着装”分为基本层、中间层和最外层。

基本层——排汗层。基本层即贴身的内衣，其主要用途是保持人体皮肤表层的干爽、不闷热，因此其注重的功能是衣服的排汗性和舒适度。如果人体排出的汗水在皮肤表面蒸发成气体，会带走身体大量的热量，从而使人感到寒冷。所以基本层应该能够迅速将湿气及汗水排到内层衣服的表面，使得汗水不会停留在皮肤上。

中间层——保暖层。中间层服装的作用是在衣服内形成一个空气层，空气层是良好的隔热材质，所以当衣服内形成空气层后，外界的冷空气被隔绝开，从而达到保暖的效果。理论上，空气层越厚，保暖效果越好。

最外层——隔绝层。最外层服装也就是通常说的“冲锋衣、冲锋裤”，其主要提供防水、防风、防撕裂，以及部分保暖和透气的功能。由于最外层是直接面对外界环境的衣物，所以其最终目的是将外界恶劣气候对身体的影响降到最低。除此之外，还要能够将身体产生的水汽排出体外，避免汗水带出的蒸气凝聚于中间层，使得隔绝效果降低而无法隔绝外部环境的低温或冷风。

“三层着装”中的每一层都不是独立的，需要三层服装互相配合提供保护，例如空气被阻隔在两层之间要比单独的一层提供更多的保温作用。为了使衣物达到最佳的效果，各层的透气和排汗功能应该保持一致，如果其中一层不透气不排汗，那么其他层的效能也无法发挥。

“三层着装”的好处在于可以因地制宜，灵活运用：如果觉得热，可以脱去中间层，因为最外层也有一定的保温作用；如果风力不大，也可以脱掉最外层，因为中间层更加轻便舒适、透气性好；如果觉得冷，可以穿上不止一件中间层，这样可以提供更多的空气层，更好地保持温暖。

（二）结构功能

1.基本层——排汗层

内层服装一般都需贴身穿，形式有点像人们平时穿着的短袖T恤、秋衣、秋裤等，其主要作用就是使身体保持干燥并有一定的保暖作用。在户外，基本层一般不采用纯棉内衣，因为在户外不可能经常更换内衣，而纯棉制品在汗湿之后，其保温能力将大大下降，易造成感冒、失温，甚至冻伤。目前，排汗层所用的材料多为人工材料，如纤维针织面料等，此类材料并非仅提供吸汗功能，其特点在于排汗、快干、透气效果好，汗湿后能将汗水排到外部，自身能够迅速变干，保持皮肤干爽温暖。另外，一些混合纺织的材料除了排汗之外，还能提供不错的保暖作用。

2.中间层——保暖层

中间层服装的主要材料可以分为天然材质和人工材质两种。

天然材质包括羽绒、动物皮毛和棉花。

（1）羽绒

由于羽绒具有许多微孔，膨胀起来能容纳很多空气，所以具有极佳的保暖效果，是最为常用的保暖材料之一。羽绒制品既可以将体积压缩到极小，又能迅速膨胀起来，收纳、使用都很方便。但其缺点是被打湿后就不再具有保暖效果，并且不易干燥；穿着也比较臃肿，行动不太方便。基于这些特点，羽绒服不适合在户外运动过程中（尤其是负重行进运动）作保暖层，而比较适合在休息时或露营时穿着。

（2）动物皮毛

动物皮毛也是优良的天然保暖材质，但皮质衣物重量较大，保养不易，且价格昂贵。目前羊毛制品使用得比较多，因其能够提供较好的保暖效果，但是遇水之后，其性能也会受到影响。另外，有些人可能会对皮毛制品过敏。

（3）棉花

这是最传统的保暖产品，价格便宜但是保暖效果不够理想，户外活动中已经较少用到。

人工材质中最为常用的是抓绒。抓绒只是对这一类材料的统称，其总体的优点是质轻、穿着舒适、易清洗、保温性好，同等重量的抓绒的保暖性甚至会超过同等重量的羊毛。另外，抓绒在打湿的情况下，还能有一定的保暖性，而且其排汗性能也很好。抓绒的缺点是防风性能比较差，通常需要加一层防风外套。另外，抓绒在干燥的情况下易起静电。

目前随着技术的提高，除了单一的抓绒材料，还出现了很多复合人工材质的中间层衣物。生产厂家通过各种材料的组合，将防风、防水和保暖性能结合起来。

3.最外层——隔绝层

（1）材料

最外层服装的材料尤为重要，毕竟这是面对外界环境的第一道防线，通常会选用高品质的尼龙作底料，复合高科技的防水透气胶膜，以达到防水、透气、耐磨、防撕裂的目的。防水透气面料的原理是其在薄膜状态下表面的小孔直径大小正好处于水分子和水蒸气分子之间，也就是说水分子不能通过，而水蒸气分子可以通过，从而达到防水效果的同时兼顾透气性。目前，市场上有很多防水透气材料，其原理都是这样的。

（2）设计

根据户外运动自身规律的要求，户外运动服装的剪裁方式有其特别的设计，以适应户外运动多变的环境需求和使用者的身体需要。外层服装的主要设计特点有：

第一，理想的户外运动服装通常采用紧凑的剪裁，使服装在保证运动功能的前提下，减小体积和减轻重量。

第二，此类服装对于需要活动的身体部位采取了特殊的形状，例如肘部、膝部预制的关节弧状，腋下预制的褶皱，这些设计便于身体各部位的活动。通常袖子都会比较长一些，为的是方便活动双臂。

第三，在这些服装的肩部、臀部、膝部或肘部等易磨损的部位，还会加上耐磨的牛津布，以延长服装的使用寿命。

第四，为了增强排汗效果，使身体保持干爽，很多外层服装在防雨面料里还加了网眼内衬，以便把身体与防水膜隔开。

第五，为了增强防风性并防止雪进入，有的衣物在腰际设计了防风裙，收紧后，其保温效果会更好。

第六，为了在运动中保持空气的良好流通，增强透气性，此类服装多在腋下设计有通风拉链的开口，同时配有防雨保护。

第七，为了防止雨水从拉链处进入内部，很多衣物都采用防水拉链。衣服的缝合处也需要压上一层胶，防止雨水从接缝处渗入。正面拉链的三层保护、宽大的下颚保护、紧缩式的袖口、底边的收紧绳，都进一步增强了服装的防风保暖性，有利于便捷的行动。

第八，外层服装基本有帽兜设计，平时可以收纳在衣领中，需要时可以展开，起到防风雨的作用。其设计注重在风雨环境里活动的需要，例如帽子前面有帽檐，宽大的帽兜可以套戴头盔或者抓绒帽子，而不戴头盔时又可收紧两边的抽绳。另外，为了保证防雨的效果，帽子一般都是和衣服一体的，不可拆卸。

第九，有的衣物还有专门放置地图、手机和对讲机的透明口袋。

第十，外层衣物中的裤子一般两侧都有拉链，以方便穿脱。拉链一般采用防水拉链，或者覆盖有防水条。

（三）使用技巧

第一，衣物本身并不会产生热量，穿上衣服让人感觉温暖是因为我们的体温散失时，衣物包围的冷空气被体温加热成热空气，所以穿着越多的衣服，可能捕捉到的空气层就越厚，也就会感觉越温暖。

第二，衣服的穿着应该根据天气、温度及时调整，太热、太冷对身体都不好。

第三，人的体温范围很小，正常范围在36℃～37℃，太低会造成失温，太高又会导致发烧。而衣服本身不会产生热量，所以当体温太低时，即使穿上衣物也不暖和，此时最好让身体运动一下以产生热量。

第四，风对体感温度的影响很大，在同样的温度条件下，如果有风会迅速带走身体热量，造成体感温度急速下降；同理，雨水一样会很快带走身体热量，所以防风、防雨都很关键。

第五，在进行运动的过程中，如果汗水较多，基础层无法快速排汗，此时一定要注意保持身体的运动，避免在阴凉地方长时间休息，到了营地应立刻更换上干爽的衣服，否则容易受凉感冒。

第六，宿营时，白天汗湿的衣物可以放到睡袋中，用身体的热量蒸干，以便第二天穿。

第七，在雨中行进时，衣服的内部可能是湿的，这并非透气层无效，而是因为此时衣服内外的湿度相近，身体的水蒸气无法有效地排出。

第八，毛衣、棉服、牛仔裤等日常穿着的衣物不适合在野外环境中穿着，应尽量避免在户外使用。

六、快干衣物

在“三层着装”的原则之外，当夏季温度较高时，快干衬衫和快干裤是很多人户外活动的首选。快干是指衣服所选择的面料比棉、毛、羽绒等材质更快速地将水分排出，从而保持衣物自身的干爽。在登山、穿越、攀岩、溯溪等户外活动中，快干衣物是十分常见的衣物。

（一）分类

快干衬衫主要分为短袖和长袖两种。短袖衬衫的透气性好，但是和短袖T恤有重叠，不利于遮阳。一般快干衬衫多为长袖，胸口会设有1～2个口袋，方便存放零碎物品。为了便于透气，袖子有两种设计：一种是卷起后用纽扣固定；一种是可拆卸式，使用拉链连接。很多衬衫在背部还设有透气孔。另外，为了便于户外使用，很多快干衬衫会使用可变形的橡胶纽扣。

快干裤主要有普通长裤和两截裤两种类型。两截裤由于适用范围广，所以在户外使用较多。快干裤的外形比较宽大，穿着方便，有利于透气。裤子设有2～4个口袋，可以放置地图等物品。两截裤有半截和七分式等款式，下半截通过拉链和上半截相连。一般快干裤都自带尼龙腰带，裤脚一般都会设有松紧带，利用弹簧扣可以收紧或放松裤脚，利于在不同地形中行走。

（二）功能

快干衣物多采用化纤材料，一般有快干、防泼水、防撕裂、防紫外线等功能。

1.快干

化纤材料和棉制品相比，化纤材料不容易吸收水分，也就是说汗水接触到衣物后，在风和温度的作用下，可以较快地蒸发。一般情况下衬衫采用的是快干面料，和内衣所采用的面料不同。

2.防泼水

虽然快干衣物不需要特别防水，但是为了达到快干的目的，部分材料做了防泼水处理，使衣物不易吸收水分。

3. 防撕裂

在野外常常需要穿过树林，为了防止衣物被撕破，很多快干衣物都做了防撕裂处理，例如在面料中加入网格，通过经纬线达到防撕裂的效果。

4. 防紫外线

快干衣物多在天气炎热的情况下穿着，阳光比较强烈，所以有些面料还具有防紫外线的功能。

（三）使用技巧

第一，烈日的暴晒、树枝的剐蹭会使皮肤受伤，所以尽量穿着长袖衣服和长裤。

第二，快干裤尽量选择较为宽松的，因为户外活动幅度较大，太紧会受到限制。

第三，为了透气，可以将两截裤的拉链拉至半开。

第四，如果没有合适的快干裤，夏季也可以穿运动裤，但是不要穿有防水效果的裤子。

第五，如果路上比较泥泞或者尘土较多，可以把裤脚收紧，缚在登山鞋上，可防止泥土进入鞋内。

七、帽子

在户外用品中，帽子是一般人比较容易忽略的东西。根据研究，头部的表面积虽不到整个体表面积的1/10，但人体所产生的热量却有一半左右是从头部散失的。尤其是在冬季，热量会大量从头部散失，从而可能造成身体失温。所以环境越冷，越应该注意户外运动中头部的保暖防寒。

另外，在丛林中行走，帽子可以有效地保护头部、面部、颈部，不会因为落下的物体或树枝而受伤。在烈日下，帽檐也能防止脸部、颈部晒伤。所以在户外一定要戴顶帽子。

（一）分类

帽子的种类很多，在户外，常用的帽子有棒球帽、丛林帽、滑雪帽等。

1. 棒球帽

棒球帽是最为常见的帽子，其主要特点是帽子的前部有较长的硬质帽檐，硬质的帽檐可以遮阳挡雨，保护面部。如果给棒球帽加上其他配件，可以衍生出很多类型的帽子。比如夏天可以采用网状面料，透气性好又凉快；冬天采用抓绒、尼龙等面料，保暖又防风。如果在帽檐上加一圈护颈，还可以保护颈部不被太阳晒伤。

2. 丛林帽

丛林帽是野外较为常用的帽子，其特点是有一圈软质的帽檐，可以较好地保护面部和颈部，遮阳的同时还能防止虫子等落入颈部。软质的帽檐在不需要的时候，还可以收起来，这样比较凉快。丛林帽多采用帆布或者快干尼龙材料制成，颜色多为绿色、灰色或迷彩色。

3. 滑雪帽

为了降低风阻、扩大视野，滑雪帽一般都没有帽檐，但有些产品设计了可折叠的帽檐，需要时可以翻下来保护耳朵。滑雪帽多用毛绒和抓绒材料制成，轻便且保温效果好。另外，为了便于在雪地里辨识，滑雪帽的颜色一般比较鲜艳。

（二）材料

常用来制作帽子的材料有帆布、抓绒、快干材料、毛绒、防水透气面料等。

1. 帆布

早期常用的材料，价格便宜，耐磨耐用，具有一定的防护功能，多用于丛林帽。

2. 抓绒

抓绒材质的帽子有不错的保温效果且十分轻便，和冲锋衣的帽子搭配使用效果较好。另外，抓绒材质即便打湿后，也还有一定的保温效果。

3. 快干材料

快干材料在户外使用范围越来越广。使用快干材质制成的帽子轻便、凉爽、透气性好，较为适合夏天或雨季。

4. 毛绒

毛绒织成的帽子保温效果不错，价格便宜，是比较常见的帽子，但是毛绒的空隙较大，防风性能较差。另外，毛绒被打湿后，重量会大大增加。

5. 防水透气面料

大多数冲锋衣都有折叠式帽子，下雨时可以取出来保护头部，当然如果帽子有防水效果则更好。采用防水透气材料制成的帽子一般价格比较贵。

（三）使用技巧

第一，如果帽子本身没有防止颈部晒伤的设计，可以把方巾压在帽檐下，盖住颈部。

第二，下雨时，如果眼镜不防水，可以将其置于帽檐下以防被淋湿。佩戴近视眼镜的使用者，也可以利用硬质的帽檐防止雨水打湿眼镜。

第三，在冬季寒冷的环境下，为了保暖，睡觉时也可以戴上帽子，最好选用抓绒无帽檐的帽子，以免影响睡眠。

八、鞋袜

（一）鞋

如果只是在城市或者成熟的景点旅游，一双舒适的运动鞋就可以满足基本的需要。但是在户外环境中，人们需要面对不同的路况，有时是布满石头的山路，有时是终年积雪的雪山，有时是阴暗潮湿的幽径。在这些环境下，长时间的徒步会使双脚受到比平时大得多的压力，脚踝会受到来自不同方向的冲击，脚掌会因为长时间不断地摩擦而起水泡。为了使双脚更加舒服，旅程更加顺畅，需要准备一双合适的户外鞋。

在户外活动开始流行的初期，很多人都会选择运动鞋或者军靴，花费较低且平时也能穿。但为户外活动专门设计的鞋品拥有卓越的性能，这是运动鞋和军靴无法比拟的。实际上从19世纪开始，欧洲就已经有专门为登山和徒步旅行而设计制造的专业登山鞋。如今世界各地的户外爱好者都已经认识到了户外鞋对于旅途和自己的重要性。

随着技术的不断发展，户外鞋的分类也越来越细化，其功能性、美观性都得到了很大的提高。出门在外，一双合适的户外鞋至关重要，所以在决定去旅行或者爬山之前，一定要选购一双适合的户外鞋。

1.分类

野外各种严酷的环境对登山鞋提出了许多特殊要求。为了适应不同的活动要求，登山鞋在多年的发展中逐渐细化，根据用途和设计特点分为以下几种类型。

（1）高山靴

专业高山靴的适用范围为高海拔登山、攀冰等。因为使用环境极为恶劣，这类鞋一般自重较大，保暖性极好，非常坚固，但柔软性和舒适性较差。

此类鞋均为高帮设计，靴底和靴帮具有较强的硬度。一般为内外两层靴，内靴的作用是保暖防寒，外靴质硬，多用高级塑料制成，防水防风，鞋底坚硬不易变形。

这样的双层设计可以在-40 ℃以下的环境中保护使用者的脚不被冻伤。另外，为了应对冰雪路况，外靴一般都带有专门的卡槽对应卡式冰爪或滑雪板。除了专业的登山者，绝大多数户外爱好者一般情况下不需要此类鞋。

（2）登山鞋

使用范围比较广泛，适用于低海拔登山、徒步穿越等活动，能满足大部分户外行走的要求，大多数户外爱好者都会选择此类鞋。

此类鞋对舒适度和耐用性要求较高，为提高防滑性，鞋底通常有较深的底纹；鞋体一般不会有低帮，多为中高帮鞋，以适应户外运动中难以行走的道路，起到保护踝关节和整个脚部的作用；鞋舌与鞋体相连，避免水或小石子等异物进入鞋内；鞋面多采用全皮，或者用软皮和尼龙拼接而成，因为要考虑到鞋面的防水功能，多采用防滑性和耐磨性较好的材质，足以适应复杂多变的路面情况，能够有效保护使用者的脚不被路面尖锐物损伤。

登山鞋按照重量和材质不同，还可以分为重型和中型。重型登山鞋拥有坚硬且变形小的鞋底，鞋面部分多由全皮制成，有些还衬有钢片，适合攀登海拔6000米以下的非雪山或穿越极度崎岖的道路；而中型登山鞋鞋底较重型登山鞋鞋底柔软很多，鞋面选择软皮和尼龙拼接而成，穿着时舒适度较后者高，足以适应正常强度的徒步穿越。

（3）轻型徒步鞋

这类鞋的适用对象主要是一些短途户外活动者，适合强度较低的旅游、郊游、远足和户外野营等活动。这类活动路况一般较好，选择重量轻、舒适度高的轻型徒步鞋最为合适。考虑到提高舒适度的问题，这类鞋大多制作成低帮，鞋面材料一般是皮革和尼龙混合，只需具有防泼水功能即可；鞋底花纹较浅，材质也比登山鞋柔软得多。这类鞋不但适合野外活动，还可以日常穿着，款式多样，较为时尚。

轻型徒步鞋虽然材质看似普通，但是与常见的运动鞋还是有很大区别的，它的制作工艺更为考究，比运动鞋更加结实，能够适应远距离行走；鞋底虽然不如登山鞋厚实，但是比运动鞋要硬，能够对脚提供更多的保护，鞋的整体重量也较普通运动鞋重。

2.结构功能

一般户外鞋由三个主要部分组成：鞋帮、中底和外底。

（1）鞋帮

鞋帮通常分为鞋面和内衬。常见的鞋面材质有三种：一种是皮革，一种是尼龙，还有一种就是皮革与尼龙混合材质。鞋面材质的选择很重要，它直接关系到鞋子的一些基本性能，如重量、透气性、耐磨程度和防水性等。登山鞋的鞋面通常采用以下两种面料制成。

第一种：全皮面。全皮材质具有较好的防水性和较高的耐磨性，对脚面有较好的防护功能，适合于在远距离野外徒步、负重较大、路况较硬的山地上行走的登山者。

第二种：小块皮革与尼龙布拼接而成。这种面料较全皮鞋面轻，具有很好的透气性，可以在常见气候下保证脚部保暖，穿着舒适度也较高。这种材质的户外鞋是负重轻、短距离的野外活动登山者的首选。

内衬材料通常有两种：天然软皮和人造材料。少数鞋为了提高舒适性和保暖性，还在内部增加了软垫。最初的登山鞋需经过油浸皮革处理后达到一定的防水性，但是如果长期浸泡的话，水依旧会渗透到鞋内。但是随着人造材料的不断进步，防水透气问题得到了一定的解决，人们已经发明出多种防水透气薄膜和涂层。很多厂家把这些材料制成的面料与传统内衬材料相结合，制成了新型的登山鞋内衬，使鞋子的防水透气效果得到了明显提升。

（2）中底

中底对保护双脚有着很重要的意义，它起到保护脚部的作用，避免脚部瘀伤或受到撞击伤害。道路越是崎岖难行，对鞋底硬度的要求自然就越高。优质的户外鞋不仅外底结实，中底也有较高的硬度。中底由经过强化处理的塑料板或金属板支撑足底，这样的鞋底相当结实，能提供双层保护。中底需要与人的脚形相符，以保证脚部与之密切贴合，这样登山者的重量给脚部带来的压力会以放射式扩散的形式最大限度地分散到鞋底，而不是集中于某些接触点上。

市面上流行的运动鞋中底多有气垫，这种结构并不适合出现在登山鞋的中底上。海绵泡沫这种独特的减震结构更适用于登山鞋，因为在进行户外运动时，中底所提供的支撑感要比气垫的柔软更重要、更安全。

鞋垫也是常被购买者忽略的部分，其实鞋垫在一双好鞋中起着重要的作用。专业的鞋垫会大大提高户外鞋的性能，这也是专业鞋垫的价格是普通鞋垫价格的10倍甚至100倍的原因。专业鞋垫的主要作用是吸震、稳定与支撑、矫正。

（3）外底

外底和地面直接接触。户外活动中地形多变，多数崎岖不平，会对脚和膝盖等部位造成损伤，所以户外鞋的外底需要厚实耐磨，具有防震、防滑的效果。

根据需要，各种款型的户外鞋的底部设计有特殊的纹路，如深浅不同的沟槽，以便鞋底抓住地面，防止打滑。各厂商会根据其研究结果设计出各种各样的鞋底花纹，为了提高鞋底的防滑性能，这些鞋底的底纹通常会以大波浪形为主。另外，为了避免泥沙和石子卡入鞋底，底纹会有较大的沟槽间距，并将其设计成斜角。

登山鞋鞋底的硬度和耐磨性能十分重要，对于布满碎石的山路或坚硬的岩石，如果鞋底过软，长时间行走会造成小腿的过度疲劳，从而造成不必要的损伤。外底的材料各式各样，目前登山鞋使用最多的是橡胶（vibram）底，简称“V底”，其耐磨性要高于普通橡胶材料。而轻型徒步鞋为了保证舒适性，一般选用PU材料制作鞋底。这种材料的优点是不仅轻软，而且耐磨性好，还可以减轻鞋子的重量。

3.使用技巧

一是刚买的新鞋需要磨合一段时间，登山前可以在城市里穿着两周，使鞋符合脚的形状。若脚底磨出水泡，可以换双较厚的袜子或多穿一双袜子；若脚面磨出水泡，试着换一双薄袜子；若脚后跟磨出水泡，把鞋带系紧一点或许管用；若脚跟出现瘀伤，就不要将鞋带系到顶端。倘若这些方法无效，那么最好还是另选一双鞋。

二是外出登山或徒步时，可随身携带一些胶布，将其贴于磨脚部位。

三是硬底登山鞋适合崎岖的路面，但是经过湿滑的道路时应注意步伐，因为鞋底硬，摩擦系数小，容易滑倒。

四是穿鞋一定不能过紧，特别是在脚趾部，否则经过一天的长途跋涉，脚趾很大概率会出现瘀血；当然也不能过松，那样脚会在鞋里打滑，过多的空间会让足部与靴底长时间摩擦出现水泡。

五是袜子可以穿两双，第一双是保暖性较好的合成纤维薄袜，第二双是厚毛袜，这样内层的薄袜会将汗水传到外层被厚毛袜吸收，便于保持脚部的干爽。

六是下雨时，会有部分雨水从鞋口或接缝线处流入鞋内，为了避免这种情况，可以选用雪套，并在鞋面缝合处涂抹防水剂以提高鞋面的防水性能。

七是即便鞋有防水功能，也不能将其当雨靴使用，如果鞋内进水，可以换上干袜子后在脚上套上塑料袋应急。

八是圆形鞋带不容易死扣，但是打结不正确容易脱开；扁平的鞋带比较牢靠，但是打湿后不容易解开，各有利弊。外出旅游可以多带一双鞋带备用，除了做鞋带用以外，还可能有其他用途。

九是如果鞋带过长，步行时可能会被自己绊倒，因此需要剪短，然后把鞋带顶端用透明胶或细线粘起来，以便于使用。

十是如条件允许的话，可以准备两根鞋带，若无多余的鞋带可将鞋带从中间截断，将鞋子的上端与下端分开系上。这种分层系鞋带的方式便于登山者根据不同的需要控制前后脚掌的松紧，需要脚踝部位较紧实就可以拉紧上端鞋带，而不会影响脚掌；当脚掌部位感觉过紧时，就适量放松下端鞋带。

（二）袜子

参加日常体育运动时，我们通常会选择穿着棉质的袜子，因为其具有吸汗能力强、穿着舒适度高的特点。但在参加户外运动时，选择袜子就要经过多方考量。纯棉材质的袜子并不适合长时间的户外行走，棉质袜子会吸收鞋内的湿气，时间久了会使脚部皮肤变软，耐磨性下降，再坚持走路，脚部易出现水泡。然而，户外袜却没有这个缺点，它从选材到裁剪都经过专业的设计，例如现今多数户外袜在制作材料上都加入了弹性较好的尼龙或莱卡，可以保证袜子具有较好的紧缩性且不易变形；另外，还会在袜尖、袜底以及脚后跟等部位加入一些耐磨材料，以减少袜子褶皱并增加户外袜子的使用寿命。穿着这些经过专业设计的户外袜子，在恶劣的户外环境中或长期奔波后，脚部仍能受到良好的保护。常参加户外运动的人都知道，在户外最需要保护的就是我们的双脚，不仅需要一双好鞋，而且需要一双适宜的袜子。

1.分类

户外运动种类繁多，根据不同的户外运动项目，人们制造出各种不同厚度和用途的袜子，通常有以下几类：

（1）衬袜

衬袜大多采用化纤原料织成，主要用途是将脚部的汗水尽快排掉，从而保持脚部干爽和舒适。此类袜子一般非常薄，不耐磨，所以穿在外袜和脚之间。

（2）轻量级的徒步袜子

这类袜子主要适用于气候良好和运动强度较低的旅行。设计时主要考虑的是袜子的舒适度和较好的排汗性。比如夏天的户外穿越类袜子比衬袜厚，且暖和、耐用，但是由于厚度有限，所以不适合在寒冷条件下使用。为了同时达到较高的排汗性和舒适度，这类徒步袜子通常会选择混纺的排汗材料。

（3）中量级的徒步袜子

这类袜子适用于较寒冷的气候，应具有较高的保暖性，所以对袜子的厚度要求较高。中量级徒步袜子应比适用于温暖环境的轻量级徒步袜子更厚、更暖、更舒适。在制作这种徒步袜子时，除了正常加厚外，还应着重加厚袜子的脚尖、脚掌和脚后跟等易磨损部位，使袜子更加耐穿。此类袜子配合衬袜一起穿着效果会更好，衬袜负责排汗，中量级徒步袜子负责保暖。

（4）登山袜子

登山袜子是户外袜子中最厚、最暖和、最舒适的一种，此类袜子主要适用于环境条件苛刻的户外运动，特别是能够适应低温环境、崎岖地形和长时间徒步等状况。如果和衬袜搭配穿着会有更好的效果。

2.材质

袜子的主要材质有棉、丝、毛及合成材料。

（1）棉制袜

棉制袜物美价廉，不仅价格低，而且具有良好的保暖性、舒适性与吸汗性，但是的确不适合长时间徒步，因为棉袜易吸收鞋内湿气，时间久了，不利于排汗，导致脚部皮肤软化，易出现水泡，且棉袜潮湿后很难晾干，如果穿在脚上，一旦停止运动，脚部会非常凉，恶劣天气下脚部易冻伤。

（2）丝制袜

丝制袜具有较好的舒适度，十分轻巧，但不如其他材料的袜子耐磨。一般不单独使用，常常织成有排汗效果的衬袜。

（3）毛制袜

主要使用羊毛材料。此类材料的优点是保暖性好、柔软、穿着舒服，即使潮湿之后也可以保暖；缺点是较重，耐磨性也较差，潮湿之后虽然可以保暖，但是不容易干。

（4）合成材料

使用合成材料制成的袜子在很大程度上满足了人们对户外袜子的各项要求。在实际使用中，通常是将合成材料融入天然材料中，这种材质功能性很强，不仅舒适保暖，而且利于排汗，还能够速干。当然此类袜子也有缺点，经长时间运动后会产生强烈的异味。

3.使用技巧

①与鞋子相同，切勿首次穿着就长时间行走，应在户外活动前穿上它进行适量的运动，以便其适应脚形，提高与脚的贴合度。

②根据活动时间，确定准备袜子的数量，一旦到达营地，应及时更换以保证脚部干爽。

③如果环境温度过低，可以多套一层袜子，里层用于排汗，外层用于保暖。

④在脚与鞋接触较多的部位，可适量涂些护肤品，如凡士林等，这种做法可以减少摩擦，避免脚部擦伤。

⑤遇到特殊情况，可将塑料袋套在袜子之外，用来防水。这样穿有很大缺点，即走路容易打滑，塑料袋也不能长时间防水，所以不宜常用。

⑥露营时，如没有准备多余的袜子，可将袜子置于睡袋内，在温暖的睡袋中，袜子很容易被蒸干，第二天再穿上时，袜子会比之前干爽很多。

⑦如突发紧急状况，剪开的袜子也可以当作绷带使用，因为袜子的松紧度比普通布条好，用于包扎时比较结实。

九、防晒用品

携带并使用太阳眼镜、防晒油等保护眼睛、皮肤和嘴唇，穿着有防晒功能的衣服。

（一）太阳眼镜

这是高山地区的重要装备。裸视直视雪地上反射的太阳光，即使为时甚短也会感到头痛和眼花。眼睛特别容易受辐射侵害，眼角膜会在眼球尚未感到不适前便已遭到灼伤，造成疼痛难忍的雪盲。紫外线能穿透云层，因此别以为阴天就不需要保护眼睛。必须抹上防晒油，戴上太阳眼镜，尤其是在雪地、冰川、水中及高海拔地区。

太阳眼镜能过滤95%～100%的紫外线。镜片应染色，只容许少部分的可见光通过，雪镜的透光率应为5～10。试戴墨镜时要对着镜子看，如果能轻易看见自己的眼睛，表示镜片色泽太浅。灰色或绿色的镜片不会令颜色失真，黄色的镜片可在雾中或阴暗的天气下保持较佳的反差和能见度。

除非直视太阳，否则红外线不至于伤害眼睛，但是能隔离红外线的太阳眼镜可保护眼睛，比较保险。

镜框应在侧面加装遮光板，既能减少光线直射眼睛，又能适度通风，防止镜片产生雾气。在镜片上喷防雾清洁剂可减少镜片起雾。

登山队应多带至少一副备用太阳眼镜，以备队员遗失眼镜时使用。如果无备用太阳眼镜，可在布制或厚纸板制的眼罩上割一道细缝，然后戴上，保护双眼。

许多近视或远视的登山者喜欢戴隐形眼镜，既不会滑下鼻梁、溅上水珠，也不必戴有度数的太阳眼镜。但隐形眼镜也有缺点，风沙、汗水和防晒油都会刺激眼睛，而且身处荒凉之地时不易清洁和保养。一般眼镜会比隐形眼镜更能保护眼睛。不论戴哪种眼镜，近视或远视的登山者一定要多带一副眼镜或有度数的太阳眼镜以备万一。

（二）防晒油

皮肤的防晒工作对登山者的健康来说是很重要的一环。皮肤色泽深浅与防晒油需用量固然因人而异，但疏忽防晒工作一样会有罹患皮肤癌的风险，千万不要大意。

登山使用的防晒油须能阻绝长波紫外线（UVA）和中波紫外线（UVB），长波紫外线是引发皮肤癌的主要因素，而中波紫外线则会造成晒伤。防晒系数（SPF）须达15以上。擦防晒系数15的防晒油的人，可比未擦防晒油的人在太阳下多待15倍的时间而不致晒伤。为阻绝长波紫外线，使用含有氧化锌、二氧化钛或亚佛苯酮的防晒油。

防晒油易随汗水流失，要经常涂抹补充。

所有暴露在外的皮肤都要抹上防晒油，包括下巴下面、鼻子、鼻孔和耳郭。

戴帽子的人也要在脸、颈部涂抹防晒油，防止被雪地反射的紫外线伤害皮肤。防晒油需要一段时间才会起作用，因此出发前半小时就应涂抹。

登山者也可用氧化锌膏或化妆用的白色油彩来代替一般的防晒油，不但防晒，而且还不易脱落，除非被手指或装备刮落，否则擦一次即可支撑一天的行程。缺点是黏糊糊的，不易清洗，必须借助卸妆液。

衣物的防晒效果胜于防晒油，天气晴朗时攀登冰川，可穿着浅色透气的长袖内衣或风衣。即使天气酷热，长袖内衣穿起来不舒服，也比不断涂抹防晒油要省事得多。嘴唇也是皮肤，同样需要保护才不会脱皮和起疹。市面上有防水防汗、不易脱落的护唇膏，要经常涂抹，特别是在喝水或吃东西后。

十、照明设备

电池和灯泡都属于消耗品，所以要有备用品。

头灯或手电筒的照明度因款式不同而有差异。一般来说，高亮度的照明需要消耗更多的电力，照明度最强的灯通常也需要更多的电池，才能持续使用数小时。科技的发展使灯泡更有效率，如卤素灯泡或氙气灯泡等。新的发光二极管灯泡结合了明亮度、耐用度、低耗电的优点，虽然它不是最强力的照明设备，但它具有高效率与轻巧的优势。如果不需要类似聚光灯的强光照明，发光二极管灯泡是目前最受欢迎的选择。

头灯使用时可以空出双手，比手电筒方便。照明非常重要且容易出问题，因此买好一点的产品是值得的，至少要买能防水的产品，不怕雨淋。完全防水的头灯虽然昂贵，却物有所值，在任何天气下都可正常工作，电池和接头放在潮湿的地下室或车库中达数月之久，也不怕锈蚀。

头灯的开关必须坚固，不会因放在背包内误触而打开，这是户外活动中常常发生的严重问题。采用四槽式开关的设计是最好的，用旋转控制的开关也不错。如果头灯的开关极易因碰撞而打开，可用胶带将开关固定在“关”的位置，或是取下灯泡、倒装电池，阻断电路。有些头灯的焦距可以调节，照明范围广的泛光灯适合做杂务时使用，集中式的聚光灯则可看清远方的物体。

要确定携带的备用电池和灯泡没有问题，且能够使用。

1.碱性电池

一般电池中以碱性电池为好，其电量远高于较便宜的铅锌电池。碱性电池最大的缺点是接近没电时伏特数（会影响照明度）会大幅下降，效能在低温时会急剧损耗(−18℃时只能发挥10%～20%的电力)。

2.镍镉电池

可反复充电，电力将耗尽时伏特数和照明度不变，低温下工作良好（−18℃时仍能维持70%的电力)，但储电量不及碱性电池。登山时可选用高容量的镍镉电池，其容量为标准型的两到三倍，值得多花一点钱购买。

3.锂电池

价格高，效果佳。电量耗尽前电压不会下降，在−18℃时还能正常发挥性能。锂电池的电压是同尺寸标准电池的两倍，要注意其是否能与头灯兼容。

第三节　安全保护装备

户外运动安全保护装备是指在进行户外运动时为保障人身安全所使用的器具，主要包括登山绳、安全带、保护（下降）器、铁锁、快挂、头盔、上升器、流动防坠器、扁带、挂片等。

一、登山绳

（一）登山绳的种类

登山绳的尺寸、长度和种类繁多。登山绳上必须有制造商标、国际登山联合会（UIAA）或欧洲标准化委员会（CEN）的认证等级，并详细说明如长度、直径、延展、冲击力道、坠落级数等信息。由于评级机构皆来自欧洲地区，所以全球的绳索度量标准为公制。

1.动力绳

为攀登所设计的尼龙绳被称为动力绳。动力绳的冲击力较低，因为它在坠落时会延展。在选择登山绳时，最重要的考虑因素之一便是冲击力——通常冲击力越低越好。使用一条冲击力低的绳子表示攀登者在坠落时不会突然停住，传导到坠落者、确保者与固定点的冲击力也会降低。

长久以来，休闲攀登用标准绳的规格是直径11毫米，长50米，延展性为8或7。近年来，60米或70米长的绳子也越来越受欢迎。还有其他许多不同直径的绳子可供选择，因使用者的用途而异。

直径较小的弹性绳（小至约8毫米）通常成对用于双绳系统或半绳系统。此类直径较小的绳索系统利用两条绳子的弹性来保护攀登者，而且必须成对使用。

2.静力绳

不同于动力绳，静力绳、尼龙绳环与细绳延展性较差，因此，甚至连几米的坠落都可能会产生严重的冲击力，造成固定点失效或攀登者严重受伤。

无延展性或延展性极低的绳索并非用于保护先锋攀登者，它的用途包括作为洞穴探险、搜救、远征攀登的固定绳或人工攀登的吊拉绳等。

（二）登山绳的颜色

绳皮的图案与颜色也各不相同。有些绳子的中间点会呈现对比色彩，让攀登者容易找到绳子的中点。有些会把绳尾染成鲜明的颜色，便于攀岩者在确保或垂降时易于看清绳索尽头将至。当同时使用两条绳子时，采用两种不同颜色的绳子，可以在确保或垂降时易于辨认。

二、安全带

安全带主要是为攀登者和保护者提供一种舒适、安全的装备。安全带分为可调式和不可调式。可调式安全带适用于登山、攀冰、攀岩等活动；不可调式的安全带是个人攀岩专用。好的安全带应合适、舒适、牢固且易于穿戴。选择安全带时应考虑个人体形或体重，选用相配的型号。因为安全带式样不同，安全带的系配方法也不同。为了安全，使用安全带之前应认真阅读使用说明书，按照说明书的方法使用安全带。系好后检查两遍方可开始运动，如有问题立即告诉同伴。

（一）坐式安全带

坐式安全带的腰环可以调整成适当的大小，舒适地固定在腰部，并将坠落的冲击力分散到整个骨盆。垂降时它则像一个舒适的座椅（图4-1）。

图4-1　坐式安全带

（二）制式安全带

有几项要求是户外运动用制式安全带特别注重的：不论穿多少层衣物，可调式腿环都能调整到舒适的贴合程度；腰环与腿环皆附有衬垫以提高舒适度，特别是需要吊在空中一段时间时；腿环可松开，这样在想上厕所时不需脱下吊带，甚至不需解开绳子；腰环的扣锁偏在一侧，因此在确保垂降时，它不会跟连接吊带的绳结或有锁钩环卡在一起；装备环可供携带钩环或其他攀登器械之用。

（三）胸式安全带

胸式安全带可以在坠落之后，以及使用普鲁士结或器械攀绳而上时，帮助使用者保持身体直立。坠落之后，只需要用钩环将登山绳扣住胸式吊带，即可提供稳定支撑并保持直立。胸式吊带会将坠落的力量部分传导到胸部，但胸部比骨盆（坐式安全带将力量传导至此）更容易受到伤害。因此，在攀岩或一般攀登时，攀登者通常不会把绳子扣入胸式吊带。在冰川行进时，攀登者偶尔会将绳子扣入胸式吊带，但一些攀登者通常不会这么做，除非真的掉入冰川裂隙（图4-2）。

图4-2　胸式安全带

（四）全身安全带

完整的全身安全带包含胸式安全带与坐式安全带，连接绳子的点也较高，这可以降低坠落时身体往后倾斜的概率。由于全身安全带可将坠落的冲击力分散到身体躯干，因此不易造成下背部的伤害。全身安全带较为安全，它可以防止登山者落进裂缝里被倒挂在空中（图4-3）。

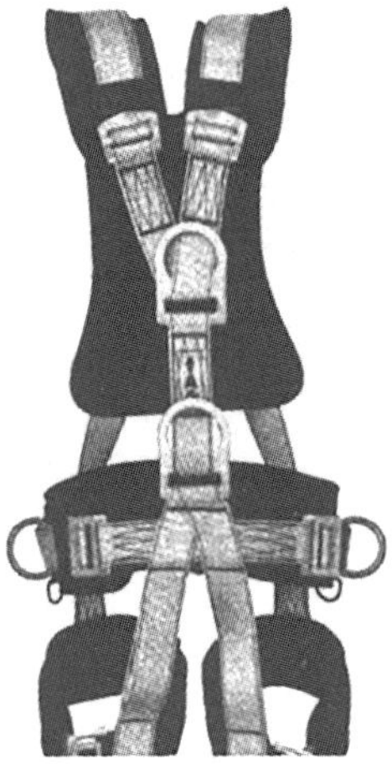

图4-3　全身安全带

三、保护器

在保护或下降过程中，通过它与保护绳之间产生的摩擦力来减少操作者所需要的握力。保护器有很多种，但只有几种适用于攀岩。常见的保护器有8字环、管状保护器和自动保护器。保护器很容易锁上，有的有弹簧，有的没有，熟练掌握了，两种都会很好用。但是带弹簧的更受青睐，因为当绳子快速滑过时它不会突然卡住。

8字环一般是用来做下降式保护，但是制动力稍差，所以有些人不用它保护先锋攀登者，因为长距离坠落，冲击力很大时，可能会造成保护者无法有效制动，甚至因摩擦力太大灼伤手而放开绳子，后果不堪设想。要增加其制动力的保护方式，应该将绳索穿过8字环中较小的那个环，然后再将绳索连接至铁锁。在购买8字环之前，必须先检查该保护器。某些8字环是用于绕绳下降的，它的洞眼对于保护来说不是太大就是太小。

保护器可粗略分为三类：低摩擦保护器、高摩擦保护器和自锁型保护器。多用途自锁保护器则是另外一个子类。这些术语表明了它们各自在操控绳索和制动力方面的特性。

第一类是低摩擦保护器，通常由一个上面打有两个大直径孔槽的杯状物或金属管构成，绳索从孔槽里穿过。这种保护器产生的制动力较小，因此在使用直径小于10毫米的绳索时，就会显得很“滑”，但在有经验的保护者手中就很安全，所以需要一些练习以便安全地控制脱落。在雪壁或冰壁上设置保护点，或是岩壁上的保护点不像预期的那么牢靠时，低摩擦保护器的作用就会显现出来。由于这类保护器在冲击力较大时会自动让绳子滑出一部分距离，形成动态保护，从而减少保护点的承重，让整个系统逐步吸收冲坠的能量。另外，在领攀者脱落时，如果保护点的位置设置得不好，冲击载荷有可能使其失效，这时低摩擦保护器也能形成动态保护，减少保护点的承重力，从而降低保护点失效的可能性。

第二类是高摩擦保护器，在每个穿绳的孔槽一侧都有一个凹槽，这个凹槽能够在攀登者下降或滑落的时候给抓住绳子制动端的那只手提供额外的摩擦力。凹槽上刻有帮助制动的棱纹。这种保护器的好处在于，如果把它翻过来，不使用控制凹槽，就可以当成低摩擦保护器使用，这在使用粗绳或者绳索开始冻结的时候很管用。

第三类是自锁型保护器，是指在滑坠或下降时能够自动锁住绳索的保护器，可以进一步分为主动自锁和被动自锁两类。主动自锁保护器通常包括能够旋转的凸轮，其承重时的运动方式类似于汽车的安全带系统：当绳索承受攀登者体重的时候，就会在保护器处带动凸轮旋转，压迫绳索形成足够的摩擦力，起到自锁作用。需要给绳的时候，推动装置外侧的杠杆，使凸轮离开绳索。这类装置在运动攀岩中经常使用，因为保护点和膨胀螺栓的强度较高，所以一般不需要动态保护。

被动自锁保护器没有移动部件，只靠绳子本身的摩擦力自锁，其原理是让绳子的承重端压迫非承重端，形成足够的摩擦力。这种保护器很适合攀岩教练使用，可以同时用两股绳子分别保护两个人跟攀，但它在承重锁紧后很难放松，在跟攀者有可能不得不让绳子承受自身体重时，就不应使用这种保护器。

四、铁锁

铁锁用途广泛，是必不可少的攀岩装备之一。铁锁是用来连接各种攀岩安全带的扣环或在保护系统中做刚性连接。没有了铁锁，安全带、绳子、保护器、8字环、快挂、挂片等保护装置将不能很好地发挥作用。根据不同的情况，需要不同类型的铁锁。为了能够正确地选择和使用铁锁，必须了解各种类型的铁锁。每个铁锁都有一个开口，以便扣入绳子。

铁锁的形状与款式如下：

①O形铁锁非常受欢迎，形状对称，用途极广。

②D形铁锁开口较大，容易扣入。D形铁锁通常用于较困难的攀登路线，因为攀登者必须凭手触摸找到开口处，并迅速地扣入或解开。D形铁锁必须与带环一起使用，才可以很容易地翻转。

③铁线闸口铁锁重量较轻，但开口稳固。当绳子很快地穿过铁锁时开口处可能颤动，但铁线闸口铁锁不易产生此问题。

④有锁钩环，在开口的一端附有锁套，可旋紧，减少开口意外开启的可能性，提高了垂降时确保或扣入固定点时的安全性。某些铁锁内含弹簧，当开口一闭合，锁套便自动扣上。不过，不论铁锁是否具有自动锁上的功能，使用者每次使用后都必须检查铁锁是否已正确锁上。

⑤梨形铁锁钩环，在开口端特别长，很适合连接绳子与安全带。虽然梨形铁锁钩环较贵也较重，但却易于装卸与控制连接在吊带确保点上的绳子、绳结、细绳与带环。

有些铁锁的横截面不是圆形，而是椭圆形、T形、十字形，目的是减轻重量。

五、快挂

在户外运动中，尤其是攀岩运动中，一套好的快挂非常关键。使用的快挂最好是专门厂家生产的，不能使用自己缝制的。标准快挂的长度一般为10.16厘米，多用于卡住螺栓。长快挂一般用于有屋檐角度的岩壁或横越距离较大时，以承受绳子的拉力。快挂上附带一个橡胶套管，用来固定底端铁锁，防止其扣上时随意翻转。

用一个D形铁锁连接顶端的挂片和一个弯门D形铁锁连接绳子。D形铁锁轻且坚固，弯门D形铁锁的曲柄使穿绳子可很快完成。不要用弯门D形铁锁直接连接挂片，因为这样可能扣不上去。也不要使用超轻型铁锁，尽管它能使装备变轻，但它的薄边会划伤甚至钩坏绳子。最好使用由铝制成的、直径和重量都稍大的铁锁，这样绳子比较容易穿过铁锁，且锁得非常紧。长时间使用后应注意检查，并把固定得很紧的螺栓和挂片拆卸下来。

六、头盔

头盔主要用于防止高空落物以及避免攀登时因失手引起的碰撞，在做攀登、下降、空中行进、跳跃等高空项目，以及处于有上方坠物可能的区域时，必须佩戴头盔。

在户外运动中，尤其是攀登过程中，头盔能避免头部受落石或其他落物引起的伤害，起到保护头部及颈部的作用。攀登中使用的头盔为专用头盔，切忌用自行车头盔、工程头盔代替，因为攀岩用头盔具有特殊的设计特点，在有硬物坠落或冲击力过大时，头盔会产生裂纹，目的是分散重力对颈部产生的冲击力，从而有效地起到保护作用。此外，现在技术越来越先进，头盔在透气性、舒适性、美观性上都有了很大改进。

七、上升器

上升器有左手和右手的区别，但无论是左手还是右手，使用时都要求使用者能够单手操作开关。

利用上升器保护爬绳子时，应在上升器的位置低于身体重心（腰部）时尽量向上推动器械。向上爬后继续如上动作。向上推上升器时应沿着绳索方向平行推动，不要有角度；利用上升器保护顺绳下降时，要用手指将倒齿半开关扳离绳索，使器械在不受力的状态下向下拖动，到身体重心时停止。向下爬后，继续如上动作。操作时动作要清晰，注意不要误解开启倒齿的开关。

八、流动防坠器

流动防坠器仅用于需使用移动式上方保护，且在参训者攀爬就位过程中有坠落可能的项目中，如断桥。使用前须对该装备进行检查。还需注意以下事项：

①连接时扁带不能过长（10～15厘米为宜），儿童使用时应适当缩短。

②在下攀接近地面时禁止跳下，避免瞬间制动造成磕碰。

③在空中摘下防坠器后要将其固定于某处，以免其顺绳滑落。

④注意不要被器械上的刺轮划伤。

⑤连接防坠器与扁带的铁锁须使用原配的可自锁的铁锁。

九、扁带

扁带是户外用途很广泛的用具，其作用是连接快挂、铁锁和上升器。扁带与保护支点直接接触，减少绳子的磨损。扁带可制作成攀爬的辅助工具。同时，扁带具有很高的抗拉性和耐磨性，提高了保护系统的安全系数。

目前经常使用的扁带有三种：散扁带、快挂扁带和成型扁带。散扁带成卷出售，使用者可根据需要裁剪、打结后使用。快挂扁带是连接两个铁索形成快挂的连接用扁带，其长度一般为10～25厘米。成型扁带是厂家出厂时根据不同需要已经制作好的扁带，其长度一般为60～120厘米。此类扁带出厂时必须经过检测，因此其安全系数较高。

使用扁带时应注意以下几点：

第一，散扁带制作好后留出的头应用胶布绑好，以免脱开，自制扁带在使用过程中应经常检查是否完好。

第二，在使用过程中应避免扁带扭曲。与固定支点连接时最好使用两根扁带，以确保安全。

第三，在与上升器等装备连接过程中，扁带使用时要检查其长度是否合适，不合适时可通过打结的方式调节其长度。

第四，携带扁带时可斜挂在肩上，或放在便于取放的地方，应避免扁带妨碍自己的行动。

十、挂片

挂片一般是通过膨胀钉固定在岩壁上，其作用在于连接快挂，建立保护点，攀登者可以通过绳索、安全带与挂片相连形成保护系统。随着竞技攀岩的迅速流行，出现了大量新式螺栓挂片，从初级的、手工制作的到光滑而结实的专用挂片都有。任何一种专用挂片都应适应某种特殊需要，而手工制作的则未必。铝制的挂片，在反复承受大力下降时需要特别留意，因为这种柔软材料很容易弯曲和劳损。经常使用时应注意检查挂片上是否有裂痕或变形。钛合金或不锈钢是制作挂片的最佳材料。

第四节　安全救护装备

在户外运动过程中，危险时时刻刻都可能发生。因此，作为一名户外运动者应该准备必要的救护装备，这些装备对人身安全至关重要，具体包括求生刀、户外急救包、生火工具、紧急救生毯、水壶、对讲机、伞绳、求生哨、手电筒及荧光棒、备用食品等。

一、求生刀

在户外运动过程中，刀是一笔无价的财富。而一把优秀的求生刀又是所有救护装备中最重要的生存工具之一。在极端求生的环境中，它不仅仅是一把切割工具，更是一把能够帮助户外运动者完成取柴生火、筑营栖身、狩猎取食、防卫保命的多用途工具。

（一）求生刀的重要作用

在所有户外运动救护装备中，最重要的非求生刀莫属，其重要性绝对凌驾于其他所有救护装备之上，甚至包括打火棒、镁块这类能够生火取暖、烹煮食物的工具。

在户外环境中，打火棒遗失，还能想办法生火，因为手上有求生刀，仍然能够进行生火的准备工作。在最不利的情况下，还可以钻木取火，虽然很麻烦，但不至于让人绝望。如果求生刀丢了，将付出更多代价：第一，无法顺利建造庇护所；第二，无法制作捕猎陷阱；第三，无法有效利用自然资源制作有利于生存的工具（如能够用来猎捕大型动物或防身的长矛）。

没有求生刀，虽然不代表一定无法在户外生存，但是绝对会消耗更多的体力和精力来应对各种挑战，而且还不见得能把事情做好、做对，从而导致生存概率降低。

（二）求生刀的选择

既然求生刀是如此重要的工具，购买时就应该谨慎挑选，尤其应该摒弃一切华而不实的观念。挑选一把实用的求生刀应该注意以下几点。

1.全龙骨一体式刀身

全龙骨一体结构，是选择一把耐用求生刀的重要指标。所谓的全龙骨一体结构，就是从刀刃至握把由整块钢板整体打造成型，且钢板延伸至握把尾端。握把尾端外露的钢板或钢块可用来敲击。此类结构经常被当作玻璃击破器或锤子使用，在求生时相当方便。

全龙骨一体式求生刀代表着结实的刀身，且因为整把刀是一体成型，强度足够，必要时拿来当撬棍使用也没问题。

2.直刀比折刀好

折刀肯定不是全龙骨一体式结构，其耐用度与直刀相差甚远。虽然折刀较为轻巧方便，但是顶多只能当成备用求生刀。

用折刀来处理一些比较轻松的任务还可以。建议直刀、折刀各准备一把，以直刀为主，折刀为辅，可以避免当其中一把遗失时无刀可用的窘境。

3.要有一定厚度

刀刃厚一点的刀比较耐用，且不易折断，劈砍时的力度也相对较强，使用起来比较省力。一般来说，刀刃厚度至少为4毫米的刀才算合格。

4.不要迷信兰博刀

很多人会认为电影《第一滴血》中主角兰博（Rambo）手上拿的那种刀是最优秀的求生刀，但那只是为了电影效果而特别设计、制作出来的刀具。“兰博刀”的造型的确很酷，但实际上并不好用，主要是因为刀身太大太重，不好操控，且稍不注意就很容易伤到自己。此外，兰博刀握把中空，并非全龙骨一体结构，不符合户外运动中严苛的耐用标准。兰博刀用来收藏和展示还不错，但千万别把它当成求生刀使用。

5.硬度问题

刀刃硬度太低，容易钝化，但容易打磨；刀刃硬度太高，虽能维持锋利度，但钝化后不好打磨。一般来说，56～59洛氏硬度的刀刃硬度就能满足要求，硬度过高或过低对使用者来说都会造成不便。

求生包里最好放个小型磨刀石或磨刀器，随时保持刀刃锋利，以免用起来事倍功半。

6.防滑、好握

好握的刀把在用起来时得心应手，也能避免操作时手部不适的问题。选择刀时，还应考虑到雨天等潮湿环境下的防滑性能。由高密度橡胶、胶木或伞绳制作的握把，既好握，雨天又不滑。

7.半齿刃胜过平刃

以应对户外运动时需要完成各式各样的任务而言，半齿刃刀的广泛用途优于平刃刀。半齿刃刀能轻易割断绳索或藤蔓，用平刃刀则要耗费很大工夫才能做到，甚至有时还割不断。花最少的力气，做最多的事，这是在户外运动中求生时必须遵循的准则。

8.尽量选择正规产品

购买正规厂商生产的正品，品质才有保障。虽然仿冒品不一定会有明显的瑕疵，但用料不足、品质不良会在使用时带来相当大的隐患。就像一颗不定时的炸弹一样，无法预测何时引爆，并会因此带来什么样的后果。

二、户外急救包

户外急救包主要是在遇到受伤、生病、被蛇虫叮咬等意外情况时，用于第一时间救援和急救处理。当意外来临时，往往第一时间的急救处理非常关键，甚至关乎生命安全。因此，户外急救包应该是每个人每次户外运动时都应该充分准备的一件关键装备。

（一）急救包的选择

第一，急救包一般分为大号、小号两种。大号体积为20厘米×15厘米×8厘米，去较为偏僻的地方，这个包基本够用；小号体积为15厘米×10厘米×5厘米，去一些医疗条件比较完善的小县城，带这样的小包就够了。

第二，建议选择红色并印有明显十字标志的包。这样在夜晚光线不太强的情况下找起来比较方便。户外遇险时，也可将包展开作为求救标志。

第三，急救包应该防水，使用高密度防撕裂耐磨材料；内部应同样使用高密度防撕裂耐磨材料或结实的塑胶。包的缝线应用粗制的尼龙线或其他结实的线缝制。扎边要宽、厚，拉链要宽大结实。要用好的聚氨酯（PU）+尼龙，否则天气一热，PU就会变软甚至会粘在药品上；而天气一冷，又会变得很脆，容易折断。

（二）急救包的配备原则

在户外，不可能像在家里一样，什么药都可以配备。所以，户外用药的购买、使用等方面应遵循以下两条原则。

一是要选择见效快、疗效好、携带方便、可治疗多种疾病、服用方便的药品，避免携带颗粒类药品。在户外，很少有条件能用温开水冲颗粒喝，而且颗粒类药品体积偏大，携带不便。另外，要选择毒副作用小的药品。在野外缺医少药的条件下，我们绝对不希望出现某种副作用强的药治好了胃疼却又导致腹泻。至于药品价格，不必太过计较。毕竟在荒无人烟的野外，有时小小的急救药品可能是唯一的希望。

二是建议购买空包，里面的药品根据个人身体实际状况和所要去的地方的实际卫生条件自行配置。商家预先配置好的急救包强调了通用性，但不一定适合自己的现实条件，因此尽量不要买那种已经配好的急救包，那种实用性不强。

（三）急救包的配置清单

一般情况下，要自己准备急救包，让急救包更加具有功能性和针对性。急救包内物品的配置，取决于露营和徒步的地点与环境。如高海拔攀岩、登山运动和沙漠旅行所需要的急救包是不同的，要根据其独特性准备急救包。

以下急救包的配置清单可以根据探险的人数、旅行时间的长短、培训等级以及目的地来添加需要的物资。如果只是短途旅行的话，可以削减一部分药品的数量。

（1）已消毒灭菌的棉签、绷带。推荐用止血绷带，紧急时可以直接包扎伤口；非止血型绷带除了绑东西外没什么用。

（2）三角绷带。可以多带几条，因为有很多功能。

（3）运动胶布。适用于徒步、滑雪、攀岩等活动。可以用来防止水泡的产生，用来包裹水泡，还有包裹脚踝等很多用途。

（4）纱布/敷料。要有不同的型号，而且要有一些非粘连的纱布（用来处理烧伤和擦伤）。

（5）卷筒纱布或自粘胶带。它可以让纱布紧贴伤口而不会阻碍血液循环。自粘胶带比卷筒纱布持续时间更长。

（6）创可贴。可以选择普通的创可贴或有抗菌作用的创可贴。

（7）体温计。

（8）红花油。携带方便，有镇痛作用，可有效治疗扭伤、挫伤、伤筋动骨等。

（9）薄荷膏。携带方便，多功能，能缓解多种症状，如蚊虫叮咬、烫伤烧伤以及皮炎湿疹等，在风大的时候还可以防止嘴唇干裂。

（10）达维邦药膏。效果不错的外用消炎药，可减少伤口感染。

（11）康泰克。治疗伤风、发热，疗效好，携带方便。

（12）百服宁。可以退烧、止痛。

（13）藿香正气滴丸。真正的多功能药，可治疗中暑、发热、腹泻、胃胀胃痛、肠胃型感冒及热性感冒等。不推荐使用藿香正气水，因其携带不便，口感不佳。

（14）人丹。预防中暑效果不错，价格还不贵。

（15）芬必得。止痛药不建议一痛就吃，这样会掩盖症状，延误治疗。

（16）蛇药。如季德胜蛇药片，可以治疗毒虫叮咬。

（17）消炎抗菌药。如受到较大外伤，口服可以增强抗菌消炎效果，也可以将药碾成粉末，直接敷于伤口。

（18）云南白药粉末。止血用，也可口服治疗内出血。

（19）个人用药，如哮喘吸入剂等。

（20）消毒液。可以给皮肤消毒，给伤口消毒，治疗皮炎和湿疹；还可以用来给衣物消毒，睡觉时，在床上撒一些可以消毒驱虫。

（21）酒精。可以涂抹在皮肤上给发烧的病人降温，或者拿来擦伤口消毒，也可以在户外引火。缺点是易燃，乘坐公共交通工具时禁止携带，属于易燃易爆品。

（22）针。用来挑水泡、挑刺、修补衣裤等。用前要记得消毒。

（23）高锰酸钾。用处很多，稀释后可以消毒；吃了有毒的东西，可以喝一点稀释后的溶液催吐；被蛇咬了，可以在清毒后敷一点在伤口上消毒。药店有高锰酸钾药片出售，保存时一定要密封好，防潮、避光保存。

（24）蚊不叮，也叫驱蚊水。

（25）已灭菌消毒的医用橡胶手套，防止手上细菌感染伤口。

（26）已消毒的手术刀、镊子、安全剪刀、安全别针（用于固定衣物或绷带）。这些东西一般在医疗器械店有售。

（四）急救包的注意事项

第一，急救用品要做好完全密封的包装后再放入急救箱。尽管急救箱是防水的，但是双重保险对于待救的生命更有保障。

第二，尽量挑选不会引起强烈过敏反应的药品。比如抗生素类药品不要选择青霉素类，否则可能在病人惊慌或无知的情况下发生危险。

第三，急救箱最好选择那些带有结实提手或挂钩的。在一些情况下，需要挂着急救箱进行一些攀爬动作，这样会更加方便。

第四，急救箱内永远要有一支好的笔和本子，要时刻注意记录病人的情况，在送交医院的时候，这对医生来说有很大帮助。

第五，经常检查急救包内药品的生产日期和有效期，确保急救包内所有药品都在有效期内，防止过期误服造成更大的麻烦。

第六，急救包里的东西不仅在受伤的时候有用，在其他情况下也可以大显身手。比如，创可贴还可以临时修补破损的冲锋衣、雨衣、睡袋、帐篷等；纱布除包扎外，还可以用作过滤水源的材料；弹性绷带可以在关节扭伤时当作临时护膝或护踝等，帮助韧带恢复，也可以用作临时止血带。

三、生火工具

在户外，生火的方法有很多。比如，把望远镜的凸透镜卸下，在阳光充足的天气下，可以用它轻易地点燃报纸。当然，户外常用的生火工具主要还是火柴或打火机。有专门为户外设计的防风火柴和防水火柴。其中，防风火柴在使用时应捏住火柴的木杆部分，以免烧伤手指。户外出行，防风打火机以其结构简单、性能可靠的特点深受人们的喜爱。而户外生存经验丰富的人常常选择打火棒。

打火棒是现在最便捷和最安全可靠的一种户外取火工具。其主体是一根镁合金棒，本身接触火源时不会燃烧，也不怕潮湿。只要用配套的刮匙或小刀快速地垂直刮擦其表面，就能刮下一些碎屑来。这些碎屑会在空气中迅速自燃，成为拥有近3000℃高温的火种。大颗粒的碎屑能够直接点燃纸张，让它们落入事先准备好的引火物当中，即可以迅速生起一堆熊熊的篝火。

最常用的打火棒是一种钥匙形状的，镁棒被嵌在一个塑料手柄中，并和刮匙串在一起，可以像项链一样戴在脖子上，非常方便携带。这种制式的“打火石”特别适合户外探险。它具有高度的可靠性，几乎适应任何气候和环境条件。哪怕是在极潮湿的环境下，只要能够找到一堆干木屑或茅草，或者一团废报纸，就能点起一堆篝火。

四、紧急救生毯

如果队伍不准备带帐篷，可以用其他的庇护工具来遮风避雨，如锡箔制的紧急救生毯。有人受伤或失温时，可以用它来保暖，或是用两个救生毯搭起简易的避难帐。利用紧急救生毯将伤员包裹住，可以有效地防止伤员身体热量的散失，提高其生存机会，为以后更好地救助创造条件。同时也可以用于紧急失温的人，目的是防止人体体温过低出现失温而死亡。因此，在寒冷紧急的情况下，当人落水被救之后，可以用急救毯包裹身体。当然，紧急救生毯还是条毯子，宽大的面积、良好的热绝缘性能或冷绝缘性能、完全防水的优点，完全可以满足户外运动中的需要。作为帐篷底布，防止潮湿阴冷的地面接触身体；作为帐篷盖布，可以在炎热的夏季或者寒冷的冬季提供额外的保护。由于银色镀膜可以反射热量，夏季在烈日下覆盖一层反射膜，可以使帐内保持凉爽。在寒冷的冬季进行野外宿营时，给帐篷上覆盖这层反射膜可以将大部分人体散发的热量反射回帐内，从而提高帐篷内的温度。作为普通地布，其重量轻、折叠后体积小、绝缘性好，能满足野外甚至是公园野餐时的需要。

五、水壶

一个普通人，在断粮的情况下大约可以存活30天，而在同时断水的情况下最多只可以存活7天，足见水对于户外生存者的重要性。一个普通人每天至少要消耗2升的饮用水，这也是户外活动准备饮用水的基本依据。水壶对于户外生存来说是一种重要装备，其意义甚至超过刀具。它使维持生命最重要的物质——水的随身携带成为可能，使人的活动范围可以远离水源地。

水壶的要求是尽量轻便，在同样的负重下携带尽量多的水，同时有一定强度，在意外摔落时不易损坏。

著名探险家贝尔·格里尔斯（Bear Grylls）在探险时经常携带的是一个黑色塑料水壶。壶体采用不易破裂和变形的高分子材料，既足够轻巧，容量又可以做得较大。缺点是本身不耐高温，需要远离火源。另外，这个水壶下方还套有一个0.75升的铝制饭盒兼水杯，一侧带有折叠把手。可别小看这个铝杯。在户外需要一杯热水或烹煮食物时，它就可以大显身手。贝尔的水壶还有一个特殊之处，那就是它的背绳是一根结实的伞绳，在不增加额外负重的情况下，这根绳子在需要的时候还可以派作许多其他用途。

六、对讲机

对讲机在户外活动中的作用是毋庸置疑的。有一台对讲机，在大山中就有更多的安全保障。

对讲机分为专业机和民用机两大类。专业机是指发射功率大于4瓦的机器。这类对讲机的实际通话距离一般在7千米左右，主要满足对通话距离要求较远的应用。民用对讲机是指发射功率不大于0.5瓦的机器，实际通话距离一般在1.5千米左右，主要满足对通话距离要求不高的应用。

还有一类对讲机介于专业机和民用机之间，其发射功率为2～3瓦，实际通话距离大约4千米。在户外活动中，最好选择功率为2瓦的对讲机。

一般来说，5个人左右的小团队使用0.5瓦的对讲机就已经足够；如果是10人以上的大团队，或者是由多个小组组成的团队，就可以同时使用2瓦的对讲机和0.5瓦的对讲机，这样既方便又省电。

七、伞绳

伞绳是一种重要的户外生存工具，原来是降落伞上的操纵线，后来在各国军队中作为标准实用绳索使用。伞绳是一种轻量化的人工绳索，通常由32股尼龙绳编织而成，每股尼龙绳包含一定数量的细线，这些细线可以单独使用。

伞绳具有牢固、体积小、易于携带等特点，用途非常广泛，是所有户外求生专家的十大必需品之一。以美国“海豹”突击队为例，在热带或亚热带丛林地形中执行任务时，如果只能带两种装备，这些特种部队士兵会选择一把匕首和一根几十米长的伞绳，由此可见伞绳在户外运动中的重要作用。

伞绳在户外运动中的主要用途如下：

（1）是制作简易担架的基本材料之一；

（2）利用绳结编织来保护装备；

（3）经过编织形成扁绳可作为止血带；

（4）捆绑动物；

（5）紧急时可用伞绳充当鞋带；

（6）单条伞绳编织便可作为装备的背带；

（7）并列五条以上经过编织的绳就能作为基本的垂降绳或保护绳；

（8）伞绳内部的细线抽出后可作为弓的弹性线；

（9）伞绳内部的细线抽出后可制作中小型动物陷阱；

（10）伞绳内部的细线抽出后可用作钓鱼线；

（11）伞绳内部的细线抽出后可作为缝纫线或帐篷修补材料；

（12）伞绳用火烧熔后的尼龙流体可作为强力黏合剂。

八、求生哨

别小看一只普通的哨子。在荒山野岭，遇险者如果采取喊“救命”的方式来引起救援人员注意的话，不到15分钟就会声嘶力竭；而一个小小的塑料哨子，只要还有一口气，就能吹响它。而且，在探查出路、寻找水源时，事先约定好的哨音长短和不同组合，都是户外近距离联络时最方便和最简洁的通信方法。

常见的求生哨有滚珠高音哨和金属低音哨。滚珠高音哨价格便宜，吹起来比较省力，声音较高，适合在没有大型障碍物的地方使用；金属低音哨声音较低，但在密林中有很好的穿透力。

在紧急情况下使用求生哨时不能胡乱吹，要遵循通用的哨语。

基本规则：指令内的哨音间隔2～3秒，指令间的间隔在30秒以上。比如，重复发送指令需要间隔30秒以上。收到信号后以一个持续的长音回复。

基本语言：“●”表示短音（1秒左右），“■”表示长音（3秒以上）。

●●■（两短一长），表示向哨音方向集合；

●■（一短一长），表示出发、加速前进；

●■■（一短两长），表示有人掉队，等待后队赶上；

●●●（三短），表示遇到困难寻求帮助，收到信号者以长音回复，表示将前往支援；

●●●■■■●●●（三短三长三短），国际通用SOS代码。

九、手电筒及荧光棒

户外生存用的手电筒要求做到照射距离不小于50米，电池使用时间不小于6小时，手电筒自身至少达到20米深的防水要求。手电筒应配有备用灯泡。手电筒不仅满足上述要求，还可以通过附件把手电筒戴在头上，使夜行者的双手解放出来做其他工作，十分方便。

在户外最好使用以LED作为光源的金属电筒，同时，发光时间在6小时以上的荧光棒也可以作为辅助光源在户外使用。

十、备用食品

在户外活动中遭遇狂风暴雨等恶劣天气或其他意想不到的状况，无法获取食物，或者食物丢失时，就需要备用食品。

出发之前，应根据个人口味和具体行程制订好食品携带计划。这些食品不但要能果腹，还要提供户外活动所需的热量。备用食品一般要选择高能、轻量、耐久的食物，如饼干、八宝粥、罐头、肉干、果脯、糖、巧克力以及复合维生素等。

压缩干粮是一种军用食品，它不仅便携，还非常适合中国人的饮食习惯，是深受大家喜爱的备用食品。压缩干粮由面粉、白砂糖、精炼油、葡萄糖粉、奶粉、精盐等原料制成，净重250克，可提供5248千焦的热量。

第五章
户外运动基础技能

第一节　气候与天气

一、气候带

新的环境往往存在潜在的危险，因此，在户外运动中，人们需要提前采取相应的预防措施，学会适应各种气候。气候不仅仅取决于纬度，位置和海拔也是相当重要的因素。

（一）极地气候

极地地区是指北纬66.5°以北、南纬66.5°以南的地区，但是身处世界各地的高海拔地区的人，也必须具有相应的抵御严寒的能力。在赤道地区，比如安第斯山脉，海拔5000米以上才会被积雪覆盖，但是越接近极地地区，高山积雪线就会越低——南美洲最南角的山上，海拔几百米的山峰就会终年积雪。阿拉斯加、加拿大、格陵兰岛、冰岛、北欧和俄罗斯的北部地带都属于北极地区。

（二）苔原地区

极地冰帽的南部，永久被冰雪封冻的冻土层，草木生长都受到阻滞。虽然在夏天冰雪会融化，但是植物的根部依然无法穿透坚硬的冻土层。高海拔地区也会出现类似的地形。

（三）北方针叶林区

在北极苔原与温带大陆之间有一条宽达1300公里的森林带。在俄罗斯北部的西伯利亚泰加森林地区，森林纵向延伸达1650公里，向北直至北极圈以内。但是在加拿大的哈得孙湾地区，森林带平行于北极圈以南向东西方向延伸。

冬季严寒而且漫长，大部分的时间都是大地封冻，夏季很短，一年中仅有3至5个月地表会解冻，雨水可以到达草木的根部。沿着流向北冰洋的江河两岸，草木尤其茂盛。这里生存着许多珍贵的动物：麋鹿、熊、水獭、山猫、黑貂和松鼠，以及其他更小的生物和多种鸟类。

在夏季，冰雪融化的积水存积在低洼地，就会形成沼泽。横卧的树木和密集的苔藓都使得在沼泽中行走十分艰难。

如果穿着防寒衣物，在冬季穿行这些地区相对容易一些。沿河旅行比较理想，河中生长着大量的鱼类，可以利用倒地的林木扎个木筏，顺流而下。

（四）温带气候区

对于不具备特殊求生技能或知识的旅行者来说，北半球的温带地区及南半球相应地区可能就是最佳的野外郊游之地了。大多数读者都熟知这些地区的环境，它们常常也是城市密集分布的地区，在这里不可能出现危及生命的严峻考验。

（五）落叶林

在天气变暖、冬季也不那么严寒的地区，落叶林就替代了针叶林。橡树、山毛榉、枫树和黑胡桃树是美洲大陆的主要树种。栗树、椴树、橡树和山毛榉是欧亚大陆的主要树种。富含腐殖质的土壤中生长着多种植物和真菌。在这里生存应当不成问题，除非在极高海拔地区，环境条件类似于苔原或雪地地区。不过人类的活动已经改变了许多这样的地区。

（六）温带草原

主要为内陆地区，夏季炎热，冬季寒冷，降雨量适中，这些地区已经成为全球食物最大的产区——种植谷物，饲养牛羊。夏季时水源会成问题，冬季时要有庇护所。

（七）地中海气候区

地中海周围地区是半干旱地区，夏季持续时间长而且炎热，冬季短而干旱。一年四季大部分时间阳光普照和干风盛行。这些地区曾经广泛分布着橡树林，树木被砍伐后，土壤受到侵蚀，大部分地区就逐渐被常绿灌木覆盖。美国加利福尼亚州的部分地区与之非常相似，树木很少，水也会成为问题。在高海拔地区，也需要考虑其他因素。

（八）热带森林

南北回归线之间的大片陆地，包括广阔的可耕作区和环境恶劣的沼泽和沙漠。有近1/3的面积是原始森林——热带雨林、亚热带雨林和高山林。其共同特征是具有粗犷的山川，降雨量十分充沛，从而形成了许多汹涌澎湃的江河，在靠近海岸的地带以及低洼地区常常会形成大片的沼泽地。

（九）热带大草原

这是热带草原气候区，通常位于沙漠与热带雨林之间。森林边缘地带野草茂盛，有的可达3米高，树木更为常见。全年平均气温偏高。非洲大陆超过1/3的地区都属于这种气候。澳大利亚的大部分地区也属于这种气候，那里分布着繁茂的桉树林。此外，还包括委内瑞拉和哥伦比亚西南部平原以及巴西的热带草原等地区。寻找水源常常不易，但是只要哪里有水，哪里就会有茂盛的植物和丰富的野生动物。在非洲，可以见到大量群居性野生动物。

（十）沙漠地区

地球陆地表面有1/5的地方覆盖着沙漠，那里干旱贫瘠，生存起来非常困难。当气流从赤道地区升起，逐渐排出所含的水蒸气，在临近大地时又重新被加热，将当地的一点水汽带走时，地面就开始沙漠化了。在沙漠地带，白天几乎不见一片云，烈日直射，夜间也无法保温，所以昼夜温差极大。白天温度很高（在撒哈拉沙漠，白天气温可以高达58 ℃），而夜间则会降至0 ℃以下。地球上的沙漠地区只有一小部分由沙组成，大约是撒哈拉沙漠面积的1/10，绝大部分都是由干涸河床和戈壁碎石构成的。风吹使得沙子移动，堆积在低洼之地。另外，有些地方会出现由风蚀形成的沙丘、干涸的沼泽地和流沙。

二、天气的观察与预测

在野外，天气的变化对户外运动的行动计划和活动安排有十分重要的影响。野外活动往往由于条件的限制，不能及时收听天气预报，即使带着收音机、手机，也可能会因为信号中断或其他原因无法得到气象信息。所以，最好的办法就是掌握天气预测的常识，通过观察自然界的各种变化来判断未来可能的天气，这将为户外探险活动的顺利开展带来很大的益处。

（一）天气变化的征兆

天气的好坏并不是不可知的，有时可以通过观察云的颜色、种类、速度以及风的方向来判定天气的好坏。在山地，白天的谷风一般是自山下往山上吹，而夜晚的山风则是由山峰往山谷吹；白天（尤其是在早晨），可以看到山口有一朵一朵的云团在逐渐分化为气雾并进而消散，而在傍晚太阳落山时，西边山谷的上方会出现一片片橙色或玫瑰色的晚霞；清晨，地面上有露水或霜冻，而在傍晚时，山下会有雾，而且进入夜晚后天气比较凉。天空中的星光很稳定，只有很少的星星在闪烁。那么，出现以上天气现象时，说明未来的天气会逐渐变得越来越好。相反，如果发现白天谷风从山顶向山谷吹，而夜晚则是从山谷吹向山顶；清晨，满山是雾，到了傍晚时仍没有消散，而且夜间气温会升高，很闷、很热，并在黎明前星光闪烁不定，那么，这些都说明未来的天气将会变得越来越差。同样，如果发现干热或者雾气弥漫之后，能见度突然转好，风向突然变化，并且风力越来越大，同时还伴有乌云吹来，这些现象说明天气将要变坏。还有一些比较明显的现象，比如，发现太阳周围出现了一个大“晕圈”，这是有雨的征兆；在月亮周围出现了“晕圈”，这是有大风的征兆；如果还发现云团移动得很快，并有逐渐增多的趋势，这是有暴风雨的前兆；同样，如果发现半山腰的云在快速上升，这也是暴风雨快要来临的征兆。

（二）观测云层预测天气

通过观测云层来预测天气的变化，既有一定的科学依据，也是长久以来人们在日常生活中积累的经验。在我国的民间谚语中，有许多是告诉人们如何根据云层的变化来识别天气的。比如“朝霞不出门，晚霞行千里”，就是告诉人们，如果早晨东方有彩霞出现，最好不要行远路，因为天气很可能会变坏；而傍晚西方的天边出现了彩霞，说明天气状况不会发生明显的变化，可以放心出远门。

“日落火烧云，明朝晒死人”，说的是如果日落时出现了红云或是火烧云，第二天一定是个大晴天。

“红云变黑云，必是大雨淋”，说的是随着太阳的升高，原先太阳初升时的红云变成了黑云，那么一场大雨就要来临了。

“早上云如山，黄昏雨涟涟”“早起乌云现东方，无雨也有风”，这是说，在夏天的早晨，如果东方一大早就出现了乌云，那么当天很可能会下雨。从科学的角度来讲，因为夏天白天热夜晚凉，温差较大，早晨天空中一般不会有云层，如果太阳刚出来就有了许多乌云，那么到了中午前后，很可能会有许多云团聚集在一起而导致降雨。

“日在云里走，雨在半夜后”“日落黑云接，风雨定猛烈”“乌云接日头，半夜雨稠稠”，这几句则是说，太阳落山时有乌云，半夜或是第二天肯定会有猛烈的风雨。这是因为日出以后，地表受热，空气也逐渐受热，热空气迅速上升，大量的热空气聚集在一起形成云层；而到了傍晚，阳光减弱，空气不再受热上升，原先的热空气也会因为遇冷而凝结成许多小水珠，那些小水珠聚集在一起，由于重力作用就会降落到地面，形成雨水。

这些谚语不仅顺口易记，而且有一定的科学道理，可以作为户外探险时识别天气的重要依据。同时，一些民间预测天气的谚语有一定的区域性，可以通过走访活动区域的当地居民，收集、整理、掌握更多预测天气的知识。

通常情况下，云层越高，天气越好。如果按云层的不同种类去预测天气，主要有以下几种情况。

1.卷云

它由微小的水珠组成，一般出现在地表上空6000米处，从外表上看云的形状像羽毛、丝带，所以又叫“马尾云”。卷云往往预示着好天气，但如果是在寒冷的季节并伴有强劲的北风，它可能预示着大风雪将要来临。

2.卷积云

它的特征是成堆的白色云朵，看上去类似波纹状的鱼鳞，又叫作“鱼鳞云”。它通常出现在海拔5000～8000米的高空，预示着晴朗的天气。

3.卷层云

它看起来如同一层白色的面纱，但颜色略深于卷云，说明恶劣天气将要来临。

4.积云

积云比较容易识别，它如同一团团的棉絮，距离地面较近，一般出现在海拔2500米以内。如果积云彼此分开，漂浮在天空中，那么就预示着一个美好的晴天；如果积云越来越大，越来越多，则很有可能会带来一场暴风雨。

5.积雨云

底平顶圆的奇怪形状。积雨云会带来强风暴雨、雷鸣闪电。

6.高积云

高积云类似于卷积云，但它的覆盖范围更广，云层更厚，白中有黑，通常预示着阴雨天气。

7.层云

它由大量的水滴构成，从外表上看是一层一层的灰色云朵，刚开始出现时往往会被误认为是高山浓雾，它预示着未来的降雨或降雪。如果夜间越来越厚，覆盖在清晨的天空中，通常也会带来晴朗的一天。

8.高层云

高层云在阳光的照耀下看上去像灰色的幕幔，高度可达2500～6000米，如果湿空气靠近它，云层就会变厚、变暗，直至下雨。

9.层积云

它通常会覆盖整个天空，云层较薄，呈瓦片状，阳光可以从中透射下来。它可能会带来雷阵雨，但通常会在午后消失，留下一片晴朗的天空。

10.雨层云

雨层云是低层乌云，笼罩在空中，预示着在4小时内会有一场降雨，而且降雨会持续数个小时。

（三）观测雾气预测天气

民间有“十雾九晴”“早上雾蒙蒙，中午晒得皮肉痛”“早雾晴，夜雾阴”等说法，这些都是通过雾来反映天气变化的谚语。其实，观测雾和观测天气一样，都可以看出天气的变化。通过雾来预测天气是有科学道理的。一天之中，最冷的时刻应该是天刚亮之前，这时，空气中的水蒸气容易遇冷而凝结成雾。如果夜晚天上无云，地表的热量就会散失得快一些，这样，第二天早上的气温就会低一些，出现雾的可能性也就大一些。而晚上无云又是晴天的象征，所以早上有雾预示着当天是晴天；但如果晚上有雾就不同了，这是由于地面稀薄的冷空气遇空气中低层的暖空气后发生凝结形成的，而晚上的雾又会使云层增厚、云量增多，逐渐变为阴天。所以，晚上有雾预示着第二天不会有好天气。

阴天出现了雾，一般都不容易消散。有时，雾可能原地不动，而云向雾靠近；有时，雾升高和云连起来，加厚了云层。出现这些情况都意味着坏天气即将来临，也就是人们常说的“雾收不起，大雨不止”“日出雾难消，当日有雨”“久晴大雾阴，久雨大雾晴”等。天气长时间保持晴朗，是因为空气比较干燥，气压高，云层和大雾不易形成。而一旦出现大雾，则说明低层水蒸气增多，气压变低，这样就容易形成云层，天气就会由晴转阴。如果长时间连续降雨，地面会有充足的水分，当高气压移来时，地面水分就会蒸发，夜晚空气的温度降低，水蒸气遇冷凝结成大雾。这种雾本来就是在天气转晴的情况下形成的，因此在日出以后，雾气会蒸发消失。久雨后的大雾，预示着晴好天气的到来。

（四）观察动物预测天气

自然界的许多动物对天气变化十分敏感，如果留心观察它们的反应，可以帮助户外运动者预测未来两天的天气变化情况。

1.食虫鸟类

如燕子等，在天空中飞得比较低，就可能会有暴风雨来临，正如民谚所说，“燕子低飞蛇过道，大雨眼看要来到”，因为在晴天，它们通常会在高空中捕食。如果在白天看见兔子寻找食物或是松鼠贮存食物，这也可以说明天气可能会变得很糟糕。

2.蜘蛛

如果看到蜘蛛在织网，这说明天气可能会转晴。因为在雨天，蜘蛛织的网因为空气变湿而受潮，黏度减小，很难捕捉到小虫。当天气要转好时，小飞虫也会活跃起来，蜘蛛就会抓紧织网，捕捉飞虫。所以，蜘蛛添丝，意味着天气转晴。

3. 蜜蜂

在雨天，蜜蜂飞行比较困难，而且雨天里植物的花蕊分泌物也比较少，这就影响了蜜蜂采蜜，大部分蜜蜂就会在巢里休息。而到了天气转晴时，气温升高，植物分泌的花蜜增多，勤劳的蜜蜂就会赶紧出巢去采蜜。因此，蜜蜂出巢去采蜜，是天气转晴的征兆。

4. 蚂蚁

蚂蚁对天气的变化十分敏感，因为它们生活在地下，所以有时它们比别的动物更容易感觉到天气的变化。民间谚语说“蚂蚁垒窝，要涨大水”，“蚂蚁筑防道，准有大雨到”，“蚂蚁搬家，天将雨”，“蚂蚁筑坝阵，雷雨盈寸深”。如果看到黑色的长脚蚂蚁特别忙碌，纷纷出来寻找食物，并且行动很迅速地从洞里向洞外搬家，在洞口周围垒窝，还垒得很高，那么天气可能正在升温、气压正在下降或湿度正在增大。如果发现黄蚂蚁由低处向高处搬家，那么天气即将下雨；如果它们由高处向低处搬家，那么天气可能很快转晴。

5. 青蛙

青蛙是两栖动物，它们的皮肤对于水、土和空气的温度、湿度都比较敏感。如果气压突然下降，天气潮湿闷热，青蛙就会发出既响又密的叫声；如果雷阵雨即将来临，青蛙就会叫得很响；雨后，如果青蛙的叫声渐渐变少，表明天气将要转晴；如果青蛙突然在白天叫起来，那么天气不久就会变差。所以，要记住，“青蛙叫，大雨到”，“中午青蛙叫，午后雨飘飘”，“青蛙白天叫得紧，下雨不用等时辰”。

6. 蚯蚓和蛇

在下雨前，潮湿的空气会使泥土的含水量增大，蚯蚓和蛇就会爬出洞寻找适宜的环境。所以说，“蚯蚓上路，出门有雨”“蛇挡道，大雨到”。

7. 小昆虫

在雨天来临前，空气中的水蒸气增多，天气格外潮湿、闷热，蜻蜓等昆虫的翅膀沾上了水，就会比平时飞得低一些；而蚊子、苍蝇等由于喜欢潮湿的环境，这时也会特别活跃，到处乱飞，这就是人们常说的“蜻蜓满天飞，风雨在眼前”，“蚊子飞成球，风雨将临头”，“蚊子骤然多，明日雨滂沱”。当雨天即将转晴时，空气的温度和湿度与下雨时有很大的区别，此时，树上的蝉会因环境变好而放声鸣叫，这就是所谓的“雨中蝉鸣，很快放晴”，“雨中蝉声叫，预告晴天到”。

（五）其他预测方法

对未来天气的预测，还有一些其他方法。在野外，常常会燃起篝火，通过观察烟雾上升的情况，就可以判断第二天的天气。如果烟雾稳稳地上升，那么第二天的天气不会有太大的变化，依然很好；如果烟雾闪烁不定，或是升起又降下，那么可能会有暴风雨。在暴风雨来临前，木制工具的把手会变得紧一些，盐也会因为吸收了空气中的水分而增加潮气，甚至会化成盐水。当空气中的湿度增大时，声音会传得很远，空气中的味道也更容易闻到，皮肤也会有黏黏的感觉。如果患有关节炎，就会感到酸痛和其他很不舒服的感觉，这些也在提醒天气正在发生变化。还有，如果女性是卷发，那么头发也会帮助判断天气。当天气变差时，卷发会变得很紧，不易梳理（动物的皮毛也是如此）。如果卷发特别缠绕在一起，不如通常那样顺直易梳理，则可能预示着会有一场暴风雨。

当然，要准确判断天气的变化，既需要积累丰富的经验，也需要根据实际情况去分析判断。不能一看到某种现象，就认定天气肯定会发生相应的变化，因为对于大自然的变化，任何人都难以准确预测。

第二节　户外方向识别

在野外活动，诸如地质考察、登山、徒步旅行、探险、旅游等，为防止迷路，要学会利用现代技术设备和自然界的一些特征，正确地判定所在位置和方向。掌握定位和测向方法是户外运动者必备的重要技能之一。

野外判定方向和位置的方法有许多，本篇通过天、地、物等自然现象和人为现象介绍几种常见的方法。

一、凭借科学技术设备辨别方向

（一）凭借指北针（罗盘）辨别方向

把罗盘或指北针水平放置，使气泡居中，此时磁针静止后，其标有“N”的一端所指的便是北方。除了测出正北方向外，罗盘或指北针还可以测出某一目标的具体方位，方法是将罗盘照准器对准目标，或将刻度盘上的0刻度对准目标，使目标、0刻度和磁针中点在同一直线上，罗盘水平静止后，N端所指的刻度便是测量点至目标的方位，如磁针N端指向36°，则目标在测量位置的北偏东36°方向上。

提示：利用罗盘或指北针辨别方向简单快捷，但需要注意以下几点：

第一，尽量保持水平；

第二，不要离磁性物质太近；

第三，勿将磁针的S端当作北方，否则会造成180°的方向误差；

第四，掌握活动地区的磁偏角并进行校正；

第五，在磁铁矿区、高压电线下、雷雨时可能会受到影响，产生错误显示。

（二）凭借现代技术设备辨别方向

随着现代科学技术的发展，现代化的电子罗盘技术越来越多地应用到人们的日常生活中，为人们外出提供方便的测向和定向服务。如多功能手表、智能手机、GPS定位器等都具备简单快捷的测向和定向功能，方便人们的日常外出需要。尤其是导航技术民用化的普及，轻便且可充电的GPS定位器将为野外地点的识别和求助提供更精确的帮助。

（三）凭借手表辨别方向

利用手表辨别方向的方法主要有以下几种：

方法一：首先必须白天有太阳。其次时间必须是24小时制。把当时的实际时间换算成24小时制然后折半，将折半后的时数对向太阳，“12”所指的方向就是北方。口诀：“时数折半对太阳，12所指是北方。”如下午2:40，换算为24小时制是“14:40”，其一半为7:20，把时针“7”对向太阳，那么“12”指的就是北方。一般在上午9时至下午4时之间可以很快地辨别出方向。

方法二：把表平置，时针指向太阳，时针与12时刻度平分线的反向延长方向就是北方；或者平置手表，将一根小棍垂直立在手表中央，转动手表，使小棍的影子与时针重合，时针与12时刻度之间的平分线即南北方，背向太阳的一方为北方。

提示1：如太阳被云层挡住时，把小刀刃或指甲锉缘竖放在塑料信用卡或拇指指甲之类有光泽的平面上，从平面上找到淡淡的阴影，太阳就在与阴影相反的方向。

提示2：利用手表辨别方向时，手表应平置；在南、北纬20°30′之间的地区，中午前后不宜使用，即以标准时的经线为准，每向东15°加1小时，每向西15°减1小时。

二、凭借天体辨别方向

（一）凭借太阳辨别方向

在有太阳的白天，根据日出、日落可以很方便地知道东方和西方，也就可判断方向，但只能是大致的估计，较准确的有以下几种：

1.立竿见影法

有太阳的时候，将一根木棍垂直立于地上，在木棍影子的顶点放一块石子，等五分钟后，再在影子顶点处放一块石子。把两块石子连成一条直线，在这条直线上做一条垂直平分线，这条平分线就是南北方向，背向太阳的方向就是北方。或者30～60分钟后，再次在木棍的影子顶端放另一块石头，然后在两块石头之间画一条直线，在这条线的中点画一条与之垂直相交的直线。然后左脚踩在第一标记点上，右脚踩在第二标记点上。这时站立者的正面即正北方，背面为正南方，右手是东方，左手为西方。

2.利用“立竿见影”的原理

在一张50厘米×50厘米的绘图纸上绘制一系列同心圆，同心圆的半径以1厘米为单位递增，将绘图纸钉在平板上并水平固定好，将一根12～15厘米长的细钢针或针状物垂直插在圆心上。当太阳位置变化时，影子的端点会与同心圆相交，标绘出这些点，然后把同一个圆上的两点相连，将这些直线的中点与圆心相连，这条连线就是南北方向线，圆弧顶点的方向为北方。这个方法适合在不断移动中辨别方向。

（二）凭借月亮辨别方向

月亮也是东升西落的，所以夜晚通过月亮的位置也能辨别方向。

1.利用手表测向

方法同有太阳时一样，口诀也同样，也是使用24小时制。只是根据当晚月相的盈亏来判断，把当晚的月相（亮的部分）分成12等份。具体要领为：一看月相的盈亏，二把月盘等分为12份，三看光亮部分占几份，四把时数减（盈）加（亏）等份数，五将得数折半对向月亮，“12”所指的就是北方。

提示：上半月是趋盈月要减去相应天数，下半月是趋亏月要加上相应天数。

2.夜间利用月亮辨别

农历每月十五日的18时，月亮从东方升起，24时在正南方，次日早6时在西方，这一夜就可以用看太阳的办法看月亮。尔后月亮升起的时间，每天都比前一天晚48～50分钟，据此就可以推算。如果不习惯使用农历，可以借用标记太阳的方法，用直棍标记月亮的阴影。冬季也可以透过树枝观看月亮的位移，月亮也是由东向西移动的，其移动的方向就是西方。

（三）凭借星星辨别方向

在有星星的夜晚，可以通过“北极星”“3字星”“南十字星”来辨别方向。

1.利用“北极星”辨别

通常根据北斗七星寻找，北斗七星始终绕北极星旋转。北斗七星是比较亮的星，形状像一把勺子，将勺头两星连成一直线并向勺口外方向延长约5倍处，有一颗稍微暗一些的星，这就是北极星，即北方。

2.利用“3字星”（仙后星座）辨别

当北斗七星转到地平线下时，则可利用“3字星”即“仙后星座”寻找。“3字星”由5颗较亮的星组成，形状像个“3”字，在“3”字缺口方向约为缺口宽度的2倍处，就是北极星。

3.根据“南十字星”辨别

在我国北回归线以南地区，夜间看到南十字星时，也可判定方位。南十字星由4颗较亮的星组成，形状像个“十”字。

三、凭借不同地域的地形、地貌辨别方向

在户外，如果没有现代设备或可利用的天体等情况下进行方向的测定，就必须熟悉不同地域的地形、地貌的植物生长情况和地物的特征，以此来进行方向的辨别，这也是户外运动人员所要具备的技能之一。

（一）凭借植物生长状态判断方位

常言道，“万物生长靠太阳”，掌握这一规律后，我们就可以利用植物的生长状态来辨别方向，即使在没有太阳的阴天也可通过观察植物来判断方向。

1.看树皮

树皮一般是南面的较光滑，北面的较粗糙，有的树在其北面的树皮上有许多裂纹及疙瘩，这种现象在白桦树上表现得格外明显。

2.看油脂

松柏类及杉树的树干上有流出的胶脂，南面的较北面的多且易结成较大的块。

3.看果实

秋季里许多果树朝南的果实结得较多，尤其以苹果、红枣、柿子、柑橘等最为明显，果实成熟时也是朝南的先变色。

4.看树叶

独立的大树，南北两侧会有明显的区别，向南一侧的枝叶很茂密，向北一侧的枝叶比较稀疏。

5.看草的生长

大石块、树主干南面的草生长得较旺盛，但秋天南面的草也枯萎得较快；森林中空地的北部边缘，青草较茂密。

6.看苔藓

长在石头上的青苔喜阴湿，北面的较旺盛。

7.看树轮

我国北方的许多树木，树干的断面可见清晰的年轮，向南一侧的年轮较为稀疏，向北一侧的年轮较紧密。树桩断面的年轮纹，一般是南面的年轮间隔大，北面的年轮间隔小。

8.看积雪

积雪的融化多是先融化朝南的一面。

9.利用指北草来识别方向

主要有蒙古菊和野莴苣两种。

（二）凭借地物判断方向

（1）在中国北方，一般古庙、古塔、祠堂等建筑物都是坐北朝南。草原上蒙古包的门也多朝南开放。

（2）在冬天有积雪的情况下，田埂、堤坝和建筑物南面的积雪融化得快，北面慢，而土坑等凹陷的地方则相反。

（3）在中国北方草原、沙漠地区西北风较多，在草丛附近常形成许多雪垄、沙垄，其头部大、尾部小，头部所指的方向是西北方。

（4）在密林中，岩石南面较干，而北面较湿且有青苔。

（5）蚂蚁的巢穴多在大树的南面，而且洞口朝南。

（6）一些自然村落一般都集中在山的南侧，农村房屋的门窗多是朝南开的。

（7）山坡南面干燥，青草茂密。（注意：凹陷物体和林中空地的特征与上述情况相反）

（8）在沙漠中可利用一些沙生植物向东南方向倾斜的特点来判断方向。另外，沙丘的迎风面（西北方向）坡度较缓，而背风面（东南方向）坡度较陡。

（9）在丘陵地区，北坡大部分都生长高大的乔木林，而阳坡则多生长低矮的灌木林。（原因是北坡即阴坡，土壤水分蒸发慢，水土保持得好，植被恢复比阳坡快，所以容易形成森林）

四、凭借公路辨别方向

随着我国经济的发展，国民的生活质量也越来越高，人们不再满足于物质生活，开始将更多的目光转移到个人精神生活的层面。节假日期间，越来越多的人开始选择外出游玩，而自驾游成为越来越多的人的首选出游方式。熟悉我国公路的类别、等级、编号规则将为出行带来极大的便利。同时，学会利用公路里程桩这种科学有效的公路定位手段，对驾车者准确快速地在道路上进行位置定位具有非常重要的意义，这也是自驾游爱好者必须具备的户外技能。

（一）我国公路分类

一是根据公路在政治、经济、国防上的重要意义和使用性质，将其划分为国家公路、省公路、县公路和乡公路（简称为国、省、县、乡道）以及专用公路、村道6个等级。一般把国道和省道称为干线，把县道和乡道、村道称为支线（农村公路）。

二是根据使用任务、功能和适应的交通量划分为高速公路、一级公路、二级公路、三级公路、四级公路5个等级。

三是路面按面层类型分为高级、次高级、中级和低级4个等级。高级——沥青混凝土路面或水泥混凝土路面；次高级——沥青贯入式路面或沥青碎石路面；中级——砂石路面；低级——泥结碎石或土路。

（二）我国行政等级公路概念

1. 国道

国道是指具有全国性政治、经济意义的主要干线公路，包括重要的国际公路、国防公路，连接首都与各省、自治区首府和直辖市的公路，连接各大经济中心、港站枢纽、商品生产基地和战略要地的公路。

2. 省道

省道是指具有全省（自治区、直辖市）政治、经济意义，连接省内中心城市和主要经济区的公路，以及不属于国道的省际重要公路。

3. 县道

县道是指具有全县（旗、县级市）政治、经济意义，连接县城和县内主要乡（镇）、主要商品生产和集散地的公路，以及不属于国道、省道的县际间的公路。

4. 乡道

乡道是指主要为乡（镇）内部经济、文化、行政服务的公路，以及不属于县道以上公路的乡与乡之间及乡与外部联络的公路。

5. 高速公路

高速公路是指能适应年平均每天小客车交通量为25000辆以上，专供汽车分道高速行驶，并全部控制出入的公路，其使用年限为20年。

6. 专用公路

专用公路是指专供或主要供厂矿、林区、农场、油田、旅游区、军事要地等与外部联系的公路。专用公路由专用单位负责修建、养护和管理，也可委托当地公路管理部门负责修建、养护和管理。

（三）公路路线编号及规则

我国公路道路的名称（包括低等级公路）从每公里一个的里程碑上都可以看到，碑的上部标示的就是道路编号，路线编号的首位采用字母标识符，主要用汉语拼音字母标识公路的行政等级，其编号具有一定的规则性（见表5-1）。

表5-1　我国公路标识编号

公路路线标识符	名称
G	国道
S	省道
X	县道
Y	乡道
Z	专用公路

1.高速公路的路线编号规则

国家高速公路是国道网的重要组成部分，其主线包括首都放射线、南北纵线、东西横线，以及并行线和地区环线。

（1）国家高速公路主线编号

国家高速公路主线编号，由1位国道标识符“G”和1～2位数字编号组配表示，编号结构见表5-2。

表5-2　我国高速公路编号结构

路线编号结构	名称	举例
GX	国家高速公路的首都放射线编号	G1京哈高速、G6京藏高速、G2京沪高速、G5京昆高速
GXX（末尾为奇数）	国家高速公路的北南纵线	G65包茂高速
GXX（末尾为偶数）	国家高速公路的北南纵线、东西横线和地区环线编号	G40沪陕高速
SX	省级高速公路的省会放射线编号	粤高速S1广乐高速
SXX	省级高速公路的北南纵线和东西横线编号	闵高速S10莆永高速

（2）高速公路城市绕城环线、并行线和联络线的编号

国家高速公路的城市绕城环线和联络线编号以及省级高速公路城市绕城环线编号，由1位字母标识符和不超过4位数字编号组配表示（见表5-3）。

表5-3　我国高速公路城市绕城环线、并行线和联络线编号结构

路线编号结构	名称	举例
GXXXX	国家高速公路城市绕城环线	G1501上海绕城高速 G3001西安绕城高速
GXXXX	国家高速公路联络线	G7011十天高速
SXXXX	省级高速公路城市绕城环线	S001北京五环路

注：高速公路并行线的编号结构，在表8-2中规定的路线编号结构基础上扩充一位。

2. 普通公路的路线编号规则

普通公路的路线编号规则，由1位字母标识符和3位数字编号组配表示，见表5-4。

表5-4 普通公路的路线编号

公路路线标识符	名称	举例
GXXX	国道编号	G101北京—承德—沈阳线、G108北京—太原—西安—成都—昆明线
SXXX	省道编号	S101首都机场路、S201通州—顺义、S102天津—大毕庄
XXXX	县道编号	X301海拉尔—特尼河、X302伊图里河—牙克石
YXXX	乡道编号	Y001杭州—千岛湖
ZXXX	专用公路编号	专用公路的编号结构为ZXXX，数字区间为001—999，以省级行政区域为范围编制顺序号

（1）国道编号

①普通国道的编号，由国道标识符“G”和3位数字编号组配表示；以全国为范围编制系列号，其数字编号的第一位用“1、2、3”分别标识首都放射线、北南纵线和东西横线；第二、三位按线路的不同走向对应编制两位数字顺序号，编号结构见表5-4。

②国道放射线的编号，以首都北京市为起点，放射线止为终点，按顺时针方向排列编号。

③国道北南纵线的编号，以路线北端为起点，南端为终点，按路线的纵向排列，由东向西顺序编号。

④国道东西横向的编号，以路线东端为起点，按路线的横向排列，由北向南顺序编号。

⑤普通国道的城市环线编号，可纳入放射线，可单独排列；不同的省级行政区允许出现相同的城市绕城环线编号。

（2）省道编号

①普通省道的编号，由省道标识符“S”和3位数字组配表示；以省级行政区域为范围编制系列顺序号，其数字换号的第一位用“1”标识省会放射线，“2”标识北南纵线，“3”标识东西横线；第二、三位按路线的不同走向对应编制2位数字顺序号，编号结构见表5-4。

②普通省道的城市绕城环线可纳入省会放射线的某一编号区间，在本省、自治区、直辖市行政区内，同一城市建有多条省道绕城环线时，其顺序号从主城区边缘到郊区由内向外按升序编排。

③编制省道编号时，应注意本省与相邻省级行政区域连接贯通的省道编号的协调

衔接，宜统一编号。跨省的省道编号是北南纵线的，原则上以北边省份（自治区、直辖市）的路线编号为准；是东西横线的，原则上以东边省份（自治区、直辖市）的路线编号为准；若跨省级行政区域的省道采用了同一编号，所跨省级行政区域的其他省道编号不可与其重复。

（3）县道编号

①县道编号原则上在本省级行政区域内，以地区（地市级）为范围编制系列顺序号，亦可按省级行政区域为范围顺序编号，编号结构见表5-4。

②按地区级行政区域为范围编号时，一条县道可能跨越多个地区或县级行政区，为保证其编号及代码的唯一性，应先考虑将该线路的行政等级升级为省道；否则可按两种方法分别编码。

A.当一条县道跨越同一地区（地级市）的不同县级行政区时，该县道代码结构中的县道编号不应改变，只可相应改变其所在地的县级行政区划代码，统计时应视为一条县道。

B.若在一条县道代码序列中，单列编码区间加以标识，该编码区间内的县道代码结构中，这条县道编号不变，但地区级或县级行政区划代码可以根据实际跨越不同地域的情况而改变，统计时也应被视为一条县道。

（4）乡道编号

①乡道编号原则上以各省级行政区的县级行政区域为范围编制顺序号；也可按省级行政区域为范围编制系列顺序号，编号结构见表5-4。

②按县级行政区域为范围编号时，一条乡道跨越多个地区、县或乡级行政区时，为保证其编号的唯一性和足够容量，应参照县道规定的编号规则分别编制。

（5）专用公路编号

专用公路编号以各省级行政区划为范围编制系列顺序号，其编号结构见表5-4。公路行业管理养护的专用公路需要与其他行业（如林业、农垦、油田、矿区等）管理养护的专用公路加以区别时，其编号可分别列入本省、自治区、直辖市专用公路编号的不同系列区间。

（四）辨别高速路和一般国道

由于国家高速公路属于国家道路网的一部分，所以国家高速公路和一般国道字母标志符仍然采用汉语拼音“G”，但是编号采用1位、2位和4位阿拉伯数字，并与一般国道相区别。因此，国家高速公路编号与一般国道编号的区别主要体现在数字位数上。

现行的国道编号是3位数，国家高速公路的编号则采用1位、2位和4位数。例如：G1京哈高速、G7京新高速、G40沪陕高速、G65包茂高速、G4201武汉环线高速或武黄高速；一般国道的编号为3位数，如：G101北京—承德—沈阳线、G108北京—太原—西安—成都—昆明线等。

（五）通过国家公路公里桩数字辨方向

利用公路进行方向辨别时，首先要在出行前做足一定的功课，要知道在出行的方向上所要经过的公路编号；其次要知道所经过公路的起止点和所要路过的地方；最后要确定公路界碑里程的增减情况。只有这样，才能让公路编号对户外方向的辨别具有实际的应用价值。

一般情况下，公路上在护栏右侧都安置有“公里桩”，上面标明了公路的公里数；每隔100米的护栏下方还有一个“小柱子”，这是百米桩，上面显示出“米数”，有的还一并显示公里数。公里数由起点向终点方向是递增，由终点向起点方向是递减。

1.通过高速公路编号牌方向

①首都放射线的数字编号为一位数，由正北开始按顺时针方向升序编排。

②北南纵线的数字编号为两位奇数，由东向西按升序编排。

③东西横线的数字编号为两位偶数，由北向南按升序编排。

④并行线的编号，采用高速公路主线编号后加英文字母“E”“W”“S”“N”组合表示，分别表示并行路线位于主线的东、西、南、北方位。如GXW或GXXN。

2.通过一般国道辨方向

国道也是按首都放射线、北南纵线、东西横线分别顺序编号。

①以首都为中心的放射线由一位标识码“1”和两位路线顺序号构成。

②由北向南的纵线由一位标识码“2”和两位路线顺序号构成。

③由东向西的横线由一位标识码“3”和两位路线顺序号构成。

表5-5 我国的三类国道编号

从北京通往全国的道路为	1字头（101、102、103、199等）
从北向南的走向为	2字头（201、202、203、299等）
从东到西的走向为	3字头（301、302、303、399等）

3.通过省道和县乡道路辨方向

省道、县道、乡道路辨方向时，基本和国道相同，但其规范性相对于国道来说，略微差了一些。在实践运用中，一定要注意道路的起止点，只有这样才能让通过道路编号来辨别方向具有实际意义。

五、迷失方向的应对措施

在户外，尤其是在野外迷失方向时，千万不要惊慌，要沉着冷静，利用自己所掌握的辨别方向的各种方法，对自己所处的环境位置进行定位，然后再找道路，最可靠和有效的方法是“迷途知返”，即回到起点重新出发。我们可以通过以下几点进行应对。

（1）在野外迷失方向时，首先要立即停下来，冷静地回忆一下所走过的道路，想办法按一切可能利用的标志重新制定方向，然后再寻找道路。

（2）在不可能往回返时，要就近观察所处环境，如看见道路或与路相接的东西，例如房屋、电线杆等，应朝它走去。

（3）如果能从四周的地理特征大概推断自己所处的位置，就走向最近的道路、河流等。其中与前进路线垂直的道路、河流等目标是最佳选择，因为就算前进时稍微偏离了原定路线也能找到目标。

（4）公路、输电线和电话线的主干道有人定期巡查，不用等很久就会遇到人，可以寻求他们的帮助找到该走的路。

（5）在山地迷失方向后，应先登高远望，判断应该向什么方向走。通常应朝地势低的方向走，这样容易碰到水源，顺河而行最为保险，这一点在森林中尤为重要。因为道路、居民点常常是临河而建的。

（6）如果遇到岔路口，道路多而令人无所适从时，首先要明确要去的方向，然后选择正确的道路。若几条道路的方向大致相同，无法判定时，则应先走中间那条路，这样可以左右逢源，即便走错了路，也不会偏差太远。

（7）在山地行进，为避免迷失方向，节省体力，提高行进速度，应力求有道路不穿林翻山，有大路不走小路，如没有道路，可选择在纵向的山梁、山脊、山腰、河流小溪边缘，以及树高林稀、空隙大、草丛低疏的地形上行进，要力求走梁不走沟，走纵不走横。

第三节　户外取水与净水

一、户外取水

水在任何情况下都是人们生存的重要物质，在户外运动中也是如此。由于在户外环境下没有可供直接饮用的水源，所以在活动前要带够所需的饮用水。当然，鉴于户外环境的不确定性，活动中可能会出现意外损失掉水，或是所携带的水不够喝的情况。此时为了能顺利完成活动，或是实现自救，就需要掌握获取饮用水的技能。在户外，尤其是在野外无水的环境下，可以通过一些简单的方法来获取饮用水。

（一）调动人体感官来寻找水源地

野外找水是经常参加户外运动的人，特别是参加一些带有探险性质的活动的运动者必须掌握的生存技能。野外找水要调动身体多种感官参与，具体方法如下：

1.视觉搜索

眼睛看到水源无疑是令人欣慰的事情。然而除了直接观察到水源外，还有一些可能有水的迹象也是值得关注的。例如，水源充沛的地区，往往地表或浅层土壤较为潮湿；周围区域较热但某个区域较凉；秋天的早上经常起雾；冬天有霜的地区；动植物繁茂的地区；含水量较多的植物等。

2.听觉搜索

听觉对于寻找水源较为直观，即听到水流、水浪、水滴、瀑布等声音。除此之外，听到依水而生的动物的叫声也能证明附近有水源。

3.嗅觉搜索

嗅觉是可以对寻找水源带来帮助的。例如，闻到强烈的水土混合的土味，或是闻到水草的味道等，基本都可以证明附近有水源。

（二）可直接饮用的水源类型

1.自然降水

如果在缺水的时候能够有幸遇到降水是非常有利的。自然降水具有水量大、易收集的特点，但要注意水的卫生状况。这是因为水在下落过程中会被大气中的微生物及悬浮颗粒所污染，所以在收集了雨水后要想饮用必须经过一系列净化措施才行。

2.地面水

地面水是非常重要的户外水源，其水量往往较为丰富。常见的户外水源有江、河、湖或较大的水坑。但这种地表水源也有自身的不足，一是这种水源也存在水质污染的情况，要想供人饮用就需要采取净化措施；另一个就是在一些特殊的户外场所中少有这种大型水源，如沙漠地区或干旱地区。

3.地下水

地下水是地表水在渗透作用下汇集到地下水层的水源。在渗透的过程中，水会被砂层土壤过滤，且这个过程时间较长，所以当水真正成为地下水以后，其水质往往是较为理想的，有些地下水可以直接饮用，味道甘甜可口。不过，要想准确判断地下水的位置并不容易，这需要非常有经验的向导或当地人才能做到。通常地下水的位置多在地势较低的地方，在使用工具挖掘之后，地下水充足区域的土壤中就会慢慢涌出地下水。

4.植物水

植物水，是指存在于植物内部的水。虽然每种植物中都含有一定的水，但水量能够供人使用的植物并不多。最被人们熟知的含水量较大的植物有仙人蕉、储水竹、瓶树的茎、野山葡萄的藤和桦树汁等。另外，在清晨，许多植物表面会有水雾结成的水珠，必要时也可以对这些水珠进行收集。不过需要注意的是，在饮用植物水时如果感觉水的味道不对，如有辛辣味或苦味，应马上停止饮用，以免中毒。

5.动物水

动物水，实质上就是指动物的血液或其他动物体液。将此类物质当作水来饮用，感觉好似有些无情和难以接受，但在一些极端环境下，这是能够延续人的生命的做法。例如，一些电视作品中会出现军队在极端情况下杀掉战马饮血的场景。除血液外，还有一种非常重要的动物水，就是尿液。如果在极端条件下被困，缺乏水的补充，自己的尿液也是很好的水源，关键时刻能救自己一命。如果是身处野外，还可以捕捉一些蛇、蛙等动物，取其肉汁作为水源。

（三）野外环境下用物理方法直接获取水源

1.冰雪融化法

直接将冰雪放在容器中融化，在条件许可的情况下尽可能进行漂白、过滤和煮沸，然后直接饮用。

2.地汽取水法

在有湿沙或苦咸水的地方，用简易的太阳蒸馏器获取淡水，方法是：挖一个约20厘米深的碗状坑，上面盖一层透明塑料膜，四周用沙子或石头固定，中间放一块小石子，使薄膜呈倒锥形，下面放一个接水容器，通过坑中的水分蒸发，从而获得干净的蒸馏水。

3.植物取水法

利用植物的蒸腾作用，将塑料袋套在植物的浓密嫩枝条上，扎好袋口收集，或利用塑料布收集露水。

（四）从海水、盐碱水中获取饮用水源

首先使用离子交换树脂脱盐剂，如果没有，可以使用锅煮海水来收集蒸馏水的方法使海水淡化。方法是：煮海水时，在锅盖内侧贴上毛巾，将蒸馏水的水珠吸附在毛巾上，然后拧在大贝壳或其他容器内，这样反复制作，就可得到所需要的淡水。在冬天，将海水放在容器中冻结，冻结后的海水会将大部分溶解在水中的盐分以结晶的方

式分离出来。这时，冰块基本上是淡化的，而将未冻结的水（即浓盐水）在锅里加热，熬干后可得结晶盐。

二、户外净水

（一）水的净化

野外饮用水的净化处理，是进行户外运动时要掌握的基本技能。虽然雨水、泉水、井水、山间流动的溪水可以直接饮用，但是静止的或流动缓慢的水中含有大量有机物及细菌，需要净化处理后方可饮用。在野外的环境条件下，对寻找到的水源可以使用以下三种简单的方法进行净化处理。

1.渗透法

当河流、湖泊的水中发现有漂浮的异物或水质浑浊不清时，可通过渗透法获得较为洁净的水，方法是在离水源1～2米处向下挖一个小坑，坑里的水通过砂、石、土的缝隙自然渗出，这样获取的水就较直接获取的水更洁净。

2.过滤法

当水源地的水泥沙浑浊，有异物漂浮且有微生物或蠕虫及水蛭幼虫等，而水源周围的环境又不适宜挖坑时，就需要使用过滤法来获取水。方法是：用棉质单手套、手帕、袜子、衣袖、裤腿等，或底部刺有小眼的塑料袋，或去掉瓶底倒置的饮料瓶，由上向下在容器底部铺一层细砾石，然后铺一层沙子、一层炭粉，如此重复铺多次，层数越多越好，每层约2.5厘米厚。如无沙子，就用细砾石代替，压紧按实，自制的简易过滤器就完成了，将不洁净的水倒入其中进行过滤，如不满意可重复进行。

3.沉淀法

有时候，因户外环境条件有限，还可以使用沉淀法在野外条件下进行水质净化。方法是：将水收集到盆或壶等容器中，然后根据现有条件放入少量的明矾或木棉枝叶（捣烂）、仙人掌（捣烂）、榆树皮（捣烂），在水中搅匀后沉淀30分钟，轻轻舀起上层的清水，便能得到较为干净的水。

（二）户外水消毒、杀菌

一般情况下，除了泉水和井水（地下深水井）可直接饮用外，不管是河水、湖水、溪水、雪水、雨水、露水等，还是通过渗透、过滤、沉淀而得到的水，都最好进行消毒、杀菌处理后再饮用。其处理方法主要是烧开、加入净水药片和通过过滤器。

1.烧开

将野外获取的水烧开，是最实用也是最有效的手段，缺点是浪费燃料，而且耗时。在海拔高度不太高（海拔2500米以下）的情况下，把水煮沸5分钟，是对水进行消毒、杀菌的好方法，简便实用。尤其是对河水、湖水、溪水、雨水、露水、雪水等进行消毒、杀菌，以保证用水安全。

2.净水药片

净水药片的使用是以化学的方式进行净化，一般较多使用的是碘，其次是氯。净水药片轻巧、便宜、体积小，有着很大的市场。缺点是耗时，且有异味异色，最主要的是可能有一些水中的寄生虫无法彻底清除，还有就是容易引起过敏，同时会和某些食物或用具发生化学反应。一般在加入净水药片后20分钟左右才能喝，净水药片的保存要注意避光、干燥。

3.净化过滤器

野外使用的水过滤器一般分为两类：过滤器和过滤净化器。其主要区别是：过滤器是以过滤的方式去除细菌和寄生虫，而过滤净化器除了能去除细菌和寄生虫外，还能去除病毒（基于REI的分类）。优点是随时可以喝到水，缺点是价格高、体积大、重量大，且后期需经常维护。但近年来随着科技的进步，出现了一种饮水净化吸管，形如一支粗钢笔，经它净化的水无菌、无毒、无味、无任何杂质，无须沸煮即可饮用，很轻便；其次是一些便携式净水器，体积小效果好，能将较浑浊的液体过滤成可饮用的纯净水。

4.其他野外处理水的方法

（1）无净水药片时，可以用医用碘酒代替净水药片对水进行消毒。在已净化过的水中，每升水滴入3～4滴碘酒，如果水质浑浊，滴入的碘酒要加倍。搅拌摇晃后，静置20～30分钟，即可饮用或备用。

（2）利用次氯酸钠（漂白剂）进行消毒。在已净化的水中，每升水滴入三四滴漂白剂，水质混浊则加倍，摇晃均匀后，静置30分钟，即可饮用或备用，注意不要把沉淀的浊物一同喝下去。

（3）利用食醋（白醋也行）对水进行消毒。在净化过的水中倒入一些醋，搅匀后，静置30分钟后便可饮用，只是水中有些醋的酸味。

（4）如果水中有重金属盐或有毒矿物质，应用浓茶与水同煮，最后出现的沉淀物不要喝；如果是咸水，应用地椒草与水同煮，虽不能去掉原来的苦咸，但能防止腹痛、腹胀、腹泻的发生。

总之，无论多么口渴，都不要饮用不洁净的水，以防止病菌通过饮水进入体内，万不得已的情况下，一定要将水煮沸后再喝。

第四节 安全保护技术基础

一、绳索技术

（一）绳索的整理

1.绳头的处理方法

绳子容易从切口处散开，因此，在使用绳索前要对绳头进行处理。通常有以下四种处理绳头的方法：

（1）在户外活动中处理最常使用的尼龙等化纤制绳索时，只要用火烤一烤切口部分使之熔化，再用指尖捏紧切口即可。如果能在距两端一厘米处再涂上环氧树脂黏着剂固定的话，将会更安全。较粗的绳索或常用于野外的绳索都能进行这种处理。

（2）暂时性的绳头处理，可以利用透明胶带固定。但绳索如果是在切断后再用胶带包住，则切口处容易散开，所以最好是在切断前先在预定的切断处两侧缠上胶带后再切断。

（3）利用线来固定绳头是一种相当普遍的方法，它可以用在编织绳或捻绳上。所使用的线可依绳子的粗细来做选择，但一般会选用风筝线。在处理时要注意，必须先将绳子捆绑后再切断。具体步骤如下：①用线牢牢地缠绕；②将线穿过环中；③拉紧另一端的线头；④切掉线的两端；⑤最后，在距离线头少许处切断绳子即可完成（如图5-1）。

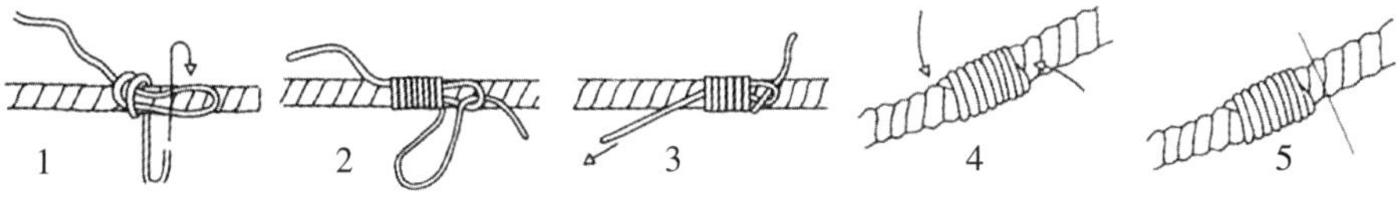

图5-1 固定绳头

（4）如果绳索是由三部分编织而成的话，解开绳端再将其相互连接的处理方法也可以使用。

2.绳子的捆绑方式

很多人都有过在紧急情况下需要使用绳子时，因解不开绞结的绳子而慌乱不已的经历。如果只是将使用过的绳子随便地绕成环状，那么不仅携带不便，下次也无法顺利地使用。所以在捆绑绳子时，除了需考虑携带方便外，还必须考虑容易解开。绳子的捆绑有很多种方法，选择容易解开的捆绑法是最明智的。此外，在捆绑登山绳等又粗又长的绳子时，需留意扭结的产生，因为将绳子卷成环状的方法一定会产生扭结，最好是将绳子分成左右两边后再折起来。这是目前被广泛使用的一种方法。

以下介绍两种方便的捆绑法。在使用绳索后，一定要仔细检查有无伤痕，并将脏污的地方擦拭干净，充分晾干后再行捆绑。此外，还要注意对绳子进行小心维护。

（1）粗绳的捆绑方法

这是一种将绳子分为左右两边，在不产生扭结的情况下即可将绳子捆绑好的方法。在分绳子时，一次的长度最好等于两臂张开的最大距离，太短则拥起来的绳子可能会变得过大。在捆绑时，如果一只手无法应付，也可以放在手腕上。具体步骤如下：①将绳索分成左右两边；②将末端折返做成一个环；③用绳子的另一端缠住绳捆；④将末端穿入环中；⑤拉紧绳子的两端；⑥打一个平结；⑦将绳子背在背上携带时，用如图5-2所示的方法，将会相当便利。

但需注意，此时绳子的两端各需先预留2～3米的长度。

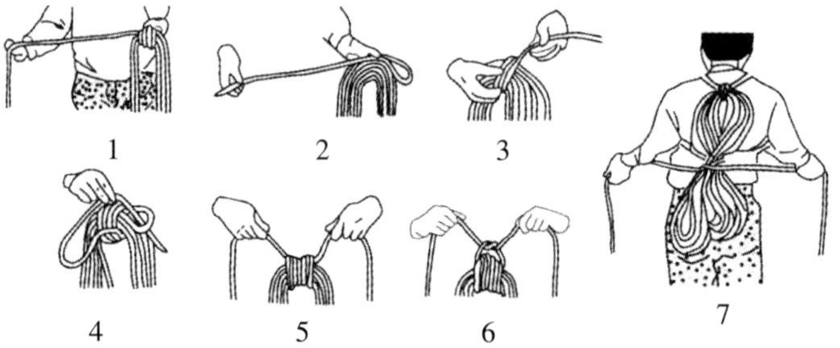

图5-2　粗绳捆绑法

（2）细绳的捆绑方法

这是一种携带适当长度细绳时的重要结法，而且也可将之悬吊起来保管。收绳结时一定要卷得刚刚好才会美观。在卷的过程中，需注意不要有细绳不够长或者是过长的情况发生，而要掌握技巧则需靠不断地练习。此外，由于在解开时容易产生扭结，所以必须一边解开一边将绳子捋直。具体步骤如下：①将绳子的一端来回地折几次；②由上往下紧紧地缠绕；③绕到最后，将绳子的末端穿入下方的环里；④拉上方的环使之固定（如图5-3）。

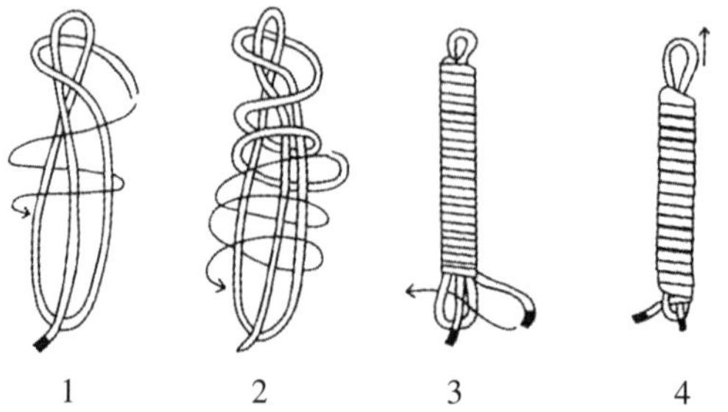

图5-3　细绳捆绑法

3.绳索的保养方法

（1）绳索使用中的安全注意事项

①如果是攀岩运动专用绳索，应经过国际登山联合会（UIAA）或欧洲标准化委员会（CEN）或国标（GB）的认证。

②考虑到易耗性，最好不要互相转借。

③为保证安全，尽量避免接触强烈的紫外线。

④避免接触油类、酒精、汽油、油漆、油漆溶剂和酸性、碱性化学物品。

⑤避免接触水、冰、火、高温物体。

⑥避免接触尖锐的东西（锋利的岩石、沙砾、冰爪、冰镐尖等）。

（2）绳索的保养

①使用前

每次使用前进行检查，可用手捋一遍，绳子应该粗细均匀，无鼓包，柔软度适中，没有明显变硬或变软的地方，检查绳子表皮有无破损。

②使用中

绳子在使用时，使用绳包、绳筐或防水布垫在绳子下（尤其在攀冰时尤为重要）。使用绳子时不能踩、拖或当坐垫用，以防岩屑、细沙进入绳子纤维里面而造成缓慢的切割。使用绳子时应避免用于其他用途，如捆扎物品、晾衣服、拖拉重物等。

③使用后

使用绳子后解开所有的绳结并散开后存放于阴凉、干燥、通风处。绳子要避免经常清洗。如需要清洗，应使用清水冲洗，如果要添加洗涤液，必须使用专业的洗绳液，然后晾干。

（3）绳索的使用寿命和报废

①更换绳子时需考虑的因素有承受过的冲坠次数、使用频次、磨损程度、使用舒适度等。

②从绳子购入时，就开始进行编号管理，记录购买时间、每次使用的时间、使用频率等。

③承受过几次坠落系数接近于2的冲坠。

④经过野蛮使用，如拖拉重物、汽车等。

⑤被落石或落物击中过，经检查有明显伤痕。

⑥表皮明显破损。

⑦超过使用期限（使用频次不多的绳子超过5年也要考虑报废）。

（二）绳结技术

利用打结使绳索之间、绳索与其他装备之间互相连接的方法，称为绳结技术（或绳结方法）。

户外运动中，尤其是攀岩运动中，需要用到很多种类的绳结。尽管学会两到三种基本的绳结打法就能应对大多数的情况，但要想具备用绳结来调整保护点或处理紧急情况的能力，则需要了解更多的知识。这项工程不算艰巨，主要是要知道什么绳结要用在什么地方。预先学习并练习就能很好地掌握技巧。

1.8字结

8字结是一个非常关键的绳结，有很多打法。大多数人主要用它连接安全带，如果稍微变换一下打法，8字结也可以用来快速连接多个保护点。最简单的形式就是系在绳子中段或是绳环上的8字形绳结，常见的情况是在绳子尾部用8字结打一个绳圈，而后用一到两把铁锁把绳子和安全带连接起来。这种连接方法常见于运动路线上的顶绳攀登和放绳下降，但绝对不能用于领攀，因为连接的铁锁可能会横向受力，导致其承重能力大大降低。

反穿8字结的打法非常适合连接安全带，因为打好以后很容易看出它的形状，也便于检查其他附件。当绳结完成时，绳圈需要和安全带上保护环的大小一样，如果安全带没有保护环，把绳子上的绳圈打成拳头大小即可。

有些人在8字结打好后会在尾部打一个防脱结，通常是用双渔人结收尾，因为他们担心攀爬或保护时8字结会松开，打完防脱结后留出的绳尾长度应为5厘米左右。

另外，一种打8字结的方法是在绳的中段打结，这在建设保护站的时候非常有用，同时适用于岩壁、雪地和冰面等各种地形。这种结的最大好处是在承受冲击时会拉紧，同时能够吸收部分冲击力，特别是在领攀者脱落时，能够减少通过保护系统传导的冲击力。打这种结的时候要首先将一条60厘米左右的绳圈穿过安全带的承重环（腰环和腿环的统称），当绳结完成时还应该留下30厘米的长度，这样可以确保绳结不会松开。当绳结打好后，把绳子的四个部分都拉紧。

最后一种是双环8字结，可参考“兔耳结”的打法。如果不用扁带套连接，可以用双环8字结的两个环分别连接两个保护点。每个环都能单独拉长，从而能够适应保护点之间的距离变化。在进行顶绳攀登的时候，这个结在承重后也很容易解开。

如果用双环8字结均衡保护站各点的受力，结就应该打得松一些，在最后拉紧之前把每个绳圈调整到合适的长度。后面也许还需要调整，但重要的一点是，因为两个绳圈都套在一把铁锁上，如果绳圈不够长，在一个绳圈受力的时候另外一个绳圈有可能会被拉脱。

2.双布林结

双布林结是一个很有用的绳结，它最突出的特点是承受冲坠后容易解开，因此是攀登难度较高路线并可能多次脱落时的选择，在室内攀岩中同样适用。如果不用安全带，也可以用绳子绕着腰部打一个双布林结，或者在下降时将绳子绑在树上作为保护点。多年以来，人们一直乐于使用单布林结，现在双布林结已经渐渐取代了单布林结。

双布林结唯一的缺点是，如果打法不对，绳结会很容易松开，因此需要在绳尾打一个双渔人结作为防脱结来确保万无一失，而且防脱结要紧贴双布林结的结目。

3.双渔人结

双渔人结是把两条绳子连接在一起的好方法，无论是在设置V形冰洞时、制作绳套时，还是在双绳下降中连接两条绳索时，都有可能用到双渔人结。攀登者在安全带上打上保护绳结之后，双渔人结一般被用作保护绳结的防脱结。

4.双套结

这是登山运动领域中运用最广泛的绳结之一。它打法简单，易于调整，能把攀登者和保护系统安全地结合在一起，还便于攀登者单手完成绳结。当需要在抓住岩石的同时还要固定保护点时，双套结的优点就显现出来了。

最好将双套结挂在梨形铁锁（HMS）上，也可以把它挂在D形锁上，但要确保绳结打法正确，没有自身交错；否则绳结会变得难以调整，也不再安全。

理论上，双套结的承重端应该放在远离铁锁开口一侧的绳子上，因为这个地方是铁锁承受力最大的位置。但在实际操作中则不必担心，因为在正常条件下，双套结无论正反，承受力都绰绰有余。如果试图在一把铁锁上套一个以上的双套结，则一定要小心，由于承重绳可能和铁锁的承重端有一段距离，因此在锁口处绳索有可能产生杠杆效应。

经过扭转的双套结，经常被用于铁锁以外需要抓紧的位置上，如冬季攀登时绕在冰镐柄上，或是挂在金属桩之类的临时保护点上。当在这些地方打好双套结时，只需要把结头翻转过去即可。

5.半扣结

半扣结有多种用途，可帮助保护、下降以及设置保护急救系统。它看起来有点像双套结，但不会在承重时自锁。需要强调的一点是，半扣结只用于标有HMS的铁锁，这样在操作时才可以避免意外锁死。

用半扣结保护时，可以将半扣直接扣进保护站的承重铁锁里，当绳子的攀爬端和保护端平行且同向时，半扣结可以达到最大的制动效果。因此，半扣结应该被置于保护者身后或是其上坡方向，这种做法的好处是跟攀者到达保护位置的时候可以继续向前领攀，用不着重新调整保护，这在登山时非常有用。还有一点，即使在承重状态下它也很容易锁住，只要把绳子的保护端在铁锁或攀爬端上系紧就可以了，这时保护者和跟攀者就可以交换装备，或是做其他事情了。锁住的半扣结可以用作安全系统的副保护，如用来作为法式抓结的后备，即使抓结滑脱，半扣结仍然可以解锁，从而让整个系统既不至于失效，又不至于无法解开。

半扣结也同样可以作为下降的方法，特别是在保护器或下降器不小心掉了的时候。下降距离较长时，它会让绳子产生扭结，但只要花一点时间整理绳子，这就不成问题。

和双套结一样，如果练习一下，也可以用单手打半扣结，只要比双套结少绕半圈就好了。但大部分时候还是会在连接保护点的时候或是在平台上时用到这个绳结，需要单手打结的情况少之又少。

6. 锁定半扣结

熟练锁定半扣结也是重要的技能，这样说是有很多理由的。尝试练习在系统承重和非承重的状态下锁住和松开半扣结，这种情况有可能在紧急状况下出现。如果在多段攀登时在某个位置用半扣结保护后面的人，在交换装备的时候他们可以安全地被锁住，或者在爬下一段路线时继续待在那个位置上。

为了防止缠绳，最好一开始就把绳结的方向放在铁锁背一侧，先用60厘米左右的绳圈打一个滑结，和梨形主锁紧密连接，而后再打两个半结，也同样和滑结拉紧，整个过程完成后，确保绳子剩下30厘米左右的长度，这样可保证绳结不会解开。

7. 法式抓结

法式抓结的用途很广，如紧急情况下的下降。这种抓结的重要特点是在承重时可以解开，这是其他抓结所不具备的。

绕绳的圈数取决于很多因素，包括绳子的粗细、干湿、新旧等。要记住绕绳的时候不要把连接抓结绳套的渔人结绕进去，否则抓紧的效果就会因此受到影响。如果绕的圈数过多，绳结会难以移动，而如果圈数不够多，则不能很好地抓紧绳子。

尽管好的绳结是依靠自身力量发挥作用的，但如果是在紧急情况下使用，最好还是再用一个半扣结来作为后备，以防止滑脱。法式抓结或者其他类似的绳结都不能承受冲坠，因为只要攀登绳在抓结收紧的情况下滑出1米的距离，摩擦产生的热量就足以熔断制作抓结的辅绳。

8. 克氏抓结

克氏抓结在运送或抬举装备时非常有用，同时在沿绳上升或脱离系统时也会用到。它和法式抓结有相似之处，但最主要的不同点是，法式抓结在承重时可以松开，而克氏抓结则不行；同时，克氏抓结使用时有方向性，而法式抓结是对称的，在两个方向上都可以使用。

打克氏抓结的时候要把绳头朝下，抓住绳套远离结末的一端，将绳套的剩余部分整齐地绕在攀登绳上，也可以用扁带，特别是要在较远的保护点上脱离系统时。如果用大力马材质的扁带，通常能够很好地抓紧绳子。和法式抓结一样，绕绳的圈数取决于很多因素，如绳子的粗细等，如果绕的圈数过多的话会很难移动。

将绳套长尾的一端向上穿过最初远离结末端的绳圈，然后再沿着绳子受力的方向向下。可以把铁锁挂在这个环上，用来连接需要抓紧的部分。

在向下拉动或是承重的时候，铁锁会使抓结向下拉动较长的绳圈，使整个绳结变紧。如果用克氏抓结沿绳上升，当绳结不承重的时候，不妨把抓结顶部的绳圈向上推一下，这样沿绳滑动抓结会比较轻松。

9.普鲁士抓结

普鲁士抓结是最初发明的抓结，已经逐渐被法式抓结和克氏抓结所取代，不过它更适合单手操作，因此常常在紧急情况下使用。普鲁士抓结是对称的，从哪个方向打都一样。

把绳套围着攀登绳多绕几次，缠绕的圈数便表明了抓绳的紧度，一般三圈以内即可。铁锁就挂在最后做成的绳环上，其他的装备也挂在这里。

10.巴克曼抓结

巴克曼抓结的原理与法式抓结和克氏抓结类似，不同之处在于巴克曼抓结上有一把锁以便于抓握，特别是在戴着厚手套操作时，抓住铁锁移动绳结将更为容易。巴克曼抓结的主要缺点是它在结冰的绳子上的抓握能力不强，有时候由于远离铁锁开口的一端和主绳的接触，会导致巴克曼抓结滑动。将绳套挂在铁锁上，使铁锁远离开口的一端与绳子贴紧，将绳套在铁锁远离开口的一端和绳索上绕几圈。挂东西的时候就从铁锁的底部往上挂。

11.阿尔卑斯套结

这种结可以用在很多地方，代替上升器、单向滑轮或是克氏抓结（在某些情况下）发挥单向自锁的作用。它是由两个铁锁对接而成的，承重时需抓紧主绳。

阿尔卑斯套结的特点是单向自锁，只适合收绳而不方便给绳，因此在可能需要给绳的情况下不宜使用该结。

如果在滑轮拖拽系统中用到该结，由此产生的摩擦力会抵消系统的省力效果，尽管可以通过锁住绳结来减小摩擦，达到一定的补偿作用。最好的方法是使用两把梨形铁锁，这种铁锁不会使放入的绳子意外卡住。

12.平结

在下降的时候，有时会用平结来连接两根绳子。背负绳索的时候，如果需要把绳子卷起来，也可以用平结来固定绳尾。打结的时候，只要记住“右压左、左压右”的规则，就能正确地打出一个平结。

13.蝴蝶结

蝴蝶结用起来很方便，在结组移动时可系在绳子中间，修路时也可以用到。它的主要优点是双向受力，无论拉动哪一头都不会把绳结拉散。蝴蝶结打起来也很容易，但很多人觉得结组中连接到绳子中段的时候在绳圈上打一个简单的单结效果也是一样的。

14. 单套结

这是一种在承重试验中表现不佳的绳结，但通常在两种情况下会用到它。一种是不用铁锁而将两个扁带套连在一起的时候，很重要的一点是，绳结打好后会很平整，看起来就像一个平结；另外一种是用来连接牛尾和安全带，用于下降和运动攀登。与其他的用途比起来，单套结用在这里更为便捷、安全。

15. 锁定保护器

这是一项需要掌握的重要技能，在处理某些紧急状况时会用到它。这和锁定半扣结的方法类似——在两个半结之后打一个活结，不同之处是它是系在保护器铁锁的背面而不是正面，在承重时既可以系上也可以打开，这样做就可以固定住保护器，保持绳子制动端的稳定。

取60厘米长的绳圈，打完结后会留下30厘米的绳尾。打结时要注意随时收紧绳尾，让保护器处的绳子始终处于绷紧状态。

16. 船夫结

如果周围很多人不用安全带，而攀登者恰恰需要爬一段离地较近的距离，船夫结是一个很好的选择。在绳上打一个8字结，接着打一个三渔人结（和双渔人结的打法一样，只不过多绕一圈），8字结的功能是避免在绳子承重时渔人结滑动，致使缠在腰际的绳子过紧。如果需要，还可以根据每个人的腰围做相应调整，以便当绳子承重时，每个人腰上的绳圈都不会过度收紧。

17. 蜘蛛结

蜘蛛结常被用来套在单独的天然保护点（套绳保护点或穿绳保护点）上。通常这时手边没有别的装备，如只用一两条绳子或一两条扁带攀爬的时候，就可以用蜘蛛结来准确、迅速地将自己置于正确的保护点上。蜘蛛结需要耗费较多绳长，所以如果保护站距离保护者的站位很远，就不宜使用蜘蛛结。

18. 巴黎鲍德埃尔绳结

这是一种临时制作胸部安全带的方法，在紧急情况下非常有用。选择合适长度的扁带套，一条长240厘米或两条用单套结连接的各120厘米的扁带套都可以。重要的一点是安全带不能紧紧缠在攀登者的胸部，否则会导致攀登者窒息。

（三）捆绑木材的方法

利用绳索和木材，可以做成椅子、桌子等户外生活用具，此时所使用的便是用绳索组合木材的技巧。不过若要在野外利用组合方法制造桌椅，那事先必须准备相当数量的绳索与木材，十分费工夫，而且还需要纯熟的技巧，所以一般露营活动很少进行这样的工作。然而，根据使用方法的不同，组合仍然是相当有用的方式，比如做成野炊时用的柴火脚架等。

1.方回结

将两根木材组合成十字架的方法，组合的开始和收尾通常都用卷结固定，诀窍是每个步骤都要把绳子拉得很结实。具体步骤如下：①在圆木上打双套结；②把绳头在主绳上缠绕数圈；③交叉圆木，将绳索朝纵方向用力绑紧2～3圈；④接着朝横方向绕绳子；⑤同样绑紧；⑥最后用双套结固定（如图5-4）。

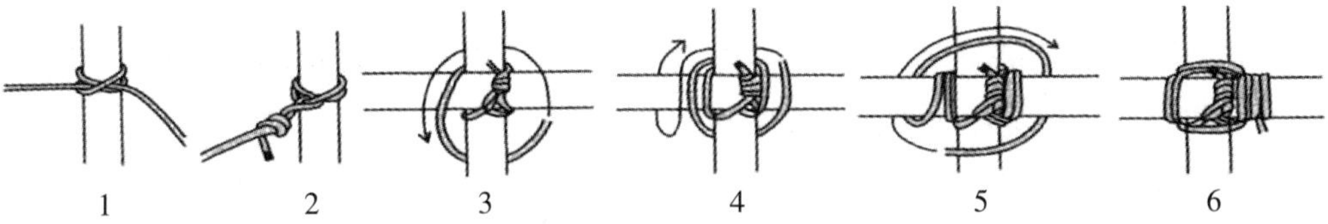

图5-4　方回结

2.十字结

捆绑斜交叉的圆木时使用，特征是开始时用系木结，结束时用双套结固定。具体步骤如下：①在圆木的交叉部分打个系木结；②用力拉紧，朝横向绕两圈；③接着转到纵向；④朝纵向绕两圈；⑤再朝斜方向绕1～2圈；⑥打双套结固定（如图5-5）。

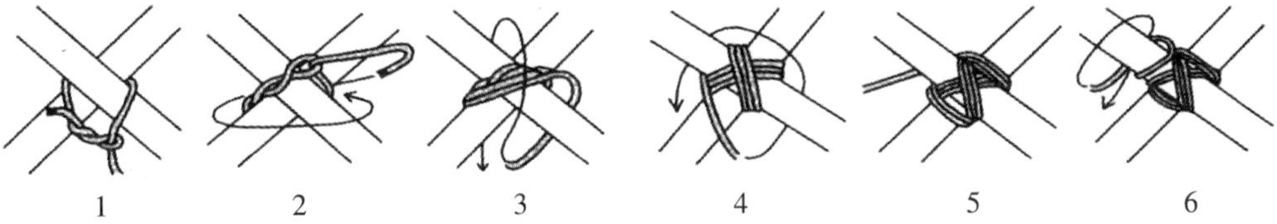

图5-5　十字结

3.剪立结

将两根木材平行绑在一起的方法，经常用来加接桌脚。开始时用双套结固定，然后将绳子缠绕圆木，最后仍用双套结收尾。具体步骤如下：①先在圆木上绑双套结，然后将绳端绕主绳3圈左右；②将绳缠绕两根圆木8圈左右；③最后用双套结固定。若在其中插入树枝，则结目不会松散，加接两根圆木时，如上方法用绳子缠绑两处（如图5-6）。

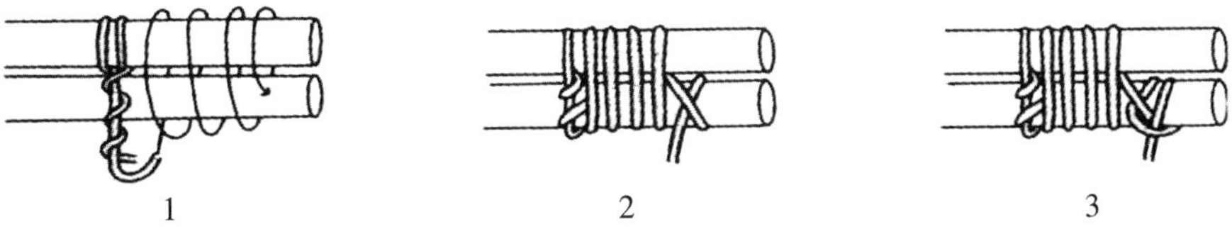

图5-6　剪立结

二、保护站建设

户外运动中保护站的建设主要针对的是攀岩运动，因此，本部分主要阐述攀岩运动中人工岩壁与自然岩壁保护站的设置方法。

（一）人工岩壁的保护站设置

人工岩壁保护站的设置是指攀岩者在攀登之前，借助各种装备器材在岩壁的顶端或岩面上架设合理的安全保护系统的过程。

保护点是指攀岩者在攀登路线时使用岩面上的用于安全保护的固定点。在坠落时，保护点可以借助绳子缩短坠落距离，以免攀岩者受到伤害。

1.保护站的设置原则

保护站的设置要遵循独立、均衡和备份的原则。

（1）独立

独立是指每个保护点的设置要相对独立，能够单独受力。简单地说，就是每个保护点不得打在同一个位置（同一根杆子或物体）上，如果这根杆子出了问题，那么，另一个保护点也随之失效。所以要求两根或多根扁带要设置在不同的保护点上，如果一个保护点出了问题，还会有另一个保护点起作用。但如果没有独立的位置，只有一个保护点，那么设置一根扁带保护和两根扁带保护是没有区别的。

（2）均衡

均衡是指保护站受力后，每个点都应保持受力状态，这样才能平均分配总重力。所以在选择保护站时就要考虑到每个点的位置，以及所佩戴的扁带的数量和长度是否匹配。当设置好后，如果出现扁带的长短不一导致受力不均的情况，一定要调节扁带的长度以保持受力均衡。

（3）备份

备份指在保护点设置好后，在一处独立的位置再连接一个保护点，组合成为保护站。这在自然场地上显得尤为重要，尤其是在登山、攀冰时更加要注意。但人工场地的保护站通常强度足够大，只要扁带的设置合理，保护点检查到位，不用备份也是安全的。

2.保护站的连接

一旦设置了两个保护点后，它们之间就存在角度问题。在保护站设立过程中，选择保护点位置的同时还要考虑一个重要因素，就是两点之间的角度。原则上，两个点之间的角度越小，每个点所承受的力的大小也相应减小，即对固定点和绳套的拉力也随之变小，使得安全系数增加。一直到连接角度为零，两个力都减小为总力的一半。由于两个固定点一般不会在一起或在一条直线上，同时根据计算，夹角小于60°，拉力随着角度变化的速度非常慢，所以要求保护点之间的夹角应小于60°。

保护站设置好后，需要用铁锁将其连接后才可使用。连接时要将所有的扁带头都扣入铁锁内，不得将扁带分别套进两把铁锁，这样容易分离从而加大两点间的角度。此外，还应使用两把规格、大小相同的主锁与其连接，连好后铁锁大头向下，锁门相对并拧紧。保护点设置好后，需要将攀登绳与保护点连接。连接前首先要做的事情是观察岩壁下方，如果有人要大声提醒其注意；然后用正确的方法理绳，将绳尾分别打好防脱结，将一端通过保护系统后慢慢顺下，绳头落地后再多放几米，然后将另一端盘好拿在手上一起抛下，抛绳之前再次确认岩壁下方无人。使用前一定要检查绳子的两端是否都已落地并有足够的长度，且绳子无缠绕情况。

3.保护站设置的操作步骤与要求

①到达设置保护站的位置后，先设置自我保护。

②选择安全、合理的位置用扁带与第一个保护点连接。

③在另一个相对独立的位置用另一根扁带与保护点连接。

④调整扁带的位置使夹角小于60°，并使扁带均衡受力。

⑤用两把铁锁将两条扁带连接在一起，且锁门相对，大头朝下。

⑥如有条件，再设置一个备份保护点与此保护系统相连，这个备份点不得受力而牵扯主保护点，但要能保证在保护系统失效时它能第一时间承重。

⑦将攀登绳的绳尾打上防脱结后与保护系统连接，并确保两个绳尾均落地。

⑧确保绳子无扭曲后，将保护系统上的铁锁锁门拧紧。

4.注意事项

①设置保护站前要仔细观察地形，选取合理的位置，不要急于求成，否则反复修改时会花费大量时间。

②保护站设置时首要问题是安全，不要为了诸如调整扁带长度或位置而花费太多时间，要避重就轻，灵活运用。

③保护站设置好后一定要检查并测试每一个环节。

④抛绳前一定要理绳，否则很容易在半空中缠绕。

⑤抛绳前要考虑好绳子与保护杆的位置，最终的受力位置要在攀爬路线正上方，不受任何物体干扰。

⑥抛绳前建议将绳子先与自身连接，以免出了差错，绳子全部落地后无法补救。

（二）自然岩壁的保护站设置

1.保护点的设置

攀登者根据自然岩壁的特征，进行路线上保护点的设置。可使用自然保护点，如树木、大石片、石角、石洞等。也可使用所携带的器材，如岩石塞、机械塞等。

（1）自然物保护点

①可以使用扁带挂在或缠绕在一个突出的岩石上作为保护点。如果岩石比较短，扁带的受力方向必须在其下方。一定要注意的是，如果使用扁带缠绕在岩石上，一定不要让扁带紧紧地绕在岩石上。因为在这种情况下，当受力时，扁带会容易断裂。

②使用扁带穿过岩壁上的孔洞，形成保护点。如果岩石孔洞的边缘十分锋利，当扁带承受很大的力量，并且岩石边缘正好切入时，扁带可能会被切断。只有在岩石边缘不是很锋利的时候，才可以使用扁带穿入岩石孔洞。

（2）岩石塞

岩石塞被使用在岩石裂缝中。通过自身的楔形设计，当承重时，可以深深地嵌入岩石缝中，不易被拔出。

1）放置要点

①检查放置位置的岩石牢固程度。破碎的、松脆的、软质的岩石，都可能在岩石塞受力时破碎。

②V形裂缝是理想的放置位置。将岩石塞放入后，向其受力方向拉拽。

③选择合适大小的岩塞，使岩塞和岩石表面最大限度地接触。

④一个理想的岩石塞放置，应该是向下和向外方向都可合理受力，岩塞与岩面接触良好。

2）注意事项

①使用铁锁或扁带进行延展。避免使用细的辅绳，或者用扁带直接与岩石塞钢缆相连。

②如果裂缝的形状不合适，或者岩石塞两侧不能够大面积接触裂缝内的岩石面，或者岩石塞放置的位置距离裂缝边缘太近，它在承重时可能会失效。

（3）机械塞

机械塞是裂缝保护器材。当放置在合适的裂缝中时，凸轮张开并撑住裂缝。当机械塞受力承重时，凸轮受力拉紧在裂缝中。机械塞可以在平行的裂缝中使用，也可以在不对称的裂缝中使用。它会在一定的宽度范围内起到保护作用。但是机械塞最好放置在平行的裂缝中。机械塞在性能良好并被正确放置的情况下是十分可靠的。

所有的膨胀类保护器材，在受力时会向外产生很大的制动力。如果两侧的岩石不牢固，可能会产生安全问题。所以，机械塞必须放置在牢固的岩石中。

1）放置步骤

①寻找裂缝中平行的位置，两侧岩面牢固整洁。

②根据裂缝的大小选择合适尺寸的机械塞。

③拉动机械塞的钢缆，将齿轮收缩。

④将机械塞放入裂缝，然后将钢缆放开。

⑤根据受力方向调整机械塞的位置。

⑥如果裂缝两侧的岩质较软，机械塞应放置得较深，以避免机械塞弹出裂缝。

⑦如果需要，为了避免绳子打折，进行延展。

⑧扣入绳子。

⑨在离开地面或在多段攀登中的保护站时，放置的保护点尽量使用大的型号。

⑩如果对一个塞子有怀疑，答案很简单：立刻更换。

2）注意事项

①机械塞凸轮角度过大。

②凸轮角度过小，当受力时凸轮可能被卡死。

③外侧凸轮角度过大。

④两组凸轮的角度应尽量相似。如果一组凸轮角度过大，另一组凸轮角度过小，这个机械塞可能会失效。

3）机械塞保养

①存储在干净、干燥的环境中，避免阳光暴晒。

②远离热源。

③避免接触化学制品或具有腐蚀性的物品。

④如果因为灰尘导致塞子阻塞，在高温的水中清洗，快速干燥；清洗和干燥后进行润滑。

⑤在与海水接触后，进行清洗和润滑。

⑥防止轮轴生锈。

4）何时停止使用

①由于掉落的凸轮受损。

②凸轮变形或表面受损。

③凸轮边缘的纹路磨光。

④钢丝受损。

⑤杆部受损。

⑥弹簧受损。

⑦如果连接的扁带陈旧或破损，需要更换。

2.保护站的设置

在运动攀登中，使用挂片作为保护点，制作保护站时，连接绳可以不打绳结，受力的方向可以改变。

三、安全带的使用

使用安全带时，应注意以下事项：

①穿戴时分清上下、里外、左右，尽量避免颠倒、扭曲。
②根据用途选择合适的号码，穿好后须松紧适度。
③安全带须穿在衣服的最外层，操作时不得有任何遮挡物。
④腰环和腿环必须反扣回去，反扣后的长度应大于8厘米。
⑤在进行任何操作前（如攀岩、下降等）必须再次检查是否达到安全标准。
⑥攀岩过程中不能解开或调节安全带。
⑦装备环不能用于保护、下降等任何受力操作（最多承重5千克）。

四、锁的使用

使用安全带时，应该注意以下事项：
①尽可能保证纵向受力。
②丝扣锁在使用过程中要拧紧丝扣。
③锁门开口一侧要避免与绳子接触。
④使用中正确佩戴，避免从高处坠落。
⑤丝扣处如有砂粒要及时清理。
⑥受力时不得与岩石、硬物撞击，要合理选择连接位置。

五、头盔的使用

头盔分为外壳和内胆两部分，内胆可调节。戴头盔时将标志朝前，由后向前戴于头部，护住前额和后脑，女士应将长发盘在头盔里。然后调节内胆松紧至头左右晃动时头盔不松动。系下颌带时，垫一根手指在系带与面颊之间，避免夹伤；当头部前倾时感觉系带不影响呼吸，后仰时头盔不会脱落即可。注意：头盔外壳虽然坚硬，但在受到较大冲击时可能会以破碎的方式吸收和分解冲击力，以保护颈椎和头部，因此严禁将头盔摔掷或垫坐。

第五节　户外生存设施和工具制作

一、简易削切器的制作方法

削切器是在野外常用的工具。如果没有现成的削切器，也可以用石头制作。选择坚硬、片状的石头，如石英石、花岗岩、黑色燧石等，用另一块石头在片状石头的石刃上连续轻轻击打，直至打出比较锋利的刃口，然后在其他石头上磨锋利就可以使用了。

二、简易容器的制作方法

在野外常常要用容器来装水、放食物及煮饭等，如果缺乏这类物品，可利用自然资源加工制作。例如，在林区可以用树木制作木盆、木碗、木桶等；在有竹子的地方，可用竹子制作竹筒、竹碗，还可以用竹子做饭；在有黏土的地方可以制作陶器。

（一）木盆、木桶和木碗的制作方法

选取一段比较松软的木头，将木头中间掏空，注意不要将木头掏穿。根据木头的大小及长短，可以做成木盆、木桶或木碗。

（二）竹筒、竹碗的制作方法

取一段两头带节的竹子，在一头竹节上沿内壁开一小口，就做成了一个竹筒。再做一个木头塞子塞住小口，可以防止水漏出来。

（三）陶器的制作方法

制陶是一项复杂精细的技术，但只要耐心细致，反复实践，不断探索，还是可以制作出实用的陶器。

1. 材料选择

选用黏性大、结构紧密的黏土。

2. 制作陶土

将黏土打碎，用水调和均匀，放置一段时间即成，陶土应不软不硬且有韧性。太软则难以成型，太硬则不易黏合且容易开裂。

3. 加工制作

可根据需要制成各种泥锅、泥盆、泥碗等。

4. 脱水

将做好成型的陶坯放在干燥、通风的地方进行自然脱水，注意不可直接放在太阳下晒，以免开裂。

5. 烧制

将脱水后的陶坯分层叠放，在四周架上木柴，进行燃烧，一直烧到陶坯透红，保持五六个小时的热度后慢慢减去火力，自然冷却即可。

三、绳索的制作方法

绳子在野外生存中的用途很多，上升、下降、捆绑、套索、保护及救援等都需要绳子。韧性强的植物纤维都可以作为绳子的原料，把它们搓捻在一起就可以制成一根

不错的绳子。

（一）原料选择

除了选择麻类植物和动物肌腱以外，树皮（靠近木质部的内层皮）、棕榈丝、蕉树茎、动物毛、莎草、须根等都可以利用。在选择原料前，应先试试纤维的拉力，若单束纤维都不易拉断，用其搓出的绳子就会有很强的拉力。

（二）编绳方法

1.回力搓绳法

将适当粗细的纤维折过来，变成两股（两股应不等长，以便续加纤维时两边的接头不在同一地方，使绳子不易断开），在固定一端的情况下，将两股向同一方向搓捻，然后解开末端，纤维在回力的作用下，自然就拧在了一起。要想得到较长的绳子，就要不断续接纤维。注意不要在两股纤维的同一个位置续加，应相互错开20厘米以上，并把纤维拧紧。

2.编辫法

就是一般女生编辫子的方法。把纤维一端固定，并把纤维分成三股，三股纤维等间隔地一股压一股，最终就能得到一根理想的绳子。要想得到较长的绳子，就要不断续接纤维。注意：不要在三股纤维的同一个位置续接，应相互错开，并把纤维拉紧。

四、简易狩猎工具的制作方法

（一）标枪的制作方法

将一根质量较重的木棒在粗头磨出锋利的尖，就可以做成一杆标枪；也可以用长条形石头绑在木棒的一端做成标枪。

（二）弓箭的制作方法

在有竹子的地方可以用竹子做弓胎，没有竹子的地方可以选择弹性比较好、韧性比较大的木头（如栎树、柞树、水蜡、曲柳等）做弓胎；弓弦最好是动物肌腱或植物纤维搓捻成的麻绳；箭竿用笔直坚硬的木棍，越硬越好；箭头可以用磨尖的动物肋骨或尖锐的小石头；箭翎可以利用各种禽类的羽毛。

（三）弹弓的制作方法

找一个树杈做弓把，用内衣上的弹性材料（如有橡胶带更好）做弓弦，再找一块厚布放在中间用来包裹石子就可以了。

第六章

户外运动体能储备

户外运动对运动者的身体素质有着较高的要求，这主要与户外运动的自然环境有关。同时，户外运动的冒险性与挑战性也决定了运动者必须具备较强的身体素质才能胜任具体的活动任务。运动者参与户外运动前应重视自我身体素质的训练，结合具体的运动项目有针对性地提高重点体能素质。本章重点就运动者从事户外运动时所需体能素质训练的理论知识与具体方法进行解析，以指导运动者积极进行体能素质训练，为其从事户外运动奠定良好的体能素质基础。

第一节　户外运动体能训练主要内容

一、体能训练

（一）体能的基本含义

体能是指运动员机体的基本运动能力，是运动员竞技能力的重要组成部分。体能训练是运动训练的重要内容。

体能发展水平是由其身体形态、运动素质及身体机能的发展状况决定的。身体形态是指机体外部的形状；运动素质是指机体在活动时所表现出来的各种基本运动能力，通常包括力量、耐力、速度、灵敏、柔韧等；身体机能是指机体各器官系统的功能。三者之间各自是相对独立的，但又有着密切联系，彼此制约、相互影响。其中每一个因素的水平，都会影响体能的整体水平。

（二）体能训练的注意事项

第一，合理地安排一般体能训练和户外专项体能训练。安排一般体能训练可使运动员的力量、耐力、速度、灵敏和柔韧等运动素质得到全面发展，提高运动员各个器官的机能，并使运动员身体各个部位得到均衡的发展。安排一般体能训练，并不意味着运动训练过程中身体各部位、各器官系统和各运动素质都得到均衡的提高，相反，正确的做法是根据专项运动的需要和个人的具体情况安排训练，要有主次之分，以主带次。

在合理安排一般体能训练的同时，还必须合理安排专项体能训练。户外运动是一类项目，各个项目又对身体有着特殊的要求，因此，一般体能训练不能代替专项体能训练。

第二，体能训练应与户外技术训练、心理训练有机地结合。

第三，体能训练在整个训练周期中所占的比重，以及一般体能训练和户外专项体能训练的比例，要根据训练的不同阶段确定。

第四，体能训练的主要内容是运动素质训练，而力量、速度、耐力是户外运动员所需要发展的主要运动素质。

第五，在体能训练中，运动员常常会感到非常疲劳，有些体能训练的手段又比较单调枯燥，因此，在训练中应加强对运动员的思想教育，提高他们对体能训练重要意义的认识，培养他们吃苦耐劳的意志。

二、耐力素质训练

（一）耐力素质及其影响因素

耐力素质是指人体不降低工作效率而长时间进行运动的能力，也是机体抵抗工作时产生疲劳的能力。这种能力的强弱，主要与人体循环系统、呼吸系统、肌肉系统、神经系统等的机能水平直接相关。疲劳是一种生理现象，是机体自我保护的反应。工作会导致机体产生疲劳，而疲劳的产生则限制着机体继续承受工作负荷。

耐力是各种身体素质的基本因素之一，也是一般运动技能的基础。耐力的好坏直接影响运动员技术水平的发挥。因此，户外运动的耐力训练是非常重要的。对于户外项目来说，耐力是户外运动的首要素质，是取得优异成绩的基础，而良好的耐力也是大负荷训练后加速恢复的重要前提。耐力素质的发展水平对专项竞技水平起着重要作用。良好的耐力素质有助于运动员更好地克服训练、比赛和活动中出现的疲劳。

良好的身体机能、充沛的体力是参加户外运动应具备的先决条件，坚持进行有氧运动是提高身体机能的有效手段，也是强身健体的最好方法。长期坚持有氧运动能增加体内血红蛋白的数量，提高机体抵抗力。随着心、肺功能的增强，身体便可以从事更剧烈的运动且不易疲劳，从而提高我们在户外抵抗各种恶劣环境和气候的能力。有氧运动是提高耐力素质的主要手段之一。

影响耐力素质的因素：

一是肌肉力量的大小，对一般耐力和力量耐力有着重要的影响。在同样负荷下，肌力大的人重复的次数更多。

二是大脑皮层神经过程的强度及其对频繁刺激的耐受能力是影响耐力的重要因素。周期性运动项目中这一因素尤为明显。

三是心血管和呼吸系统的机能水平，即有氧和无氧代谢水平，对一般耐力和速度耐力有很大影响。

四是体形对耐力也有一定影响。一般体形匀称的以中胚层成分和外胚层成分为主的体型，比以内胚层成分为主的体型耐力要好。体重过重或肥胖都会影响耐力。

五是正确合理的技术动作。

六是耐力具有明显的性别和年龄差异。男性在20岁左右，女性在18岁左右基本达到最高水平，以后增长缓慢以致逐年下降。

（二）户外运动的耐力特点

一是比赛或户外活动时承受的负荷大。

二是户外比赛或活动要承担的动作大都是极限（时间长、负荷大）的动作，对氧供体系要求很高。

三是积极的运动与相应的间歇交替进行。参加户外比赛或户外运动时的总负荷量较大，对有氧供能系统也有相当高的要求。

（三）耐力素质训练的特点

运动员的一般耐力是运动员机体各器官系统功能的综合能力，是专项耐力的基础。一般耐力训练最重要的就是提高心血管和呼吸系统的机能，即提高有氧代谢能力。户外运动属于长时间运动形式的耐力项目，发展有氧耐力是必需的，其影响也是直接的。中长距离的变速跑、越野跑、游泳、爬高楼及大强度的打篮球、踢足球等有氧运动是发展一般耐力素质的有效方法。在有氧运动训练中，运动的方法及身体的反应都有其特点。

有氧运动的特点：

第一，每次运动时间持续30分钟以上。

第二，运动量要达到一定强度，运动过程中心率保持在130～150次/分钟。

第三，动作要有节奏感和规律性。

第四，进行有氧运动，在运动时会产生“极点”现象。所谓“极点”，指在运动中由于氧气供应落后于肌肉活动的需要，使人感到腿发沉、胸闷、呼吸困难，不想继续跑下去，这种状态称为“极点”。当产生“极点”时，适当降低运动速度，调整好呼吸节奏，坚持下去，上述症状就会被克服。

在锻炼中，只有不断克服“极点”，人体机能才能逐步提高。

（四）符合户外运动特点的几种有氧练习方法

1. 长跑

长跑是采用慢速度、长时间、长距离的有氧锻炼方法。在长距离跑时，应注意呼吸节奏。呼吸节奏：二步一吸二步一呼、三步一吸三步一呼，节奏不能起伏过大。

练习方法：开始时，每周3～5次，每次20分钟，距离3000～4000米。

2～3周后，时间逐渐增长，增加到40～50分钟，距离逐渐增加至8000～10000米或更长，每天运动量可以不恒定。

2. 爬、跑楼梯（或山坡）

爬、跑楼梯作为户外运动有氧训练的一种好方法，在练习时应分组进行（以10层为例）。上下跑一趟为一组，练习4～5组，组间休息几分钟。随着运动能力的增强，练习组数可增加到8～10组。练习时间也由开始的每次20～30分钟，逐渐增加到每次40～50分钟。由于这项运动的强度比长跑大，对身体内脏机能以及大小腿肌肉的影响也比长跑大，因此每周练习不超过3次。

3. 游泳

游泳是从事户外运动必须掌握的基本技能之一，也是夏季进行有氧运动的最好方式。

可选择长距离游（500米、800米、1000米等），应根据身体状况选择游泳距离，并在练习中不断克服身体出现的“极点”，逐渐增加游泳距离。

也可分组练习，如：游50米或100米为一组，共练习4～5组，组间休息3～5分钟。练习时心率应在130～150次/分钟，休息至心率恢复到100～110次/分钟时便可进行下一组练习。练习量应随着体能的增强逐渐提高，既可增加每组的距离，也可增加组数。

4. 跳绳

跳绳是全身各部位的协调运动，运动强度相对较高，因此该项运动每次持续的时间不长。跳绳可以提高心肺功能，发展腿部力量、力量耐力，提高体能，提高灵活性、协调性等。练习时采用双脚跳或两脚交替的方式。练习分组进行，如以100～120次/分钟的节奏跳3～4分钟为一组，练习3～5组，组间休息3～5分钟，休息时应做必要的腿部放松活动或柔韧练习（踢腿、压腿、摆腿）以缓解肌肉紧张。锻炼一段时间后，可逐渐增加每组练习时间或增加组数。

5. 负重行走

作为参加户外运动前的适应性练习，负重行走可以帮助我们了解自身的体能状况，为我们合理制订户外运动的行程及在活动过程中行走和休息的合理搭配提供参考，为我们安全、顺利地完成活动提供保障。负重行走练习应根据户外运动的需要进行长距离行走的练习。作为适应性练习，负重25～35千克，距离为3～4千米（途中设置一些障碍，如爬楼梯、走沙地、越小沟等）一组，练习2～3组，每组间歇10分钟。若能适应这种大负重行走练习，到户外再背上10～15千克的背包行军，就会感觉很轻松。

（五）有氧运动中的注意事项

第一，练习应循序渐进、持之以恒。

第二，练习前应做一定的热身运动及柔韧性练习。

第三，练习时必须严格控制速度，保持心率在约150次/分钟。

第四，掌握正确的呼吸方法，不断克服身体所出现的“极点”，培养自己坚持不懈、勇于战胜困难的勇气和信心。

第五，有氧运动比较单调，宜组队进行。为了适应户外环境，应多进行越野跑。

第六，在一周的练习中应选择两种或两种以上的方法交叉搭配进行练习。如周一长跑、周二爬楼、周三越野跑、周四跳绳等。

第七，大强度的耐力训练可单独安排训练课进行，或者放在训练课的最后部分，训练课中宜安排一些强度较小的专项耐力训练。

第八，各种技术训练和身体训练只要安排得当都可以提高耐力，尤其在技术训练中采用极限训练法、间歇训练法、循环训练法等，能有效地促进耐力的提高。

第九，耐力水平的消退较快，因此要经常进行耐力训练，每周至少安排一次有一定强度的专门耐力训练。

第十，注意加强意志品质的培养。运动员的意志品质在耐力训练中所起到的作用是很重要的，意志坚强者比意志薄弱者耐力表现要好得多。在耐力素质训练中，必须对运动员的意志品质进行培养。

三、力量素质训练

力量素质是指人体神经肌肉系统在工作时克服或对抗阻力的能力，也是肌肉紧张或收缩时表现出来的一种能力。在户外攀岩时，纵身越过沟壑，利用上肢的力量来支撑身体，用全身协调用力来移动身体、越过障碍的情况很多。力量素质是户外专项运动的重要运动素质之一。人体运动时，必须表现出一定的力量，有时甚至需要竭尽全力。力量素质对其他素质的发展起着积极作用。发展力量素质是户外运动训练的重要任务之一。力量素质与肌肉有密切的关系，力量的大小，与肌纤维的类型、肌纤维横截面的大小、肌群之间发育的协调程度等有关。

（一）户外运动力量素质的内容

户外运动需发展的力量素质包括一般力量、爆发力和力量耐力三种。一般力量是爆发力和力量耐力的基础，发展一般力量宜采用大负荷、少次数、多组次的练习方法。

爆发力又称速度力量，它是在尽可能短的时间内尽可能达到的最大力量的能力。发展爆发力通常有两种方法：一是用接近极限的负荷而重复较少次数的练习方法；二是小负荷但运动速度较快的练习方法。

力量耐力是力量和耐力的综合素质，它是指长时间保持肌肉紧张而不降低其工作效率的运动能力。它对于保持良好的体能，坚持较长时间的工作都有重要的意义，通常采用负重小而重复次数多的练习方法来发展力量耐力。

（二）力量训练时应该遵循的原则

1.积极负荷原则

只有以最大负荷或接近最大负荷进行训练时，才能使肌肉最大限度地收缩，从而刺激肌肉产生相应的生理适应，促进肌肉力量的增加；而用较小的负荷进行训练，只能使肌肉保持原有的力量水平。

2.渐增负荷原则

在力量训练中达到极限负荷的强度，要随着训练水平的提高而逐渐增加，从而保证对肌肉的刺激强度。

3.力量练习安排的顺序原则

力量训练中，小肌肉群较易疲劳。为了保证大肌肉群的大负荷，必须在小肌肉群出现疲劳之前，使大肌肉群得到训练，让它与小肌肉群同步疲劳，从而得到最大限度的刺激。

（三）力量训练的基本形式

肌肉收缩时有四种基本形式：向心的克制性收缩、离心的退让性收缩、等长收缩和等动收缩。这四种形式根据肌肉收缩的类型被广泛采用，可分为动力性力量训练、静力性力量训练、等动收缩训练。

1.动力性力量训练

肌体在等张收缩时所产生的力量使肢体产生位移，从而使人体或器械产生加速运动。肌肉以这种形式工作时，一般是做向心收缩，长度缩短。在工作的过程中，随着肢体关节角度的改变，肌肉在缩短过程中的张力也发生变化。动力性力量练习有两种主要类型：一种是大负荷、少次数，主要用于发展一般力量和爆发力；另一种是小负荷、多次数，主要用于发展力量耐力。每周安排3次训练为宜。户外运动中的很多技术动作都与动力性动作有关，因此，动力性力量训练是户外运动员训练中不可缺少的训练方法。

2.静力性力量训练（又称等长训练）

肌肉对抗固定阻力产生的力量，维持和固定肢体于一定的位置和姿势，使肢体不产生明显的位移和运动。

超等长训练是一种能使肌肉产生牵张反射的力量训练方法。它是发展爆发力的一种很好的训练方法，最典型的方法就是“跳深”练习。

3.等动收缩训练

等动收缩训练是在整个关节活动范围内，肌肉群始终以最大张力收缩，而速度保持恒定的训练方法。它需要专门的器材才能进行，如等动练习器等。

（四）力量训练的主要手段

1.负重抗阻练习

如运用杠铃、哑铃、壶铃、联合训练器械等进行练习。这种练习可作用于机体任何一个部位的肌肉力量训练，依靠负重和练习的重复次数刺激机体发展力量素质。负重抗阻力练习是多种多样的，负重量及练习的次数可随时调整，这是训练中最常用的手段。

2.对抗性练习

如双人顶、推、拉练习等，依靠对抗双方以短暂的静力作用发展力量素质。对抗性练习不需要任何训练器械及设备，又可引起运动员的兴趣，调节训练气氛，避免训练枯燥无味。

3.克服弹性物体的练习

如使用拉力器、橡皮带等，依靠弹性物体变形而产生的阻力发展力量素质。

4.利用力量训练器械

如利用联合训练器械进行力量练习，可使身体处在各种不同姿势（或坐，或站，或立）进行练习，可直接发展运动员所需要的肌肉力量，使训练更有针对性。使用力量训练器械还可以减轻运动员的心理负担，避免伤害事故的发生。

5.克服外部环境阻力的练习

如在沙地和草地上进行跑、跳练习等。做这种练习时，往往在训练结束阶段所用的力量较大，但每次练习不用全力，动作要轻松。

6.克服自身体重的练习

如引体向上、倒立推起、跳远等动作。这类练习均由四肢的远端支撑完成，使身体局部的力量得到发展。

（五）徒手力量训练方法

在户外运动中，利用上肢的力量来支撑身体，用全身协调用力来移动身体、越过障碍的情况时常发生。根据户外运动的这些特点，我们应选择克服自身重量的力量练习方法来提高力量素质。

这些练习可分成三个部分：①通过引体向上、俯卧撑、双杠臂屈伸、爬竿（或绳）、掰手腕等练习来发展三角肌、胸大肌、背阔肌、肱三头肌等上肢力量；②通过仰卧起坐、收腹举腿、体后屈伸、俯卧背腿、后振躯干、仰卧举腿等动作发展腹直肌、髂腰肌、竖脊肌、腹斜肌、腰背肌群与髋关节等部位的腰腹力量；③通过连续跳跃、负重提踵、蹲伸起等方法发展大腿前后肌群、小腿肌群及踝关节的力量。

1.发展上肢力量的方法

（1）俯卧撑

1）动作方法：手掌撑地，手指向前，两臂伸直，两手间距同肩宽，两腿并拢向后伸直，以脚尖着地，身体保持伸直姿势，两臂屈肘向下至背低于肘关节，接着两臂用力快速推起身体成原来的姿势。

2）练习要求：身体保持平衡，不能塌腰成“凹”形，也不可弓背成“凸”形。

3）提高练习难度的方法：①手掌撑变为手指撑；②加宽双手撑距；③单腿支撑；④两腿高于头部撑；⑤俯卧撑时在背上加重物。

（2）引体向上

1）动作方法：两手正握或反握单杠，握距同肩宽，两脚离地，两臂伸直，身体悬垂。引体向上发力，身体向上拉至头过杠面，然后身体慢慢垂下成原来姿势。

2）练习要求：发力引体时不要借助身体摆动的力量。

3）提高练习难度的方法：①头过杠面后做前伸动作；②一手反握杠，另一手腕扣杠，做引体向上；③负重（背背包、穿沙衣）做引体向上。

（3）双杠臂屈伸

1）动作方法：两臂伸直撑在双杠上，身体垂直在杠内，屈臂至两臂完全弯曲，接着用力撑起，使两臂伸直恢复到起始姿势。

2）练习要求：身体要直，下肢自然下垂，腿不要屈伸或摆动。

3）提高练习难度的方法：腰负重物（背背包、穿沙衣）做屈伸臂动作。

（4）爬竿（或绳）

1）动作方法：面向竿（绳）站立，双手上举，握紧竿（绳），双臂用力上引身体，使头部移至双手握点之上。此时，大腿内侧及一小腿肚和另一小腿胫骨部夹紧竿（绳），不让身体重心下移。重复上述动作直至竿（绳）顶部。

2）练习要求：腿部夹紧竿（绳），上、下肢动作协调连贯。

3）提高练习难度的方法：①负重物（背背包、穿沙衣）爬竿（绳）；②腿不夹竿（绳），双臂交替握紧竿（绳），用力向上引体攀爬练习。

（5）扳手腕

1）动作方法：两人面对面坐下，双方两手交握，保持垂直相对的姿势。开始比赛后，双方同时发力，直至将对方的前臂及手腕压至桌面。

2）练习要求：肘部不得离开桌面。

2.发展腰腹力量的方法

（1）仰卧起坐

1）动作方法：仰卧在地板或体操垫上，腿伸直，两手抱头，然后向上抬上体至垂直位，再慢慢后倒成原来的姿势。

2）练习要求：起坐动作速度要快，下卧时动作速度要慢。

3）提高练习难度的方法：①手持杠铃片于脑后，两脚固定，连续做仰卧起坐；②仰卧在斜板上，两脚钩住肋木，两手持球，两臂伸直，连续做仰卧起坐；③仰卧，连续做元宝收腹。

（2）收腹举腿

1）动作方法：仰卧在地板或体操垫上，两臂伸直置于体侧，然后收腹向上举起双腿至垂直位置，再慢慢放下恢复成原来的姿势。

2）练习要求：收腹举腿动作速度要快，放腿速度要慢。

3）提高练习难度的方法：①举腿时，另一人给练习者上举的腿施加下推力；②仰卧，两脚夹实心球连续做收腹举腿动作；③背靠肋木，两手正握横木悬垂，两脚连续做收腹举腿动作。

（3）体后屈伸

1）动作方法：身体俯卧在垫子或凳子上，髋部支撑，脚固定，两臂前举，连续做体后屈伸动作。

2）动作要求：体后屈时，上体尽量抬高。

3）提高练习难度的方法：①臂屈肘抱头，做体后屈伸动作；②俯卧在跳箱等较高物体上，增加动作的幅度；③手上加握重物做体后屈伸动作。

（4）俯卧背腿

1）动作方法：身体俯卧在垫子或地板上，两腿并拢伸直，髋部支撑，两臂伸直置于体侧，连续做两腿向后上方抬起动作。

2）动作要求：两腿尽量向上方抬起。

3）提高练习难度的方法：①俯卧在山羊上，尽量增大腿后抬的幅度；②两脚增加负重物。

3.发展腿部力量的方法

（1）负重弓箭步走

背背包或穿沙衣（25～30千克）站立开始，一脚支撑，另一脚向上高抬大腿，同时身体重心前移，移动腿膝关节领先成弓箭步着地。身体重心前移至前腿，保持弓步，前腿发力蹬起，后腿前移成站立。重复以上动作向前走。

（2）走“鸭步”

方法是下蹲到大腿与地面平行，上身挺直，保持这样的姿势向前走，臀部不能往上抬。距离为30米，走到后放松再走回起点。

（3）负重蹬起

背背包或穿沙衣（25～30千克），站立于40～50厘米高的台阶（凳）前，一脚踏上台阶（凳）后发力蹬起，后腿跟上成站立姿势。后腿支撑体重，另一腿向后迈下台阶（凳），站稳后，后腿下地成站立姿势。交换腿练习。

（4）坐蹲跳起

双人背靠背，双臂环绕，坐蹲下，然后双腿用力蹬伸跳起。

（5）负重蹲起

肩负同伴，手扶墙，双脚开立与肩同宽，上体保持挺直，然后慢慢站起。

（6）一般跳跃练习

用单腿或双腿进行水平跳、向前跳、向上跳的练习。主要方法有：①行进间单腿跳；②半蹲、深蹲连续向前蛙跳；③单足交替连续向前跨跳；④单足或双足跳台阶、跳楼梯等。

（六）合理安排力量素质练习

以上练习方法主要是由人体局部部位来承受自重，促使某部位的力量得到发展，不受场地、器材、设备的限制，便于广大青少年朋友随时随地进行练习。在练习时应遵循以下原则：

第一，练习前应充分做好准备活动。一般以慢跑来热身，做几组柔韧练习后进行。

第二，上、下肢和腰、腹部力量素质应合理搭配成组进行。每次力量素质练习时，应根据自身特点，从上、下肢和腰、腹部力量素质中各选1～2种练习方法成组进行练习。如上肢练习中选择俯卧撑和引体向上，腰腹练习中选择仰卧起坐和俯卧背腿，腿部力量中选择单足跳和负重弓步走，共6种练习。练习时按同类练习分开的原则分成：俯卧撑—仰卧起坐—单足跳—引体向上—俯卧背腿—负重弓步走为一组。也可根据情况只选择上肢和腰腹，或下肢和腰腹，或上肢和下肢，选择3～4种练习为一组进行练习。

第三，遵循多次数、多组数、短间歇的练习原则。多次数是指极限次数的70%～80%。如：引体向上一次最多能做10个，成组练习时做7～8个。短间歇是指每种练习间的休息时间短，一般是0.5～1分钟。做完一组练习后休息时间可稍长，一般为5～10分钟。总安排例如：俯卧撑10次—仰卧起坐20次—单足跳30米—引体向上6～8次—俯卧背腿20次—负重弓步走30米×3组，每种练习间歇0.5～1分钟，组间休息5～8分钟。

第四，遵循循序渐进的原则。如：开始练习时可选择3～4种练习做2组，几周后再增至3～4组，练习的次数也可在原来的基础上增加。

第五，注意不同肌群力量的均衡发展。根据户外专项竞技的需要，在发展运动员主要肌肉群力量的同时，也要十分重视小肌肉群、远端肌肉群、深部肌肉群的力量训练，使身体各部分力量均衡发展。

第六，力量练习完后应放松。

第七，力量素质练习应隔一至两天进行一次，每周不可超过3次。

力量素质练习后会出现不适应期（大约一周），身体肌肉出现酸痛感，这时一定要坚持练下去，只要准备活动充分，上述不适状况就能减轻。

以上方法属于中等强度的练习，在练习时采用次数多、组数多、间歇时间短的方法，不仅可以提高肌肉力量，更加强肌肉力量耐力和心肺功能，从而提高人体抵御野外各种恶劣地理环境和气候环境的能力。

四、灵敏素质训练

灵敏素质是人体观察能力、反应能力、判断能力、平衡能力、协调能力、节奏感等综合能力的反映。衡量灵敏素质的标志是在各种复杂变换的条件下或突发事件情况下，能够迅速、准确、协调地做出应答动作。其好坏主要受遗传因素的影响，此外，诸如篮球、足球、乒乓球、跑步等体育锻炼都能促进灵敏素质的提高，因此，大多数人具备这些能力，能够适应野外活动的要求。灵敏素质对于户外运动也是不可忽视的重要因素之一，有些青年朋友由于平时不爱活动，缺乏体育锻炼或先天不足，在平衡能力、协调能力等方面略显不足，在野外特殊的环境中会遇到一定的困难，可以通过练习来提高这方面的能力。

（一）灵敏素质的分类

灵敏素质可分为一般灵敏素质和专门灵敏素质两类。一般灵敏素质是指在完成各种复杂动作时所表现出来的适应变化着的外部环境的能力；专门灵敏素质是指根据各专项所需要的、与专项技术有密切关系的，以及适应变化着的外部环境的能力。

灵敏素质对掌握运动技术起着十分重要的作用。通过大量的各种各样复杂的灵敏练习，在中枢神经系统中建立复杂的条件反射，使大脑半球皮质的兴奋和抑制过程越来越协调和准确，动作分化也越来越细，越来越能区分各肌肉的紧张和放松程度，支配和控制肌肉的能力也越来越强，因而也就越有利于掌握、改造和提高技术。

（二）灵敏素质训练方法

1.提高平衡能力的练习

①推手练习：两人并脚，面对面站立，间距1米左右，用双手去推对方的双手。虚实结合，使对方失去平衡。

②拉手练习：一对一弓箭步举手站立，你拉我送，虚实结合使对方失去平衡。

③原地跳起，在空中转体180°、360°、720°，落地后站稳。

④慢骑自行车。

⑤走平衡木等较窄物体的练习。

⑥上抛球后转体2～3周再接住球。

⑦做单腿平衡的练习。

⑧用脚尖、脚外侧、脚内侧、脚跟支撑的行走等。

2.发展协调性的练习

①原地或行进间双手各拍一个篮球的练习。

②花样跳绳，如双足跳、单足跳、正跳、反跳、交叉绕绳跳等动作结合在一起进行练习。

③模仿视频中街舞、健美操动作的练习。

④两人三足跑练习。

3.注意事项

一是灵敏素质训练一般安排在训练课的前半部分，运动员体力充沛、精神饱满时进行。

二是在进行灵敏素质训练时，应消除恐惧或紧张状态，以保证训练的良好效果。

五、柔韧素质训练

柔韧素质是指人体关节在不同方向上的运动能力以及肌肉、韧带等软组织的伸展能力。柔韧伸展通过关节运动的幅度，也就是按一定的运动轴产生转动的活动范围而表现出来。因此，连接关节的韧带、肌腱、肌肉以及皮肤的伸展长度和弹性对柔韧性影响极大。

户外训练、比赛中，要求运动员身体各部分肌肉和关节有良好的柔韧性，特别是肩、腕、腰、腿的柔韧性要好。柔韧性好的运动员，动作幅度大，效果好，姿势优美、舒展，动作运动轨迹圆滑、流畅。柔韧性差的运动员动作紧张、僵硬，效果大受影响。柔韧性较差，会影响其他素质的发展，容易产生技术错误和运动损伤。柔韧素质的提高，对增强身体的适应能力，更好地发挥力量、速度、灵敏等素质，提高运动技能和技术，防止运动创伤，都有积极作用。柔韧素质对于户外运动员也是非常重要的素质之一。

柔韧性有主动与被动之分。主动柔韧性是依靠相应关节周围肌肉群的主动收缩完成大幅度动作的能力，而被动柔韧性是借助外来力量使关节灵活性达到最大程度的能力。人体的被动柔韧性总是好于主动柔韧性，但是在运动中完成动作时所表现的却是主动柔韧性。因此，柔韧素质的训练主要是通过被动柔韧性训练来完成的。

柔韧性训练就是要通过各种各样的练习加大各关节的伸展度，主要涉及的关节是肩、脊柱、髋和踝，其中肩关节的柔韧性尤为重要。

发展柔韧性的方法主要有两种：静力性拉伸和动力性拉伸。静力性拉伸（又叫慢张力拉伸）是在相对静止的条件下，通过缓慢的动作来拉伸软组织，在感到酸、麻、胀、痛的位置上，坚持一定的时间（10～20秒）的练习方法。动力性拉伸（又叫爆发性拉伸）是用节奏较快、力量较大并多次重复的动作来拉伸软组织的练习方法。虽然用动力性练习快速拉伸肌肉和韧带，可以较快地提高柔韧性，但是会伴有剧烈的疼痛，且容易受伤。用静力性练习慢速拉长肌肉和韧带，可有意识地放松对抗肌，使之缓慢拉伸，避免受伤和引起疼痛。在训练中根据需要选择合适的训练手段与方法。

（一）柔韧素质训练方法

柔韧素质的好坏主要取决于关节的骨结构和关节周围软组织的体积大小，以及韧带、肌腱、肌肉和皮肤的伸展性。体育锻炼能提高关节灵活性，改善关节周围软组织的功能以及肌肉、韧带、肌腱的伸展性。

一是做各种摆振动作，逐渐增加动作的幅度，借以拉长关节周围的肌肉和韧带，扩大活动范围。如手绕环、手臂前后绕环和上下摆振、腰的前后屈和绕环、膝关节的绕环、踝关节的前屈和绕环等。

二是利用自身身体多做弹性下压，借以拉长肌肉和韧带，如直立上体前后屈、对墙压腿、压腰、把杆压肩、弓箭步压腿等。

三是利用器械（如体操棍、肋木、吊环等）做转肩、压肩、甩腰、压腿等动作。

四是借助同伴的帮助来提高柔韧性。

（二）柔韧素质训练注意事项

一是柔韧性训练要经常进行，使肌肉和韧带的伸展性不断得到发展，尤其要根据专项的特点和运动员的薄弱环节进行训练。柔韧性训练必须坚持循序渐进的原则，决不能操之过急，特别是急速拉伸肌肉与韧带的动作。

二是要做好准备活动，逐渐增大动作的幅度和难度，以免造成损伤。

三是气温对柔韧性有一定的影响。进行柔韧素质训练时，要注意外界温度的高低，当气温较低时，准备活动要做到使练习者微微出汗的程度。

四是柔韧性训练应经常进行。柔韧性发展快，易见效，可是消失也快，停止训练时间稍长一些，柔韧性就会消失，因此柔韧性训练要经常进行。如果处于专门提高关节活动范围阶段，应该每天都要安排进行柔韧性练习。

五是发展柔韧素质与力量素质相结合。发展柔韧素质与力量素质相结合，不仅可以避免或消除两者之间的不良转移，而且有助于两种素质的协调发展。柔韧性训练后要十分注意放松练习，以使肌肉柔而不软、韧而不僵。

六是身体疲劳时不宜进行专门的柔韧性训练。

六、速度素质训练

速度素质是指人体快速运动的能力，包括人体对外界信号刺激快速反应的能力、快速完成动作的能力以及快速位移的能力。速度素质是指人体以运动形式对外界刺激发生迅速的反应，并能以最短的时间完成各种周期性和非周期性运动的能力。这种能力的大小，主要与神经系统（反应速度、灵敏、协调等）和肌肉系统（肌肉纤维的类型）有关。

（一）速度素质训练方法

一是短距离快速跑，结合提高肌肉收缩速度的因素进行训练，努力提高磷酸原系统（ATP-CP系统）供能能力。

二是通过增强肌肉力量，尤其是提高爆发力来提高肌肉快速收缩的能力，可采用负重连续快速蹲起、连续跳深、多级蛙跳、单足跨跳、后蹬跑等方法进行练习。

三是改善协同肌与对抗肌之间的协调配合，提高动作之间的协调性；要加强各种动作的辅助练习，培养动作过程中的放松能力。例如，加强脚弓和下肢力量的训练以提高脚步移动的速度。在进行协调性练习时，可采用徒手练习，也可采用小负荷练习。

（二）速度素质训练注意事项

一是由于速度素质的提高较慢，所以其训练要经常保持下去。

二是尽可能地将速度素质训练与专项技术相结合。速度训练的专门练习可以帮助运动员建立起专项条件反射，从而提高其反应速度。

三是速度素质训练应在运动员兴奋性高、情绪饱满、运动欲望强的情况下进行，一般应安排在训练课的前半部分。

四是在进行训练时要注意运动员的年龄和性别差异。对青少年运动员要抓住其速度素质发展的“敏感期”，重点发展他们的速度素质。

第二节　户外运动体能训练的原则

一、激励性原则

要想获得预期的体能训练效果，不仅需要科学训练理论指导和教练员或指导员的科学训练安排，还需要参与训练的运动员的积极配合，并全身心投入体能训练中。体能训练是一项长期的工作，运动员需要在这个过程中坚持完成艰苦的训练，同时不断突破自我。由于体能训练具有长期性和艰苦性特征，所以教练员应当积极鼓励参与体能训练的运动员，促使运动员坚定不移地为相关目标和理想而训练。

运动员是体能训练的参与者，是体能训练的主体，在体能训练期间，必须充分调动运动员的训练积极性，使运动员在参与运动训练的过程中，有一个比较明确的目标，使其主动参与到运动训练之中，并进行积极的训练思考，这就是激励性原则的基本要求。

激励性原则对教练员或指导员提出的要求是：在思想观念方面，教练员或指导员要树立良好的价值观，加强体能训练的目的性教育，注重运动员主体性的发挥，使其积极参与训练计划的制订和管理；在训练方法方面，教练员或指导员要借助多种手段调动运动员参与体能训练的积极性和主动性，保证体能训练达到预期效果；在制度与发展需要方面，教练员或指导员不但要制定严格的规定，也要保证运动员的合理需要得到满足；在指导和宏观调控方面，教练要严于律己、以身作则、言行一致，为运动员树立良好的榜样。

二、全面性原则

要想使运动员的身体素质得到全面发展，教练员就需要进一步加强运动员身体素质训练，使运动员的身体得到正常发育，从根本上提高运动员的生理机能。在户外运动中，需要运动员具备各方面的体能素质，因此对于参加户外运动的运动员而言，其体能训练涉及体能素质的各个方面。同时户外运动项目对运动员的体能素质要求越来越高，所以组织和开展体能训练的教练员应注重运动员各方面体能素质的综合发展。

详细来说，适用于体能训练的全面性原则对体能训练教练员提出的要求如下：

一是合理安排各素质训练的内容和比例。重视构成运动员体能的力量、速度、耐力、柔韧性、灵敏性、协调性等多个素质的训练。

二是合理安排一般素质训练与专项素质训练的内容与比重。以运动员水平、年龄、项目特点和不同的训练阶段为主要依据，确定两者的比重。通常来说，初学者和训练水平较低者，其一般训练的比重应大些；而随着训练水平的不断提高，专项训练的比重随之增大。

三是合理选用体能训练的方法和手段。体能训练的方法和手段应更加科学化、多样化、综合化、全面化，运用一些新的技术手段进行训练。

四是体能素质训练的内容与方法应与运动员身心特点相符，并且能够使运动员在不同形式的训练中灵活运用。

三、个性化原则

个性化原则是指在确定训练目的、选择运动项目、安排运动时间和运动负荷时，要将运动员个人和外界环境条件的实际情况作为依据，结合个体差异，做到因人而异。从本质上来说，坚持个性化原则是人们进行体能训练的根本要素，对训练效果的好坏起着决定性作用，同时坚持个性化原则实际上也就是要求运动员进行体能训练时从实际出发。

教练员要想使体能训练达到针对性要求，需要注意三个要点：首先，教练员要将提高专项成绩和技术水平作为目的；其次，教练员要将运动员的主观需要、客观条件以及专项需要作为依据，对体能训练的内容和负荷进行合理地确定和安排；最后，为达到提高身体素质与运动技术水平的目的，教练员要使运动员的运动素质在各个方面均衡发展。

四、系统性原则

户外运动的体能训练是一项长期的过程，要想使身体训练和技术训练水平都得到有效的提高，就必须持续不间断地进行科学、系统的训练，因此教练员在体能训练中应进行长期规划，以人体发展规律和体能训练规律为依据，有步骤地开展体能训练。因此，组织和开展体能训练活动的教练员应坚持系统控制原则，对各方面进行监控，从系统的整体发展入手，协调好系统内各个要素之间的关系，从而使各要素和系统协同发展，使“整体大于要素之和”。

系统性原则的具体要求如下：

第一，在系统训练中，保证各训练课之间的连续性，要将各个训练组织形式紧密衔接起来。此外，从选材到制订训练计划都应以体能训练的系统性和连续性为原则。

第二，合理安排训练的内容和手段，始终遵循由易到难、由浅入深、由已知到未知的规律来选择和安排训练的内容和手段。

第三，教练员在组织和开展体能训练前必须制订出切实可行的训练计划。

第四，教练员要想使运动员主动投入训练，就应当建立和强化正确的训练动机。

第五，教练员应当建立和健全体能训练的多级训练机制。

五、周期性原则

户外运动体能训练是一个系统的过程，需要经历一个漫长的过程，不可能一蹴而就、一步到位，通常需要运动员不断地进行周期性的反复训练，从而使体能训练的效果更加理想。在体能训练中贯彻周期性原则应当达到的要求如下：

第一，根据具体的训练任务、训练要求以及训练阶段，将整个训练过程划分为几个运动周期循环进行。

第二，以运动员的实际特征以及需要完成的任务为依据，合理地安排训练周期。

第三，后一周期应在前一周期的基础上提高，使每个周期都能在前一周期的基础上有所提高，并起到“承上启下”的作用，以保持良好的训练效果和创造优异的运动成绩。

第四，保证各个训练阶段之间有紧密的联系。在每一个周期或不同的训练阶段中，都有着各自的训练任务、训练内容与负荷量、训练手段与方法，它们彼此之间存在既相互独立又相互衔接的关系。

第五，教练员要把握好每个小周期的训练，并及时纠正不妥当之处。

六、循序渐进原则

户外运动体能训练需长期坚持，运动员的各项体能素质的提高是长期训练的结果，而且需要经历一个由量变到质变的过程，所以说，体能训练过程中必须遵循循序渐进的原则，具体要求如下。

一方面，要以动作技能形成规律、生理机能负荷规律以及人体对事物的认识规律作为依据，按照从简到繁、从易到难、从小到大、从低级到高级的顺序逐步进行；另一方面，体能训练过程中切忌盲目和急于求成，否则就很难获得理想的训练效果，有可能导致运动损伤，不利于运动员的身体健康和未来体能素质的健康发展。

七、持续训练原则

在户外运动体能训练中，运动员机体各组织系统机能的加强和完善，以及户外运动技战术水平的形成与提高，都是机体反复工作的结果。与此同时，以生物界“用进废退”规律和个体的学习认知和运动技能形成规律为理论依据会发现，人的身体素质提高、人体机能改善和人体结构改善都对其有着制约作用。倘若运动员未能坚持参与持续性训练，那么之前积累的体能训练效果就会慢慢消退。由此可见，参与体能训练的教练员和运动员必须遵循持续训练原则。

持续训练原则对体能训练教练员提出了两方面的要求：一方面，体能训练前制订好科学的训练计划，保持训练的持续性；另一方面，对于多种内容的体能训练，教练员应合理安排各部分、各阶段的训练任务，保证各项训练内容的连续性。

八、自觉性原则

自觉性原则是指对于已设定的行为目标，运动员采取的一种主动性行为。从某种角度来说，自觉性原则体现了运动员克服自身惰性和战胜各种困难的决心，是推动其不断完善自身的过程。这个过程有助于运动员养成良好的运动习惯。

对于参与户外运动体能训练的运动员来说，只有养成自觉的训练习惯而不是被动训练，才能在获得愉快的运动训练体验的同时，取得良好的训练效果。

九、持之以恒原则

持之以恒原则是指在进行户外运动体能训练时，运动员必须长期坚持，以达到最佳的训练效果。体能训练的效果是在长期坚持的过程中慢慢积累的，即使已经取得了较好的效果，也不能随时放松，因为已经取得的效果会在长时间不训练的情况下逐渐消退。

第三节　恶劣环境下的习服训练

一、高原环境下的习服训练

（一）高原习服与高原适应

高原的低氧环境给人体，尤其是呼吸循环机能带来了不利影响。在高原环境中经过一段时间的锻炼，身体对高原的缺氧产生了适应，从而提高了对缺氧的耐受能力，这称为“高原习服”。高原习服是人体生理、生化适应性变化的总和。人体对高原低氧分压造成的缺氧逐渐做出相应的调整，从而产生一定程度的适应。一般将人体对高原环境的长期习服过程称为“高原适应”。

高原长期适应过程包括生理和代谢的调节高度适应，以便大大增强对高原缺氧的耐受能力。最重要的调节机制包括：①肺通气量的增加和体内酸碱平衡的调节；②血红蛋白和红细胞生成增加，以及局部循环和细胞代谢的变化。这两方面将明显有利于氧运输和利用。高原习服需要时间去适应，是循序渐进的，一般到达2300米高度约需2周时间适应，然后每增加610米，需多1周时间去适应。高原适应存在很大的个体差异。进行登山运动必须在某一高度习服后，再继续攀登更高的海拔。按时间可将高原习服分为短期习服（几天、几周或几个月）和长期习服（数年）。

"习服"是指平原人在高原经数周、数月甚至多年而产生的一系列反应过程，是一种可逆的、非遗传性的生理和形态变化，使机体能生存于低氧环境之中。习服使机体产生对高原低氧的耐受力，这正是人体具有深刻柔韧性的一种表现。"适应"是在高原居住并经多代后发生的改变，大致反映了对低氧环境真正的遗传选择性反应。适应是有遗传学基础的，并可以遗传，发展为具有生化、生理和解剖学特征，使机体能在高原环境中达到最佳状态的生理过程。

（二）高原训练的分类及模型

1.高原训练的分类

从训练学角度出发，在高原上进行训练，依据训练目的的不同，可分为三类：①为准备重大比赛而进行的赛前高原训练；②缩短训练周期初始阶段的高原训练；③改善生理机能、发展某些素质的高原训练。

2.高原训练的模型

高原训练可以在高原地区实地进行，也可以采用"仿高原"或"模拟高原"等方法。"模拟高原"的训练方法被认为省钱、省力、便于控制且能够减轻高原训练的负效应。

（三）高原训练的方法

高原训练的方法有很多种，主要包括不同海拔高度的住训练习法、模拟高原训练法和间歇性低氧训练法等。

1.不同海拔高度的住训练习法

包括高住低练法、低住高练法、低住低练法、高住高练法等几种形式。

①高住低练法是由勒文（Levine，1991）最先提出的。方法是让运动员在较高的高度（2500米）居住，在较低的高度（1300米）训练。这种方法既可以充分调动机体适应高原缺氧环境，挖掘自身的机能潜力，又可达到相当大的训练量和强度。这种训练法已得到国际上的认可，并已应用于高原训练中。②低住高练法，即让运动员居住在较低的高度（1300米），在海拔较高的高度（2500米）进行训练。③低住低练法是

让运动员居住和训练都在较低的高度（1300米）。④高住高练法是让运动员居住和训练都在较高的高度（2500米）。

以上几种高原训练法中，高住低练法的效果最好，高住高练法的效果次之。因为高住低练法除了可获得与高住高练法相同的训练效果外，其副作用远比高住高练法小，运动员易适应。但目前除了西班牙的内华达训练基地外，还没有很好的高住低练基地。

2.模拟高原训练法

模拟高原训练法是通过模拟高原状态而实现高原训练的过程与方法。由芬兰学者拉斯考（Rusko，1995）提出的“高原屋”，即让运动员生活在模拟海拔2500米高原状态的“高原屋”中，然后在海拔1300米高度训练。另外，日本生产的可移动帐篷也是模拟高原环境。美国发明的一种叫低压睡舱的设备，可供1名运动员在舱内休息。这些都是仿高原训练法，既不需要高原训练基地，又免去往返迁移的麻烦，同时使运动员的机能潜力得到最大的发展，从而收到不错的高原训练效果。

3.间歇性低氧训练法

间歇性低氧训练法是近年来在俄罗斯、英国和美国等国家逐渐发展起来的一种新的仿高原训练法。它采用呼吸气体发生器（氧分压有氧训练器）吸入低于正常氧分压的气体，造成体内适度缺氧，从而导致一系列有利于提高有氧代谢能力的抗缺氧生理适应，以达到高原训练的目的。

二、热习服训练

在热环境下持续重复训练，可逐渐提高克服中暑与热疲劳的能力，提高热耐受的生理适应性改变，总称为热习服。要想提高人体在热环境下的身体活动能力，可让人体在热环境下进行适当的训练，以提高机体的耐热能力。调查研究表明，反复在热环境下运动能使人体进行相当快的自身调节，从而完成更多的身体活动。

（一）热习服的生理变化

热习服使人体在热环境下运动时身体更多部位的排汗增多，并以最大效率散热。热习服产生的主要生理变化有：随着大量的血液流向皮肤血管，代谢热由中枢转移至外周；心输出量的有效分配使运动中的血压稳定；排汗阈值降低，即在温度剧烈升高之前，排汗过程就已经启动。在10天的热暴露后，排汗能力增加近1倍，汗液变稀（盐丢失较少），并且在体表的分布更均匀。这些生理变化使得热习服的人在运动时有较低的中枢温度与较慢的心率。而较低的中枢温度可使较少的血液流向外周，从而保证运动时的血液供应。热习服的主要生理变化见表6-1。

表6-1　热习服的主要生理变化

热习服反应	效果
皮下组织血流增加	将代谢热由深部组织转移至体表
血液重新分配	保证皮肤和运动肌肉的血流，维持运动中的稳定血压
排汗阈值降低	运动中蒸发冷却较早开始
皮肤排汗部位分布更合理	优化皮肤的蒸发冷却
排汗量增加	蒸发冷却发挥至最大
汗液中盐的浓度降低	细胞外液电解质的丢失减少

在运动时，热习服的人排汗开始得早一点，使皮肤温度较低，机体深部到皮肤或外界的温度梯度加大，散热也加快。由于热量容易散失，用于运输热量到皮肤的血流量减少，用于肌肉工作的血流量便增加。与此同时，发汗逐渐减少，机体的无机盐丢失也减少，因为身体经过训练，散热能力会有所提高，体温在热环境下训练时较热习服训练前低，在此最大强度运动时心率上升幅度较小。热习服使得肌肉血流量增加，皮肤血流量减少，或两者同时发生变化。两种变化中任何一种发生改变都将使每搏输出量增加。

研究还发现，伴随热习服的完善，血量增加也越明显。然而，这种变化只是暂时的，血量在10天内又会恢复到原来的水平，这可能与机体积极保留Na^+有关，从而使血浆容量增加。此外，机体热习服后在疲劳与热衰竭之前能完成更多的工作。在热环境与冷环境下以相同的运动强度完成相同的运动量时，热环境下比冷环境需要消耗更多的肌糖原。因此，没有取得热习服的人在热环境下重复数天的训练就会快速耗尽肌糖原，引起持续性的疲劳。

而取得热习服后，机体在运动中利用肌糖原的速率可减少50%～60%，这使得人体能量提前耗竭的危险性下降。值得注意的是，补水不足不利于热习服的形成。另外，返回到适宜温度环境2～3周后，热习服将消失。与湿热习服相比，干热习服所获得的生理变化更不容易消退。此外，有氧运动能力越强，热习服越不易消退。

（二）热习服的产生

虽然学术界对如何达到热习服还存在争议，但有一点是可以肯定的，即运动员必须在热环境下进行运动训练才能达到热习服，只是简单地处于热环境下，如蒸汽浴，则并不能提高其热应激下的运动能力。

热习服的取得需要机体长期暴露在热环境下，这取决于每个训练阶段的环境条件、热环境暴露的持续时间及运动强度（内部产热速度）。尽管有些研究文献不完全赞同这种观点，但显而易见，运动员必须在热环境下运动以完成更多的训练任务，才能获得更好的调节能力，产生热习服，以便继续在热环境下运动。

尽管大多数运动员靠暴露在热环境下训练以获得充分的调节能力，但也可以仅靠训练而获得部分的热习服。如果比赛的环境温度高于训练环境温度，为获得最大的训练效果，比赛前最好还是应获得完整的热习服。

热习服不但使人体在热环境中的运动能力提高，而且使机体遭受热危害的危险性减小。另外，当运动员习服于较热环境时，他们在较低温度下的运动能力也会提高。一般情况下，热习服受以下因素的影响：①每次运动的环境条件；②热暴露的持续时间；③运动强度（决定机体代谢热量的产生速率）。

三、冷习服训练

（一）冷习服类型

相比而言，人类对长时间冷暴露的适应能力远低于对热暴露的适应能力。因外界环境的寒冷程度、人体作业的持续时间和生活方式的不同，人类对冷环境的习服包括代谢型习服、绝热型习服和习惯性冬眠型习服三种类型。

1.代谢型习服

代谢型习服是机体处于寒冷环境一定时间后，寒战产热发生推迟，而非寒战产热加强。寒战是人类冷适应的初期反应，当皮肤温度较低时，即开始产生寒战现象，目的在于维持热产生。先是发动较小的不自觉寒战，再诱发更强的非寒战生热作用。生热作用会增加去甲肾上腺素分泌，进而促进代谢生热效应的增强。例如，将大鼠暴露在5℃的寒冷环境中2～4周，寒战逐渐减弱，出现不依靠寒战产热的现象，即非寒战产热，其产生的热量比寒战能产生更多的热量。人类主要是通过提高产热达到对寒冷的习服，冷习服者去甲肾上腺素、甲状腺素、胰高血糖素分泌增加，促进了机体脂肪的分解增加产热，以达到对寒冷的习服。

2.绝热型习服

绝热型习服是长时间处于寒冷环境中的结果。当人体暴露于低温环境发生冷适应现象时，生理会对低温环境产生调节反应，这种习服主要是依靠血管收缩，使体表隔热性增大，防止机体热量散失过多，以达到抵抗寒冷的目的。有关冷适应的研究表明，有些女潜水员能耐受每日长时间潜入冷水中，冬天水温为10℃。除了心理坚韧的因素外，对冷的耐受能力提高可能是由于安静状态的代谢率提高。与非潜水员相比，在冬天女潜水员的代谢率提高了25%。另有报道表明，长期接触冷水可增加皮下脂肪的含量，但有趣的是，这些潜水员的体脂并不多。循环系统的适应有可能延缓热量由中枢传至皮肤的过程。

3. 习惯性冬眠型习服

习惯性冬眠型习服是长期在寒冷环境中生活的人，在温度较低的情况下不增加产热，皮肤温度下降也较少，体温也相对较低，机体对低体温已形成习惯。未适应低温环境的人，身体往往会冷得战栗不停，很难入睡。但居住于澳大利亚偏僻区域的土著居民，经常白天暴露在高温环境下，而晚上则暴露在低温环境下，与未产生冷习服的欧洲人相比，这些土著人只需较少的防护即可在寒冷环境下安然入睡，其代谢及直肠温度只有微小变化，而欧洲人在相同环境下却表现出极度不适且很难维持正常体温。完整形成冷适应所需的确切时间仍不明确，但目前可确定的是，处于室内低温环境的人，在一周之后即可出现冷适应现象。有数据表明，长期暴露在寒冷环境中，皮下脂肪也会产生适应性增厚，使隔热功能增强。

（二）影响冷习服的因素

较高的有氧能力可增强机体在冷应激防御中的体温调节功能。有氧能力的提高不仅使身体对冷暴露的寒战反应出现较早且较敏感，而且寒战反应的程度也较大。身体总脂肪含量的差异对冷环境下的安静及运动中的生理功能有着显著影响。能够横渡英吉利海峡的长距离游泳运动员往往比短距离游泳运动员有更多的皮下脂肪，这极大地增强了机体的保温效果，即使在凉海水中，运动员的中枢体温也不会降低。而对于消瘦的运动员，运动中产生的热量不及散失到水中的热量多，因此体温下降。

冷刺激对机体过度的生理负担不仅取决于环境温度，而且取决于代谢水平和体脂的保温作用，特别是在温度低于25℃的水中。浸没在水中到颈部，一个在26℃水温安静状态感到舒适的肥胖者进行剧烈运动时，前额可能会出汗，对此人来说，剧烈运动时更合适的水温可能为18℃。而对于一个消瘦者来说，无论安静还是运动，18℃的水温都不是他的最合适温度。因此，每一个人或每一种运动都可能存在一个最合适温度。对于大多数人来说，在温度为26℃～30℃的水中运动，既能保证有效的散热，也不至于因过冷而降低运动能力。而短时间的剧烈运动，甚至水温更低可能是适宜的，特别是对于肥胖者来说。

第三篇　户外运动教学

第七章

户外运动教学基础理论

第一节 户外运动体育课程教学理论

一、户外运动教学的概念及内容

（一）户外运动教学的概念

自20世纪80年代后，户外运动在我国掀起了热潮，随着户外运动的快速发展，其逐渐被引入高校教学。

20世纪80年代，中国地质大学（武汉）根据地质专业的特点，将登山训练引入到课堂教学中，把登山的基本技术——攀岩，确定为学校体育必修课教学项目。

20世纪90年代中期，随着体育教学改革的不断深入及大学生综合素质教育的全面推行，中国地质大学（武汉）根据学校学科优势与专业特点，在“大体育观”体育教育理念的指导下，在国内首创了集体育学、地理学、管理学、气象学、医学等学科为一体的“野外生存体验课”，引入了智力与体力相结合的体育项目——定向越野。

2002年，教育部颁布了《全国普通高等学校体育课程教学指导纲要》，提出高等学校体育教学要“培养学生能参加有挑战性的野外活动和运动竞赛”的教学目标。在该文件指导下，中国地质大学（武汉）率先开设了“户外运动”普修课，主要以野外生存体验、定向越野、攀岩、拓展运动为教学内容，传授户外运动的基本理论知识和实践技术，使学生发掘自身潜能，锻造自我超越意识，培养高度责任心以及独立观察、思考和判断能力，培养团结互助、密切配合的团队精神。

此后，华东师范大学、南京体育学院、浙江师范大学、浙江工商大学、浙江农林大学等100多所高校相继开展了野外生存体验课程教学，户外运动教学在高校中形成了一定规模。尤其值得一提的是，随着户外运动教学内容、教学方法、教学手段以及教学组织形式的不断完善与优化，高校户外运动课程的“发源地”——中国地质大学（武汉）已经形成了一套科学系统的“课内课外相结合”的户外运动教学模式。在此基础上，它成立了体育系，并创办了社会体育（户外运动）本科专业，并于2005年招收了登山户外运动方向的全国首届本科生；2007年，开始招收户外运动理论与实践方向的体育教育训练学专业硕士研究生；2018年，中国地质大学（武汉）与中国登山协会共建中国登山户外运动学院，开始致力于我国登山户外运动高层次教育、管理、经营、竞技人才的培养，高层次户外运动赛事策划与运营，山地资源规划等事业发展。中国地质大学（武汉）特色体育项目从20世纪30年代至60年代，最初探索性地开展群众性登山、攀岩活动，发展到如今集攀岩、定向越野、野外生存、拓展训练为一体的“户外运动”综合课程，以及培养专业人才，均取得了良好效果，得到广大师生和社会各界的普遍认同。

那么，究竟如何界定户外运动教学呢？户外运动教学是指在教师有目的、有计划、有组织的指导下，学生积极主动地学习和掌握系统的户外运动基础理论知识和基本技能，提高学生身体素质、心理品质和适应能力的一种教育活动。户外运动教学是完成体育教育任务的基本途径之一。它以户外运动（包含野外生存、攀岩、定向越野、拓展运动等多个项目）为主要组织形式。

（二）户外运动教学的内容

1.户外运动教学内容体系的理论基础

（1）良好的身体素质、成熟的心理品质，以及基本的户外理论知识、技术技能是完成户外运动教学的必备素质。身体素质、心理素质、理论知识、技术技能的培养都能通过教学方式来实现。

（2）在郊外或学校周边，利用自然环境条件进行有针对性的练习，以达到户外运动所必备的素质。

（3）户外运动的理论知识、技术技能（如攀爬技术、野外方向的判定、自制用具、疾病防治等），可通过专门的理论与技术训练及实践操作课的教学来实现。

（4）户外特殊环境中所需的心理素质可通过拓展运动训练来培养。拓展运动心理训练是利用户外活动形式，模拟真实管理情景，对参加者进行心理和管理两方面的培训，这主要是通过练习一些具有心理挑战的项目，如高空抓杠、信任背摔、绝处逃生、搭人梯等，达到训练和提高心理素质的目的。

2.户外运动教学的课程结构

户外运动教学的课程结构（图7-1）由户外运动理论、户外运动实践和户外运动综合训练三部分组成。理论教学包括户外运动概论、定向运动、生存的技能与技巧、户外医学、饮食卫生、危险因素、自救与求救等内容；实践部分的内容则更加丰富，包括身体、心理、技术和技能四个方面的训练。通过对户外运动理论知识的学习和配套的实践训练，采取户外运动综合训练的方式对学生掌握户外运动技术技能的水平进行检验。

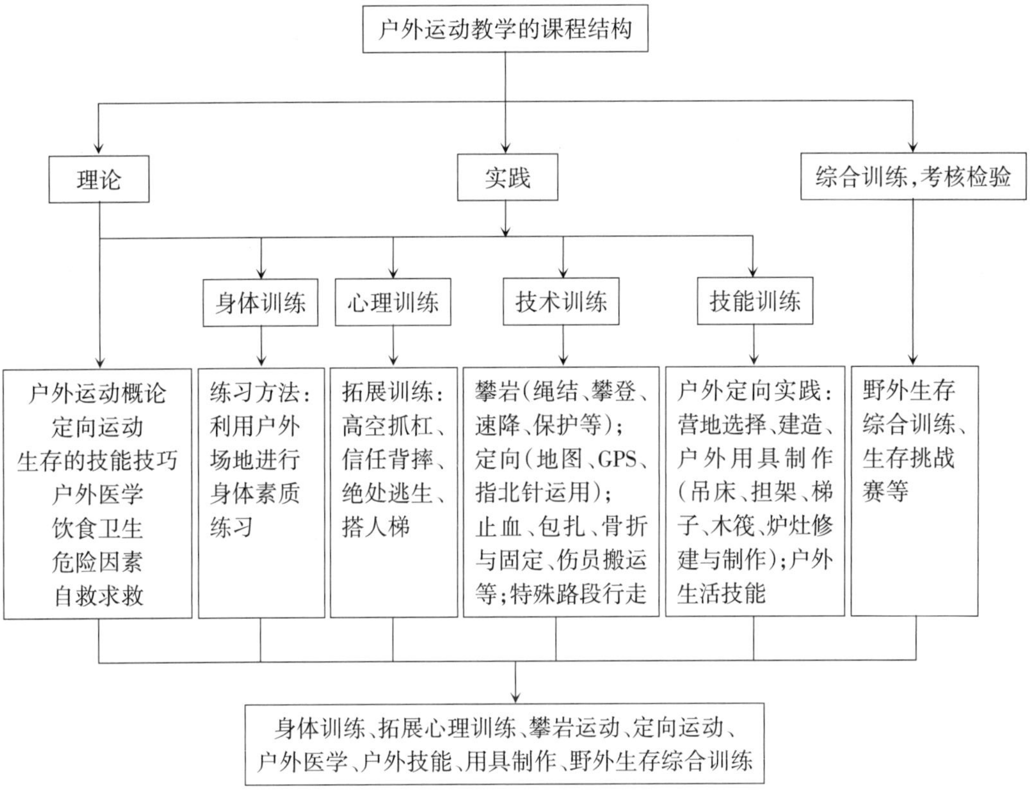

图7-1　户外运动教学的课程结构

3. 户外运动课程的教学大纲

完善户外运动课程的教学大纲，对教学的进度、内容、任务、组织方法做出具体的安排，旨在更有利于学生掌握户外运动的相关知识与技能，培养学生的实践操作能力与团队精神。

（1）优化理论课与实践课的学时搭配结构

通过对学生评价、教师评价以及教学效果的信息进行归纳分析，我们从原有的理论课16学时、实践课16学时、教学考核2学时的教学安排，逐步优化成理论课10学时、实践课约24～26学时、教学考核4学时，以及综合训练3～5天（图7-2）。

（2）优化调整教学计划

通过对教学效果、学生反馈的信息进行归纳分析，对教学内容的先后顺序进行调整，使其更科学、更符合户外运动教学的特点，使教学效果更加良好（图7-3）。

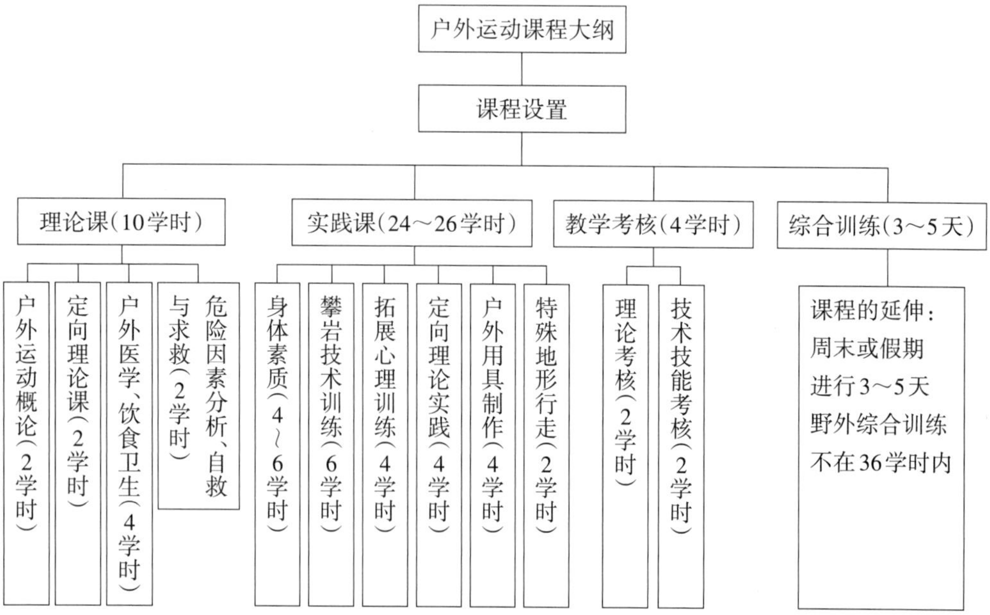

图7–2　理论课与实践课的学时分配

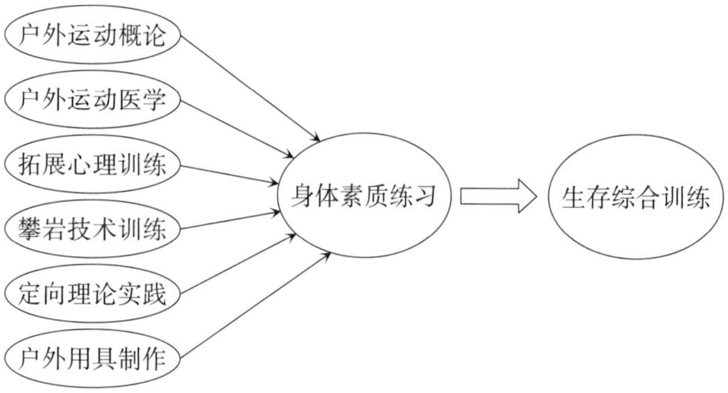

图7–3　教学内容安排顺序

二、户外运动教学的目标与要求

（一）户外运动教学的目标

结合户外运动教学的不同内容，可以达到以下具体目标。

（1）通过学习户外运动基本理论知识，使学生了解户外运动的起源、发展、特点、目的和意义，激发学生的学习兴趣。

（2）通过学习和掌握身体素质练习方法，使学生充分认识到良好的身体素质是进行户外运动的先决条件，学会编制个人锻炼计划。

（3）通过学习户外医学，使学生掌握常见运动创伤的处置方法，增强自我保护的意识、知识及能力。

（4）通过拓展心理训练，培养学生有效沟通的技巧、团队协作精神；发掘自身潜能，激发自我超越意识；培养高度的责任心及队员之间信任与合作的精神。

（5）通过学习攀岩，使学生了解攀岩运动的起源、发展、技术特点和意义，掌握结绳和攀岩保护方法，掌握攀登技术，培养勇敢、积极向上的精神以及团结互助、超越自我的精神。

（6）通过定向越野的学习，学生充分认识野外定向在户外运动中的重要作用，掌握野外定向的基本知识，熟练使用地图和指北针，培养他们独立观察、思考和判断的能力，培养他们团结互助、密切配合的团队精神。

（7）通过野外用具制作的学习，培养学生动手、动脑的能力，培养团队协作精神。

（8）通过装备使用及生活技能技巧的学习，学生学会野外生活的特殊技能，提高其在特殊环境下的生存能力。

（9）通过野外生存知识的学习，学会野外生存的特殊技能，提高在特殊环境下的生存能力。

（10）通过负重行军、丛林穿越、涉水溯溪、扎筏漂流、搭绳过涧、攀岩、岩降、独木桥、野外定向、修建营地、埋锅造饭、篝火晚会等野外生存综合训练，培养学生吃苦耐劳的精神，锻炼学生勇敢顽强的意志品质，挑战自我并发掘自身潜能；培养学生互相帮助、团结协作的团队精神；培养学生勇于挑战的精神，使学生具有独立参加具有挑战性的野外活动和运动竞赛的勇气和能力。

（11）通过系统学习户外运动知识，为户外运动科学的研究和理论创新提供人才支持。

（二）户外运动教学的要求

教学与课程有着密切的关系，而户外运动的课程是多样化的，不同模式的户外运动课程，其认知、技能、情感目标的比重有所不同，因此，户外运动的教学没有一成不变的方法。户外运动教学的基本要求是户外教育工作者在户外运动教学活动中应该注意的共性问题，也是保证顺利开展户外运动教学活动的前提。

1.安全第一

户外运动教学始终要将安全放在第一位。教学过程中，所有动作和活动都应该基于学生的实际水平，出现新的动作或活动时，教师应该先明确讲解并示范，再让学生练习。教师关注度不够，对自己或他人盲目信任，户外设施或装备不合格等因素都有可能对学生造成伤害。

2.以学生为主体

进行户外运动教学，教师应该正确看待与学生的关系，尊重每一位学生的个性差异，并以他们为教学活动的主体。在教学过程中，教师应该以“启发”和“辅助”为主，给予学生足够的空间发挥自己的能力并思考问题。教师应该保持宽容和积极的态度，给学生带来正面的影响并起到良好的示范作用。

3.注重学生身心全面发展

教师应该在教学中注重学生身心的全面发展，在教学过程中不仅要认真观察学生的进度、状态和情绪，还应该支持学生，帮助他们克服困难，甚至在危险的情况下帮助他们渡过难关，尽可能地提高学生的学习能力，充分挖掘学生的潜能。

4.机会平等

在户外运动教学活动中，教师要给予所有学生同样的尝试与参与活动的机会，应该平等和耐心地对待每个学生。教学的目的并不局限于知识与技能的学习，教师应该在教学中传递平等与尊重的思想。

5.以实践活动为基础

以实践活动为基础是户外运动教育教学的显著特点，也是区别于其他教育形式的显著特点。教学活动主要通过学生的亲身实践和切身体验来完成。教学过程中，教师要尽可能地帮助学生全身心地参与实践活动中。过多的和不必要的讲授会影响学生的积极性，也会降低活动的乐趣。

6.灵活处理突发事件

教学活动能否顺利进行，受多种因素的制约，如学生的认知水平、学习能力，教师的教学资源、教学设计方案、教学方法等。在户外运动教学中，当学生遇到困难时，教师要有随机应变的能力，必要时果断放弃已有的教学计划，采取更合理、方便、科学的教学活动方案，做到机动灵活。

7.循序渐进与重点突出

户外运动教学活动的过程应该循序渐进，教学内容应由易到难、由浅到深，切不可急于求成。同时，教师要注意使教学活动始终围绕教学目标进行。不论教学目标是一个还是多个，教师都应该保证活动时间分配合理、活动内容重点突出，做到有的放矢、张弛有度。

8.教学过程以启发、互动、探究为主

在户外运动教学活动中，教师不仅是知识技能的传播者，也是学生诉求的倾听者，要注意适当、合理地引导和启发学生。教学过程不应该是单向的、灌输式的，而应该是双向的、互动式的。教师应鼓励学生自主探索和思考，让学生发现问题、提出问题，并依靠自己的能力解决问题。

三、户外运动教学的特色与特点

（一）户外运动教学的特色

1.教学目标多重性

通过向学生传授户外运动项目群所需要的基本知识、技术、技能，培养学生参与户外运动及相关竞赛所必需的身体素质、成熟的心理品质和适应能力。除此之外，在户外运动的教学实践中，培养学生的团队协作精神，锻炼学生顽强坚韧的意志品质，也是户外运动教学的重要目标之一。

2.教学内容多元性

教学内容突出知识性、实用性和安全性，强调素质教育，尊重学生的人格，重视发掘学生的个性，培养学生综合能力，培养学生健全的人格，是高校体育教学建设、发展的方向。户外运动教学内容丰富多元，十分符合在校大学生个人发展需求。

3.教学手段多样性

相对于普通体育项目教学，户外运动的教学手段更加丰富多样，不仅有理论知识的课堂教学，也有实践部分的野外实习，还有生存综合训练。形式各异的教学手段，保证了学生在课堂上学习户外基础知识，在野外环境中实践技能，使学生在轻松有趣的学习环境中，有效地掌握各种户外运动知识与技能。

（二）户外运动教学的特点

1.自然性

户外运动教学以人为本，充分利用空气、阳光、江河、湖海、沙滩、田野、森林、山地、草原、荒原等自然条件，把课堂设在郊外，体现了户外运动教学的自然性特点。

2.挑战性

户外运动具有挑战性和探险性，能激发人体潜能，提升应对挑战、克服困难的信心和能力，并在磨炼中完善人格、提升团队精神。

3.综合性

户外运动教学的综合性特点主要体现在户外运动要求参与者掌握多方面的知识，具备良好的身体素质和心理素质，以及应对多变的野外环境的能力。

4.时尚性

作为一项新兴的运动，户外运动教学使学生们在身体、心理、团队意识等方面都得到锻炼，是适合当今社会发展需要的课程，故深受学生喜爱。

四、户外运动教学方法

教学方法是指教学过程中教师与学生为实现教学目的和教学任务要求，在教学活动中所采取的行为方式的总称。户外运动教学使学生置身于无限延伸的户外自然环境中，要求学生亲身参与到体验中来，鼓励并调动他们所有的感官来学习，不再单纯地接受文字符号，而是以自己的亲身经历，以声音、气味和触觉等感官刺激的反馈来达到发展自我价值的目的。

（一）户外运动教学方法概述

1. 户外运动教学方法的定义

任何一个教学活动都需要采用一定的教学方法，关于教学方法概念的界定始终存在一定的争议。其中具有代表性的几个观点如下：

苏联教育学家休金娜认为，教学方法实际上是师生共同活动的一种方法，其主要目的是完成某一教学任务。不同的教学方法通常由若干个元素构成，而这些构成元素也可以叫作方式。我国著名教育家王策三也对教学方法做出了解释，他认为教学方法指的是为了完成教学目的与教学任务，在遵循一定教学原则的前提下，通过某种教学手段所实施的由系统化方式构成的师生互动的活动。著名教育家李秉德先生认为，教学方法指的是教师与学生为了完成教学任务、实现教学目的所开展的一系列教与学彼此作用的活动方式。总的来讲，户外运动教学方法是一种具有知识性与策略性的程序，是由师生为了实现教学目标，通过彼此配合与协作而实施的教学活动。教学方法既包括教师教的方法，也包括学生学的方法，是教与学的统一体。

2. 户外运动教学方法的主要分类

对户外运动教学方法进行分类，就是将教育历史发展过程中通过理论研究与教学实践创造的各种教学方法，根据其共同特点进行划分和归属，然后根据它们各自的特点，将它们进行区分。对户外运动教学方法进行分类的主要目的在于对各个教学方法进行更好的分析与认识，充分明确并把握其各自的特点、作用范围以及作用条件，以及各自运行发展的规律。分类原则的差异会导致不同分类标准的出现，本部分主要对户外运动中传统的教学分类方法进行探讨。按照传统的分类标准，户外运动教学方法主要包括以下几种类型：

第一，根据教师教的活动以及学生学的活动进行分类。这是一种最基本、最简单的分类方法，根据这一分类标准，户外运动教学方法包括讲授法与学习法两种。讲授法主要包括讲授、演示、谈话等；学习法主要包括练习、实习、作业等。很明显，这样的分类方式将教与学的活动过于片面地割裂开来，对于户外运动教学方法的选择与运用并没有多大益处。

第二，根据学生对知识的掌握程度进行分类。我国教育专家商继宗先生通过对国外教学方法分类的深入研究，提出了根据学生对知识的掌握程度对教学方法进行分类的方式，该分类法可以将教学方法划分为三个层次：一是让学生掌握信息；二是让学生掌握对知识进行实践应用的能力；三是让学生能够善于开展并成功实施具有探究性与创新性的活动。该分类方法主要根据不同教学方法设置的目标，在现代教学方法分类的过程中，一些比较模糊的基础性问题得以有效解决，同时也使现代教学方法的追求目标与发展趋势有了比较明确的界定，能够在很大程度上帮助教学者充分掌握现代教学方法的精髓。

第三，根据教学活动的外部形态与学生认知特点相结合进行分类。我国一些教育学专家和学者根据教学活动的外部形态与学生认知特点，将教学方法分成了五种，分别是以语言信息为主的教学方法（包括谈话、读书、讲授等）、以实践训练为主的教学方法（包括实验、练习、作业等）、以情感感知为主的教学方法（包括参观、演示等）、以探究为主的教学方法（包括探究法等）和以欣赏为主的教学方法（包括欣赏法等）。这种分类教学方法充分考虑了教师“教”的活动与学生“学”的活动的协同发展。

第四，根据教学活动的过程进行分类。苏联著名教育学专家巴班斯基根据教学活动的过程，将教学方法分成了三大类：第一类是组织认识活动的方法，主要包括认识、逻辑、知觉以及控制学习的方法；第二类是刺激和形成学习动机的方法，主要目的在于激发学生学习兴趣、学习责任感与学习欲望等；第三类是检查方法，主要以书面、口头、实践操作等检查为主。

第五，随着教育教学的不断改革，逐渐产生并发展而成的各种具有综合性特征的新型教学方法，例如，学导式教学法、探究研讨教学法、掌握学习教学法、自学辅导教学法、暗示教学法、发现教学法、尝试教学法、程序教学法、“先行组织者”教学法、问题教学法、“纲要信号”图示教学法、范例教学法、“读读、议议、练练、讲讲”八字教学法等。这些新型教学方法都是在一些教学思想的基础上产生并发展而来的，其中一些教学新方法在不断发展的过程中已经形成具有个性化的教学原则与手段，并逐渐构建出相对完整的教学组织形式与环节，有的甚至已经形成了一个完整的教学方法体系。

3. 户外运动教学方法的特点

（1）实践操作性

户外运动教学的最大特点是实践操作性。教学方法必须与教学实践紧密相连，有些教学过程需借用其他学科的教学方法，如直观教学法、讲解法等，但必须根据户外教学的特点、环境、学生的队列等情况加以调整。在选择与安排教学方法时，一定要根据身体操作活动的实践特点进行，而不仅仅是停留在理论层面上。只有结合实践操作的教学方法，才能让学生在掌握动作技术概念的基础上，通过身体实践活动达到掌握运动技能、促进身心发展的目的。

（2）双边统一性

任何一种教学方法都是教师指导与学生学习的双边活动。在户外运动教学方法的运用过程中，教师的“教授法”与学生的“学练法”紧密联系、相辅相成。如教师在讲解动作要领和方法时，学生一定要认真听讲、积极思考，如果学生没有做到这一点，那么教师的讲解效果就会大打折扣。我们不能把教师的“教法”与学生的“学法”对立起来，也不能把它们简单叠加，而应充分体现师生在教学中相互联系、相互作用和相互统一的特点。

（3）独特有效性

户外教学方法多种多样，每种方法都有其独特的性能和使用范围，同一种教学方法也会因教学情景不同而效果各异。没有一种方法适用于所有的教学情景。根据以上特点，户外运动教师在选用教学方法时，可以采用效果较好的方法，但不要死板地套用教学方法。这种教学方法别的老师使用起来得心应手、效果优良，自己使用起来却不一定能产生同样的效果。因此，在户外教育教学实践中，我们既要关注在不同场景中使用不同的教学方法，又要特别注意同一种教学方法在不同场景中的使用效果。在实现教学目标的过程中，可能存在多种教学方法同时使用的情况，要善于组合不同的教学方法，使其彼此联系、密切配合、互相补充。只有多种教学方法相互配合，发挥其整体效能，才能使教师顺利达成教学目标。

（4）传承发展性

户外运动教学方法是在长期的体育教学实践中逐渐发展起来的，其中有些方法具有一定的时代性，如以前的口授法；也有的教学方法至今仍具生命力，值得我们认真总结、整理并借鉴其合理的部分，这就是教学方法的传承性。教师要秉持传承与发展的理念，要在扬弃中发展，贯彻“洋为中用、古为今用”的文化传承策略，从多方面吸收和利用古今中外教学方法中一切合理的成分，并在新的历史条件下，根据新的时代精神、内容性质和对象特点不断创新，使教学方法更能适应户外教育教学的实际要求，使户外运动教学方法体系逐渐发展和完善。

（二）户外运动常用教学方法

1.语言教学法

语言教学法指的是在开展户外运动教学的过程中，教师通过语言对学生进行讲解与指导，从而实现教学目的的一种教学方法。在教学过程中，如果教师能够正确使用语言来帮助学生理解课堂教学任务与教学目标，便有利于学生更加深刻地掌握所学的户外运动知识与运动技能。因此，教师在开展户外运动教学的过程中，需要注意说话技巧，努力提升自身的语言表达能力。在户外运动教学中，教师常用的语言教学法主要有讲解法、口令和指示法、口头评价法、口头汇报法等。

（1）讲解法

在户外运动教学中，讲解法指的是教师将本节课所要教授的户外运动知识、户外运动技术、户外运动规则等相关知识通过口头语言向学生进行讲解与说明的教学方法。该教学法是所有学科教师在教学过程中普遍使用的一种语言教学法，户外运动教学也不例外。在户外运动教学中，教师在使用讲解教学法的过程中，应该注意以下几点：

①明确自己的讲解目标

教师应该明确自己的教学目标，充分明了本节课所要讲授的教学重难点，根据教学内容、学生特点等，设置难度适宜的教学任务，以此帮助学生在有限的时间内尽可能掌握户外运动教学的重点和难点。

②讲解的内容应当规范正确

教师在使用讲解法进行教学的过程中，应该注意所讲内容的正确性，也就是说，在对户外运动理论知识与户外运动技术动作进行讲解的过程中，都需要保证其讲解内容的科学性、准确性、规范性和合理性。

③讲解语言要生动、简明、重点突出

在户外运动教学中，为了使学生能够充分理解所讲授的户外运动技术动作，教师所使用的讲解语言一定要注意做到生动、简明、重点突出。其中，生动指的是教师的语言要具有画面感，让学生可以正确理解户外运动的技术动作；简明指的是教师的语言表达要简单，避免太过复杂，同时表达要准确，避免词不达意；重点突出指的是教师的语言一定要始终围绕教学目标、教学重点进行。

④重视讲解的关联性

教师在进行讲解的过程中，应该注意所教授内容的前后关联性，不可以将基础知识与技术动作割裂开来，注重培养学生的发散性思维与创造性思维，令学生能够在之后的学习过程中做到融会贯通、举一反三，更好地理解课堂中教师所教授的相关知识，从而真正做到学以致用。

⑤注重讲解的时机与效果

教师在进行讲解的过程中，要注意做到具体问题具体分析，即在合适的时间安排合适的内容。例如，在课前阶段，教师可以适当安排一些热身运动；在课中阶段，教师可以以学生的运动能力为基础，根据教学计划安排难度适宜的教学内容；在课后阶段，教师可以适当安排一些放松运动，帮助学生放松肌肉，以免学生发生运动损伤。在合适的时机安排适宜的教学内容，不仅有利于培养学生的户外运动兴趣，还有利于充分发挥学生的主动性，达到事半功倍的效果，从而真正实现户外运动教学效果的最大化。

（2）口令和指示法

在户外运动课堂中，教师可以利用各种口令或指示来辅助教学，譬如“立正”“跑”“向左、右转”等。这些口令不仅十分简洁，还十分明了，可以帮助教师更好地指导学生进行技术动作的练习。教师在运用这些口令及指示的时候，要注意声音洪亮且有气势，保证最后一排学生也可以清晰地听到口令。

（3）口头评价法

口头评价法也是教学过程中教师普遍运用的一种语言教学方法，教师可以借助口头评价的方式来对学生的学习情况以及课堂表现进行评价，从而有效促进学生的进步。

口头评价法主要分为积极评价和消极评价两种方法。积极评价是对学生进行正面鼓励的评价，这种评价有利于增强学生学习的自信心，能够有效激发学生参加学习的积极性，从而更好地促进教学活动的深入开展；消极评价即对学生进行否定性评价，主要是对学生所存在的不足进行点评，使学生能够清楚地认识自身的不足，明确自己今后需要改正之处及其努力方向，但是教师在使用这种评价的时候要特别注意自己的语气，以免因伤害到学生的自尊心而产生相反的效果。

（4）口头汇报法

口头汇报法要求学生根据教学内容，向教师说明自己的学习心得，以及对教师所讲授的教学内容有哪些不清楚的地方。口头汇报法的运用有利于户外运动教学的顺利进行。一方面，教师可以借助学生的口头汇报，发现自己在教学过程中的不足之处，并以此为依据不断地调整自己的教学方法、完善自己的教学内容、改善自己的教学计划等；另一方面，口头汇报法不仅能够提升学生的语言表达能力，还能够充分调动学生的独立思考能力，使其能够更加深入地了解教师所教授的教学内容。

2. 直观教学法

直观教学法也是体育教学中非常常见的一种教学方法，主要是通过形象直观的方法引起人体相应器官的感知，从而最终实现教学目的。教学中常用到的直观教学法有动作示范法、教具与模型演示法、助力与阻力教学法等，而上述这些教学方法在户外运动教学中的具体应用方式如下：

（1）动作示范法

教师在运用动作示范法进行教学的时候，可以亲自进行动作示范，也可以指定某位学生进行动作示范。进行动作示范的时候需要注意以下几点：

①教师要带着明确的目的进行动作示范，因此，进行的示范需要结合学生的特点以及该堂课的教学内容，同时还要注意动作示范的次数以及速度等。

②教师在课堂中为学生示范的动作，不仅要做到准确、熟练，还要做到简单、明了，让学生不会产生畏惧感。

③教师在进行动作示范的时候需要重点注意所选择的位置与方向是否合适。具体来说，除了要根据具体的动作性质、场地器材布局、学生队形、要求观察的部位、安全要求、卫生要求等因素来选择位置与方向外，还要尽可能避免学生直面阳光或迎着大风观看教师示范动作的情况。

（2）直观教具与模型演示法

直观教具与模型演示法是指教师借助图表、照片以及模型等较为直观的途径来进行辅助教学的方法。这种方法有利于学生更加清晰地理解教师所讲授的知识与技能。

（3）助力与阻力教学法

助力与阻力教学法指的是教师在整个户外运动教学过程中借助外力，使学生通过自身的触觉和肌肉来清楚地感受到所学动作，主要包括动作的用力时机、用力大小、用力方向、动作时空特征等。助力与阻力教学法在整个户外运动教学过程中主要应用于动作教学，其主要目的便是帮助学生熟练掌握教师在课堂中所教授的户外运动技术动作。

3. 完整法与分解法

（1）完整教学法

完整教学法指的是从教学开始到教学结束，按照既定的计划，完整地实施整个技术动作的教学和练习的方法。通常，教师在教授难度不大的技术动作、没有办法进行分解的技术动作以及最初进行动作示范的时候，所采用的教学方法通常是完整教学法。完整教学法能够充分地展现出动作的协调美、动作的结构、动作的变化等特点，同时也能清楚地将各动作之间的联系展现出来。但是该种教学方法并不适用于较为复杂的技术动作教学。

教师在户外运动教学的实践过程中，借助完整教学法进行教学时要特别注意以下两点：其一，教师在运用完整教学法时应当与讲解法结合使用。当教师在课堂中讲解完一个简单且易于操作的动作后，随即对所讲解的动作进行示范，以确保学生在讲解与示范结束后能够顺利完成整个动作的练习。其二，教师要在教学过程中对重点内容反复强调。教师在向学生传授复杂的技术动作后，让学生进行完整动作练习时，要对该动作容易出现错误的部分多次强调，必要时还可将其单独分解出来让学生反复练习。

（2）分解教学法

分解教学法指的是将一个完整的动作划分成几个小部分，从而使学生一步一步地掌握完整的动作。这一教学方法通常用于难度较大且可以进行动作分解的教学内容。教师运用该教学方法进行教学的主要目的是降低技术动作的整体难度，使学生能够更轻松地学好该部分教学内容。

教师在进行户外运动教学的过程中运用分解教学法时需要注意以下几点：第一，

教师要充分结合户外运动技术动作的特点，运用合理的方式来对教学内容进行分解；第二，教师在进行户外运动技术动作的分解时，要充分考虑各部分内容的内在联系，不可破坏动作结构的完整性；第三，教师在教授户外运动技术动作时，要清楚地认识到动作各个部分在整个动作中的地位与作用，从而为最后动作的合并做充分的准备；第四，教师分解户外运动技术动作的前提是自身已经建立起了完整的动作概念。

4.竞赛教学法

竞赛教学法的主要目的是检验教师的教学成果，进而提升学生的技术水平。竞赛教学法是让学生将所学的技术动作实际运用出来的过程，这可以促进学生深入掌握相应的技术动作。竞赛活动的开展，不仅可以培养学生的随机应变能力，还可以促进学生提升自身的心理素质和意志品质。

教师在户外运动的教学实践过程中，使用竞赛教学法来进行教学的时候应当做到以下几点：

（1）教师要清楚地认识到自己运用竞赛教学法的目的。教师在运用竞赛教学法进行教学时，不管是确定教学内容、选择竞赛方法还是评判竞赛结果，都要以教学目标为基础。

（2）教师需要对学生进行合理的配对与分组。不管是1对1的比赛，还是多人对多人的比赛，教师都要根据比赛双方的具体实力进行划分，尽可能地为学生创造出公平的比赛格局。

（3）教师举办竞赛活动的时机应当是在学生对所学户外运动技术动作的掌握已经比较熟练之后。

（4）在户外运动竞赛活动结束后，教师除了要对学生在竞赛中所展示的技术动作给予客观的评价外，还要指出学生的技术动作需要改善的地方以及改善的具体方法。

（三）户外运动新型教学方法

1.分层教学法

分层教学法是指在户外运动教学中，依据学生的特点与实际水平进行合理的分层，根据不同层次学生的特点组建合作小组，然后设计不同层次的教学目标，分别安排相应的教学内容和教学方法，以保证户外运动教学活动顺利、有序地进行。这一教学方法在当今体育教学中得到了广泛应用。

2.探究式教学法

探究式教学法也是一种重要的现代教学方法，就是在户外运动教学过程中，教师将其指导作用充分发挥出来，积极引导学生自己去发现问题、分析问题并解决问题，使学生在不断探索、研究的过程中有所收获。

在户外运动教学中应用探究式教学法，需要做到以下两个方面：一方面，教师在课堂上给学生提供交流的机会；另一方面，教师有针对性地进行问题的选择与设计，探究要讲究实效，避免形式化、绝对化、片面化。

3.移植教学法

体育教学中使用的方法有些是专门针对体育学科设计的专项教学方法，有的是从其他教学领域或其他学科中借鉴而来，然后根据体育学科的特点和体育教学的需要进行针对性的处理后运用到体育教学实践中的方法，这就是移植教学法。

目前，在高校户外运动教学中，移植教学方法得到了一定程度的运用，这一教学方法呈现出良好的普适性特点。实际上，不仅体育教学可以从其他学科或教育领域中借鉴一些先进的方法，其他学科的教学也可以借鉴一些体育教学方法，有些方法在很多学科的教学中都是普遍适用的，只是要注意根据各个学科的特点及现实教学条件进行合理的加工、改造，不能盲目借鉴，否则教学方法再科学、再先进，也难以发挥其本身的功能，无法达到提高体育教学效果的目的，甚至会适得其反，不利于教学活动的顺利开展。

移植教学法可以说是一种综合性的教学方法，对教师的综合素质要求较高，要求教师必须具备较高的知识水平、良好的思维方式、高超的教学技能等。只有如此，教师才能更好地从教育学、心理学及运动训练学领域中汲取新鲜的元素设计体育教学方法，并将移植而来的教学方法灵活运用于户外运动课堂教学中，从而发挥各种教学方法的作用。如果教师知识储备少，思维僵化，教学技能不熟练，缺乏教学经验，那么其可能只会浅显地借鉴其他学科的教学方法，或者不加改造、移花接木，或者在加工改造中胡编乱造，这就难以创造出符合教学实际的教学方法，这种教学方法不仅不能取得理想的教学效果，甚至还会阻碍体育教学的发展。

4.逆向思维教学法

逆向思维教学法是指从逆向思维出发，将问题从反方向引出来的一种教学方法。这种教学方法对于提高学生的创造力和创新能力具有重要作用。

在平时的生活、学习和工作中，我们通常习惯于用正向思维去认识和思考问题，但是惯性思维并不能很好地解决所有的问题，有时利用逆向思维去解决问题反而会取得更好的效果。

在户外运动教学过程中，尤其是在当今信息化发展背景下，学生要在教师的指导下尝试突破惯性思维，按逆向程序去学习一些技术动作，有些技术动作就适合用逆向思维学习，比用正向思维学习的效果还要明显。用逆向思维学习较为复杂的技术动作时，将难度较大的动作环节作为首先要掌握的技术去不断地练习，熟练后再练习难度较小的动作环节，这样往往能取得良好的学习效果，这对于学生运动水平的提高具有重要意义。

逆向思维的运用不仅体现在教师运用逆向思维去组织和开展教学活动，还体现在学生运用逆向思维去思考和解决问题。例如不要一味抱怨学生学不会，而是要反省自己是否在教学中存在问题与不足，学生是否因为“教”本身存在问题而无法有效学习，只有不断反思，不断进步，老师才能更好地教好学生。

5.情景教学法

情景教学法，就是在学习动作前，先用语言或场景把学生带入一定的情景，让学生设身处地地进行强化练习的一种方法。这一教学方法非常适合户外运动教学。

情景教学法在具体的应用中，主要有以下手段：

第一，以生活展现情景。

第二，以实物演示情景。

第三，以录像、图片再现情景。

第四，以音乐、语言渲染情景。

第五，以展示、表演、示范等方式体会情景等。

通常情况下，利用情景创设法时，需要教师下足功夫，善于启发、引导与激励学生身临其境地学习和掌握体育运动技能。这种教学方法的运用，不仅能充分激发学生学习的积极性，还能有效提高教师创设情景、组织教学的能力。

6.案例教学法

案例教学法是一种针对户外运动中最新技术所开展的教学方法。在教学中，教师要结合具体的案例对最新出现的户外运动技术进行分析，能够有效地提升学生对于户外运动技术的认识以及运用能力。同时，教师在选择所要讲授的案例时，不仅要充分体现出这节课的教学内容，还要具有代表性，使其能够符合学生的学习基础和学习能力。

户外运动教师选择具有代表性的案例进行教学的具体操作步骤如下：首先，户外运动教师要在分析并参考教学大纲的基础之上，有目的地选择能够充分吸引学生注意力的代表性案例，并将其制定为教材内容；其次，户外运动教师要在教学过程中对自己所选择的具有代表性的案例进行深入分析，从而使学生尽快建立起相应的知识和技能体系；最后，户外运动教师需要活跃课堂氛围，充分调动学生对户外运动学习的积极性，使学生在轻松的环境中学习，以此保证学生能够积极主动地、高质量地完成教师布置的学习任务。

7.程序教学法

在户外运动教学中，程序教学法也是一种比较新的教学方法，常用于技术动作教学。在具体的教学过程中，体育教师首先要求学生按照预先设计好的步骤来学习，教师及时对学生进行评价，并反馈学习结果，根据学生的学习结果决定下一步该怎么做。如果学生这一步的学习达到了标准，则可进入下一步学习，否则就要重新学习这一步。这一教学方法能很好地提高学生的学习效率，受到广大体育教师的青睐。

五、户外运动教学模式

（一）户外运动教学模式概述

户外运动教学模式在户外运动教学中的地位和作用是独特的、不可替代的。户外运动教学模式的科学与否，都会对户外运动教学活动能否顺利开展和教学效果的好坏产生重要影响，因此，做好户外运动教学模式的设计工作至关重要。

1. 户外运动教学模式的概念

由于当前关于户外运动教学模式的概念还是各持己见，没有统一，因此，通过对多元化体育教学模式概念的分析、归纳和总结，最终将户外运动教学模式的概念界定为“具有特定的户外运动教学思想，用以完成户外运动教学单元目标而设计的相对稳定的教学程序”。

2. 户外运动教学模式的结构

（1）教学思想

教学思想对所有的学科教学来说，其所处的地位和起到的作用都是一致的，它是各个学科教学的灵魂，在教学的方向与目标方面有着总体的指引作用。这种地位和作用在户外运动教学中也体现得淋漓尽致。可以说，只有拥有先进的体育教学思想，才能实现户外运动教学模式的科学构建。教学思想的转变，会影响到户外运动教学模式的形态，使其发生相应的变化。

（2）教学目标

教学目标在整个户外运动教学活动中处于核心地位，是户外运动教学的重要构成要素之一，不可或缺。如果说教学思想在整个户外运动教学活动中起到宏观上的指引作用，那么，教学目标的作用就是具体事项上的指导，决定了户外运动教学模式构建的基础问题之一，就是保证户外运动教学目标顺利实现。

（3）操作程序

无论什么类型学科的教学活动，都要按照一定的教学环节或步骤来进行操作，这就是所谓的操作程序。户外运动教学过程中的操作程序是指从时间层面上开展的环节以及各个环节的具体做法等。不管是什么样的教学模式都具有各自独特的操作程序，不同模式之间或许有一些相通的地方，但差别还是比较明显的。

（4）实现条件

实现条件是指户外运动教学模式在一定的条件下才能实现。它的存在是对操作程序的补充说明。户外运动教学模式中最主要的三大实现条件就是人力条件、物力条件和动力条件。从户外运动教学模式的角度来说，就是指教师与学生、户外运动教学内容以及学校的基础设施等。

（5）评价方式

不同的教学模式都有其各自不同的适用范围，所针对的教学内容、教学目标等也各不相同，由此，也就决定了所采用的教学程序和条件也是不同的。因此，即便是在评价环节，也是不同的，要保证所选择的评价方法是有针对性的，是有独特特点的。需要强调的是，所有的评价方式都不具有通用性，因此，要根据实际需要来确定相应的评价方式。

（二）户外运动合作式教学模式

1.合作式教学模式概述

（1）合作式教学模式的界定

合作式教学模式是指在特定条件下，教师根据学生的特定培养方向而设定的特殊教学情景，把学生分成特定的教学小组，然后在特定教学条件下形成的一种特殊教学模式。合作是指学生与学生之间、教师与学生之间的合作，强调的是大家一起团结进取、共进退、共患难的精神，关注的是如何更好地解决课堂中教师与学生之间的相互作用问题。合作式教学模式就是以小组学习的分组形式，在教师设定的特殊教学情境下，调动一切积极作用，促使学生之间进行积极互动、积极探索的教学模式。在这个教学系统中不仅有教师的努力，更重要的是发挥学生的主体作用，使学生积极获取知识并学会与他人团结合作。

（2）合作式教学模式的内涵

随着教育教学水平的提高，目前世界上许多国家对合作学习的理解非常到位，尤其是在陈述性知识教学中其运用较为广泛。合作式教学模式本身的内在含义是大家一起做什么事情，无论是学习还是完成工作，都非常重视团队合作。现在国际上主要从学生学习领域进行研究，就是针对合作式教学模式狭义范畴的研究，它是指学生为了达到某一特定的共同任务，所进行的各种小组团队形式的教学活动。其内涵包括以下四个方面。

第一，合作式教学模式具有特殊性能的分组，所分组别组内成员相对较少，便于学生之间的合作，组内个体与个体之间存在差异性，存在差异才能促使个体之间进行优势互补。组与组之间也存在差异，但差异较小。这样有利于组与组之间的竞争，达到各自的目的而积极进取。

第二，合作式教学模式强调的是一种动态的合作，而不是静态的合作。它需要个体之间建立真实的合作，其目的在于帮助学生学会如何与人互动交流，对个体的社交能力的培养具有不可取代的作用。

第三，合作式教学模式是为了达成共同目标而设定的教学过程，具有一定的单向追求性，为了追求学生的全面发展而进行的单一传递施教。其中强调以学生的利益为主，教师只是学习过程中的引导者。

第四，合作式教学模式在教学过程中为了达到特定目的，采取特殊诱导机制——团体奖励，促进学生的分工协作，使小组内部个体之间存在很强的互助性，组间则变成激烈的竞争，从而促进学生在小环境的团结、大环境的竞争。这样一来就实现合作与竞争的大融合，从而全面促进学生的成长。

（3）合作式教学模式的类型

①师生合作教学

合作教学主要倡导师生之间互相尊重与合作，以此引导学生进行自主学习，尤其注重师生之间的合作过程。由于师生合作是合作教学模式中最为基础的部分，并且也需要学生与学校以及家庭构建一种紧密的合作关系，合作教学模式主要提倡的是师生之间的有效合作，因此将其归于师生合作教学范畴。此外，我国教育在20世纪90年代，主要借鉴国外的合作教育模式，提出了师生合作教学理念，并且在此基础上实施了合作教育实验。在实验的过程中，主要是以师生之间有效合作为出发点，以此作为师生合作教学的基础。

②生生合作教学

生生合作教学主要以欧美国家合作学习为代表，其中该合作学习具有一定的创新性教学理论以及策略体系。合作教学模式已在全球范围内许多国家的教育中应用，该教学模式有较强的集体性，能够大大提高学生之间的合作意识，并将其纳入课程教学中，以此构建学生之间合作的教学结构，并在此基础上以小组合作的教学目标，可有效促进学生个体的协同发展。

③全员合作教学

全员合作教学主要是我国学者提出的，通过教学实践逐步形成的一种新型合作教学模式，是我国学者借鉴国外的一些教学经验，并结合自身研究成果创新出的一种教学理论与策略体系。师生合作与生生合作有一定的区别，全员教学的主要特点是全员参与，对教学中不同动态因素之间的互动具有较高的协调能力。全员合作教学中，不同动态因素均是教学活动中不可或缺的资源，在较大程度上强调了动态因素之间的有效合作。从活动方向来看，全员合作教学需要在师生合作与生生合作之间进行两者兼顾并求取平衡。除此之外，全员合作教学的有效实施主要是建立在教育社会学、社会心理学以及教育技术学等基础之上，并以目标设计为主导，以小组活动为教学形式，以此实现合作教学质量的提升。

2.合作式教学模式在高校户外运动课程中应用的重要性

（1）树立正确的心理健康观念

高校户外活动课程对学生心理健康的养成具有较为重要的作用，主要是因为目前我国较多家庭是独生子女家庭，受到家庭环境的影响，学生心理以自我为中心，对周围事物的理解有一定的偏见。以户外活动课程为例，教师应当引导学生提升团队意识，并且在此基础上需要师生进行有效合作，增强学生的团队合作能力，这在很大程度上能避免学生个体活动中的被动行为。这就要求学生在对问题进行思考的过程中，认识到团队意识在课程学习中的重要性。在户外活动的过程中，学生会遇到一些突发情况，比如狂风、暴雨以及滑坡等自然灾害，教师在此过程中需要使学生明白沉着应对、镇定解决问题的重要性，这能够在较大程度上提升学生积极面对困难的能力，使其树立正确的心理健康观念。

（2）弥补课程中的不足

目前，我国高校体育教学在实施过程中，具有较高的操作性以及竞争性，并且教学中的一些具体方法与组织形式相对较为单一，在一定程度上不能有效激发学生的兴趣，大大降低了学生对课程学习的积极性。户外运动在实施过程中形式较为灵活、场地选择自由以及活动内容较为丰富，能够根据课程中的实际教学对课程中出现的问题进行全面弥补。学生在户外运动中，由于处于大自然中，能够有效缓解学习压力，并且在此过程中，可锻炼学生身体各个部分之间的协调能力，同时对心肺功能的提升具有较大的促进作用。在实际技能培养的过程中，教师对学生集体意识的培养不够重视，为此需要通过合作教学模式来提升学生的集体责任感，这有助于弥补课程中的不足。

3.合作教学模式在高校户外运动课程中的应用

（1）学习情景的创设

在合作教学模式实施的过程中，教师需要根据学生个体性格特点进行学习情景的有效创设，比如，在进行友好竞争性学习情景的创设中，将自主认知到个体学习以及团队集体学习作为学习目标，使学生在利己与利他的环境中实施有效学习。只有小组成员全部得到进步，学生个体才能获得成功。教师在进行情境创设过程中，应把学生放在教学的主体位置，教师应以引导的方式提高学生之间的有效互动，以此提升学生间的合作能力，这在较大程度上能够有效提升学生的学习兴趣，促进学生自主学习能力的提高。在进行学习情景创设的过程中，教师应当认识到情景创设的重要性，还应对学生获得的成绩给予鼓励，并对学生自我价值的提升给予肯定。比如，在爬山训练过程中，教师通过对学生的个体差异进行了解，进行学习情景的创设，通过将山路分为不同的路段，消除学生内心对终点遥不可及的想法，让学生在规定的时间内完成一个个小的目标，这在较大程度上能够有效磨炼学生自身的毅力，对户外运动课程质量的提升具有较大的作用。

（2）重视教学评价

高校户外活动中通过合作教学方法的应用，摆脱了传统教学模式，其中教学评价与传统教学模式相比有较大的区别。传统教学评价主要是对标准数据进行对比，对学生在教学中的成绩过度关注，根据学生成绩名次制订教学方案，这在较大程度上脱离了学生学习过程中的实际需求。为此，在对教学进行评价的过程中，将学生之间的竞争变为小组间的竞争，并且以小组总成绩作为评价依据，以此有效提升小组之间的友好互助以及合作意识。教师在应用此种评价的过程中，能够有效提高户外运动课程的教学质量，并通过评价结果全面体现，同时还能够使对学生的鼓励由个体转变为小组。

（3）重视师生之间的互动

目前，我国高校户外运动课程应用合作教学方法，应重视师生之间的有效互动。由于合作教学在实施过程中具有互动性，师生之间的有效互动可大大提升学生户外运动技能，并使学生在此运动过程中形成正确的价值观念。此种互动形式与传统形式有较大的区别，在师生互动的基础上，将其延伸到学生之间的全面互动。合作教学模式在进行有效互动的过程中，是在传统教学模式基础上的一种全新的教学理念，并且能够提高学生对体育教学的认知度。

比如，在进行户外运动课程的过程中，教师应当对学生进行分组，对不同小组在一些环节中进行不同的运动，在此过程中，教师应与小组学生进行真诚的交流，通过交流了解学生内心最真实的想法。教师根据学生实际情况，在给予学生鼓励的基础上，传授活动技能。

（三）户外运动体验式教学模式

1.体验式教学模式的定义

体验式教学最早是由美国凯斯西储大学韦瑟黑德管理学院组织行为学教授大卫·库伯（David Kolb）在20世纪80年代初提出的。他认为："有效的学习应从体验开始，进而发表看法，然后进行反思，再总结形成理论，最后将理论应用于实践。"

什么是体验式教学？我国很多专家学者经过深入研究给出了不同的定义，归纳起来主要有以下几方面。

（1）理念说

体验式教学概念引入我国初期，人们首先关注的是它与传统教学方式在教育思想和教学理念方面的差异，这是最高层次和最本质的教育哲学问题。体验教学是师生的一种生命活动历程，师生把生命投入教学之中，师生在与自我和其他生命以及世界的相遇互动中感受生命、发展生命。强调在教学过程中，师生关系是平等的；教学过程不仅是理论知识的传授，更是对生命价值与意义的感悟。体验式教学在教学理念层面上对传统教学方式提出了巨大挑战。

（2）学习说

我国绝大多数学者从教师"教"的角度对体验式教学进行研究，另外一些学者从学生“学”的角度对体验式学习展开探索。前者认为体验式教学虽包含体验式学习，但体验式教学由教师设计与实施，所以研究的重点是教师。后者则认为在体验式教学实施过程中，学生是主体，必须对学生体验式学习的欲望和需求、心理和行为进行深入研究，才能保证体验式教学的有效实施，所以，从学生“学”的角度对体验式学习的研究同样重要。体验式学习（experiential learning）是指在教学活动中，创设一种情感和认知相互促进的教学环境，让学生在轻松愉快的教学气氛中有效地获得知识并获得情感体验的一种课堂教学模式。它运用心理学理论，研究学习者的情节记忆、情绪记忆、默会知识和实用智力，强调问题情境下学习者的高层次学习，激发学生积极思考，使学生在精神完全放松、思想高度集中的状态下从事学习活动，在问题解决的过程中体验和感悟，在有限的时间内获得最大的收获。体验式教学来源于体验式学习。体验式学习强调学习者自主学习，强调在学习的过程中把所学内容转化为自身知识并掌握知识的本质。

（3）方法说

所谓体验式教学法，即根据学生的认知过程、认知特点，在学习准备阶段、课堂教学阶段、课后延续阶段和评价分析阶段突出“体验”的手段，以学生主动参与、主动探索、主动思考、主动操作、自主活动为主，以培养健全的人格和提高心理素质为目标的教育观念和教学方法。它强调学生的主动性、参与性，是学生通过亲自操作和体验而获得知识与掌握技能的一种教学方式，具体方式包括案例教学法、情景模拟法等。

（4）活动说

体验式教学是师生通过各种真实情景的体验活动来完成课堂教学活动的一种教学方式。以“情景素材”为媒介，通过“体验活动”来获取知识；区别于以往由“师说”来传情达意，异于靠“生听”来灌输新知；它是建构主义理论在课堂教学实践中的具体应用。

体验式教学是把一些在教学方面意义深刻的、难以用语言表达的、隐含的知识通过具体的活动体现出来，强调“先行后知”。体验式教学是通过个人在活动中的充分参与，获得个人体验，然后在教师指导下，与团队成员共同交流，分享个人体验，提升认识的学习方式。或者说，凡是以活动开始的、先行后知的，都可以看作体验式教学。

（5）模式说

体验式教学是人们通过实践来认识周围事物，用亲身的经历去感知、理解、感悟、验证教学内容的一种教学模式，它要求教师根据所讲授内容的不同，设计出不同的体验情景，让学生在不同的情景中内化知识、升华情感、积累经验、提高能力。

在教学过程中，教师以一定的理论为指导，有目的地创设教学情景，激发学生情感，并对学生进行引导，让学生亲自去感知、领悟知识，并在实践中得到证实，从而成为真正自由独立、情知合一、实践创新的“完整的人”的教学模式。在实施过程中，体验式教学模式强调发挥学生的主体性，强调对学生情感的陶冶和升华，强调培养学生的创新精神和实践能力。

目前，国内学者普遍认同的体验式教学的定义是，教师根据学生的认知特点和规律，通过创造实际的或重复经历的情境，呈现、再现、还原教学内容，使学生在亲历的过程中凭借自己的情感、直觉、灵性等进行感受、体味、领悟，并产生情感、建构知识、生成意义、发展能力的教学观或教学模式。从这个定义可以看出，人们把体验式教学看作一种主要的新型课堂教学方法或学习方法，并且将体验式教学与具体的课程相结合，探讨各类课程的体验式教学方法与策略。

根据上述定义，体验式教学按照教学模式来衡量，并不是真正意义上的体验式教学模式，而是体验式教学模式的一部分，是体验式教学模式的初级阶段。体验式教学模式包含很多要素与内容，必须经过全面、系统的设计。因此，人们不能把体验式教学与体验式教学模式这两个概念混淆。

2. 户外运动体验式教学模式设计

在体验式教学理论指导下，结合户外运动教学的实际需要，明确具体技术指标和教学步骤，设计户外运动的体验式教学模式。

（1）户外运动体验式教学模式的设计原理

体验式教学的核心在于创造情景，让学生在情景中亲身实践，在实践中锻炼解决实际问题的能力，在实践中认识到知识的作用，掌握知识的运用。体验式教学应该以学生为核心，充分调动学生的兴趣和主动性，让学生积极参与到体验情景中。老师应当着力营造良好的师生关系，鼓励学生努力融入课堂中。

课的开始：在开始前，教师应当依据教学难度和学生素质对学生进行分组，以便在课堂授课开始后对学生展现出的不同素质和特点进行分类指导，也便于在课堂结束后对学生进行分类评价。在授课开始前，教师还应当引入授课背景，在背景中引导学生提出问题，主动进行思考，寻求答案，激发学生的兴趣和探索欲望，让学生在训练中有目的地进行训练和学习。

课中：在课堂中，学生根据教师的指示分组练习，互相学习。在练习中暴露出的问题，教师应有针对性地进行指导。学生在听取指导后，对指导内容提出疑问，教师在听取学生的疑问后对此给予有针对性的解答。学生在接受指导后进一步进行练习，不断吸收理论知识，提高运动技能水平。

课后：体验式教学不仅可以用于课上练习，也可以用于指导课后练习。学生可以运用课堂上易于掌握的体验式教学方法在课后进行练习。教师也可以适当布置课后教学任务，让学生通过体验式教学逐步从体验到掌握技术要点。

（2）户外运动体验式教学模式设计的原则

以学生对于户外运动的兴趣和学习动力为主要影响方向，利用体验式教学模式，积极调动学生的学习兴趣和学习体验。体验式教学以学生为中心，重视学生心理状态的差别，通过创设情景的方式对学生进行指引。在情景中培养学生的兴趣，引导学生进行独立思考和探索。同时，根据学生展现出的不同兴趣和爱好进行分组，便于学生在小组中互相学习、互相讨论，达到在互相帮助中成长的目的。此举也方便教师观察每个小组成员的动态，真正做到因材施教，照顾到学生之间的差异性。

（3）户外运动体验式教学模式的程序

体验式教学由两部分组成，第一部分是课前引导，第二部分是课堂体验。在课前引导时，教师通过对教学目标的分解，组织各种学习资源，创设适合的教学情景。进行体验式教学时，主要分为四个步骤：第一步，引起兴趣。通过创造适合的游戏情景，让学生在游戏情景中对教学内容有一个初步的、感性的体验，让学生自然而然地进入一种学习的状态，激发学生的探究欲望。第二步，探究发现。在学生的探究欲望被激发出来以后，教师逐步引导学生进一步去探索，鼓励学生主动去探索各种可能性，并且在适当的时候针对学生遇到的疑惑以及暴露出的问题，提出有针对性的问题让学生思考。第三步，实践情境检验。在明确问题，学生开始有针对性思考之后，我们开始让学生带着问题在实践中检验。通过设置对照组的方式，让学生深刻体会到技术规范的具体作用。第四步，总结评价。在实践结束后，还要让学生通过总结的方式，明确自己的成功之处，以及自己还有哪些不足，以便下一步更好地改进。最后，教师要根据学生在课前与课后的反馈，总结教学的改进方向，以便更好地开展下一次教学任务。

3.体验式教学模式在户外运动教学中的应用案例

本部分以定向运动为例，探索体验式教学模式在户外运动中的具体应用，为其他户外运动项目体验式教学模式的构建提供一定的理论参考。

（1）定向运动体验式教学目标

教学目标的设定是教学活动组织和实施的出发点和归宿。根据我国应急安全教育的实践需求，明确目标，才能使教学设计有的放矢。定向运动体验式教学的设计从运动参与、运动技能、身体健康、心理健康以及社会适应5个领域进行目标设定，充分利用定向运动的独特价值，实现学生真正掌握定向运动所需的身体与心理目标（见表7-1）。

表7-1　定向运动体验式教学目标

目标领域	目标内容
运动参与	培养和激发学生在时间压力下,独自选择和判断正确行进路线,在最短的时间内到达规定地点。体验定向运动乐趣,通过活动改善心理状态、调节情绪
运动技能	掌握有关定向运动、体验方向判别、路线选择、快速奔跑、快速反应的乐趣。从实践中获得定向运动的技能学习,提高定向运动技能水平
身体健康	通过定向练习发展身体素质特别是耐力跑能力,使运动能力、心肺功能有所提高,使学生身体机能水平得以提高
心理健康	通过定向运动培养学生克服困难、抗压力的能力,磨炼意志、在困难面前从容应对和积极乐观的生活态度;培养学生正确的学习和生活态度,懂得尊重生命、感悟生命存在的价值
社会适应	培养自我决策与执行能力、团队协作能力以及对各种状况进行灵活处理的能力

（2）定向运动体验式教学内容与方法

将定向运动课程与体验式教学模块相融合，针对定向运动过程中可能遇到的问题进行定向体验化设计，每个教学模块都以一个特定的主题进行教学内容设计，充分体现了课程设置的针对性、灵活性、多样性。课程内容包括定向运动基本知识、方向感训练、迷宫定向训练、校园定向训练、教室定向训练、定向运动地图绘制等模块。各模块设定模拟情境，教学中根据学校教学条件选择相应的模块进行组织教学。

①方位定向、迷宫定向训练

迷宫定向训练是指在较小的区域，如篮球场、田径场、小花园等，通过隔离带设置障碍（学生不能穿过）。学生从起点（图中三角）出发进入迷宫，依次找到1～20点，回到终点（双圆圈）的位置，通过比赛时间和完成是否正确来判定成绩(图7-4)。

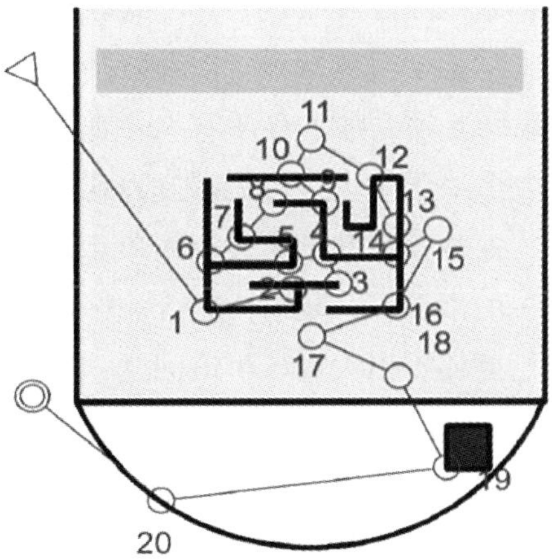

图7-4　迷宫定向训练地图

在迷宫定向训练中，首先要迅速调整地图的方向，寻找每个单圆圈的点位，确定点位后探寻到达点位的路线，点位的路线受到迷宫的缺口、拐角等因素影响，学生必须沉着、冷静、从容地选择路线、寻找入口、确定出口，该训练可以很好地培养学生在野外等比较复杂的环境下，根据现场情景寻找最佳行进路线的能力。

②定向逃生路线识图、绘图训练

在定向运动教学中，让学生了解地图符号并能够正确绘制定向运动地图，通过地图绘制把定向运动地图内化为脑中地图、心中地图，锻炼学生对定向运动中行进路线的规划能力，提升定向运动技能。定向地图是通过不同的地物符号（地面固有的物体如房屋、假山等）、不同的地貌符号（如山背、山谷等）来表示地面的事物，并用不同的颜色表示植被，如黄色表示空旷地、黑色表示房屋、灰色表示可以通行的建筑物、蓝色表示水系、绿色表示茂密的植被等。通过教授学生认识地图并自己绘制地图，让学生能够深入了解地形、地貌，以便当灾害、风险来临时能够应对自如。

③教室、校园定向运动训练

根据不同场地和情景的定向训练需求以及定向运动的特点，充分利用学校现有教学资源，既强调知识、技能与身体发展，又重视心理与社会适应能力的培养。路线选择能力是定向运动体验式教学课程的精髓，点与点之间可能是楼房、河流，参与者要根据地图信息合理地规划路线。如何选择一条最安全的路线是一种艺术。使学生掌握一定的方法和技巧，注意地图的比例尺、方向、符号等要素，根据逃生路线实现有序撤离，避免因慌张而造成伤害。

（3）定向运动体验式教学评价

当前教学关注的重点是学生学习的过程以及结果，教师的教学要基于学生的学习而展开，因此教师的教学效果主要依据学生的学习效果来评定。学生在学习过程中表现如何、在课堂中收获多少成为衡量教学是否成功的标准。随着课堂教学质量的不断提升，对课程教学的评价体系也在逐步改进，体验式教学评价主要从三个方面着手构建，即学生学习过程评价、学生学习效果评价以及教师教学效果评价，评价形式主要有学生自评、学生组内与组间互评、师生互评以及成绩考评。

学生学习过程评价主要取决于学生自身对课堂表现情况的直观感受，但缺乏具体的考评标准指导，因此，需要教师帮助学生设定简单直观的参考标准，主要包含以下五点：一是不做与课堂无关的事情；二是组内集合能够及时到位；三是组内展示和敢于积极表现；四是组内讨论能够提出大家认可的问题；五是能够提出可行性较高的解决方法。学生按照此标准给自己评分，之后学生按照以上标准进行自评与他评。

从学生学习效果的角度去设计评价标准：一是教学内容的掌握水平，二是情感态度的转变。教学内容的掌握水平主要体现在对知识与技能的掌握程度，直观反映出来的方式则是课程成绩的考核，可以从专项技能（占40%，迷宫定向运动训练、绘制定向运动地图、教室定向运动训练、校园定向运动训练各占10%）、综合素质（占40%，100米跑、1000米跑、立定跳远、掷实心球各占10%）和理论知识（占20%，定向运动知识占10%）3个领域对学生进行综合评价，并将各领域进行细化评价，真正做到多元评价，使学生在锻炼身体的同时掌握定向运动技能。在教学活动中引导和强制都可以让学生参与到运动中来，教师实施的教学策略不同，最终导致学生在活动中情感态度的体验不尽相同。学生在教学中的主观情感指标涉及范围广泛，可以从学习态度、运动态度以及合作意识等方面进行研究。

教师的教学效果取决于学生的学习效果与教师的教学组织水平，教师的教学组织是围绕学生的学习活动而展开的，为了让学生能够有效地解决问题并从中有所收获，因此，需要教师从以下六个方面去考虑设计教学：情境设计、教学内容、教学进度、课堂氛围、教学效果以及教学方法。因此，在学期教学结束后让学生结合上述要素对本学期的课程进行问卷评价，是给予教师教学效果最直接的反馈方式。

定向运动是一项与学生生存能力密切结合的新兴运动项目，通过设计定向运动体验式教学模式的课程目标、内容、方法和评价，符合体育教育的宗旨，有利于拓展体育教育的空间，有利于提升学生识图用图的生存能力，有利于增强学生的身体素质，有利于锻炼学生独立处理各种突发情况的能力及提高心理抗压能力，这是创新体育教育实施载体的积极尝试。

六、户外运动教学评价

教学评价历来都是教学重点，也是一个难题，因为评价是对教学结果的判断，既是对教学成效的总结，又可以对教学起到反馈作用。要做出一个科学的、客观的、公正的教学评价难度较大，涉及因素众多，需要一些定量的评价作为支撑。

（一）户外运动教学评价的形式

1.诊断性评价

诊断性评价也称“教学性评价”，一般是指在某项教学活动开始之前对学生的知识、技能以及情感等状况进行预测。通过预测了解学生的知识基础和准备状况，以判断他们是否具备实现当前教学目标所要求的条件，为实现因材施教提供依据。诊断性评价既是了解学生的学习基础、身体运动条件的途径，又是制订教学目标、教学手段与方法，分析教学重难点、安排教学步骤、进行分层教学的重要依据；同时也是了解特殊学生，特别是了解身体有严重疾病、身体活动困难的学生的重要途径。因此，在户外运动教学过程中应开展必要的诊断性评价，防止学生伤害事故的发生，改革教学方法与手段，实现户外运动教学的目标。诊断性评价一般在课程、学期、学年开始的时候进行，特别是分班、分组之前。

2.形成性评价

形成性评价是指在教育教学过程中，为使教师的专业水平继续提高，不断获取反馈信息，以便改进教学而进行的系统性评价。它是在教育教学活动中进行的，目的是找出教师工作中的不足，为教师不断改进教学提供依据。以上概念主要针对教师评价而言，对于学生评价也应该如此。形成性评价是教学过程评价的重要手段，也就是说，学生在短时间内的学习结果并不能代表评价的全部，要结合教师的授课过程、备课情况进行较为系统的评价，这样才能做到客观公正。因此，做好户外运动教学的形成性评价，既要确定教师与学生的阶段性教学目标和内容，分析其包含的各个要点之间的层次关系，也要实施阶段性目标测试，还要进行平行性目标测试，其目的是形成系统的教学评价体系，确保各个阶段教学目标、内容与评价的有机衔接。

3.终结性评价

终结性评价是对课堂教学的达成目标进行恰当的评价，指的是在教学活动结束后为判断其效果而进行的评价。一个单元、一个模块，或一个学期的教学结束后对最终结果所进行的评价，都属于终结性评价。终结性评价是以预先设定的教学目标为基准，对评价主体达成目标的程度即教学效果做出最终的判断。对于教师而言，它是对教师单元教学、学期教学、学年教学的总结性评价，是综合考评教师教学业绩的重要参考依据；对于学生而言，它是判定学生学习户外运动成果的重要依据，是确定学生学习户外运动课程成绩的一个重要方面。因此，无论是教师还是学生，终结性评价都是必需的。

（二）户外运动教学评价的实施

户外运动教学的特殊性、教育目标的多样性，要求我们的评价手段不能总是单一的，比如，用简单的仪器测量很难进入情感领域，很难衡量学生在自然环境中获得的愉悦感。户外运动教学评价可以用于活动中及活动后，并由教师、学生合作完成，这样才能展示出更立体和全面的结果，也更利于发现问题和引起反思。

在户外教育教学活动评价中，提问的方式可能直接影响评价的结果。因此，教师应该尽量向学生提出启发性、开放性的问题。在评价前，可以根据教学目标来准备题目，比如人际关系、感受或观点等，并分别针对学生和教师设计调查问卷。

户外运动教学中需要对每次活动做出认真反馈和评价，以跟进学生的状态并改进后续的教学活动。此外，由于每次活动的时间有限，学生学习时间相对短暂，所以为得到全面的评价结果，应进行持续性评价，教师可以根据每次活动记录和活动评价的结果，不断改进后续的教学活动。

（三）户外运动课程考核

考核是课程教学评价的重要环节，通过考核可以提供教学反馈信息，及时发现问题，以便调整教学计划，改进教学方法，从而使教学组织过程更科学。通过考核有助于培养学生自我评价的能力，不仅可以让学生了解自己掌握户外运动的基本知识、技术和技能的程度，而且是鞭策学生不断进取、积极向上的有效手段。

1. 户外运动课程理论考核内容

户外运动课程理论考核主要是对学生户外运动基础知识掌握情况的检验，考查学生对户外运动基本常识的了解、相关户外运动项目概念的掌握、基本技术及技能的理解、户外运动课程安全注意事项及保护方法的掌握、户外运动课程学习的心得体会等。一般采用笔试的方式进行，在具体操作形式上采用闭卷考试，让学生根据自己的理解作答。基本题型由客观题和主观题两部分组成。

2. 户外运动课程实践考核内容

户外运动课程实践考核是对所学技术技能掌握和应用情况的检验，以教学比赛的形式进行测试，如校园定向积分赛、横移攀爬练习、团队建设比拼和团队项目比赛等。教师采用随堂考试的形式，在课堂上根据学生的比赛成绩和表现情况记录和评分。

3. 户外运动课程综合训练考核

综合训练是户外运动课程的重要组成部分，在考核中所占的比重是最大的。综合训练的考核既要结合学生在室内综合训练中的成绩，还要参考学生在户外综合训练中的具体表现，包括吃苦耐劳、互相帮助、团队精神的展现以及对户外运动技能和技巧的掌握情况，同时还要参考学生的上课出勤情况和课堂表现来进行综合评定。

第二节 户外运动体育课程现状与对策

一、户外运动教学现状

（一）户外运动教学在国外开展的现状

国外的户外运动开始得早，并且传播得也很快。在美国，户外运动是学生的必修课程，学校活动设施条件优良，而且有专业的教师指导训练。户外运动在内容设计上丰富多彩，包括理解自然与人的关系的环境型教育计划，认识个人和同伴之间的协力、协调型计划，提高个人胆识的冒险型教育计划，充实教学科研内容的教育型计划等。

在法国，家长和一些学者非常关注青少年学习的松弛与紧张关系，所以在假期中，户外运动是他们主要选择的内容。德国的教育更加注重户外运动对学生成长的重要性，户外运动以暑假作业的形式出现，学生可以在暑假参加的多种户外运动中学习到丰富的知识和技能。新加坡、英国、澳大利亚等国家联合开展了一项名为“国际青年奖励计划”的素质教育项目。这个项目面向14～25岁的青少年，主要是引导和支持青少年学生积极参与探险旅行等五种活动。其中探险旅行的目的是培养青少年团队合作的意识、环保的观念、勇于探索的精神，可以采取骑马、步行、骑自行车等各种形式进行。户外运动在日本也很受欢迎，得到蓬勃发展。例如，定向运动在日本的青少年学生中很受欢迎。

（二）户外运动教学在我国高校开展的现状

1.高校户外运动课程开设情况

相关资料显示，如今我国仍有很多高校没有开设户外运动课程，只有少数高校开设户外运动课程，课程开设稀少，这为大学生户外运动埋下了安全隐患。

2.高校户外运动社团基本情况

除了课堂，学校的体育社团也是大学生参与户外运动的主要形式之一。南开大学地理学会、天津大学天行健户外协会、天津工业大学自行车协会、天津财经大学定向越野协会、天津体育学院足迹户外运动俱乐部，这五所高校均设有自己的户外运动社团或协会，其中的天津财经大学定向越野协会创立最早，该协会成立于2004年，多次参加全国性比赛并取得较好成绩，带动天津市高校陆续开展户外运动，成立相关社团。徐州高校有少数学生选择俱乐部进行有计划、有组织的运动，大多数学生都是自己组织，还有极少数是学校社团组织和学校课程安排的定向运动。

3.户外运动场地、器械配备情况

户外运动课程作为社会体育指导与管理和休闲体育专业的核心课程，大多数高校在此课程上投入并不多。进行户外运动课程教学的首要条件是场地与器材，校内的高空场地、技术器材等基础设施在很多高校中得不到保障，甚至在教学活动中还会出现各项目的违规操作，这种环境是极其不利于学生学习户外运动课程的。之所以没有建设专业的户外运动场地，一方面是受困于高校投入资金的缺乏，另一方面也是因为领导对户外运动的特点缺乏必要的认知，教学环境的不尽如人意也使得户外运动课程的开展受到了重重阻碍。

4.高校户外运动师资配置情况

教师是知识文化的传递者，起着桥梁和纽带的作用，因此户外运动教师是影响户外运动开展程度的重要因素。青年教师是发展户外运动的中流砥柱，对于户外运动在普通高校教育体系中的发展有着极大的推动作用。虽然如今我国已有许多高校开设了户外运动课程，但是多数高校由于缺乏专业的师资，甚至还存在一个教师担任多个运动项目教学任务的情况，由于户外运动的特殊性，户外运动教师必须具备丰富的专业及相关知识，否则将导致户外运动课程教学质量难以提升，这对高校学生在学习户外运动专业知识和在学习过程中的安全保障极为不利，学生难以获得更加全面的学习与提升。

5.校外实践教学不能够得到保障

由于户外运动课程自身的特殊性，部分课程需要以自然环境为教学场地，也就是要让学生走进自然、回归自然，在自然当中学习和应用所学知识。但是部分高校基于学生安全考虑，将户外运动课程的教学活动限制在校园之内。加之对周边地区户外运动相关资源的不了解，也使得课程难以在自然场地中进行教学活动，导致教学活动不能科学有效地开展，这也成为高校户外运动课程发展的关键制约因素。

6.教学模式、教学内容单一

当前高校户外运动课程的教学模式还是采用传统的“灌输式”教育，学生的学习完全是被动接受，老师说什么，学生就听什么；老师怎么教，学生就怎么做。这种方法虽然能够保证学生的学习内容，但是按部就班的教学模式也使得学生在学习户外运动课程时难以调动发散性思维，也就失去了户外运动课程原有的意义。

目前，户外运动课程的教学内容一般包括一小部分理论课和大部分技术课，甚至有的高校虽然开设了户外运动课程，但是并不具备开展的条件，导致理论课占据了大部分，而关键性的技术课程又得不到保障。受到课时的制约，户外运动课程的教学内容只能满足技术课的教学，教学内容的单一使得学生对课程缺乏足够的兴趣，课下也不愿意去思考与练习，户外运动的教学也仅仅局限于课堂之中。

二、高校户外运动类体育课程开展的对策

（一）加强户外运动课程的建设

高校户外运动课程的建设，要明确户外运动课程的重要性，加强户外运动在体育教学中的主体地位，充分利用校园中的宣传工具，如校园告示栏、校园广播电台、校园报纸以及校园网络等多种媒体对户外运动进行宣传，营造出一个参加户外运动的良好氛围。通过户外运动知识宣讲、相关比赛、文化节和体验课程等方式，加强大学生对户外运动课程的认知，从而扩大户外运动课程的宣传，让更多的学生了解并喜欢户外运动课程，推动户外运动在高校的深入开展，使得大学生有更多的机会参与户外运动课程。

另外，高校在建设户外运动课程的过程中，还需要不断加强对学生有关户外运动知识的教育。对于户外运动课程，必须考虑到课程的安全性和科学性。要将理论知识与实际应用相结合，使学生建立一个系统性的概念，掌握基本的户外运动理论知识和户外运动技能，为参与户外运动奠定理论基础和技能保证。高校要经常举办户外运动专题知识讲座，运用多媒体，通过理论课教学和专业知识讲座，介绍户外运动概论、讲授户外运动（如野营、生存技能技巧、户外急救、饮食卫生、危险因素、自救求救等）基本知识，并教授各种户外装备（如帐篷、指北针、炉具、GPS、绳索等）的使用方法。

户外运动课程目标应以“促进学生全面发展”为核心。户外运动以其自身特点，要求学生在学习过程中做到相互尊重、相互信任、相互帮助，能够服务于团队、尊重自然等，使学生具备优秀的品质。在课程思政不断深化的大背景下，户外运动课程能够有效地培养当代大学生的思想道德素养。

（二）改革教学模式，调整教学内容

在教学模式上，要摒弃老式的“填鸭式”和“灌输式”教学模式，充分体现学生的主体性，充分发挥学生的主观能动性，让学生从以前的“灌输式”被动接受转变为主动的“探究式”学习，从调动头脑思考到支配身体行动，从而能够较为科学地学习到新的知识与技能，为自身发展进行知识和技能的积累，提升自己的能力。

在教学内容上，应该适应当下社会发展需要，从社会与学生的实际情况出发，突出提高身体素质、学习专业知识和感受户外文化，改变以往单纯注重技术学习的教学内容体系，建立一个注重发展学生个性、重点培养学生综合实力、树立学生终身体育观的教学体系。在课程内容排布上，适当增加户外运动理论知识学习的课时，牢固掌握户外运动理论知识也有助于户外运动技术课程的学习；要根据学生的特点合理安排教学内容，做到理论指导实际，教学内容与实践相结合。

（三）加强户外运动的安全保障

户外运动课程自身的特点决定了在课程开始之前必须进行充分的准备工作，以保证运动的安全进行。户外运动的场所在校外的自然环境中，充满着新奇和乐趣，但这也恰恰是不确定因素，随时可能产生安全隐患。作为组织者，高校必须采取以下四个方面的安全措施：①开展现场调查和指导，对于户外运动中的问题及时发现、及时解决。②各高校在户外运动组织开展之前，要总揽全局，确定指导体制，明确任务；组织户外活动之前，应仔细制订户外运动计划，做好组织体系图。③对于一些陌生的场地，要提前到现场进行勘察，了解场地情况，制订具体的活动内容，排除安全隐患。④进行活动小结，总结经验和吸取教训，便于下一次户外活动的开展。

（四）加强户外运动课程的设施建设与管理

高校应在运动场地建设的财政总支出中专门划拨用于户外运动教学与训练场馆的建设资金，根据本校的经济条件、户外运动课程实际教学的需求，建设质量可靠、具有较强专业性的户外运动场馆，采购具有户外运动专业认证（如CEN、UIAA等）的户外运动技术器材，从场馆与器材的源头上保障户外运动教学活动的安全。除此之外，高校应根据本校户外运动课程的发展，科学制订场馆建设规划与器材采购计划，确保每个发展阶段都能够满足本阶段户外运动课程教学的需求。在场馆完成建设后，安排专人对场馆进行管理与维护，对技术器材也应安排专人进行规范化管理，从管理过程中规避可能产生的风险。

另外，高校还应该充分利用好自身户外运动资源。从现在的总体形势来看，户外运动课程的发展受到了很多的限制，如基础设施、资金、师资力量等因素的制约。面对这些困难，高校应采取灵活的应对方式，提高校内户外运动资源的利用率，充分挖掘高校体育资源。通过利用校园内可利用的建筑物、道路等自然环境开展校园内的户外运动定向活动，采取多种有效方式增强高校体育自我造血机制，为高校实施新兴体育课程提供物质支撑。

（五）户外运动课程教师团队建设

体育教师是体育课程工作的具体实施者，户外运动教师的教学质量直接影响整个学校的户外运动课程质量与工作成效。户外运动课程的专业教师是专业知识和技能的传播者，这就要求教师的专业知识与技能必须过硬。所以，加强教师队伍建设是户外运动课程建设的重中之重。由于户外运动课程自身的特殊性，要求教师必须有一个专业方向，同时又能应对其他方向课程的教学，做到“一专多能”；但考虑到一师多用导致学生学习质量得不到保障的弊端，户外运动教师可根据实际情况发展“主项+副项”这种“1+1”课程教学的能力，组织现有的户外运动教师进行学习与培训，进一步丰富户外运动教师的知识储备，从一定程度上避免一师多用的弊端，保证教学质量；另一方面也缓解了当下师资力量可能不足的情况。具体而言，我国可以采用“引进来，走出去”战略，加强户外运动教学技能培训，让教师进一步学习，保证户外运动课程的开课率等。当前国内户外运动教师培训主要从以下两个方面入手。

1.培训内容

培训内容包括户外运动的发展历史，户外运动的类型、特征和价值，户外运动在身体和心理方面锻炼的方法，户外运动在教学和训练方面遵循的原则和规则以及保障户外运动安全的措施等。

2.培训形式

户外运动的培训形式有集中面授和分散函授两种。前者侧重实践，主要教授户外运动的基本技能和战术、训练方法以及技术考试等；后者侧重理论，在教授时重视户外运动基本理论和理论考试等。

（六）联合景区建设校外教学基地

各开课高校可以联合周边景区建设户外运动课程的校外教学基地，利用景区的优势资源，既可以保障教学活动的安全性，又可以保证校外实践教学活动的质量，通过“高校+景区”的联合，为合作景区进行有效宣传，同时也为学生户外运动方向的实习与就业提供了一定的渠道，达到合作共赢的目的。

第三节　户外运动体育课程的必要性

具体来看，户外运动纳入高校的课程体系有其必然性和必要性，主要表现在四个方面。

一、高校实施素质教育的重要手段

相关调查资料显示，高校传统的课程体系中，体育教学对于学生创造素质、身心发展以及人际交往方面的培养并未达到预期的效果。户外运动对于传统的体育项目来说具有显著的优势，无论是从其自身的运动特点、户外的环境，还是从集体存在的形式，都具有很大的优势。在户外运动的特殊环境中，学生的人格锻炼得到重视，心理品质和个性都得到培养，个性逐渐趋于完美。户外运动的集体形式提高了学生的人际交往能力和沟通能力，使其能够更好地体验集体生活的乐趣，进一步了解、认识个人和社会。户外运动自身所具备的特点，不仅能够激发学生在参与过程中的创造力，而且能够促进学生强身健体，提高其创造素质和整体素质。户外运动的种种特点和方式，可全方位地激发学生各方面能力，让他们能够提前接触社会环境，为融入社会大环境打下基础。

在传统的观念中，人才是指在相对窄的层面的具有专业素质的人。然而，随着时代的进步和社会的发展，人才的含义更加宽泛，人们对人才的要求也越来越高，不仅要具有良好的专业文化素质，而且要具备良好的品德、人文、审美素养，具备创新、创造能力，能够处理好人际关系，保持身心健康等。

综上所述，我们可以了解到户外运动的加入对于完善高校体育教学体系发挥了很大的作用，增加户外运动这一教学内容是正确的，具有必然性和必要性。户外运动课程的开设可以弥补传统体育教学的不足，更好地提升高校的体育教学效果，是推进素质教育的重要手段。

二、符合现代化的学校体育教学理念

提高学生的综合素质、促进学生的全面发展是高校体育教育改革的重要目的。户外运动进入课程体系是素质教育、体育教育的推进和高校体育教育改革深化的重要体现。体育课程体系中加入户外运动这一课程内容反映了这个时代的特征，体现了现代化的体育教学理念。

（一）具备主体性和选择性

从微观上来看，对于学生人格的重视、个体差异性的关注、个性发展的尊重是开展户外运动课程，并进入体育教学体系的重要基础。户外运动课程很好地满足了学生体育方面的兴趣、爱好、特长发展需求，并以此为依据进行教学，促进学生的个性发展，有益于学生身心健康。户外运动成为体育教学课程内容是大势所趋，这充分体现了高校体育教学的主体性和选择性。

（二）具备人文性

参与户外运动，可以磨炼学生不怕失败的毅力，使其面对困难和挫折不气馁，树立拼搏、竞争的信念和自强不息的精神，同时也有益于学生强健体魄。因此，户外运动必然会成为高校体育课程教学的重要部分，不断提高学生团结协作、与他人沟通合作的能力，这充分体现了户外运动在高校体育教育中的人文性。

（三）具备开放性

传统意义上的体育教学都只是在校园内开展，户外运动课程的加入打破了传统的局限性，无论是空间上还是时间上都对传统的教学进行了深入的拓展，进一步开拓了体育教育改革的思路。户外运动教育的改革也正体现了开放性的原则，彰显着户外运动教学的突出特点。

三、符合高校体育课程改革的需要和发展趋势

户外运动的加入对于传统的高校体育课程来说，无疑是为其注入了新鲜的血液。户外运动使体育课的教学场所发生了很大的变化，由封闭、固定的校园转换到了大自然中，通过不断地融入大自然，将传统的跑、跳、走、投、跨越等体育项目基本技能充分地融入户外运动中，突破传统的体育课堂封闭式教学的格局。

高校的体育教学课程体系在不断地改革，但并未取得显著的效果，未能取得实质性的进展。例如，运动项目、教学模式改良的局限性，课程资源的开发还不够彻底等问题未能得到解决。这些问题导致体育教学一直受困于单纯追求竞技目的的怪圈，未能完全摆脱学科中心主义和竞技体育的思想，使学生对体育运动兴趣不足，学习的兴趣得不到有效提高。

另外，最近几年随着教育的普及，高校学生人数不断增加，扩招也就意味着体育场地以及体育器材必须不断扩充，但学生数量的增长速度快于场地和器材的增加速度。因此，许多高校都出现了体育课上学生的运动需求不能够很好地被满足的情况，许多学生喜爱的体育课因场地和器材问题无法开设，高校体育课的课程体系不够完善。

在这样一个大的背景下，高校开设户外运动课程是一个新的契机。户外运动能够有效地解决器材、场地的问题，户外运动形式灵活、方法多样、贴近学生的生活、对场地的要求很低等特点都很好地解决了高校体育课程改革中面临的问题，因此，在体育课程体系中加入户外运动教学课程，十分符合高校体育课程改革的需要。

同时，高校户外运动课程的开展是高校体育课程改革的大势所趋，因为户外运动的加入，能摒除在传统的体育课中主要由老师单向传授体育技能的弊端，将体育课优化为师生双向互动的学习模式，增强学生的自主性、主动性、主体性、自由选择性等，以此提高学生对体育课的兴趣，让学生主动参与到体育运动的学习过程中，激发其学习能力，顺利开展体育锻炼。

四、实现普通高校体育课程目标的有效途径

“以人为本，健康第一”是各高校开展户外运动教学的主要指导理念。《全国普通高等学校体育课程教学指导纲要》中有五项体育课程目标，并且重点提出高校应开发利用自然资源，通过户外运动来实现普通高等学校体育课程目标。对于户外运动的重视应更多地体现在学生的自主性上，以学生自身的兴趣为重要依据，充分调动学生参与户外运动课程的积极性和主动性，以更好地实现高校体育课程标准的目标。

（一）身体健康领域

个人的身体素质、体能训练是户外运动的基础，参加户外运动必须有一定的体能基础。户外运动的运动量大，难度也比较大，对于人的身体体能素质要求较高。户外的路况、地形、气候等众多因素都会产生不同的状况，需要我们去应对。由于户外运动难度较大，许多项目对人的体能具有较高的要求，为了能够适应户外运动中远途跋涉、攀登、爬越及昼夜气温的变化和不同地域的气压变化等状况，要求学生在参加户外运动之前进行一定的体能训练，具备一定的体能基础。而这些体能训练对于学生身

体素质的提高、良好锻炼习惯的养成、终身体育意识的培养等都有重要意义。户外运动教学对高校体育课程标准中“身体健康领域目标”的实现也有重要推动作用。

（二）社会适应领域

集体形式是户外运动教学的最普遍形式，在高校的户外运动教学过程中，每一位学生都扮演着不同的角色，负责不同的工作，承担着属于自己的一份责任和义务，无论是以班为单位还是以小组为单位。在自己的小集体中，学生往往会更多地考虑其他人的感受，不会总是以自我为中心，也正是因为户外运动使集体中的个体能团结友爱、互相关心、互相帮助。通过户外运动，同学们能够从中收获关心、收获友爱，体会属于集体生活的温暖，提高相互协作的能力以及人际交往的能力，从而在整体上对高校体育课程设置中的社会适应领域目标予以充实和实现。

（三）运动技能领域

户外运动教学有着它所特有的优势，如攀爬技能、野营扎帐技能、野外定向技能、钻木取火等重要野外生存技能，这些学习要在大自然中进行，而不能局限于体育场馆，这一特点使这门课程十分吸引学生，不仅能够使学生掌握基本的技能，还能实现高校体育课程标准中的运动技能领域目标，对学生和高校体育改革都发挥着积极的作用。

（四）心理健康领域

户外运动对于学生心理健康方面的作用也是不容忽视的。户外教学的场所决定了户外运动过程中会有很多不确定因素，大自然的客观条件，如气候、时间和空间的变化等都影响着课程的开展及教学效果。这些不确定的因素决定了学生必须具备良好的应变能力和心理素质，保持冷静、沉着，有足够的抗压能力，勇于探索大自然，正是这些因素可以不断地增强学生的心理承受能力、独立思考能力，并塑造良好的性格特点。

第八章 户外运动教学组织与管理

第一节　户外运动组织与管理的理论

一、户外运动组织与管理的定义

要弄清户外运动组织与管理的定义，首先对“管理”的概念要有一定程度的理解。所谓管理，是指一定组织中的管理者，在遵循事物客观规律的前提下，通过运用合理的管理手段、方法、程序，设计营造一种良好的环境，并实施计划、组织、控制、领导等职能，以便协调管理客体，发挥管理资源的作用，使他人同自己一起实现既定目标的活动过程。那么，在户外运动系统中，究竟有哪些户外运动组织呢？按照体育事业或体育产业的分类，可以将户外运动组织分为竞技户外组织、校园户外组织、户外公司企业、社会户外组织等。

二、户外运动组织与管理的研究对象

户外运动组织与管理是研究户外运动组织与管理规律的学科。管理不仅是一种活动过程，还是一种社会现象，更是人类社会生活各种实践领域中普遍存在的现象。体育管理是一种特殊管理现象，户外运动管理的根本目的是实现组织目标，创造更多更好的社会效益和经济效益。户外运动组织与管理规律是构成户外运动管理内容体系的依据和基础。户外运动管理的内容体系包括户外运动管理系统的构成要素及其相互作用，户外运动管理系统在运作中必须遵循的基本原理、原则和方法，户外运动管理的基本职能，管理客体正常运作的要求与程序，以及户外运动活动的计划、组织、控制过程等。

三、户外运动的管理原理

户外运动管理原理是对户外运动管理活动、户外运动的实质及其运动规律的概括和总结，是对户外运动管理现象的抽象，是对大量管理实践的升华。研究户外运动管理原理，有助于指导户外运动管理行为，强化管理职能，提高管理工作的效率与效益，充分发挥户外运动管理组织的职能。户外运动管理原理具有客观性、概括性、稳定性等特征。户外运动管理原理主要有反映对象的系统原理、反映管理活动的人本原理、反映管理过程的动态原理以及反映管理目的的效益原理。这四个管理原理在管理实践中相互联系、相互制约，共同构成了户外运动管理原理。

（一）系统原理

1. 系统原理的概念

系统是指由若干相互联系、相互作用的部分组成，在一定的环境中具有特定功能的有机整体。系统原理是指为实现系统的目标，运用系统理论对管理对象进行系统分析和对规律的概括。系统原理的理论依据是系统理论中的整体效应观点。系统的整体效应观点认为，系统的整体功能之和可以大于各要素在孤立状态下的功能之和。这主要是因为系统的诸要素经过合理的排列组合之后，构成新的有机整体，具有其要素在孤立状态中所没有的新质，即新的功能、特性、行为等，产生了放大的功能，也就是产生了“1+1>2”的效果。系统的规模越大，结构越复杂，这种放大的功能就可能越大，而功能的放大主要取决于科学的管理。

2. 系统原理的应用

注重事物的整体性，不过分追求构成系统要素的最优状态，而是达到系统整体功能的最大化。

首先，应把握系统的整体性，也就是在管理工作过程中必须在整体规划的前提下进行明确分工，在分工的基础上将管理各要素和资源进行有效综合。具体来说，就是从整体上把握系统的目标、所需的条件和所处的环境，从整体着眼，从部分着手，统筹考虑，各方协调，达到整体的最优化。从系统目的的整体性来说，局部与整体之间存在着复杂的联系和交叉效应。在一般情况下，局部与整体是一致的，对局部有利的，对整体也是有利的，但有时两者并不完全统一。因此，当局部与整体发生矛盾时，局部利益必须服从整体利益。研究事物的内部结构及联系，有助于把握系统整体的性质和功能，而其又取决于系统内部的结构和联系，不同的结构和联系会导致不同的性质和功能。从系统功能的整体性来说，系统的功能不仅仅是各要素功能的简单相加，而应大于各部分功能之和。这种总体功能的产生是系统优化的结果，是一种质变，它的功能大大超过了各部分功能之和。因此，系统各要素的功能必须服从系统整体的功能，否则，就会削弱整体功能，从而也就失去了系统功能的作用。

其次，应使管理系统内部形成相对的封闭状态，强调系统的形成和动态性。这里所说的封闭只是针对系统内部而言，对系统外部则要呈开放状态，保持系统内部与系统外部不断地进行人、财、物、时间、信息等资源的交流。正如电线一定要形成网路，电子才得以定向移动而产生电流一样，不封闭的管理，就不能形成有效的管理系统，就难以获得理想的管理功效。

3. 系统原理相对应的管理原则

（1）整分合原则

要提高工作效率，完成整体工作，必须做到从系统的整体性出发，对目标、条件和环境有充分细致的了解；再从系统的层次性出发，将整体分解成一个个基本要素，进行明确的分工并建立责任制，使每项工作规范化，然后从系统的目的性出发，进行科学的组织综合，对各要素间的关系不断进行综合与协调，以保证整体目标的实现。

（2）相对封闭原则

在任何一个管理系统内部，管理过程与各种管理手段必须构成一个连续封闭的回路，才能形成有效的管理。

①户外运动管理的组织机构要形成有效的闭环。要进行有效的管理活动，管理的组织机构必须包括决策机构、执行机构、监督机构和反馈机构四个基本部分。决策机构是管理的起点，由此发出指令。此指令一方面发向执行机构，另一方面发向监督机构。执行机构的主要任务是贯彻指令，而监督机构的任务则是根据指令去检查与监督执行机构的工作情况，以保证决策机构的指令能够正确贯彻执行。反馈机构的任务是检查执行结果，并对执行结果进行加工处理，然后反馈给决策机构。决策机构通过对反馈信息进行分析，采取新的措施对决策加以调整，在此基础上发出新的指令，使管理活动不断接近管理目标。

②户外运动管理的法规制度也必须封闭。法不封闭，漏洞百出，等于无法可依。不仅要有执行法，而且要有监督法和反馈法，还要有在执行过程中解决矛盾的仲裁法和处理法。有了立法，没有司法，如出现违法事件，则无人审理，这就是不封闭的表现。从系统内部来看，一切规章制度也要形成封闭回路，如实行责任制要以奖惩进行封闭，而晋升制则要以考核进行封闭。

③户外运动管理中的人也必须是封闭的。在管理中，人的封闭集中体现在一层管理一层，一层对一层负责，层层负责并使责权利一致，各个层次之间要形成相互制约的机制。

此外，其他资源如资金、信息等在管理系统内要有效运转，同样需要形成封闭的管理体系。

（二）人本原理

1.人本原理的概念

人本原理，顾名思义就是在管理中要以人为本。人本原理是指一切管理活动均应以调动人的积极性、做好人的工作为根本的管理规律的概括。这是由于在管理系统中，管理的最终目的之一就是不断满足人们的物质需要和精神需要，实现人的全面发展。人不仅是管理的主体，同时也是管理客体中最主要的因素。各项管理措施、管理手段的运用首先是作用于人，再通过人来发挥其能动作用，最终协调它们与其他管理要素的关系。

从管理的发展历程来看，“以人为本”也是各管理流派殊途同归的共识。在管理理论的早期阶段，罗伯特·欧文就在其管理的企业中进行了改善工作条件、缩短劳动时间、使工厂具有吸引力的试验。欧文对人的做法，与古典经济学家亚当·斯密的“经济人”观点有着明显的区别，这在很大程度上影响了西方管理理论的形成和发展。许多管理学家认为，“行为科学”管理理论是对“古典管理理论”的发展。古典管理理论主张用经济刺激和严格管理来提高效率，它虽然促进了生产力的发展，但物的利用程度逐步接近极限，同时也加剧了生产力与生产关系之间的矛盾。因此，强调以人为中心、以人为根本的行为科学管理理论应运而生，并在此基础上形成了许多理论学派，并开始探寻如何做到“人事并重”以及如何将社会系统与自然系统、技术系统相结合。种种现象表明，以人为中心的管理思想已成为现代管理理论发展的主流，确立和运用人本观念是现代管理的必然要求。

2.人本原理相对应的管理原则

（1）能级原则

选人用人应做到能级对应。“能级”是现代物理学的一个概念，表示做功的大小。在现代管理中，机构和人都存在不同的能量，能量有大小之分，能量大表示做功的本领强。能量可以分级，分级就是建立一定的秩序、规范和标准。科学的管理就必须建立一个合理的能级结构，并使不同的人处于相应的能级中，使其能量与级别相对应，做到人尽其才，物尽其用。

第一，要按能级层次进行管理。管理系统是分层次的，不同层次具有不同的能量。层次越高，能量就越大，对能力的要求也就越高，现代管理要求按能分级，按层管理。稳定的管理机构应当是呈正三角形，一般可分为决策层、管理层、执行层和操作层。

第二，不同的能级应体现出不同的权力。物质利益和精神荣誉也就是我们所说的责、权、利三者必须相互统一。如果责任重大，但没有相应的权力和利益，就不能调动管理者的积极性；如果权力重大，但缺乏相应的责任和利益，必然会导致滥用权力和瞎指挥；如果权力和责任都很大，但是利益却很小，就容易导致以权谋私、权钱交易等腐败行为。所以说，责、权、利三者应有机地结合起来。

第三，各类能级必须动态地对应，用人必须用其所长、量才用人，才能做到人尽其才、各尽所能。比如，一名奥运会金牌获得者，不一定就是一名好的教练员。管理者必须做到知人善任，用人之长，避人之短。同时，人的能力也是处于不断变化之中的，岗位的能级要求也应是不断变化的。因此，应当允许人们在不同的能级间合理地流动，实现能级的动态对应。

（2）动力原则

实施管理要善于综合运用各种动力。在管理过程中，必须有强大的动力才能推动管理活动持续、有效地进行。因此，在管理过程中必须建立有效的激励机制以调动人的积极性、主动性和创造性。这里所说的动力，不仅是管理的能源，也是一种制约因素。一般来说，管理活动的进行主要依靠以下三种基本动力。

第一，物质动力，就是以适量的物质刺激来调动人的积极性。由于物质基础决定上层建筑，所以物质动力是最基本的动力，它包括工资、奖金、福利等。要有效地发挥物质动力的作用，就要把工作成果与物质利益有机结合起来，实行按劳分配。但是我们也应该看到，物质动力不是万能的，使用不当也会产生副作用，因此，使用物质动力时应与其他动力因素结合。

第二，精神动力，就是使用精神力量来激发人的积极性。人都具有一定的精神支柱，总是受一定思想、信仰的支配。因此，一个人的精神状况如何，对其行为影响很大，在一定程度上精神动力可以弥补物质动力的不足。精神动力包括远大的理想、宗教信仰、爱国主义、尊重、组织关心等。

第三，信息动力，就是通过信息的交流而产生的动力。信息动力包括知识性动力、激发性动力和反馈性动力。知识性动力是最基本的动力，掌握的知识越多，越有利于管理工作；激发性动力是最重要的动力，如通过户外运动比赛来了解运动项目的发展动向，以及通过比赛对手的训练和技术、战术水平来调整自己的训练和比赛方案，户外运动管理的各项工作也要通过信息交流来不断激发工作人员的积极性；反馈性动力能使我们随时了解自己与管理目标的差距，并不断地加强控制，以实现管理目标。

（3）激励原则

管理者对管理对象中各类人员采取的各种行为进行科学有效的分析和管理提升，以最大限度激励和调动各类人员的积极性。以下这些办法可以激励员工积极性，例如为团队设立目标、实行民主管理、合理奖惩、树立榜样、组织竞赛等。那么，要如何贯彻激励原则呢？要尽量满足下属正当、合理的物质和精神方面的客观需要，使每个人均有确定的、可以考核的具体责任，对每个人所负责任的履行情况进行检验。在实际的管理活动中要做到各种动力的综合运用，还必须注意以下几点。

第一，三种动力要综合、协调地运用。对任何管理系统来说，三种动力总是同时存在，但其比重有所差异。在具体运用过程中，可根据实际情况有所侧重，即以某种动力为主，综合运用其他动力，以达到优势互补、扬长避短的目的。

第二，要正确认识和处理好个体动力与集体动力之间的关系。个体动力与集体动力在一定程度上是对立的，个体动力得到最大发展，集体动力往往就要受到损失；集体动力得到最大发展，个体动力就要受到抑制。较为理想的是让个体动力与集体动力在方向基本一致的前提下，同时得到充分发展，以求获得较大的集体动力。

第三，要掌握好适宜的动力“刺激量”。刺激量的把握应以能调动人们的积极性为标准。刺激量过大，既没有必要，对以后的管理工作也不利；刺激量过小，则起不到应有的作用。一般来说，刺激量只有随着管理环境和管理对象的变化而变化，才能不断地调动人们的积极性。

（三）动态原理

1.动态原理的概念

动态原理是指在管理活动中，注意把握管理对象的变化情况，不断调整各个环节，以实现整体目标的内在规律的概括。由于人、财、物、时间、信息等管理对象处于不断变化和发展的过程之中，计划、组织、控制、协调等环节也必须随着管理对象的变化而相应地变化，只有具有动态适应管理对象变化的能力，才能保证管理目标的实现。

2.动态原理相对应的管理原则

（1）反馈原则

反馈是指系统把信息输送出去，又将其作用结果反馈回来，并对信息的再输出起到调节控制作用。反馈原则就是通过信息反馈对未来行为进行控制，从而有效控制管理过程，使组织行为不断接近管理目标而遵循的一般规范和准则。在管理活动中，只有通过不断反馈，才能促成管理目标的实现。

应用反馈方法进行控制，一般会产生两种不同的效果：一是使系统的输入对输出的影响增大，造成系统偏离目标的运动加剧，导致系统振荡的反馈，我们称这种反馈为正反馈；另一种是系统的输入对输出的影响减少，使系统偏离目标的运动收敛，导致系统趋于稳定状态的反馈，这种反馈称为负反馈。从户外运动管理实践来看，运用较多的是负反馈。反馈与控制是密不可分的，反馈是控制的前提，控制是实现管理目标的有效手段。反馈与控制又都离不开信息，控制的基础是信息，一切信息的传递都是为了控制。运用反馈来达到有效的控制，关键在于反馈必须灵敏、正确和有力。

（2）弹性原则

管理过程或管理措施都要有适应客观情况变化的能力，应注意留有余地。弹性管理是指通过一定的管理手段，使管理对象在一定条件的约束下，具有一定的自我调整、自我选择、自我管理以及适应环境变化的余地，以实现动态管理的目的。

由于管理环境的不确定性，在管理过程中必须留有余地，保持一定的弹性，以适应客观事物的各种可能的变化，这就是弹性原则。在管理中如果弹性较大，其适应能力就较强，就可能较快地适应环境，但相应的原则性就较差；如果弹性较小，其原则性就较强，但适应能力相对较弱。因此，弹性的大小主要根据不同的管理层次要求、不同的管理对象和不同的管理目标而定，没有绝对的标准。

总之，在户外运动的管理工作中，既要注意局部弹性，又要注意整体弹性，要采取遇事“多一手”的积极弹性，避免遇事“留一手”的消极弹性。

（四）效益原理

1.效益原理的概念

管理的目的在于追求效益，效益原理就是指管理的各项工作都要紧紧围绕以提高效益为中心，科学有效地使用人、财、物、时间和信息等管理资源，以创造出最大的社会效益和经济效益。

效益是有效产出与投入之间的比例关系，可以从社会和经济这两个不同的角度去考察。社会效益和经济效益，两者既有联系又有区别。经济效益是社会效益的基础，而社会效益又是促进经济效益提高的重要条件。两者的区别在于，经济效益较社会效益更为直接和显见。经济效益可以运用若干个经济指标来计算和考核，而社会效益却难以计量，必须借助于其他方法间接考核。因此，在户外运动管理过程中，应把经济效益和社会效益有机地结合起来。

2.效益原理的依据以及相对应的原则——价值原则

效益原理的理论依据是价值工程。作为提高技术经济效益的有效方法，价值工程是研究技术经济效益的一门学科。它既研究技术又研究经济，目的是使技术与经济有效地结合，使其综合效果处于最佳状态。进行一项管理活动，既要考虑怎样去做，又要考虑需要多少费用，怎样做是技术问题，多少费用则是经济问题。从经营来说，第一要提高产品性能或工作成果的价值与功能，满足社会要求；第二要有效地利用资源，减少各种浪费，降低成本，这是提高技术经济效益的重要环节，也是经营成败的关键。价值工程理论的核心可以用公式“价值（V）=功能（F）/成本（C）”表示。

在现代管理中，功能是指管理工作完成目标和任务的效果，是管理活动的整体效能；成本则是一种综合的耗费，包括物力、财力、智力和时间等。价值不能单纯用货币来表示，而是一种既包括经济价值又包括社会价值的综合性价值，这种综合性价值集中反映了管理的效益。追求管理工作的效益，就必须研究耗费能带来多大的效能。

3. 效益的评价

效益的评价由不同的主体从不同的角度进行，因此没有一个绝对的标准，不同的评价标准和方法得出的结论也会不同，甚至相反。有效的管理首先要求对效益的评价尽可能公正和客观，因为评价结果直接影响组织对效益的追求。一般来说，专家评价具有一定的权威性，对全局性问题掌握得较好，其结果对组织的影响也较大，但可能不够细致和具体。群众评价一般比较公正，但可能要花费较多的时间和费用才能获得结果。显然，不同的评价都有长处和不足，应综合运用以求获得客观、公正的评价结果。

在追求效益的过程中，要做到社会效益与经济效益的统一、宏观效益与微观效益的统一、直接效益与间接效益的统一、眼前效益与后续效益的统一。同样，在对效益的评价中应结合这四点要求，以获得对效益的客观评价。

（五）现代管理四原理的关系

系统原理是科学管理根本的、总的指导性原理；人本原理是现代管理的核心和力量源泉；动态原理是现代管理的基础；效益原理是现代管理的根本目的。总之，以上四条原理是相互联系、相互制约，并共同构成一个统一的整体。因此，在户外运动的管理过程中，要善于从实际出发，综合运用以上管理原理，不断提高户外运动的管理效能，有效地实现预定的管理目标。

四、户外运动的管理方法

户外运动管理方法是指能够实现户外运动管理职能和管理目标，保证户外运动管理活动顺利进行所采取的手段和途径。户外运动的管理方法与管理原理是相互联系、相互作用的。户外运动管理原理必须通过管理方法才能在实践中发挥作用，管理方法是管理原理的自然延伸和具体化，是管理原理指导管理活动的中介和桥梁，是实现管理目标的手段。在吸收多学科知识的基础上，户外运动管理方法已逐渐形成相对独立的内容体系。

（一）户外运动管理方法的内容体系

正确把握户外运动管理方法的内容体系有助于准确理解户外运动管理方法的实质，并在管理实践中正确地运用管理方法。

户外运动管理方法可以按照不同的标准进行分类。比如，按照管理决策者的类型可以把户外运动管理的方法分为民主协商的方法、个人专断的方法和民主集中制的方法；按照解决问题的程度可以把户外运动管理方法分为定性的方法、定量的方法和定性与定量相结合的方法；按管理工作的性质和工作机构分类，则可以把户外运动管理方法分为行政机关的管理方法、业务管理方法和经营管理方法等。我们在这里讨论的管理方法体系主要是从管理方法的层次出发。一般来说，从管理方法层次的角度出发，管理方法可以分为管理的哲学方法、基本方法、技术方法以及技巧与艺术。通常高层次的方法对低层次的方法具有指导作用。结合户外运动管理的实际，把户外运动管理方法分为以下四类：

1.户外运动管理的哲学方法

管理哲学是管理的世界观和方法论，是研究管理主客体矛盾运动规律的科学。一切管理学说和管理活动都必须接受一定的管理哲学的指导。管理哲学贯穿于整个管理学说和管理活动的全过程，通常管理者也总是自觉或不自觉地在一定的思想观点和方法指导下工作。

马克思主义哲学，即辩证唯物主义和历史唯物主义，是正确反映世界的最一般的发展规律的科学，同时又是理论与实践的统一。因此，它是社会主义管理哲学和方法体系的指导思想和理论基础。管理哲学方法主要是由管理辩证法、管理认识论和管理文化等组成的。

2.户外运动管理的基本方法

户外运动管理的基本方法对各种领域的管理都具有普遍适用性，只有在与具体领域的管理问题和管理对象相结合而加以运用时，才表现出其独特之处。户外运动管理的基本方法主要有行政方法、法律方法、经济方法和宣传教育方法。

3.户外运动管理的技术方法

户外运动管理的技术方法又称为定量管理方法，是指在一定的理论指导下，运用数学原理，通过建立数学模型，并对数学模型进行计算和求解，从而为户外运动管理提供满意方案的一系列方法的总称。定量方法主要由三部分构成：一是一定的理论基础，包括经济理论、管理理论、哲学理论、系统理论、信息理论和控制理论等社会科学、自然科学理论；二是在一定理论指导下，根据管理对象的内在联系所建立的数学模型；三是在数量计算和数学分析中所运用的计算手段。

4.户外运动管理的技巧与艺术

这种管理方法与管理技术不同，如果把管理技术看成是整个管理方法体系中的硬件，那么管理的技巧与艺术则可算是软件。它们没有固定的模式，也缺乏严格的定量标准，但却是管理者经验与智慧的结晶。特别是在处理户外运动管理中的人际交往、沟通与协调和提高工作效率等复杂多变的问题时，管理技巧与艺术往往起着独特的作用，因此也是一类有效的管理方法。

综上所述，户外运动管理的哲学方法、基本方法、技术方法、技巧与艺术是紧密联系而又互有区别的管理手段，它们彼此相辅相成、互为补充，共同组成户外运动管理方法的结构体系，在户外运动管理工作中都发挥着各自独特的、不可替代的作用。

（二）户外运动管理的基本方法

户外运动管理的基本方法主要有行政方法、法律方法、经济方法和宣传教育方法。科学的管理既需要强制性的、规范的行政方法和法律方法来支撑，也需要灵活、合理的经济方法来维持，同时还需要宣传教育方法来引导和疏通，这些管理方法都属于定性的管理方法，其运用的效果主要取决于管理者的技巧与艺术。

1.行政方法

（1）行政方法的概念

行政方法是指依靠行政组织的权威，运用行政手段，按照行政系统的规范进行管理的方法，其实质是通过行政组织中的职务和职位来进行管理，因此特别强调管理者的职责、职权和职位三者之间的关系。由于它是以上级发布命令（或指示、规定、决议等）、下级贯彻执行为基点，所以行政方法的程序通常表现为发布命令、贯彻实施、检查督促、调节处理四个步骤，并按行政管理层次进行。

（2）行政方法的正确运用

行政方法是实现管理功能的一个重要手段，但只有正确运用并不断克服其局限性，才能发挥其应有的作用。

管理者必须充分认识到行政方法的本质就是服务。服务是行政的根本目的，这是由管理的本质和社会主义的性质所决定的。如行政不以服务为目的，则必然会导致官僚主义、以权谋私、玩忽职守等行为的产生，而没有行政方法的有效管理，同样达不到服务的目的。

行政方法的管理效果受到领导者水平的制约。行政方法的运用更多是由人来实施的，其管理效果主要取决于管理者的素质，所以行政方法的运用对管理者的素质提出了很高的要求。

行政方法的运用要求有一个灵敏、有效的信息系统。领导者要驾驭全局、统一指挥，就必须及时获取各种信息，才能做出正确的决策。另外，上级要把行政命令迅速而有效地传达下去，还要把收集到的各种反馈信息和预测信息发送给下级管理者，供其决策使用。

行政方法的运用由于借助了职位的权力，因此对下属来说具有较强的约束力，较少遇到下属的抵制。这种特点可能使得上级在行使行政方法时忽视下属的经济利益要求，不利于充分调动各方积极性，可能导致下属动力不足，产生消极后果。所以，不可单纯依靠行政方法，要在遵守客观规律的基础上，把行政方法与其他管理方法有效地结合起来并灵活使用。

2.法律方法

（1）法律方法的概念

法律是由国家制定或认可，体现统治阶级意志，以国家强制力保证实施的行为规范的总和。户外运动管理的法律方法就是以法律、法令、条例、制度等户外运动相关法规为手段，调节各种户外运动关系，以保证和促进户外运动发展的一种管理方法。

法律方法的内容，不仅包括制定和健全各种法规，而且还包括相应的司法和仲裁工作，这两个环节相辅相成，缺一不可。只有法规而缺乏司法和仲裁，就会使法规流于形式，无法发挥效力；如果法规不健全，司法和仲裁工作则无章可循。

司法工作是由国家司法机关按照法律和法规解决各种纠纷和审理案件的司法活动。司法机关“以事实为依据，以法律为准绳”，通过司法制裁，强制执行裁决，制止违法活动，恢复正常秩序，并给予当事人一定惩罚，达到维护法律尊严、教育人民的目的。司法制裁分为民事制裁和刑事制裁两类。仲裁，也称公断，是指组织或个人之间发生纠纷，经过协商仍不能达成协议时，就由仲裁人或仲裁机构做出判断和裁决。就仲裁的性质而言，它是一种民间性活动，不是司法活动。因此，裁决不被当事人执行时，仲裁机关不能强制执行，只能由法院强制执行。

（2）法律方法的运用

从本质上来讲，法律方法就是通过上层建筑的力量来影响和改变社会活动的方法。它具有双重作用，既可以起到促进作用，也可以起到阻碍作用。如果各项法律法规的制定和颁布符合客观规律的要求，就会促进户外运动事业的发展；反之，可能成为户外运动事业发展的障碍。由于法律方法缺少灵活性和弹性，易使管理僵化，而且有时不利于基层组织发挥其主动性和创造性。在户外运动的管理活动中，各种法规需综合运用，相互配合。

管理者不能仅通过法律方法解决所有问题，因为法律方法只是在特定的范围内发挥作用。而在法律范围之外，还有大量的经济关系、社会关系、人际关系需要用其他管理方法来协调。所以，法律方法应与其他管理方法结合使用，才能达到较好的效果。

3.经济方法

（1）经济方法的概念

经济方法是指按照客观经济规律的要求，运用经济手段，调节各种不同经济主体利益之间的关系，以实现管理目标的方法。这里所说的经济手段主要包括价格、税收、信贷等宏观经济手段，以及工资、奖金、罚款、经济合同等微观经济手段。不同的经济手段在不同的领域中发挥着各自不同的作用。

（2）经济方法的运用

在市场经济条件下，经济方法是一种比较重要的管理方法。但是，任何方法都有其特定的功能、特定的使用范围和特定的使用限度。因此，在实际运用中要具体分析，合理使用。

首先，要注意经济方法应用的范围和限度。如上所述，经济方法的运用要以经济利益的存在和人们对物质利益的追求为前提，否则就会失效。即使是在条件存在的情况下，其运用也要有一定的限度。例如，利用奖金作为刺激人们积极性的杠杆，虽然从理论上讲，高额奖金更有利于调动人们的积极性，但在实际运用中总有一个限度，超过了这个限度，就可能产生副作用。又如，运用罚款作为一种强制性的管理手段，就需要有一定的强度，如果所罚款额不足以触动其经济利益，罚款就失去了应有的效果。再如，在某些政治活动和精神文明建设中，虽然不能完全摆脱经济利益，但过分强调使用经济手段，就有可能使之偏离方向，违背初衷。在运动员思想政治工作中过多地使用经济手段，就容易产生“一切向钱看”的错误倾向。

其次，要注意经济方法与其他管理方法的综合运用。经济方法虽然是一种比较重要的管理方法，但是这种方法还存在一定的局限性，在实际管理中要与其他管理方法（如行政方法、法律方法和宣传教育方法等）综合使用，才能发挥更好的效益。如经济方法与法律方法结合使用，有利于增强经济方法的规范性和法律效力；经济方法与宣传教育方法结合使用，则有利于增强经济方法的准确性和对运用时机的把握。

4.宣传教育方法

（1）宣传教育方法的概念

宣传教育方法是指通过宣传和教育等方式，使人们围绕共同目标而采取行动的方法。宣传教育方法以人们对思想活动发展规律的正确认识作为客观依据，掌握人们思想活动的规律可以从以下几个方面加以理解。首先，社会物质生活条件的提高是思想形成和发展的基础。当前人们的思想观念普遍受到市场经济的影响，因此在户外运动管理中，必须使认识符合形势的发展，认真研究户外运动工作人员思想活动的特点和规律，有针对性地做好思想教育工作。其次，客观条件虽然对人们思想存在重大影响，但由于人的主观因素的作用，人能够有选择地对待客观环境的影响。因此在运用宣传教育方法的同时，要对人的主观因素进行具体分析，注意启发和激励人们主动接受教育和进行自我教育，引导人们正确处理国家利益与个人利益、集体利益与个人利益、当前利益与长远利益、局部利益与整体利益之间的关系，引导人们的思想朝着健康的方向发展。再次，人的行为是在一定的思想支配下进行的，人的需要引起动机，动机支配人的行为，行为引导目标的实现。因此，人们的一切行动，包括管理活动，无不受到动机的制约，而人的良好动机也可以通过正确的宣传教育来激发和转变。可以说，宣传教育方法就是激发人们的良好动机，使之趋向共同目标的管理方法。

（2）宣传教育方法的运用

户外运动的宣传教育手段常用的工具主要有：①通过电视、广播、文艺、报刊等媒介，形成良好的舆论环境；②发挥典型和榜样的激励作用；③学校教育的方式；

④思想教育工作的方式。

宣传教育手段具有阶级性、间接性、广泛性、长期性和反复性等特性。宣传教育手段属于一种柔性管理的方式，一种文化管理的方式，宣传教育的内容如果能够内化为管理对象的意识，其作用将是长期和稳定的。运用宣传教育手段，一是要理论联系实际，要和业务工作相结合，要和实际问题相结合，不能搞“两张皮”；二是要内容和形式相结合，宣传教育工作需要适合的载体才能取得预期的效果。

3. 户外运动管理方法的综合运用

运用系统科学的观点，综合学习和掌握户外运动管理方法十分重要，只有这样，我们才能从整体上把握户外运动管理方法的精髓，深入研究各种方法之间的密切联系，有效提高运用科学管理方法的水平，不断优化管理效率。

（1）户外运动管理方法是一个统一的完整体系

户外运动管理方法的完整统一，集中表现在各种方法之间的密切联系上。这种密切联系，从户外运动管理方法的分类中已得到了充分的体现。忽视这些联系，就是割裂户外运动管理方法的完整统一，势必孤立、静止、片面地运用一个个具体方法，其结果在实际管理工作中就会出现某种方法单一运用的倾向，阻碍管理水平的提高。例如，在计划经济体制下，在户外运动管理工作中过多地运用行政方法，把行政方法作为户外运动管理的唯一方法，就会导致“统得过死”的不良状况。又如在深化社会主义市场经济体制改革的背景下，经济方法则成为户外运动管理的常用方法，但是，如果忽视管理方法的完整与统一，片面地把经济方法看成万能的管理方法，将导致经济方法的滥用，最终削弱其作用，甚至会产生反作用。如在运用经济方法时忽视思想教育，就可能在群众中导致“一切向钱看”的倾向，进而不能妥善处理国家、集体与个人的关系，只思索取，不求贡献。如果在具体制定管理措施时，事事与经济挂钩，处处伸手要钱，动不动就处以罚款，则不但达不到良好的管理效果，甚至会引发群众的抵触情绪，产生逆反心理。

总之，把户外运动管理方法看作一个统一完整的体系，有利于我们从整体上把握管理方法的实质，克服思想上的形而上学和绝对化，杜绝管理实践中的主观性和盲目性。当然，把握整体并非否定各种管理方法的相对独立性，其目的正是要从对它们各自的特点、形式和应用范围与条件的研究入手，寻找它们彼此之间的内在联系，以取得最佳的整体管理效应。

（2）各种户外运动管理方法的互补与组合

各种管理方法在实际运用中也存在一定的利弊，受到一定的局限，因而不存在任何单一的、万能的管理方法。只有在实际运用中认真考察各种管理方法的组合与互补关系，才能发挥出它们的综合效能。

在户外运动管理方法的四大类别之间，存在着互补与组合的关系。管理的技术手段适用于解决户外运动管理中的一些技术性、定量化问题；管理的基本方法对各种管理方案的组织实施有着极其重要的作用；而管理的技巧与艺术，则在妥善处理户外运动管理中的各种关系，协调各方面力量上有着独特的作用。这就是说，它们在某些因素的管理上都有各自的特长，而在另一些因素的管理上又都有各自的欠缺。然而，实践证明，户外运动管理中各种因素通常不是单一地、明显地摆在管理者面前，而是相互交织、错综复杂地等待着管理者去处理。

这种情况在决策中表现得尤为明显。因此，没有各类管理方法的互补与组合，也就没有有效的管理。这种互补与组合的关系，在各类管理方法所包含的各种手段之间，同样是客观存在的。如行政管理方法，它有利于实行集中统一的管理，但仍须依靠法律方法来保障正常的管理秩序。尤其是在横向管理关系的有效调节方面，更需要法律方法的支持。而行政方法与法律方法结合起来所表现出来的强制性，又要依靠宣传教育等灵活性较大的管理方法来协调，才能使管理达到严而不死、活而不乱的效果。又如经济方法，由于它与人们的物质利益联系较紧密，尤其是在社会主义市场经济条件下，要运用各种经济手段来调动人们的积极性，使人们的经济利益与工作绩效直接相联系，但也需要其他管理方法的支持。在运用经济方法时，还应在兼顾国家、集体、个人三者利益的基础上，鼓励人们胸怀全局，发扬风格，这也离不开宣传教育方法。再如，宣传教育方法是一种行之有效的管理方法，但若缺乏行政方法、经济方法、法律方法的支撑，也可能在一定程度上降低管理工作的权威性。由此可见，学习户外运动管理方法绝不能停留在对各种单一方法的个别探讨上，而必须深入研究它们各自的优势，进行互补与组合。只有这样，才能真正明确各种方法在户外运动管理系统中的地位与作用，并在户外运动管理实践中加以合理地运用。

（3）追求各种管理方法的综合效应

系统分析的目的在于追求整体效应。户外运动管理系统能否产生整体效应，在很大程度上取决于各种管理方法的综合运用。如前所述，我们强调弄清各种管理方法之间密切联系的重要性，但这并不意味着就可以混淆它们彼此之间的区别，进而使它们在实际运用中互相取代。事实上，各种管理方法就其相对独立性而言，都有自己独特的作用。如经济方法利用经济杠杆，贯彻物质利益原则，通过把集体和个人的物质利益与其工作绩效相联系，从而调动人们的积极性、主动性和创造性，进而有效地控制人们的行为方面，就有其独特的作用，这是其他方法不能替代的。

因此，我们要追求各种管理方法综合运用的整体效应，一个重要的前提就是要弄清这些方法在户外运动管理工作中的独特作用。只有弄清它们各自的特点、运用形式和范围、条件，才能有机地将它们统一起来，做到扬长避短、互相弥补，产生整体效应。此外，认真分析这些方法各自的长处和短处，通过它们的综合运用互相补充，才能使各种管理方法在综合运用中成为一个有机的完整的方法体系，在户外运动管理实践中发挥整体功能。

(4) 管理者的创造性决定着管理方法的运用效果

前面已对户外运动管理方法的结构体系和内在联系进行了讨论，其目的就是要强调把户外运动管理方法看成一个完整的结构体系。但是管理方法的整体效应能否在管理实践中体现出来，主要取决于管理者对管理方法创造性地运用，也就是说管理者如何从管理实践出发，针对管理对象的具体情况和管理环境的变化，灵活地运用各种管理方法。尤其是行政方法、法律方法、经济方法和宣传教育方法这类管理的基本方法的综合运用，主要取决于管理者运用这些方法的技巧与艺术。

显然，户外运动管理者运用管理方法的技巧与艺术，集中反映在其创造能力上。如果管理者缺乏创造性，只是机械、教条地照搬某种现成的方法和模式，期望找到某种放之四海而皆准的管理方法，人云亦云，忽视管理对象的特点和客观环境的变化，则很难取得理想的管理效果。

第二节　户外教育活动的组织与实施

一、户外教育活动概述

(一) 户外教育活动的概念、特点与功能

1. 户外教育活动的概念

户外教育可以简单地定义为“发生在户外环境中，关于户外环境的体验式学习”。皮特·希金斯（Peter Higgins）和克里斯·洛因斯（Chris Loynes）认为，户外教育可以看作是户外活动、环境教育以及社会与个人发展三个主要领域的结合。户外教育工作者可以在一定时期内关注学习者在某一领域的发展，同时也要关注各领域之间的联系与互补。户外教育还可以被理解为在户外的学习、在户外的教育、在真情实景中的教育。需要注意的是，户外教育活动的发生地除了传统的教室外，还可以根据户外教育活动的不同目的和需要进行选择，有些是原始的或自然的，有些则是人为创造的。可见，户外教育为学习者创造了许多亲近、接触大自然的机会。在此过程中，户外教育通过独特新奇的自然环境为学习者提供了恰到好处的感官刺激体验，从而起到了促进学习的作用，这些作用往往是在传统的教室学习环境中无法产生的。

当然，我们并不能否认书本教育的基础性及重要性，知识的获取途径本就不止一种，也不应该仅仅局限于某一特定场所，我们在这里将户外教育活动视为书本知识的

一种有益补充，同时认为许多教学活动在教室以外的环境下开展更有利于学习者进行学习，学习者通过亲自参与，获取的知识往往更加深刻。户外教育的实施可依托的手段或内容多种多样，本节所介绍的户外教育活动专指以户外运动为载体所展开的教育活动。

2.户外教育活动的特点

户外教育是以行动为中心的学习过程，它几乎可以渗透到所有课程的学习领域中，也更有利于实现学科整合的目的，因此户外教育活动在广泛的学科领域中呈现出多样性，其特点也十分明显。

（1）目标的多样性

户外教育活动旨在使学习者通过某一次实地考察和学习，实现某一个或多个教学目标，以达到多育并施的教学效果。在教学效果方面，户外教育能够发挥自然教育、社交教育、技能教育等多种功效，帮助学习者与大自然建立更加深层的关系，加深对自然界的了解；能够增强学习者的社交能力，培养团队协作精神，建立人与社会的和谐关系，使其获得领导能力；能够增强户外技能，提高安全意识与风险规避意识，保证学习者在户外活动时的人身安全。

（2）对象的广泛性

户外教育的适用群体十分广泛，如以年龄划分，从幼儿到青少年，乃至成年人都可以成为户外教育的对象；以职业划分，学生、教师、工人等各行各业的社会人士都可成为受教育者。此外，实施户外教育的主体也较多，如学校可以充分利用户外区域资源，对学生进行多门学科的教育，增强其领悟能力；公司可以让员工到户外环境借助各种户外活动进行团建，增强员工的团队意识，培养员工多种能力；医院可以借助户外教育，帮助病人进行生理或者心理疾病治疗等。值得注意的是，只有经过专业人员实施户外教育活动，确保最大限度的安全性和专业性，才能够达到最佳教育效果。

（3）场地的延展性

可以根据目标群体、学科内容、教学手段、学习目的等不同，将户外教育活动安排至不同的学习场所。户外教育可以发生在任何一个合理的地理场景中，它将课堂环境扩展到室外的自然领域，为学习者无限延伸课堂，让教育方式也得到多元化的发展。户外教育应根据教学需要和学习者的适应程度来决定场地的选取，既可以是校园内外的空地、操场，也可以是博物馆、科技馆、公园，而山川、河流同样可以在保证安全的前提下成为教育场地。总而言之，户外教育的场地选择要充分考虑学生和教学的需要，在保证安全的条件下可以灵活地选择，并制定有针对性的教学方案与安全预案，以确保最佳的教学效果。

（4）时间的灵活性

户外教育活动的时间选择也可以灵活安排，没有特定的限制。中国地质大学（武汉）根据学校专业特点及教学资源优势，开设了攀岩、岩降、野外生存体验、游泳、滑翔伞等特色课程，这些课程根据教学内容，所需时间不尽相同。例如攀岩、游泳等课程可以在校园内通过正常上课时间进行教学，而野外生存体验和滑翔伞等课程对户外环境的要求较高，所需教学时间也较长。总之，在时间的选择上，户外教育者应基于不同的活动主题、教学目标、学习者的年龄等因素进行综合考虑。

（5）方式的特殊性

户外教育教学方式有别于传统的教学方式，它充分利用了户外环境的动态性和无序性，且以体验与实践为中心，使学习者可以清楚地认识到学习任务的完整性，其中体验式教育是户外教育的一大特点。

3.户外教育活动的功能

（1）促进人的身体健康与身体机能的同步发展

2016年8月，习近平在出席全国卫生与健康大会时指出："要倡导健康文明的生活方式，树立大卫生、大健康的观念，把以治病为中心转变为以人民健康为中心。建立健全健康教育体系，提升全民健康素养，推动全民健身和全民健康深度融合。"户外教育是以运动为基础的教育，对人的身体具有极佳的锻炼效果，与我国当前的"健康中国"战略不谋而合。此外，户外运动可以促进人与环境的接触和身体的运动，发展我们的身体意识和运动美学。瑞典厄勒布鲁大学体育和健康研究院的一项研究发现，运动发育与概念形成之间存在明显的关系，户外教育所强调的运动体验，对于儿童的运动、概念形成和语言发育非常重要。

（2）深化人与自然的关系

自然界中的许多景象无法依靠文字完美呈现出来，只有切身体会才能够让人对大自然怀有敬畏之心，从而提高人们的自然保护意识。环境心理学领域的研究成果证明，变化多样的自然环境对人类的发展具有重要作用，融入大自然能够提高人们的工作和生活质量，使人们在休闲时间内获得更大的身心愉悦感。自然界不存在控制人类行为和运动方式的社会因素，因此在人与自然的接触中，时间和空间方面都不受限制，这不仅可以帮助人们养成健康的户外运动习惯来提高身体素质，还可以帮助人们重新认识人与自然的关系。

（3）户外教育为教学提供有益补充

素质教育的实施，是中国教育史上的一次伟大变革。长期以来，"唯分数论"使中国广大青少年陷入"死读书，读死书"的学习怪圈，只愿意接受二手信息，缺少独立思考，缺乏感官学习体会等，多是单纯地以"熟记"为手段和目的的学习。素质教育的实施，极大地改变了这一现状，不仅使学生的学习方式有所转变，教师和家长的教育观也随之发生了变化。在户外教育活动中，学习者的学习是以亲身观察和直接体验为主，是将课本中学习到的知识在现实环境中的实践和检验。对于学习者而言，感官上的刺激大于文字对他们产生的刺激，他们通过看、听、闻、尝、摸等体验，可以激发对学习的兴趣，让他们产生学习自觉性，并主动获取知识和创造知识。对于教育者而言，大自然作为天然的教具，能够呈现教室中无法实现的教学内容，同时激发新的教学方法和教学道具的产生。

（4）促进个人与社会的共同发展

户外教育对于学习者的心理能够产生许多有益的影响，教育者可以有针对性地设计出如团队协作能力培养、领导力培养、感恩教育等诸多类型的教育活动，这对青少年的成长和人生观的培养有着重要的意义。在自然的学习环境中，学习者不仅能够体验到活动的娱乐性，在整个学习过程中，他们还能承担更多的责任，提高动手能力与独立思考能力，克服各种障碍，培养更加健全的心理素质，促进个人与社会的共同发展，这些经历都为他们今后的学习与生活提供了重要而有益的指导。

（5）促进户外运动产业发展

随着社会经济的发展与进步，在国家的政策支持下，人们对于户外休闲活动的热情越来越高，也越来越多地参与到户外活动中去，中国的户外运动产业进入了前所未有的迅猛发展期。依托于当今户外运动产业的发展，户外教育行业的师资力量在逐步扩大，教学装备器材连年更新，教育观念与教学方法也逐步与世界接轨。户外教育与户外产业相辅相成，户外产业催生了户外教育的发展，户外教育的进步也带动了户外产业的发展。

（二）户外教育活动的类型与特征

1.户外教育活动的主要类型

（1）学科扩展型

户外教育活动就是以实践的形式对书本内容进行扩充，教育者借助户外资源，让学习者通过切身体会获取知识，以达到辅助教学的目的。该类型在学校教育中较为常见，且适用于多门学科。例如，在生物课中，教师可组织学生走出校门，近距离地观察动植物，通过感官刺激来加深学习者对书本内容的理解和记忆；在历史课中，教师可组织学生在有条件的情况下探访名胜古迹，亲手触摸历史，感悟时光的变迁；在美术课中，教师可以组织学生在自然环境下自由创作，绘出他们眼中最真实的大自然。作为书本学科知识的一种重要扩展途径，这种教育活动通常采取基地教育的形式。

（2）体能技能提升型

户外教育活动是以身体行动为基础，建立在学生的行动之上。在接触自然的过程中，学生的体能得到了一定程度的提升。在专门培养学生体能和技能的户外教育活动中，教育者有针对性地制订计划，通过各种户外活动提升学生某方面的身体素质。例如在野外生存体验课程中，营地的建设不仅仅需要搬运各种材料，还需要扎实的户外运动技能，这些就是教育者应教授的内容。而学生在此过程中不仅锻炼了体力，也学习到了营地搭建、绳结技巧、射箭等多方面的知识。这种类型的户外教育活动，多以帆船、冲浪等特定活动来开展。

（3）心理建设型

户外教育不仅仅是对身体的锻炼，也是对心灵的历练。在活动过程中，学习者将会调动多种感官去学习与领悟，通过实践活动获得内心的升华。例如，在团队精神教育中，教育者会通过游戏让学习者认识到只有通过齐心协力才能达成目标，从而获得集体荣誉感，增强团结意识；在高空溜索、独木桥等户外拓展项目中，学习者会通过同伴的鼓励突破自我，提升勇气，挑战自己的“不可能”，继而将这种精神延续到日后的生活中。心理建设型的户外教育内容具有广泛性，既可以针对个人，也可以针对团体，对人的影响也是长久而深刻的。

（4）自然感悟型

户外教育是在大自然环境中展开的教育活动，良好的自然环境对于户外教育活动的成功实施具有重要作用。户外运动倡导的“LNT法则”（leave no trace），强调对自然环境的最小冲击，是规范人类户外活动的一条重要法则。大自然对于人类而言，是赖以生存的家园，户外教育将大自然的魅力完全地展现在人们眼前，让人们认识到大自然的雄伟，对大自然产生敬意。当今的户外教育，大多都会涉及环保教育，让学习者通过在户外环境下的实践学习，与大自然亲密接触，从而获得更好的环保教育效果。

2.户外教育活动的基本特征

（1）在户外环境展开

户外教育是在自然环境中开展的教育活动，与在教室、体育馆等室内环境开展的教学活动相比有着较大的差异。需要指出的是，户外教学场地的选择需要密切结合教学目标，并以保证人员安全为第一要务。

（2）强调亲历体验

学生在教育活动中处于主体地位，一切活动都是在教师的引导下围绕学生开展的。与教室内的教育不同，户外教育活动需要人们走向户外。因此，需要通过教育者与学生的行动来完成教学任务，强调通过学生的亲身经历获得情感体验与构建知识体系。

（3）教学活动的多样性

户外教育活动通常由多个教学单元组成，从而形成完整的教学过程。以户外拓展为例，一般包括团队破冰、个人项目、团体项目和回顾总结四个环节。在这四个环节中，每个环节又由相互关联的不同个体单元组成。此外，多个活动单元综合起来的最终教学成效一般都大于单个活动简单相加而产生的效果，能够产生“1+1>2”的效果。

（4）活动目标的多元性

同一次户外教育活动由多个单元活动组成，目标因人而异，具有多元性。根据不同的教学对象，设立不同的教学目标，并选择不同的教学方式。例如，针对新入职的员工，公司可以选择团建项目，以加强员工之间的和谐关系，提高员工对新工作环境的适应能力；针对即将参加中考、高考的学生，学校可以组织他们参与拓展项目，增强学生的心理素质，激励学生勇创佳绩。

二、户外教育活动的组织与实施

（一）户外教育活动的组织实施

1. 户外教育活动前的准备

（1）熟悉教学对象

在活动开始前，首先要熟悉教学对象，了解学生的性格、爱好及需求，对症下药，才能为活动的开展奠定良好的基础。

（2）确定教学目标

根据所授课程的内容和学生的需求确定户外教育活动的教学目标，教学目标的确定还应符合实际，切实可行，有利于辅助扩展书本知识，尽力确保参与者的安全。

（3）选取教学方法

在熟悉学生和确定教学目标后，应选取合理有效的教学方法，以确保户外教育活动的顺利进行，并达到理想的教学效果。

（4）准备教学用具

教学用具是教育活动中不可或缺的教学要素，借助简单有效的工具，能够很大程度提升教学效果，并助力教学活动的开展。

（5）做好应急预案

提前规划好活动路线，查询目的地的地形地貌、气象水文及人文风情等相关情况，考虑到各种可能发生的危险，应事先制订详细的应急预案，尽量避免因意外情况的发生而造成人员伤亡。

（6）制订计划表格

在以上程序完成以后，将所有步骤列入教学活动表，并严格按照计划开展户外教育活动。

2. 户外教育活动设计原则

（1）安全性原则

户外教育活动的设计必须充分考虑参与人员的人身与财产安全。教学活动的设计必须严格按照参与者的年龄、身体状况等进行安排，在涉及有风险的项目时，还应做好应急预案，以保证教育活动的安全有序进行。此外，教育者可就地取材，在可控范围内设计模拟危险事故发生的活动，提高学生的安全意识，加强安全教育。

（2）整体性原则

户外教育活动的设计应考虑活动的全局性，将活动设计为一个可实施的整体。不同的子项目之间要相互联系呼应，同时，教育者还应注重细节，确保每一个活动阶段的系统完整性。

（3）实用性原则

户外教育活动的开展一定要确保方案具体、详细且可实施。在教学用具选择上，要考虑是否符合教学要求，能否满足学生需要，是否铺张浪费；在时间管理上也要讲究合理利用，规划好每一个行程，确保活动衔接紧凑连贯，使活动能按时完成。

（4）创新性原则

户外教育活动的设计不必完全套用成熟的方案，可适当突破常规的束缚，尝试新的思路，力求创新，给学生全新的体验，能够让人耳目一新，达到事半功倍的效果，从而最大程度地吸引学生全神贯注地参与。

（5）多样性原则

户外教育活动的设计需多样化，在设计过程中不能过于偏向某一类型的学生，应始终围绕教学主题，尽量兼顾每一个学生，注重学生之间的个体差异，尊重每一个教学主体。

（6）多育并施原则

户外教育活动的设计应遵循多育并施的原则，不能只把增长知识当作唯一的目标，还要注重培养学生的实践能力、社交能力，培养他们良好的心理素质，使学生成为健康健全发展的人。

（7）环境保护原则

户外教育活动的实施离不开大自然，在进行户外教育时，环保教育也是不可或缺的重要部分。学生只有切身体会到大自然对人类的重要性，才能懂得感恩与回报自然，同时也会主动将环保作为自己的责任。

3. 户外教育活动教学活动表

教学活动表用于记录教育者所设计的户外教育活动，主要是将教学活动相关信息呈现于表格中，便于教育者修改与完善，对于教育活动按计划实施具有较强的指导实用性。

（二）户外教育活动的风险管理

1. 户外教育活动风险管理概述

风险管理指的是如何在一个有风险的环境里把风险降至最低的管理过程。户外教育活动风险管理的对象是风险，主体是参与户外教育活动的组织或个人，其基本目标是以最小的风险管理成本获得最大的安全保障。风险管理是一个动态、循环、系统、完整的过程。具体包括风险识别、风险估测、风险评价、风险管理技术选择和风险管理效果评估等重要环节。

户外教育活动的风险管理就是基于风险发生和控制技术的研究，通过风险识别、风险评估，并在此基础上优化组合各种风险管理技术，对户外教育活动风险实施有效的控制，保护参与者的安全，以达到最大安全保障的目标的管理过程。

户外教育活动中的风险管理目标应至少包括三点：一是风险规避，避免险情和损失的发生；二是风险最小化，降低险情发生的可能性，当遭遇不可避免的风险时使其损失最小化至可接受的程度；三是利用风险管理使活动收益更大。户外教育活动风险管理的目标并不是追求绝对的安全，因为在户外环境下风险总是客观存在的，但通过影响危险因素中的动态因素可以减少危险的发生，可以从安全控制的训练、经验的积累、合理的计划、判断力的提高等方面着手，逐渐提高活动组织能力和风险管理能力。

2. 户外教育活动风险因素

户外教育活动的风险因素主要来源于环境因素、个人因素、装备因素和管理因素（图8-1），这些因素之间并不是孤立的，而是综合在一起的，很多风险事故的发生正是由于多个原因叠加而产生连锁反应，从而使风险的损失增加。

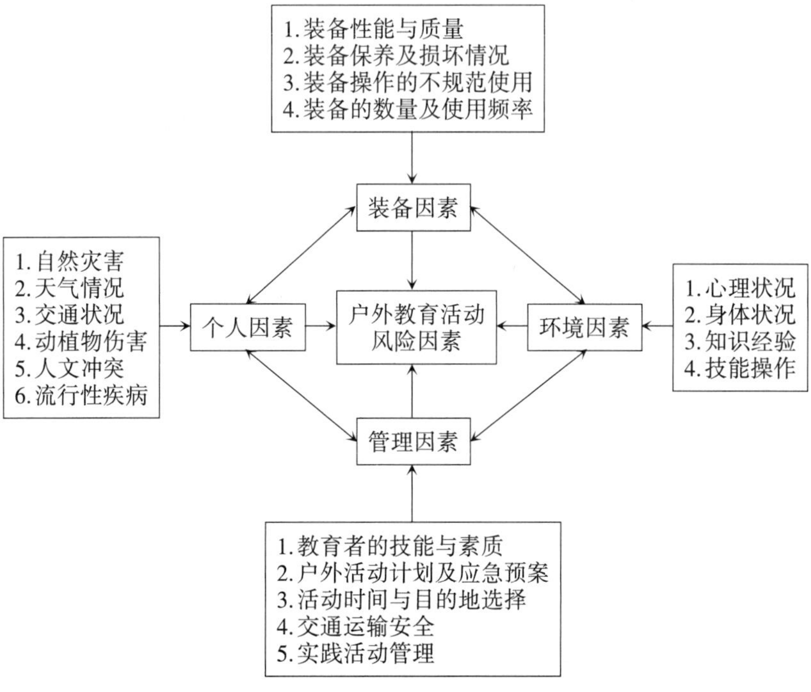

图8-1　户外教育活动风险因素

（1）环境因素

环境因素主要包括自然灾害、天气情况、交通状况、动植物伤害、人文冲突和流行性疾病等。环境风险因素的存在，并不一定导致风险事故发生，而是需要一定的诱因。例如，在自然灾害多发期，要时刻关注活动目的地的天气情况，有意识地避开事故多发区域；在交通条件较差的地方，要选择有资质的交通工具，避开险情路段；在野外时，避免与野兽或未知的动植物接触，不食用不熟悉的野生动植物等，以避免环境因素诱发意外事故。

（2）个人因素

在户外教育活动中，教育者、受教育者以及活动过程中所有可能遇到的人都是潜在风险因素的载体，主要表现在心理状况、身体状况、知识经验和技能操作等方面。例如，人的心理状况将极大地影响个体行为，极端的心理状态可能导致行动力丧失，容易引发风险事故；身体健康状况则直接影响运动能力；知识经验的丰富程度决定了在遭遇险情时的自我保护能力的大小，专业知识经验的欠缺可能会导致错误的判断；技能操作上的失误，甚至会直接引起险情。

（3）装备因素

装备器材是户外教育活动的辅助教具，因装备器材造成的风险事故不仅体现在操作者的不当操作上，还需注意装备器材的认证、保养、操作、数量及使用率等情况，尽力避免因装备造成的险情。在装备认证上，需注意是否拥有UIAA、CEN等专业机构的认证；装备保养应做到专业及时，发现已损坏或报废的装备应妥善处理；装备的操作需熟练，避免因生疏造成的装备损坏而引发安全事故；装备的数量及使用频率应做好相关计划及记录，以保证活动顺利实施。

（4）管理因素

在户外教育活动中，管理相关的风险因素潜存于教育者的技能与素质、户外活动计划及应急预案、活动时间与目的地的选择、交通运输安全、实践活动管理等环节中。

3.户外教育活动风险管理的基本程序

户外教育活动风险管理的基本程序包括风险识别、风险估测、风险评价、风险对策与风险管理效果评估五个环节，共同构成一个周而复始、循环往复的动态管理过程（图8-2）。

（1）户外教育活动风险识别

风险识别是风险管理的第一步，指的是对所面临的或潜在的风险加以判断、分类和鉴定风险性质的过程。风险识别主要包括感知风险和分析风险两个方面的任务。一方面，通过感性的认识和丰富的经验对风险进行判断；另一方面，依靠各种客观的统计数据或资料对风险进行分析、归纳和整理，进而发现各种风险存在的损害情况。

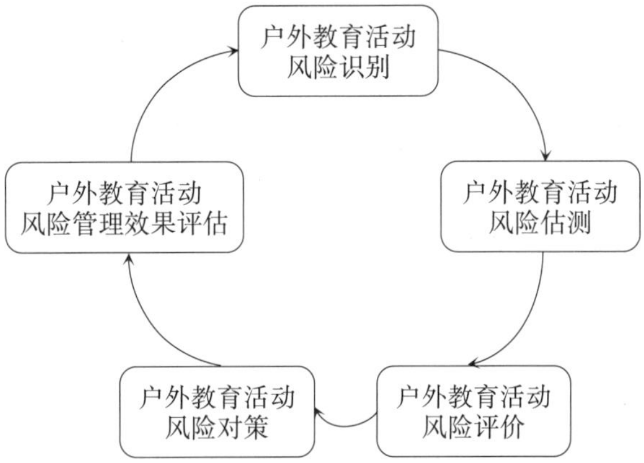

图8-2　户外教育活动风险管理的基本程序

在户外教育活动中，风险识别的内容包括确定风险的来源、风险的产生条件，即分析活动过程中的环境、人、装备及管理可能出现的风险，通过对大量资料的分析，认清活动中存在的风险因素，并确定活动项目所面临的风险及其性质，把握其动态变化趋势。需要注意的是，户外环境的条件并非一成不变，人们所面临的风险也会经常发生变化。所以，户外教育活动的风险识别需要贯穿整个活动的始终，从而达到常态化、制度化的效果。

（2）户外教育活动风险估测

风险估测建立在风险识别的基础之上，应对风险可能导致的后果进行定量与充分的估计和衡量，科学的风险估测能够使风险分析定量化，并为风险管理者进行风险决策提供可靠的依据。进行户外教育活动风险估测，首先要有充分而准确的户外信息资源，同时还需听取专家的判断和建议，分析潜在风险的内在机制与外在原因，以达到降低风险概率和减少损失的效果。

（3）户外教育活动风险评价

风险评价是在风险识别和风险估测的基础上，对风险发生的概率、损失程度、风险发生的可能性及其危害程度进行评估，并与业内安全指标标准相比较来测量风险的程度，以此决定是否需要采取相应的措施。总而言之，这是利用某一尺度衡量风险的程度，并据此确定风险处理的优化程序，这直接关系到风险管理的总体效益的高低。

（4）户外教育活动风险对策

风险对策的制定是户外教育活动风险管理过程中的一个关键环节，这一阶段的核心是风险应对策略的选择。风险应对措施是包括目标确定、方案选择、方案实施等一系列活动的动态过程。在执行风险对策时，要将具体的风险对策细化落实到户外教育活动的每一个环节中，综合运用各种风险控制方法，充分发挥每一种方法的优点，并根据实际情况灵活调整。

（5）户外教育活动风险管理效果评估

风险管理效果的有效评价有利于风险管理者积累相关经验，为今后的户外教育活动提供更加有效的实际指导。风险管理评价是指对风险管理技术的适用性及其收益情况进行分析、检查、修正与评估，根据实际发生状况的记录与总结，回顾并修正安全控制措施，提高活动后期的风险管理水平。风险处理对策是否最佳，可以通过评估风险管理效果来判断。

第九章
户外运动项目教学

第一节　拓展训练

一、拓展训练概述

（一）拓展训练的起源与发展

拓展训练是指通过专业机构对久居城市的人进行的野外生存训练的一种活动。但是这种训练方式基本上只能学到一些常识性的东西，并不能学到真正的户外生存知识，更多的是通过野外的生存环境来刺激原本麻木的神经，从而达到团队合作的目的，让人更加珍惜现在的生活，锻炼人的身体，让人在精神和身体上都得到极大的满足。

拓展训练起源于第二次世界大战期间的英国。第二次世界大战期间，英国特种部队开始利用自然屏障和绳网进行障碍训练，其目的是提高野外作战能力和团队合作能力，这是人类第一次系统地把拓展训练有目的地运用到实践中。

第二次世界大战后，随着战争的结束和经济的发展，拓展运动开始走出军事和求生范畴，成为人们娱乐、休闲和提升生活质量的一种新的生活方式。1989年在新西兰举办了首届越野探险挑战赛后，各种各样的拓展运动和比赛在全世界如火如荼地开展起来。1989年，中国第一个户外运动民间社团成立。在中国登山运动管理中心的领导下，截至2003年底，正式注册的户外运动俱乐部有300多家。户外运动多数带有探险性，属于极限或亚极限运动，具有很大的挑战性和刺激性。户外运动能让人拥抱自然、挑战自我，能够培养个人的毅力、团队合作精神，提高野外生存能力，深受青年人的欢迎。因此，拓展运动越来越吸引人们的目光，已成为人们关注的焦点之一。另外，由于我国地理条件得天独厚，拥有良好的自然资源，也为拓展运动提供了广阔的空间。登山户外拓展运动与其他运动项目的最大不同，就是参与性很强，年龄可大可小，方式多样，登山、远足、渡水、露营等都可以，类似于“体育超市”，可以自由选择，不断变换，形式自由，有利于张扬个性，挖掘潜能，顺应社会发展和时代潮流。当然，对于拓展运动，每一个参与其中的人都应该保持理智和清醒的认识，不可盲从，但也不能因噎废食。媒体及各类从事户外拓展运动的组织、机构更应该在保障安全、提高大众安全意识和技能的同时，积极开展和宣传户外拓展运动，让这种积极、健康的生活方式为更多的人所接受。

（二）拓展训练的特点

1.综合活动性

拓展训练的项目基本上都通过体能活动引发认知活动、情感活动、意志活动和交往活动，有明确的操作过程，要求学员全身心地投入。

2.寓教于乐

拓展训练采用的活动与游戏本身具有极强的娱乐性，同时具有极强的引导性，培训师在引导学习者进行活动与游戏时，也将同步引导学习者进行思考。所以，拓展训练的一个显著特点就是寓教于乐。

3.挑战极限

拓展训练的项目都具有一定的难度，表现在心理考验上，需要学员向自己的能力极限挑战，千方百计跨越“极限”。

4.集体中的个性

拓展训练实行分组活动，强调集体合作，力图使每一名学员竭尽全力为集体争取荣誉，同时从集体中获得巨大的力量和信心，在集体中显示个性，达到个人与团队共同成长的目的。

5.高峰体验

在克服困难、顺利完成课程要求以后，学员能够体会到发自内心的胜利感和自豪感，获得人生难得的高峰体验。

6.自我教育

教员只是在课前按照课程的内容、目的、要求以及必要的安全注意事项向学员讲清楚，活动中一般不进行讲述，也不参与讨论，学习者能够在活动过程中自发地进行思考、总结，自然而然地处于主导地位。也就是说，拓展训练能够最大限度地调动学习者的主观能动性，具有很好的自我教育意义。

7.提高素质

通过拓展训练，参训者在如下方面有显著的提高：认识自身潜能，增强自信心，改善自身形象；克服心理惰性，磨炼战胜困难的毅力；启发想象力与创造力，提高解决问题的能力；认识群体的作用，增强对集体的参与意识与责任心；改善人际关系，学会关心他人，更为融洽地与他人合作；学习欣赏、关注和爱护大自然。

（三）拓展训练的流程

拓展训练是体验式培训的一种，具体流程一般由以下几个环节组成：破冰游戏、团队组织、个人项目、团队项目、分享、回顾和总结。

1.破冰游戏

主要目的是让学习者之间互相熟悉、拉近距离，以便学习者能够轻松愉悦地投入训练当中。破冰游戏是户外拓展训练中必不可少的一部分。

2.团队组织

也就是生成小组，组织团队的表面目的在于使学习者参与到以团队为单位的项目中来，本质目的在于培养个人与他人协作、合作的能力。

3.个人项目

是挑战个人极限的活动设计，基本原则是在学习者体能承受范围之内，对学习者的心理承受力进行最大挑战，促使学习者实现自我突破。

4.团队项目

是继团队热身之后的环节，需要借助团队项目加强队员的合作意识，以统一任务和统一目标为基准，促进学习者之间的信任、沟通、理解与合作，形成真正的团队。

5.分享

学习者将参加活动体验的心得与其他人一起讨论、交流。

6.回顾总结

回顾可以帮助学习者消化和整理训练中的体验，升华出新的认识、新的思想。总结可以帮助学习者展开联想，将训练中所得到的体验转移到工作与生活当中，以实现训练的整体目标。

（四）拓展训练的价值

拓展训练包含很多种类的项目，不同种类的项目具有不同的价值。

1.沟通类项目的价值

现代社会是一个需要沟通和交流的社会，只有拥有较强的沟通和表达能力，才能在这个社会中站稳脚跟。这类项目的主要目的是锻炼和提高人的沟通和表达能力，主要包括孤岛求生、黑暗列队、驿站传书等拓展训练项目。

2.竞争类项目的价值

（1）培养坚强的意志

良好的竞争意识可以调动一个人的主观能动性，激发一个人学习的自觉性，磨炼一个人的意志，促进一个人不畏艰险、知难而进，通过不断的竞争和坚强的意志去实现人生价值。

（2）提升人的抗挫折能力

人们在日常的学习和生活中常常会遇到一些挫折，通过参加竞争类项目，可以提升参与者在学习和生活中的抗挫折能力。

（3）提高人的学习能力

现代社会是一个充满激烈竞争的社会，只有不断地学习，才能适应社会的竞争。因此，通过参加竞争类拓展项目，可以提高人的竞争能力，为人生竞争打下坚实的基础。

3.团队合作类项目的价值

当今社会，任何项目的完成都需要团队成员之间的密切合作，因此，必须想办法提高人的团结合作精神。合作类拓展训练项目绝大多数都具有较高的难度，在完成这些项目的过程中，需要团队成员之间的团结协作，培养其团队信任与奉献精神，促进其形成民主意识。

4.心理类项目的价值

在拓展训练中，心理类拓展项目具有很高的价值。通过参加心理类项目，参与者可以提高克服困难的勇气，培养其自信心，并学会换位思考。此外，通过心理类项目的训练，还可以挖掘个体的内在潜能，促进其更好地发展。

5.领导类项目的价值

领导类拓展训练可以促进个人领导能力的发挥，参与者在这个过程中要扮演好领导者的角色，由领导者带领团队，引导团队为了完成特定的任务，明确任务，分工协作，共同完成项目任务。因此，领导类项目可以很好地提高参与者的领导能力。

二、拓展训练项目

（一）破冰类项目

“破冰”一词来自冰山理论，是把人比作冰山，将人的意识比作冰山的一角。“破冰”就是通过集中人的注意力，使团队成员之间打破猜忌、怀疑的壁垒，拉近队友距离，增进感情与了解。

下面重点介绍几种破冰类拓展项目：

1.面对面介绍

项目介绍：参与人员围成两个同心圆，面对面站立，向对面的同伴做自我介绍。

项目人数：至少20人。

项目时间：15分钟。

场地器材：一块平地。

项目目标：参与者打破尴尬，迅速融入集体。

项目过程：①所有参与者相对围成两个同心圆，唱歌的同时转动，内圆和外圆的旋转方向相反；②一首歌结束时停止转动，面对面的人相互握手做自我介绍，循环操作。

注意事项：在学生玩游戏时，教师要注意参与者之间的距离，以防出现拥挤、踩踏等安全事故。

拓展思考：①怎样出色地介绍自己？②在同伴自我介绍时，如何更好地倾听？

2. 大树与松鼠

项目介绍：团队破冰。

项目人数：至少10人。

项目时间：5～10分钟。

场地器材：一块平地。

项目目标：活跃气氛。

项目过程：①事先将参与者3人一组分好组，每组内部选两人双手握住形成一个圆圈当作“树洞”，扮演“大树”的角色，剩下的一个同伴站在“树洞”中间扮演“松鼠”，其余学生是自由人。②当教师喊“松鼠”时，“松鼠”必须重新选择其他的“大树”，“大树”不需要动，自由人成为“松鼠”时，也要去寻找“大树”，没有找到“大树”的“松鼠”需要表演节目。③当教师喊“大树”时，“大树”需要重新组合，同时寻找新的“松鼠”，这时“松鼠”不动，自由人则需要扮演“大树”，没有组成“大树”的人表演节目。④当教师喊“地震”时，所有人重新自由组合成“大树”或“松鼠”，落单的人表演节目。

注意事项：跑动过程中注意安全，防止受伤。

拓展思考：如何更好地熟悉同伴的动向和行动风格？

3. 大胆叫出来

项目介绍：团队破冰，培养乐观心态。

项目人数：不限。

项目时间：不限。

场地器材：室内外均可。

项目目标：培养学生乐观的心态。

项目过程：参与者来学动物的叫声，从表9-1中选择自己要模仿的动物。每个学生最好选择一个自己不熟悉的人作为伙伴。彼此目光不移动地对视，同时大声模仿动物叫至少10秒，循环操作。

表9-1 “大胆叫出来”对象选择表

字母	动物
A—F	狮子
G—L	海豹
M—R	猩猩
S—Z	热带鸟

注：A—Z代表姓氏的汉语拼音首字母。

拓展思考：①游戏中的尴尬气氛如何缓解？②是否注意到幽默的情绪更有助于创造性发挥，如何使出人意料的叫声获得满堂喝彩？

4.我是记者

项目介绍：团队破冰。

项目人数：不限。

项目时间：15分钟。

场地器材：室内外均可，纸和笔。

项目目标：表达技巧的训练。

项目过程：①参与者要尽可能选择自己不太熟悉的人作为搭档，扮演记者，采访搭档。自己确定采访的内容和形式，时间为3分钟。要在3分钟内尽可能多地获取信息并做记录，之后角色互换。②完成采访后，每位学生做1分钟的“报道”，向大家介绍自己的采访对象。③教师注意控制时间，如果学生人数较多，则抽取部分学生介绍。

注意事项：让学生选择一个最不熟悉的人作为采访对象。

拓展思考：如何更好地收集信息、组织信息？

5.信任之旅

项目介绍：这是一个个人挑战与团队合作相结合的项目。

项目人数：不限。

项目时间：不限。

场地器材：一块室外场地，或是一块有跨过、绕过、钻过不同障碍物的场地；与人数相等的眼罩和A4白纸。

项目目标：①锻炼团队成员的沟通能力；②感受友爱氛围；③感受信任的作用。

项目过程：①教师向大家介绍项目名称和各项要求。②选定一名引导员、一名安全记录员，其余学生戴上眼罩。③戴上眼罩之后，全体“盲人”学生在原地2分钟内不能发出声音，用手上的一张A4白纸折叠一个最能代表自己手工能力的作品，安全记录员在这一段时间内负责监督。④引导员用2分钟时间带领参与者熟悉此次活动途经之处，并简单告知危险的地方。⑤记录员收集完手工作品后，旅程开始。⑥开始时大家有3分钟时间可以讲话，之后任务完成之前不得发出任何声音。⑦“盲人”依次牵手（或双手搭在前一位学生肩上）前行，拓展教师叫停时，所有人在原地立刻停止动作。

注意事项：①活动中注意安全，遵守规则，不得摘下眼罩，不得在噤声期讲话，否则接受惩罚。②道路地面要平整，障碍物设置应当明显，不得使用尖锐的障碍物。③学员戴上眼罩后不要随意移动。④引导员不能主观加大难度，禁止开玩笑。⑤一定要提醒学员摘下眼罩时先闭一会眼睛，再慢慢睁开。

拓展思考：①我们采取了什么办法去沟通？②3分钟是怎样运用的？③信任在完成活动的过程中有什么重要意义？

（二）沟通类项目

沟通是人际交流的重要工具，是人与人之间、人与群体之间思想与感情的传递和反馈的过程，包括语言（口头语言、书面语言）沟通和非语言（声音、语气、肢体动作）沟通。语言沟通和非语言沟通的结合是沟通最有效的方式。大学生要提高为人处世能力和个人魅力，首先要具备良好的沟通能力，而拓展训练可以帮助大学生提高沟通能力。

下面重点介绍几种沟通类拓展项目：

1.孤岛求生

项目介绍：企业管理的经典项目之一，模拟孤岛环境，使人引以为戒，扬长避短，正确对待生活。

项目人数：16人左右。

项目时间：1小时40分钟。

场地器材：场地平坦，方向位置适合；三座岛之间的距离以木板可以搭上为准。器材为120厘米见方、25厘米高的专用孤岛，25厘米宽、3厘米厚的木板（木板横向叠放在盲人岛上）2块，1个塑料桶，网球5个，任务书1套，报纸2张，生鸡蛋2个，筷子2双，1段50厘米长的透明胶带缠在筷子上，1支笔，眼罩6个。

项目目标：①发现主动与双向沟通的重要性，学习上行沟通、下行沟通、平行沟通的不同技巧。②突破思维定式，寻求更加有效的沟通方法，培养创新和风险意识。③信息公开和共享，不保留可能会对他人有用的信息。④领导艺术与领导力的学习。⑤分享时间管理与“二八法则”。⑥培养学生全局观念和责任意识。

项目过程：

（1）项目布置

①参与者男女搭配，随机分成3组，根据具体情况可以做出调整。团队中人员的

职业角色与岛上角色尽可能互换。②用箱子组成哑人岛、珍珠岛、盲人岛，哑人岛、珍珠岛要比盲人岛大一些。③选择一个力气较大的男成员，先把一组人（不少于3人）带至哑人岛。游戏规定：哑人岛的人不能说话，不许发出任何声音，违规者将接受惩罚或被取消游戏资格。④将第二组人带至珍珠岛。⑤将第三组人带至盲人岛。说明规定：盲人岛上的人均需戴上眼罩。⑥将珍珠岛的任务书、鸡蛋、笔、白纸、筷子与胶带发给珍珠岛上远离其他岛的学生。⑦将任务书交给哑人岛任意一人，最后悄悄将盲人岛的任务书放在一名成员手里，之后将网球分发给不同学员。⑧项目开始，以40分钟为限。

（2）项目控制

①严格按照项目规则进行，发现违反规定者应发出警告并制止。②“哑人”若在“盲人”未投进球前挪动木板算违规，应给予警告或处罚。③如学生不能隔岛传递或两岛之间传看任务书，发现这种情况应立即制止，并警告或处罚。④如果项目时间过去大半仍无人下岛，建议学生重新仔细研读任务书。⑤项目刚开始时假使有人无意落水，救生员可假装未看见；若时间过半，则可以利用学员落水的机会将他们带至盲人岛。⑥除“盲人”外其他任何人不得触球，当发现“盲人”长时间无法进球时，可以把桶挪近一些。⑦除“哑人”外其他任何人不得搭放木板，当发现“哑人”很努力但是木板的一端仍着地时，可以将木板拖至盲人岛。

（3）项目总结

①选择同一个岛的学生互相交流感受。②引导学生在完成任务后，具体分析影响任务完成的关键因素。③引导学生比较分析三个岛各代表高层、中层、基层中的哪一个层级，并阐述理由。④组织学生探讨哑人岛上的人怎样才能做好“上传下达”的工作，使学生发现选择正确沟通方式、沟通对象、沟通时机的重要性。⑤组织学生讨论珍珠岛上的人怎么选择任务，采用“时间象限图”的方法与学员探讨分析紧急事情与重要事情的关系，与不同层级人员的关系。⑥组织学生讨论如何使盲人岛上的人主动积极地完成任务。⑦引导学生走出语言与文字的误区，打破固有思维，有意识地培养学生通观全局的“粗读”与“精读”的习惯。⑧和学生一起分析杰克·韦尔奇关于三个层级的“梯子的比喻”。

注意事项：①教师应时刻注意监控盲人岛上的学员，及时提醒他们注意自己的位置，别掉下去。②教师应严密监控“盲人”向其他岛的移动，保护他们在移动过程中的安全，可张开手臂来保护他们不从木板上掉下来，手臂要与学生身体保持合适距离。③在一个岛上人数较多时，尽量将“盲人”安置在岛的中间部分。④提醒“盲人”在摘眼罩时要先闭眼适应一会儿，再慢慢睁开眼。⑤“哑人”运用杠杆原理搭板时要提醒其小心，关注木板是否稳定，不要压伤自己的手指或同伴的脚。⑥时刻提醒学生互相保护，不要让人掉下去。

拓展思考：①以“信任与全局观”为话题进行探讨。②运用层级管理分析问题。③物理定律的简单运用能力可以体现什么？

2.蜘蛛网

项目介绍：该项目融合了幻想与挑战，是一个集创建团队、培养团队合作精神、培养领导才能、锻炼沟通能力、锻炼处理冲突技巧于一体的优秀项目。

项目人数：16人左右。

项目时间：90分钟。

场地器材：在室外平坦、没有硬物的场地，设置专用设施或利用固定立柱架设一张宽3米、高1.5米的绳网，网内设有用于学员通过的网眼，数量为学员人数的120%，在较低处留2～3个相对容易通过的网眼，标记通过网眼的短绳若干。准备蒙眼布若干（用于蒙住被蜘蛛咬着的人的眼睛）、小铃铛若干（用作警报器）、大橡胶蜘蛛（用于制造紧张气氛）。

项目目标：①培养学生协调统一的意识。②让学生学习如何提高认识、分配和利用资源的效率。③正确科学地做出决策，统一领导和意见，分工明确合理。④理解合理节约时间的意义和作用。⑤学会科学的工作方法，介绍PDCA，即计划（plan）—执行（do）—检查（check）—行动（action）循环的工作程序。⑥通过亲密的身体接触，增进学生之间的感情，拉近彼此之间的距离。

项目过程：

（1）项目设置

①用螺栓或绳子在两棵树上各做4个固定点，最低固定点距离地面约20厘米，固定点之间相距70厘米。②借助固定点测量出编织蜘蛛网边框需要多长的尼龙绳。尼龙绳的长度=（两棵树的间距+最高固定点与最低固定点之间的距离）×2，在尼龙绳上每隔10～15厘米打一个结，绳子就不容易滑动。③用打好结的尼龙绳编织边框。具体做法：从树1开始，把尼龙绳的一端系在树1的最低固定点上；将绳子由下至上穿过树1的其他3个固定点，到达最高固定点；把绳子从树1的最高固定点拉到树2的最高固定点；将绳子从上至下穿过树2的4个固定点，到达最低固定点；把绳子从树2的最低固定点拉回到树1的最低固定点；绳子的剩余部分固定在树1的最低固定点上。④编织蜘蛛网。具体做法：从角落开始模拟蜘蛛网编织成一张网。网洞的大小以使队员顺利钻过为标准。⑤把一只橡胶蜘蛛和一个小铃铛放在编好的蜘蛛网上，可以烘托气氛，小铃铛也可以起到警报的作用。

（2）项目控制

①将学生分成若干个由8～12人组成的小组。②教师致游戏开场白：“你们小组在一片原始森林中迷失方向，最终找到的唯一一条走出森林的出路被一个巨大的蜘蛛网封锁了，所有人必须从蜘蛛网中钻过去。这时蜘蛛正在睡觉，但很容易被惊醒。因

此，在穿越蜘蛛网的过程中，一旦有人碰到蜘蛛网，就会惊醒蜘蛛，被蜘蛛咬伤，导致正在穿越的人和已经过去的人会立刻双目失明。另外，蜘蛛网的每一个网洞都只能用一次，否则第二次通过的人就会惊醒蜘蛛，因此，所有人必须从不同的网洞穿越过去。”③参与人数多时，大家可以互相监督，也可以观察其他小组的游戏情况。④所有小组完成之后，教师引导学生对游戏中的问题进行讨论分析。

注意事项：确保学生安全，避免学生跌落受伤。

拓展思考：①在游戏过程中有什么问题出现吗？采取了什么解决措施？②游戏过程中是否有充足的沟通，任务是否清楚？③游戏过程中是否发生了冲突？如果有，又是如何处理的？

3.跨越雷区

项目介绍：学生戴上眼罩，在“幸运组员”的语言指导下依次通过雷区。

项目人数：10人以下为一组。

项目时间：50分钟。

场地器材：一片空地；大号塑料杯3个，A4白纸数张，桌子，每组一块30厘米×30厘米的纸板，每人一个眼罩。

项目目标：让学生学会更多的沟通方式；让学生掌握沟通技巧，提升沟通能力。

项目过程：

（1）项目布置

①教师用白纸设置障碍。②把桌子放在游戏区域中间位置，上面摆放一个杯塔，底部的杯子正放，第二个杯子倒放，第三个杯子盛水放在第二个杯子上。③每组选择一位“幸运组员”，站在雷区另一边，负责指导同伴跨越雷区。④除“幸运组员”外，其他组员需要蒙上眼睛，并按顺序通过雷区。⑤每组的全部组员通过雷区时，要将小组的纸板放在杯塔上，杯塔不倒则视为完成任务。⑥踏中雷区（杯塔倒掉）的学生视为“死亡”，结束游戏，可以在一旁继续观看游戏。⑦顺利通过雷区的组员可摘下眼罩，帮助其他组员通过雷区。

（2）项目总结

①让学生克服心理恐惧，在看不见的情况下，尽量保持冷静，根据他人的指导语协调动作。②先通过雷区的人虽然付出的代价多，但是也会得到十分宝贵的经验。③指导“幸运组员”和蒙眼组员相互交流信息。④人多会导致混乱，需要有关键人物控制场面，冷静地向同伴传递信息。

注意事项：时刻注意学生安全。

拓展思考：①游戏过程中，有什么好的方法与蒙眼组员互相交流？②游戏中蒙眼组有何感受？③改进沟通方式的做法有哪些？

4.驿站传书

项目介绍：按照规则要求，学生纵队依次传递一组信息。

项目人数：10～15人为一组。

项目时间：90分钟。

场地器材：教室；纸，笔，秒表。

项目目标：使学生学习团队信息高保真传递的方法，认识创新能力的重要性。

项目过程：

①项目布置。不准说话；不许回头；后面队员的身体不准超过前面队友的横截面；教师的指令不许怀疑；教师可随时增加新的游戏规则，并且规则立刻生效。

②项目控制。教师每局给一组数字，每组按照规则要求将数字信息从末尾传至排头，速度最快、最准确的一组获胜。比赛共五局，每局结束后有3分钟讨论时间；每局开始前教师要根据情况增加新规则，之后给出3分钟时间来进行讨论。

注意事项：提醒、警告违规者，避免意外发生，注意调节氛围。

拓展思考：①游戏中，P（计划）D（实施）C（检查）A（改善行动）是如何体现的？②游戏中，团队是否做出了创新？创新与游戏规则冲突吗？③本团队的优缺点是什么？④不被禁止的就是允许的。怎样在规则不规范甚至混乱的情况下，研究规则、利用规则、出奇制胜？⑤团队信息的传递必须有一个准确的“发送—接收—解码—编码—再发送—再接收”的过程。每一个过程都不允许出错，所以需要信息反馈与确认。

（三）团队类项目

团队合作可以调动所有成员的优势，使团队激发出潜力。大学生参与团队合作项目有助于提高协作能力，使大学生明确个人和团队的职责，向着集体的共同目标努力。

现重点介绍以下几种团队类拓展项目：

1.众志成城

项目介绍：团队合作项目。

项目人数：20人以上。

项目时间：20～40分钟。

场地器材：一块平地，若干张泡沫拼图。

项目目标：理解合作的重要性，明白个人在团队中也要履行义务。

项目过程：①把参与者分组。②在地上铺好若干块1平方米的泡沫拼图，请各组成员分别站在各组的泡沫拼图上，不限方式，只要脚不踏在泡沫拼图外即可。若有一个成员被挤出拼图外，整组就会被淘汰。③逐次减少泡沫拼图的数量，之后游戏继续，淘汰方式同上。直到淘汰至最后一组为止，最后一组获胜。

注意事项：注意学生安全，必要时可男女分组进行。

拓展思考：团队的成功离不开合作。每个人都在团队中发挥着作用，合作可以发挥团队的最大优势。

2.信任背摔

项目介绍：团队合作项目。

项目人数：12～16人。

项目时间：40分钟。

场地器材：一块平整的场地，一个高1.5～2米的背摔台。

项目目标：①培养团队成员间的相互信任。②鼓励学生有挑战的勇气。③培养学生换位思考的意识。④使学生发现突破本能的意义。⑤让学生理解制度的制定对完成任务的价值。

项目过程：①学生先将身上所带的硬物取下放到指定的安全区域。②背摔（后倒）前，接受队训，练习绑手、对位、试压以及搭“人床”。③每一个学生轮流站在背摔台上按照要求后倒，其他队友将其接住。

注意事项：①有严重外伤病史，以及有严重心脑血管病、精神病、高度近视的人禁止参加此项目。②教师在同学准备背摔前，应测试接人学生的双臂，并强调每一个人手臂位置的重要性。③背摔。学生在背摔台上后倒时，应靠护栏站立。④接人学生由背摔台向外按弱、较强、强、强、较强、弱来排列，3、4组安排男士，手臂保持水平或渐高。⑤学生背摔时，教师应一手拉住护栏，另一手紧贴学生的手握住背摔绳，随着学生的重心移动，保持学生的后倒方向，适时松开绳索。⑥学生背摔时，应避免头和肩先着地，尽量保持身体平稳。⑦注意将人安全放到地上，背摔学生倒下被接住后，教师下蹲控制住挑战学生的脚；学生落地站起时，要防止头前冲碰到背摔台。

拓展思考：团队中的信任十分重要。

3.平结绳圈

项目介绍：团队协作项目。

项目人数：不限。

项目时间：30分钟。

场地器材：一块平地，若干条长短不一的绳子。

项目目标：①锻炼学生团队协作的精神，提升挑战极限的能力。②培养创新能力。

项目过程：

第一阶段：①教师教学生如何用绳子打平结（绳子的活结打法，结点可以任意伸缩）。②学生通过打平结，将绳子打成一个绳圈放在地上，本组所有成员都把脚放在绳圈内。③教师提醒本组所有人确认自己的脚是否都在绳圈内。④教师下达命令“开始换位”，学生全部离开自己的绳圈，站到其他绳圈内。循环三次。⑤从第四次开始，每次减少一个绳圈，教师要提醒学生观察本组所有人的脚是否都在绳圈内（可能是几个人同时挤在同一个绳圈里）。⑥当只剩下一个绳圈时，所有人需要站在一个绳圈里，之后不断缩小绳圈，直到大家都挤在一起。

第二阶段：①教师逐渐缩小绳圈至极限范围，其间要不断询问所有人是否有信心挑战极限。学生在挑战极限的过程中不断创新，通常会产生意想不到的结果。②在学生不断进行挑战的过程中，教师要引导学生把握并调动场上气氛。发现学生没有办法解决问题时，教师可以观察情况后公布正确的解决方法。例如，所有学生可以坐在地上将脚放在绳圈内，这完全符合“脚在绳圈之内”的游戏规则。

注意事项：注意学生的安全，以防摔倒、挤压，避免发生意外事故。

拓展思考：游戏中是否有创新？大家是否全力合作？有什么样的效果？

4.全体离地

项目介绍：规定时间内，参与人员搭建完竹架，并全部离开地面。

项目人数：每组12人。

项目时间：20分钟。

场地器材：一块平地，若干根粗竹子，若干根小白绳。

项目目标：①培养团队协作能力。②学习如何制订计划、分派工作、沟通及合作，提高执行能力。

项目过程：①教师按每组12人将学生分组。②分发给每组9根粗竹子和9根小白绳。③20分钟内需要建起架构，借助该架构，全体组员同时离地3分钟。

注意事项：注意安全，防止受伤。

拓展思考：①行动是怎么开始的，是否进行了头脑风暴来收集建议？②游戏成员都参与了吗？大家对于任务是否清楚？③活动过程中出现了什么问题？有什么改进的建议？

5.建设大桥

项目介绍：团队协作项目。

项目人数：3～5人/组。

项目时间：30分钟。

项目场地：室内。

项目器材：建筑材料，包括纸、剪刀、胶带等。

项目目标：①使学生能够意识到影响团队成功的主要因素以及团队成员之间相互鼓励和扶持的重要性；②由于组成人员众多，希望学生能够在合适的岗位上发挥自己的优势和特长，认识到团队分工的重要性；③使学生的创新能力有所提高。

项目过程：①所有参与者由教师进行分组。②每组参与者进行抽签，从而决定自己的“任务记分纸”。③每组依照自己记分纸上的点数来选取基本物资，每个点代表一项可选物资。④小组成员共同合作设计并搭建一段桥面，要求高≥1米、宽≥0.2米、长>0.15米。设计必须凸显自己小组的特色，同时要认真为作品命名。⑤30分钟内需要完成建桥工作。⑥将各组的桥面连接起来测试质量，看过山车能否安全顺利地通过桥面。

拓展思考：①思考何为最有新意的设计？②小组设计的初衷和灵感是怎样的？③设计过程中小组成员是怎样分工协作的？有没有充分发挥各自的优势，各显其能？④所有设计完成的作品中，有的华而不实，有的外表并不华丽但是结实。这恰恰表现出两种不同的处世态度，功夫应做在表面还是内在呢？应怎样正确处理外表与内在之间的关系呢？

（四）领导类项目

领导能力，包括领导者带领下属开展工作、推动工作以及完成工作的能力。具体而言，则指管人的能力、说教的能力、身教的能力以及影响人的能力。积极参加领导类项目实践，可以增强学生召集大家共同行动的能力，让学生在行动的过程中得到他人的配合和支持，帮助其发展领导能力。

以下着重介绍几种领导类的拓展项目：

1.齐眉棍

项目介绍：组员并排站立或者相对站立，双手将塑料棍托起，让塑料棍自眉头起保持绝对水平地向下移动。

项目人数：多于5人。

项目时间：30～40分钟。

项目场地：一块平整空地。

项目器材：2～3米的轻质塑料棍。

项目目标：增强学生的领导力，培养团队默契，加强团队成员间的沟通。

项目过程：①提前准备好可以伸缩的轻质塑料棍。②组员并列一排或者相对站立，把双手举至自己眉头的位置。③把轻质塑料棍放在组员的双手上，并且保证每个组员的双手均能触碰到塑料棍。④在确保小组所有人的手都紧贴塑料棍的条件下，把塑料棍绝对水平地缓缓下移。如果有人手离开了塑料棍或者塑料棍自身失衡，就视作失败，需要从头开始。

注意事项：教师需要做好监督工作，看学生的手是否一直与轻质塑料棍接触，一旦犯规就要立即叫停。

拓展思考：①如何才能将此任务顺利地完成？②组员间的默契是如何形成的？

③游戏中是否出现了领导人物来协调大家的行动？④团队的力量是不可忽视的，具体探讨“帕金森定律”。

2.授权风格

项目介绍：两人合作完成的项目，需要两人扮演固定角色。

项目人数：6人。

项日时间：25分钟。

项目场地：室内。

项目器材：大号行李箱，3张打包专家卡片。

卡片1：王博士，世界上闻名遐迩的打包专家，将要给全班呈现他特有的打包方法。在展示的过程中，助手（B）就是“你的双手”，会协助你完成打包。表演者需要对“你的双手”直接进行管理。每个步骤都要指示到位，必须详细、具体。例如，“我要带上这件有领子的衬衫，现在我要把它搭在右肩上”，这一系列动作需要由助手完成，但是助手不能独自做决定。

卡片2：张博士，世界上闻名遐迩的打包专家，将要给全班呈现他特有的打包方法。在展示的过程中，助手（B）就是“你的双手”，会协助完成打包。表演者只对“你的双手”做出简单的指挥，不要进行深度的指导，给“你的双手”自由，让助手做想做的事即可。例如，“我要把袜子塞进这个袖子里”，“现在我要把我的牙刷放进鞋子里”，这一系列动作要求助手独立完成，不要提供任何指示。

卡片3：李博士，世界上闻名遐迩的打包专家，将给全班呈现他特有的打包方法。在展示的过程中，助手（B）就是“你的双手”，会协助完成打包。表演者需要指导“你的双手”完成整个过程。例如，“我要先叠裤子”，必须在收拾过程中对助手进行口头指导，同时允许助手独自尝试多种方法，关键时刻也需要做出恰当的提示：“我认为，这双鞋最好放在右边。”

项目目标：①训练学生更好地掌握管理技巧。②提高学生的合作交流水平。

项目过程：

第一轮：①教师会把所有的学生分为三组，每组两个人（即为A和B）。②教师会把项目介绍给各个小组，其中，A是著名的旅行家，要做一份报告，名为《如何为你的洲际旅行准备行装》，并通过电视卫星呈现给全世界。可惜的是，A缺少胳膊，必须在助手B的协助下完成。也就是说，B需要充当A的胳膊，帮助他在电视机前隐瞒此事实真相。③A需要端正站立，双手在背后交叉放置，肘部稍稍弯曲，面对观众，助手B则要站在旅行家A的身后。旅行家A的肘部和胸部之间的位置穿入的是助手B的胳膊，这样就可以营造出A有胳膊的假象。④教师要介绍王博士、张博士以及李博士这三位著名的打包专家，并请求三位专家在3分钟内展现其独有的打包风格和方法。⑤第一组开始，王博士是这组的打包专家，在放置行李的桌子后进行，也是需要面朝着观众的，A根据卡片上描述的内容指示B完成行李打包。⑥3分钟时间截止或者所有的东西收拾完毕，打包就要停止，两位组员需要回答如下问题：

B要求回答：与搭档之间怎样交流沟通？有何体会？起作用的因素有哪些？不起作用的因素有哪些？

A要求回答：演示过程中，表现出何种自身本就拥有的风格特点？这与现实生活中的风格有什么相异或相同之处？

第二轮：①第二轮开始打包，张博士是这组的打包专家。②与第一轮过程相同，先完成打包，再回答以上问题。

第三轮：①第三轮开始，李博士是这组的打包专家。②与第一轮过程相同，先完成打包，再回答以上问题。

注意事项：无。

拓展思考：①三位打包专家的指挥风格各有什么？哪位专家的指挥效果更好？②最后一次演示与之前两次相比，有何不同？③这三次指导管理各在什么情况下可以发挥作用？相对来说，哪种管理风格更为有效？④在实际生活中，怎样才能合适地选择授权管理风格？⑤探讨授权管理过程是怎样合理地分配任务的？如何正确处理直接管理与松散管理的关系？

3.领袖特质

项目介绍：必须独立完成的项目，但要集体进行讨论。

项目人数：12～13人/组。

项目时间：40～60分钟。

项目场地：一块平整的空地。

项目器材：领袖人物画像，需要将一张空白题板纸粘贴在每一幅画像的旁边，若干有领袖人物姓名的表格以及2张小纸条（用于投票），每人1支笔。

项目目标：①培养学生的领导风格。②提高学生的管理技巧。

项目过程：

①将表格分发给学生，1份/人。

②对学生进行提问，让学生根据提出的问题选择一个他们认为匹配的领袖人物。同一领袖人物可以被多次选择。问题如下：

现实工作中，作为最令人满意的沟通者，会是哪位领导？现实工作中，作为谈判中最有才干者，会是哪位领导？现实工作中，作为解决问题最有能力者，会是哪位领导？处于危机时，哪个领导最值得信赖？可能对学生的工作业绩进行积极评价的领导是哪位？最适宜成为自己上级监管者的是哪位领导？如果身为管理者，哪位领导的风格可能同自身的风格最相似呢？

③要求学生相互观察其他同学就同一问题选择的领导者，并且最终站在自己所选

领导者画像的下方。

④要求学生阐述选择领导者的原因，只回答一个问题即可，教师需将学生阐述的理由记录在领袖人物画像旁的题板纸上。

⑤问题环节结束，让学生坐回座位，教师标记出学生选择最多的3幅画像。

⑥小组总结领袖人物画像旁题板纸上的选择结果，同时交流一些领导者说过的有关管理本质的经典话语。

拓展思考：①被选择但让同学感觉惊讶的领导者有哪些？②多次被选择的领导者是谁？原因是什么？这些领导者是否都有着某种相似特征？③领导者与管理者的区别是什么？④自身的偏好与风格是怎样的呢？⑤如果要成为学生最理想型的领导者，会有哪些阻碍因素？⑥教师带领学生探讨领导者怎样让员工充满动力，进而积极主动地完成任务？怎样让全体员工工作起来协调一致？在实际管理工作中，怎样保证信息在每一级传达时都确切无误？如何了解基层员工的真实想法及做法？如何让员工面对繁重的工作时不抱怨？

（五）空中挑战类项目

相关心理学研究表明，人们通常会本能地对不熟悉的环境和事物产生恐惧感，所以，每个人都要用满满的自信和勇气去面对那些从未尝试过的事情和问题。空中挑战类拓展项目的作用在于能够很好地锻炼大学生的勇气，同时帮助他们养成面对困难所需的顽强精神。

以下着重介绍几种空中挑战类的拓展项目：

1.空中断桥

项目介绍：要求学生自主完成的项目，具有高空类、高心理冲击的属性，以个人挑战为主。

项目人数：10～16人。

项目时间：120分钟。

项目场地：室外。

项目器材：①专项训练架或者组合训练架，要求高度为7～12米。②2条直径为10.5毫米的动力绳，连接在一起后下垂。一根供拓展教师使用，需要同桥上人员的膝盖一样长；另一根用于保护学生，需要到腰的位置。1根静力绳作为攀爬保护的上升器引绳，需要同训练架高度相等，也可以稍微长一点。③4把主锁；4把D形锁或者O形锁，作用是连接两条平行钢索。④2把上升器，其中拓展教师的替代器材为主锁和80厘米长的扁带。⑤3条坐式安全带，1条40厘米长的应急扁带，3顶安全帽，1条大毛巾，2副足球护腿板。

项目目标：①使学生认识自我、克服恐惧、战胜自我的能力得到增强。②提高团队意识，使学生养成面临困难时的互助精神。③帮助学生了解被鼓励以及鼓励别人的意义。④帮助学生了解自我说服和自我激励的意义。⑤指导学生正确处理挑战顺序与团队内部组织方法的关系。⑥让学生知道认知心态是如何影响行动的，同时学会自我调控心理情绪和缓解心理压力，进而提高学生的心理承受能力。

项目过程：①引导学生掌握器材的使用方法和检查方法，包括头盔、安全带、主锁和上升器的使用方法。②教师必须在地面上向学生示范需要在桥面上完成的所有动作，并组织学生进行模拟练习。③为即将开始挑战的学生穿戴好保护装备，之后要在地面试跳，并牢记自己起跳的腿，同时接受队友的鼓励。④挑战的学生要使用好上升器，到达距离地面8米的空中断桥面。当学生上至断桥面时，教师会说："欢迎前来挑战。"同时，要求学生背靠着立柱，将他们保护在自己的身体内侧，帮学生挂好保护绳主锁，摘去上升器的连接主锁。在此值得注意的是，主锁必须先挂后摘，此时查看学生身体是否有反应，也要重复检查学员的头盔和安全带是否正确穿戴。⑤挑战学生要在桥板另一端，高声询问队友"准备好了吗?"等队友回答"准备好了"，挑战学生就会将两臂侧平举，并大声喊着"1、2、3"，大跨步地跳至桥板终端，单脚起跳、落地，接着依照相同的规则跳回来。全体学生都要按顺序完成"高空断桥"的挑战项目。⑥当挑战学生站在板端准备时，教师要告诉学生规则和技巧，可以把支撑脚的脚尖探出板端一些，之后迅速跳出去，不能在桥面助跑。跳跃的过程中，为了保持身体重心，可以用一只手轻扶绳子，但不能紧拉保护绳。

注意事项：①有以下情况的学生不允许参加这个项目，包括有严重外伤病史、严重心脑血管病、高血压以及精神疾病、慢性病及并发症，或者医生建议不适合参加这类挑战活动。②教师要时刻观察学生的情况，如果不能完成，无需强求，应特别注意以下表现：学生呼吸急促、脸色发白、眩晕、呕吐、两眼发黑、双眼紧盯木板、不敢看其他地方、动作僵硬且迟缓、两腿发抖、站立困难。③一名队员协助挑战学生穿戴头盔、安全带和连接上升器，指派一名学员进行检查，最后仍需教师做仔细的、全面的检查。④学生要始终把上升器固定在腰部以上的位置，同时教师要时刻在旁提醒学生。⑤教师用绳和学生用绳连接在各自的钢索上，两条钢索平行设置，不会交错，通常会把短绳（学生用绳）扣在右前方的钢索上，两种绳子必须理顺。⑥挂上上升器的主锁，接着摘下保护绳的主锁，这是挑战学生下桥后需进行的步骤。⑦遇到不能过桥的学生，教师可以先把学生引导到桥的一端，然后教师自己去另一端引导学生过桥。需要注意的是，此时教师与学生绝对不能共用同一根钢索，而且教师在引导学生时应多加关怀与鼓励，切不可使用激将法。⑧学员要戴好足球护腿板，教师要戴好头盔。⑨教师必须仔细观察挑战学生的情况，对于一些体胖、年龄偏大且不擅运动的女学生，可以根据她们在地面上试跳距离的远近，适当调整板距。⑩对挑战顺序做出合理的安排，要充分考虑对完成任务不利的顺序，切忌把女学生全都安排在最后。

拓展思考：①比较在地上与在高空跨越的感觉的不同。②怎样战胜自己进而顺利完成挑战？③恰当的激励是一种支持，喜欢被队友们鼓励的人和喜欢自我激励的人中，挑战学生属于哪种呢？④针对“时间是战胜恐惧最好的良药”这一观点进行探讨。⑤思考挑战顺序对团队完成挑战的影响是什么？

2.空中飞狐

项目介绍：也叫“溜索”，是一项高空项目，以个人挑战为主，距离较长且对身体技能有一定的要求。

项目人数：10～16人。

项目时间：120分钟。

项目场地：设有钢索和滑轮的专项训练场地。

项目器材：①2根静力主绳、2根各长50米的细绳；②6把丝扣主锁、1副快挂。③3条半身安全带、2条胸式安全带、2条长扁带、4条短扁带、2顶安全头盔、2双手套。

项目目标：①培养学生认识自我、克服恐惧、战胜自我的能力。②提高学生的团队意识，使学生养成面临困难、互帮互助的精神。③使学生在面对生活与工作时能够有积极的态度。

项目过程：①所有学生集体学习使用和检查头盔、安全带以及主锁。②所有学生必须学会使用溜索。在只有钢索和滑轮并且配有下垂吊索的情况下，学生只需要掌握使身体保持平衡的技术；在临时设置保护绳的情况下，学生则要拥有控制身体的技术、上下肢配合前行的技术、双手握绳以及用腿夹绳的技术。③挑战学生必须摘下有安全隐患的物品，并在穿戴好保护装备后接受来自队友的鼓励。④穿戴好安全护具的挑战学生，要爬上固定绳索的位置。此过程中必须有一定的安全保护或者有专人引领，然后借助教师的帮助，顺利连接保护主锁。接着从上向下滑，但需保证速度始终在可控范围内。所有学生要按顺序完成溜索。

注意事项：①必须使用静力绳架设绳索，一旦距离过长，就要架设双绳；保护点必须是双重连接，各个绳端都要有两个连接点，各自连接两个绳结。②挑战学生的安全护具必须按照要求穿戴，而且必须由教师亲自为学生扣上主锁。安全带需要紧系在髋骨上，绝对不能脱出。如果不行，就要穿戴胸式安全带。③有以下情况的同学需要穿戴胸式安全带，分别为负重、体重过重和有“将军肚”的学生。④教师要仔细留心学生的情况，给予学生恰当的鼓励，绝对不允许强迫学生完成任务。⑤一旦学生在中途停止，教师必须给予鼓励，使其继续前进。要注意的是，绝对不能在没着地之前摘下主锁。⑥需要专业人员处理路线较长或者影响视线的情况。⑦在绳下垂距离变化过大或者天气有所变化的情况下，必须及时做出调整，而且完成任务后的每一个学生都必须再次检查绳索连接点。⑧学生禁止穿短裤和裙子，同时需要戴手套，否则不允许参加活动。

拓展思考：①组织学生谈一下自己的真实感受。②内心保持平静非常有必要，尤其是在困难面前，请同学说说自己面朝天空无法看到地面情况时内心的感受。③面对风险挑战，人通常会有四种表现：表面与内心都不畏惧、表面不畏惧但内心很害怕、表面害怕但内心不畏惧、表面与内心都畏惧。自己是什么样的人呢？④自己倾向于在哪个规定时间段完成必要的任务，并简单说明原因。

3.高空抓杠

项目介绍：个人挑战类项目，但需要团队合作完成。

项目人数：大约15人。

项目时间：100分钟。

场地器材：①8～10米的专项训练架或组合训练架。②足够长的动力绳2根，足够数量的铁锁、扁带，全身式和半身式安全带2个，8字环2个，头盔2个，手套6双。

项目目标：①自我突破，战胜恐惧，超越心理障碍，全力以赴就能成功。②用积极的心态去面对和争取机会。③通过同学之间相互加油、鼓励，培养学生面对困难时相互支持、相互照顾的团队精神。

项目过程：①学生围成一圈，由教师讲解项目的名称及活动方式。②教师讲解任务的背景："我们的军舰遭到德军潜艇的袭击，军舰正处于下沉的危险情境中，我军总部的救援直升机前来救援，但因风浪很大，站在甲板上的人够不到直升机放下的软梯，只有向前上方用力跳跃才能抓住软梯生还，但一旦抓空就将葬身大海。"③教师介绍如何使用保护器械，并向地面上负责保护的学生进行保护方法的解说，着重说明安全事项。④组织学生做跳跃、蹲起等热身活动。⑤单杠距离的调整要充分考虑学生的体能状况。所有学生依次完成任务。

注意事项：①在项目开始之前，教师必须声明：有以下情况的学生不允许参加此挑战，包括有严重外伤病史、严重心脑血管病、高血压以及精神疾病、慢性病及并发症，或者医生建议不适合参加这类挑战活动。②要求所有参加挑战的同学把身上的硬物全部拿掉，包括手表、钥匙、手机、戒指、手镯、女同学的硬质发卡等，认真学习安全护具的穿戴方法和保护方法。③每位同学进行挑战时，至少有两组保护同学能够同一时间使用动力绳来保护，每组保护同学不得少于3人。④学生自身、其他同学和教师必须各检查一遍头盔和安全带的穿戴情况，并由教师负责主锁的摘挂。⑤要控制好挑战同学的攀登速度，不宜过快，这样可以减轻紧张情绪。⑥当挑战同学奋力跃出时，保护同学要及时收绳并适当后退，防止挑战同学没有抓到单杠脱手后急坠。⑦整个过程中，教师要仔细留意学生情况，一旦学生做出不合理的动作时，要及时提示和叫停，如果学生的下降速度过快，教师需要及时上前接应。⑧提醒学生不要抓保护绳索及主锁，女同学戴头盔时，长发必须盘在头盔里面，防止与主锁和绳索缠绕。

拓展思考：①顺利完成项目有何体验？②将生活与学习中的目标用抓杠来作比喻，深入讨论。③谈谈不能做与不敢做的差别，你是怎样说服自身完成挑战的？④积极的、消极的心态会产生不一样的结果，对此就“成功和失败只有一念之差”这一观点进行探讨。

4.高空速降

项目介绍：个人心理挑战类项目，也需要团队的鼓励。

项目人数：8人/组。

项目时间：90分钟。

项目场地：高3～4层的训练架、楼房、人工岩壁或者山崖均可。

项目器材：①2根直径大于10毫米且足够长的登山静力绳，其中1根备用；4根各长40厘米的绳套。②10～12个主锁，4把丝扣主锁，4把钢锁，6～8个8字环。③6顶安全头盔，6条半身式安全带，12副手套，若干医用胶布。

项目目标：①帮助学生亲身体验一些可能做不到的事情。②引导学生体会团队鼓励的重要性。③增强学生认识自我、克服恐惧、战胜自我的能力。④提高学生面对困难的信心。

项目过程：①教师带领学生了解安全保护器械，学习安全保护器械的使用与检查方法。②教师教给学生正确的自我保护方法。③教师要组织学生独立地完成速降任务，在保证学生足够熟练的前提下，分别进行3米、5米、8米、10米的速降任务，高度不断增加。

注意事项：①有以下情况的学生不允许参加此任务：有严重外伤病史、严重心脑血管病、高血压以及精神疾病、慢性病及并发症。②要求学生单独完成任务，并保证所有的学生都能正确、熟练地掌握器械的操作手法以及所有程序的操作。③是否正确穿戴头盔和安全带，在学生进行速降任务前，教师必须严格检查。④活动中的器械要按照器械备份原则进行备份。

拓展思考：①谈谈准备做任务时的感受。②速降前站在高空处时是什么心情？队员的鼓励有效果吗？③在任务前后对自己进行评价。④完成任务后有何感受？是否对自己有新的定位与认识？⑤“欲速则不达”，思考正确控制速度对顺利完成任务的影响。

第二节　攀岩运动

一、攀岩运动概述

（一）攀岩运动发展简述

攀岩运动是从登山运动中衍生出来的竞技运动项目，起源于20世纪50年代的苏联，最初是军队中的一项军事训练项目。

1947年，苏联首先成立了攀岩委员会。1948年，苏联在国内举办了首届攀岩锦标赛，这也是世界上第一次攀岩比赛。从那以后，攀岩运动开始在欧洲盛行。

1974年攀岩运动被列入世界比赛项目，1976年苏联举办了首届国际攀岩比赛。

进入20世纪80年代，以难度攀登为主的现代竞技攀登比赛开始兴起，并引起大众广泛的兴趣。1985年，在意大利举行了第一届难度攀岩比赛，因有许多国家的攀岩高手参加而获得了巨大成功。虽然攀岩运动吸引了众多爱好者，但因自然岩壁都在郊外，交通、时间问题给人们带来了诸多不便，人们只能利用节假日从事这项运动。1985年，法国人弗兰西斯·沙威格尼发明了可以自由装卸的仿自然人造岩壁。他实现了人们把自然中的岩壁搬到城区的设想。因人工岩壁比自然岩壁在比赛规则上易于操作，并利于观众观看，1987年，国际攀登委员会批准将在人工岩壁上的攀岩比赛列为国际正式比赛项目，并于当年在法国举办了人工岩壁上的首届攀岩比赛。1988年6月，国际竞技攀岩比赛在美国举行。1989年，首届世界杯攀岩赛分阶段在法国、英国、西班牙、意大利、保加利亚和苏联举行，运动员参加各地举行的比赛，然后根据每站比赛的得分，进行年度总排名，总成绩最好者即为世界杯攀岩赛冠军。此后，每年举行世界杯攀岩赛。

随着攀岩运动的蓬勃发展，国际攀岩联合会在各大洲相继成立委员会，组织洲内地区性大赛。1991年举办了首届世界攀岩锦标赛；1992年举行了首届世界青年攀岩锦标赛；同年，国际登山联合会向国际奥委会申请，把攀岩列入奥运会正式比赛项目；2016年，国际奥委会宣布接纳竞技攀岩为2020年东京奥运会正式比赛项目。

在亚洲，1991年1月“亚洲攀登比赛委员会”在中国香港正式宣布成立，这标志着亚洲的攀岩运动进入了一个新的阶段。

1987年，中国登山协会派出8名教练和队员去日本长野系统学习攀岩，回国后，于1990年10月在北京怀柔大水峪水库的自然岩壁上举办了第一届全国攀岩比赛。

1993年，攀岩比赛被国家体委列入正式比赛项目；同年9月，第一届全国攀岩锦标赛在长春举行；10月在武汉举行了国内首届国际邀请赛；12月在长春又成功举办了第二届亚洲锦标赛，此后每年举行一次全国锦标赛。

攀岩运动在我国经过十多年，特别是近两年的发展，已初具规模，并吸引了越来越多的年轻人参加，发展前景十分可喜。在我国北方地区，特别是北京，了解攀岩的人为数不少，而参与攀岩已成为这里许多青少年的时尚行为。尽管目前攀岩还没有在全国范围内得到很好的普及推广，但值得欣喜的是，通过近几年新闻媒体的大力宣传，东南沿海、西南及西北地区也纷纷要求开展这项运动。全国已经建好或正在修建各种各样的天然及人工攀岩场地，供人们训练和娱乐。我国幅员辽阔，山地资源丰富，可供攀岩的悬崖峭壁比比皆是。中国人比较灵巧、轻捷，只要下功夫，我们就能够在不久的将来进入攀岩运动的世界先进行列。

（二）攀岩运动的分类

1.按场地类型分类

（1）自然岩壁攀登

即在自然形成的岩壁上攀登，一般攀登线路需要前期清理、开发。主要优点：能充分融入自然，能不断发现新线路，有机会攀登多段线路，更具挑战性等。主要缺点：危险性较大，受气候影响较大，一般远离市区等。

（2）人工岩壁攀登

即在人工设计建造的岩壁上攀登，主要包括室内攀岩馆和室外攀岩场。主要优点是：安全性高，受气候影响小，交通便利，更具观赏性等。主要缺点是：岩壁造型相对固定，攀登线路创新有限，室内空气往往较差等。

2.按攀登方式分类

（1）自由攀登

即不借助任何器械而完全靠攀登者自身的力量进行的攀登。这种形式在我国占主导地位，较符合体育运动的含义，主要考验攀登者在难度、速度和攀石等方面的综合攀爬能力。

自由攀登又可分为运动攀登和传统攀登两种。其中，运动攀登即攀登者在已经设置好安全保护点（站）的线路上攀登。这种攀登非常安全，易于开展，主要用于竞技比赛、运动员训练和初学者体验等；传统攀登即在预先没有设置任何人为保护措施的线路上攀登。一切保护措施需要领攀者在攀登过程中根据线路特点，凭借其已经积累的经验，选用合适的装备来临时设置，跟攀者又会回收所有这些设置在线路上的保护装备，从而整个攀登过程原则上不会留下任何装备，不会破坏任何岩壁表面，所以传统攀登被认为是一种“绿色攀登”方式。不过这种攀登危险性较大，需要攀登者具备丰富的器械使用经验和攀登经验。这种形式由早先的英国攀岩者发明，并一直被该国后来的攀岩者所倡导和喜爱。

（2）器械攀登

器械攀登即借助器械作为攀登工具的攀登方式。这种形式主要用于大岩壁攀登和自然岩壁线路开发过程，需要攀登者具备丰富的器械使用和攀登经验。

3.按保护方式分类

（1）顶绳攀登

即保护点设在线路顶部的攀登。与其对应的是上方保护方式。这种形式要求保护点非常安全，攀登者一直处于保护点下方，整个攀登过程不会发生冲坠，相对而言非常安全。一般适用于攀登线路角度小于120°的情形。

（2）先锋攀登

即保护点已经用膨胀钉和挂片器材预先设置在攀登线路沿线（若是传统攀登则保护点需要临时设置），攀登者在攀登过程中依次将保护绳扣入这些保护点（含快挂）上的攀登。与其对应的是下方保护方式。在这种形式下攀登者可能会发生冲坠，相对于顶绳攀登来说较为危险。一般适用于大仰角（大于90°）线路的攀登。

（3）自动保护器攀登

攀岩自动保护系统，专为攀岩行业设计。自调节磁性制动系统，通过ISO 17025标准测试认证，符合国际安全标准。磁性非接触式设计最大限度地减少部件损耗；可根据攀登者的体重自动调节阻力大小，下降平稳；下降警示音可提醒攀登者及周围人群；模块化设计，扁带传送结构，比钢缆传送结构更加安全，减少摩擦，便于更换。攀岩自动保护器的特点是减少人为操作保护的不确定安全因素，一般适用于无大仰角（大于90°）及不规则线路的攀登。另外，为了保证器械本身的安全性，使用前要做例行检查和年度检测保养。

（4）其他有保护措施的攀登

随着攀岩运动的发展和新材料的发明，像攀石、深水攀等新型攀登方式不断涌现，海绵垫、充气垫、强力安全网甚至水池等安全保护措施也随之用于攀岩保护，并取得了良好的效果。

4.按比赛项目分类

目前，国际上主要的攀岩比赛项目有速度赛、难度赛和攀石赛，与其对应的分别是速度攀岩、难度攀岩和攀石，这三种形式充分体现并完美诠释了奥林匹克“更快、更高、更强”的精神。

（1）速度攀岩

即采用顶绳攀登，上方保护，以追求完成攀岩线路的速度为主要目标的攀登方式。与其对应的速度攀岩赛是指运动员们依次攀登由定线员在赛前专门设定的速度线路，以完成攀岩线路所用的时间为成绩的比赛。速度越快，成绩就越好。

（2）难度攀岩

即采用先锋攀登，下方保护，以完攀具有一定难度的线路为主要目标的攀登方式。与其对应的难度赛是指运动员们依次攀登由定线员在赛前专门设定的难度线路，在相同的关门时间内以攀登高度为成绩的比赛。高度越高，成绩越好。

（3）攀石

也被称作抱石运动，指在没有绳索保护的状态下攀登一般不超过5米高的岩壁的攀岩运动。一般采用海绵垫或充气垫做保护。由于没有绳索的限制，这种方式可以最大限度地发挥攀登者的极限攀登能力。与其对应的攀石赛是指运动员们依次攀登一系列由定线员在赛前专门设定的短而难的线路，以完攀这些线路的数量为主要成绩判定依据的比赛。完攀线路的数量越多，成绩越好。

（三）攀岩运动的特点

攀岩运动源于自然岩壁，人工岩壁的出现使攀岩发展成为既是一项运动项目，又是一项娱乐项目。人工岩壁更便于控制攀爬风险，所以被广大爱好者所接受。由于方便、安全，人们更钟情于人工岩壁的攀爬挑战。

攀岩运动是一项集探险、竞技、健身、娱乐、观赏于一身，融力量、勇气、智慧、时尚、美感于一体，惊险刺激而又能确保安全的大众化体育运动。攀岩运动能充分满足人们亲近自然、挑战极限、超越自我的需求，正吸引着越来越多的参与者。攀岩运动的特点主要体现在以下六个方面：

1.特殊运动场地的唯一性

攀岩是唯一一项在陡峭的岩壁（包括人工岩壁）上开展的运动。在人类开展攀岩运动之前，地球上无数雄伟壮丽的悬崖峭壁只能供人们欣赏其静态之美，而自从有了攀岩运动，人类就开始不断地赋予岩壁以生命之美。这一特殊性吸引了无数人的目光，使人产生了无限的好奇与遐想，从而使人们产生一种想去体验的冲动。

2.具有探险运动的危险性

攀岩最早是作为人类探索自然的表现行为，由于受自然环境、气候条件和装备器材等不确定因素的影响和制约，其危险性是不言而喻的。这种危险性还源于它是一项在高空开展的运动，只要离开地面，就有脱落的可能，只要脱落就有可能存在危险。这就要求每个参与者在思想上对此要有足够的认识，并通过不断地实践掌握相关的技术，积累各方面的经验。

3.具有极限运动的挑战性

攀岩作为一项极限运动，对人的身体、毅力和心理都极具挑战性。参与攀岩运动，需要攀登者对线路的高度、难度及所用的时间（即速度）不断地发起挑战，每次攀登都是不断遭遇困难并战胜困难的过程。它充分体现了人与自然相互交融的和谐，人们通过攀岩展示了力量、勇气与智慧，岩壁也因为攀岩者的到来而更加充满活力和魅力。

4.具有竞技运动的观赏性

攀岩自20世纪中叶开始，作为一项竞技运动在世界各地得到快速普及和推广。目前，其在比赛场地、装备器材、规程规则、项目设置、竞技水平、媒体宣传等赛事组织方面日趋成熟完善，并已达到很高的水平。加上攀岩比赛场面惊险刺激，运动员动静结合、刚柔相济，集中展现了攀岩运动“岩壁芭蕾”之美，具有良好的观赏性。

5.具有大众运动的参与性

随着攀岩场地条件的不断改善和装备器材的不断改良，攀岩运动的安全性大大提高，这为大众参与提供了必要条件。目前，攀岩已成为都市白领追求时尚、放松心情的理想选择，成为对广大青少年进行素质教育的有效途径，成为众多户外运动俱乐部引以为傲的拳头产品，成为拓展培训中不可缺少的挑战项目。攀岩运动正以前所未有的势头吸引着广大爱好者的参与。

6.具有复杂运动的创造性

攀岩是一项复杂的运动，攀登者在攀登前要根据不同的岩壁、不同的线路及个人的状况做出相应的攀登计划与方案，并在攀登过程中对新出现的情况不断地做出调整，采取新的应变对策（即第二方案或备用方案）。对竞技攀登来讲，比赛多采用封闭式的攀登，这就更需要参赛选手时刻保持清醒冷静的头脑，迅速果断地选择最佳攀登动作与路线，任何失误，哪怕仅仅是一个不合理的动作，都将导致失败。

这种复杂性同时也决定了攀岩运动具有无限的创造性。攀登的线路可能在天然岩壁上，也可能在人工岩壁上；线路的角度可分为俯角（slab，角度小于90°）、直角（vertical，角度等于90°）、仰角（overhang，角度为90°～180°）和屋檐（roof，角度等于180°）四种；线路上的支点类型分为抠（crimp）、按（slope）、捏（pinch）、圆形（open）等；每个支点的方向及支点之间的位置和距离都是不确定的。所有这些都决定了攀岩没有完全固定的动作，要想做好就必须不断地实践并努力去创造新的动作，充分发挥自己的想象力。也正是这种永无止境的创新，才赋予攀岩运动无限的生命力。

综上所述，攀岩运动从不同的角度体现了运动场地的唯一性、探险运动的危险性、极限运动的挑战性、竞技运动的观赏性、大众运动的参与性及复杂运动的创造性等特点。

二、攀岩运动基础技术分析

（一）手法技巧

在攀岩运动中，手部技术是参与者抓住支点、维持身体平衡的关键，手臂力量的大小也会对攀岩运动的质量和成绩产生较为直接的影响。因此，要想在攀岩运动中取得好的效果，参与者必须拥有足够的指力、腕力和臂力。特别是在初学阶段，参与者很难对下肢力量进行有效的利用，这就使得手部技术的作用变得更加重要。具体的手部动作有很多，面对同一支点的不同方向也会存在不同的抓握方法。

1. 开握

当支点的边缘或某些点的小洞可以为手指第二关节提供支撑时，整个手部就可以靠在岩面上。在这种情况下，参与者的手可以张开，在手指并拢的情况下，让手指与支点进行充分接触，整个手掌不用紧握支点。开握时，大拇指的作用相对较小。

2. 紧握

紧握是攀岩运动中常用的一种手部技术。运用紧握技术时，参与者应将四指并拢，并将拇指搭在食指上，由手指的第一关节受力（弯曲程度超过90°），扣紧支点。在运用过程中，大拇指的力量非常关键，主要靠它来锁住食指和中指。

3. 半紧握

此方法的抓握方式与紧握法相似，只是拇指并未压在其他四指上。同样只有第一指关节受力，而且第一指关节弯曲程度超过90°。

4. 抓握

这种方法与开握法相似，但通常需要拇指协同发力，可以用手掌去握住支点，因为不仅依靠手指，整个手掌的抓握可以增加抓握的稳定性。

5. 侧抠

此方法是由四指侧向拉住支点，大拇指压在支点的边上来进行固定的。注意拇指压的方向与四指的方向成90°，拇指要对四指起到一定的辅助作用，使抓握支点更加稳定。

6. 捏握

捏握时，大拇指捏的方向与手指的方向是相对的。有些可捏握的点可以让大拇指压在支点的一边，其压的方向与四个手指拉的方向成90°。但是当支点很小时，只能用拇指和食指的第二关节外侧面去捏握。

7. 侧握

侧握技术与侧抠点和捏握手法都很相似，但在侧握时，拇指基本不发力。侧握动作通常只用于维持身体平衡，或用于一些侧身动作中。

8. 反扣

支点的可抓握方向朝下或与身体移动方向相反。这个动作是靠手与手或手与脚之间的反作用力来实现的。

9. 手腕扣点

在遇到大支点时，可以通过弯曲手腕进行曲握支撑来放松前臂肌肉。但是，手腕的这种弯曲只能在很有限的条件下可以做，它可以把前臂的力量转移到手腕上，因此这种手腕的弯曲动作是很好的休息姿势。在有比较大的突出的支点上，这种动作应用很多。

10.抓点

在攀岩过程中，会遇到很多向外或向下的柱状支点，这时就可以使用抓点的方法来进行固定，使整个手掌充分与支点接触，以达到稳定的目的。

11.手掌按点

在面对一些较大的圆形支点时，需要使用整个手掌的摩擦力才能按住支点。这时要将手掌和手腕弯曲成一定的角度，用整个手掌按住支点，以增加接触面积，从而增大摩擦力。通常这种方法更多地用于野外自然岩壁的攀登过程中。

12.前臂钩点

通常在遇到一些非常大的支点时会使用前臂钩点技术，通过用肘关节钩住支点，依靠大臂的力量来控制身体，此动作多与脚部动作配合使用，是一种较为有效的休息动作。

13.拇指扣点

在面对水平抠槽的支点时，除了可以使用开握或紧握抓法，还可以通过拇指扣住支点的方法来进行攀登，这种方法中其余四指只是辅助发力，可以得到有效的休息。

14.指甲抠点

这种抓点方法较为极端，会在面对一些可抓部分较薄的支点时使用，手指指尖部分垂直顶住支点，利用手指第一指关节的力量支撑，手指甲和手指尖部要承受很大的力量，需要非常好的忍痛能力，这一动作是非常危险的，容易造成指甲损伤。

15.曲握

曲握是把手掌弯曲，四指并拢，大拇指压在食指上，用手掌的外部边缘握住支点。因为大拇指的力量很强，可以很好地控制手形，所以这种手形的握点法应该是很有力的，而且这样也给其余手指一个很好的放松机会。

16.口袋点

当遇到可以将手指伸进去的支点时，如果口袋点较大，则可以将四指的前端全部伸进去；如果口袋点较小，则只能使用一个或两个手指，通常我们将这种口袋点也称为指洞点。

17.交叉手

主要动作是当一只手抓握一个支点时，用另一只手去抓握线路中下一个支点，且双臂交叉。还有一种支点交叉手技术是在一只手抓握一个比较大的支点时，为另一只手留下抓握支点的空间，使另一只手可以交叉抓握此支点的剩余部分。交叉手可以分为内交叉和外交叉两种，应该选取哪种方式视情况而定。

18. 换手

在攀登过程中，有时可能需要在一个支点上进行换手操作，即左右手交换抓握支点，这时需要采用正确的换手技术动作。其实，换手技术动作较为简单，关键在于换手时要保持稳定的身体状态，把握好重心，平稳地完成换手。

（二）脚法技巧

在攀岩运动中，脚部的支撑和攀爬动作是完成90°以内岩面攀登的主要保障。基本的脚法有蹬、钩、挂、塞、挤等。手只是帮助攀登者从一个立足点到下一个立足点时平衡身体。

1. 正踩、侧踩

在进行踩点时，要注意踩点的面积，并不是越大越好，而是尽可能地寻找可发力的部位。具体来说，脚部的踩点形式主要有以下三种：

（1）正踩

正踩是通过鞋尖内侧边拇趾处进行踩点。正踩动作主要是靠增加攀岩鞋与支点之间的压力来增大摩擦力，尽量抬高脚跟，将身体重心转移至脚尖，从而达到支撑身体平衡的目的。因此，在做正踩动作时应尽量抬高脚跟以增加对支点的压力。

（2）侧踩

侧踩是通过攀岩鞋的前脚掌外侧边四趾部位踩点。它的基本原理与正踩一样，都是通过增加脚部对支点的压力来增大摩擦力。因此，在做侧踩动作时也应尽量抬高脚跟。

（3）鞋前点踩

使用攀岩鞋的正前方部位踩点。通常情况下，一些比较小的支点或指洞点无法使用正踩或侧踩，而只能将前脚尖部塞进去，这时就要使用鞋前点踩法。

2. 摩擦点

这一动作在身体悬空时非常适用，它是通过将鞋底的大部分压在岩面上，尽可能地产生摩擦力。在采用这一方法进行攀登时，攀登者会用到攀岩鞋的外侧边、内侧边甚至是整个前脚掌来增加接触面积，特别是在面对向下倾斜的支点时。踩点时脚跟要向下倾，尽量增加攀岩鞋与支点的接触面积，以达到增加摩擦力的目的，使踩点时更加牢固。这些都是这种动作的显著特点，同时也正好与正踩和侧踩相反。由此可以看出，这个动作在身体悬空时特别适用。

3. 脚后跟钩

脚后跟钩是指用脚的后跟部位钩住支点。在攀爬过程中，这种动作经常出现在屋檐的翻出部位上，一般是把鞋后跟放在一些合适做这种动作的支点上，用脚的后跟钩住支点。在钩的过程中，伸腿、屈胸，向上直到脚能钩到支点，腿部发力将身体钩向支点的方向，以减少手部所受的力量，达到省力的目的。

4.叉脚

当一只脚踩踏支点时，另一只脚从身体内侧或外侧交叉穿过踩踏线路中下一个支点。需要注意的是，做交叉脚后要移动身体的重心，所以做这个动作的时候要想好下一个动作的处理方式。同支点的交叉也是交叉脚的一种，当遇到较大的支点时，可以用一只脚踩踏支点的一侧，另一只脚交叉踩踏支点的另一侧，完成交叉脚的动作。同样，交叉脚也分内交叉和外交叉，采取哪种方法可以视情况而定。

5.顶膝动作

顶膝动作是一个很好的休息动作，这一动作是在用脚部踩住支点的同时用膝盖顶住另一个支点，形成脚部和膝部的互压，通过这一动作达到平衡的目的，这样就能够给手臂创造出充分的休息时间。

6.膝盖钩点

这个动作主要用于翻过屋檐地形，当翻屋檐的手点和脚点很近时，可以用膝盖内侧钩住支点，达到平衡的状态。

7.挂腿

当一只手抓握一个比较大的支点时，将这只手的对侧腿抬起，挂在手腕上，并依靠手腕和手臂的力量将身体抬升，另一只脚做辅助发力，以控制平衡。这个动作对手腕的力量要求很高，而且比较危险。由此可以看出，挂腿这一动作对技术要求非常高。这种脚部动作对于喜欢静态攀登的攀登者来说是最合适的。

（三）身法技巧

1.侧拉或侧身

侧拉是攀岩中十分重要的技术动作，其主要目的在于维持身体的平衡和增加力矩，能极大地节省上肢的力量，使一些原本困难的支点可以轻松通过。侧拉主要使用在仰角及支点排列接近于直线时。

侧拉的基本技术要点是身体侧向岩壁，以身体对侧的手脚接触岩壁抓握支点，另一条腿伸直用来调节身体平衡，依靠单腿的力量把身体顶起，另一只手抓握上方支点。

以左手抓握支点不动为例，说明侧拉技术的动作要领如下：左手抓握支点不动，身体朝左，右腿弯曲踩点，左腿伸直保持身体平衡，右腿蹬支点发力，右手抓握上方支点。

要注意的是，在身体侧向岩壁踩点时，踩点脚应以脚尖外侧踩点，不要踩得过多，以便换脚和转身。如果此点较高，可采用侧身后用双手拉牢支点，臀部向后坠，以加大腰前空间，抬脚踩点，然后双手用力把身体重心拉回到这只脚上，另一条腿抬起，不踩点，用来保持身体平衡。固定手只负责把身体拉向岩壁，身体完全由单腿发力顶起，不靠手拉身体，以节省上肢的力量。在腿发力前，要把腰肋顶向岩壁，把体重转移到脚上，千万不可松松垮垮地坠着，尤其在攀登仰角时要注意。另外，移动手应在脚发力前就向上举起，把肋部贴向岩面，否则当蹬起后再把手从下划到头上，必然会把身体顶离岩壁，加大固定手的负担。在一次侧拉结束后，视支点的位置可以做第二、第三个连续侧拉。双手抓稳后，以发力脚为轴做转体，脸转向对侧，平衡腿在发力腿前交叉而过，以脚尖外侧踩下一支点。此时，平衡腿变成了发力腿，移动手变成了固定手，做下一次侧拉动作。其间脚发力和脚踩点一定要少，否则不易做转体动作。

侧拉通常使用在内角的地方，尽量避免把脚抬得太高，以免增加手臂的负担。在上攀时脚一次抬高一点，然后手尽量向上争取高度。建立良好的节奏感非常重要，因为这可以使动作流畅，同时还可以节省体能。

侧身和侧拉动作相似，在侧身动作中，转动上半身，好让你抓住岩点的手臂强化并产生一种“锁住”的作用，让另一只手臂（靠外的）拥有最大的空间伸展能力。

2. 交叉手和交叉脚

交叉手动作主要有上交叉手和下交叉手两种，目的是使攀爬节奏保持顺畅。而交叉脚则分为前交叉脚和后交叉脚，目的在于维持身体平衡和保持节奏顺畅。

（四）重心控制技巧

在攀爬过程中，要明确自己的重心位置，灵活地控制重心的移动。只有学会控制重心的移动，才能减轻攀爬过程中双手的负荷，保持身体平衡。

初学者的攀爬动作都很盲目，不知道如何体会动作，一心只想提升攀登的高度。其实，初学者最好先进行一段时间的平行移动练习（横移练习），即水平地从岩壁一侧移到另一侧，体会身体重心、平衡及手脚动作的运用等基本技术。在最基本的三点固定一点移动动作和单手换点时，一般要先把身体重心向对侧移动，使手在离开原支点之前就已经没有了负荷，从而可以轻松地出手抓握下一支点。在横向平行移动时，要使身体重心下沉（降低重心），双手吊在支点上，而不是费力地抠拉支点。通常应把双脚踩实后，再伸手够下一支点，而不要脚下虚踩，靠手上拉使身体上移。一定要注意体会用腿脚的力量使身体重心上移，手只是在身体重心上移时维持平衡。一般认为，身体要尽量贴近岩壁，但当使用侧拉、手脚同点、平衡身体等技术动作时，身体常常会离开岩壁很远，这主要是因为这些动作的预备动作需要与岩壁间有一定的空间，所以它们只是在身体上升的那一刻，把身体贴向岩面。

通常身体重心的调节主要是通过推拉腰胯和腿部平衡来实现的。腰是人体的中心，腰的移动直接引起重心的移动，其较大的移动往往能形成一些漂亮的动作。把腿横向伸出，利用腿脚的重量来平衡身体重心也是常见的做法。在身体重心平衡的控制中，应注意以下几点：

第一，攀爬过程中，身体应尽量贴近岩壁，避免重心起伏过大。

第二，利用推、拉、跨等动作来调整重心，维持身体平衡。

第三，三点固定，单手换点时，先把身体重心移向一侧，使手在离开原支点前已经没有负担，可以轻松出手。

第四，出手够下一支点时，脚下要踩实，避免脚下踩虚，靠手上拉来完成身体的移动。

第五，横向移动时，要降低身体重心，使双手吊在支点上，而不是费力地抓、抠支点。

第六，充分体会靠脚的发力来推动身体重心的移动，手主要用来调整和维持平衡。

第七，学会用腿的重量，将腿横向伸出以平衡身体。

（五）攀岩节奏与休息

攀岩讲究动作的节奏、动作的快慢和前后衔接。每个动作完成时，身体都会具有一定的惯性，如果上一动作正确到位，并且能很好地控制身体平衡，就可以利用这一动作的惯性直接冲击下一支点，在两个动作之间不做停顿，从而使原来比较困难的一些支点在不经意间就通过了。如果过分求稳，一动一停，做每个动作前都要先移动重心、调节平衡，然后从零开始发力，就必然会导致体力消耗过大。

动作要连贯，但也不可马虎，每个动作细节都要准确到位。上升时一定要由脚部发力把重心蹬起，不能为了快而手拉脚蹬。手的主要作用是保持平衡和把身体拉向岩壁。动作并不一定要求太快，但要保持前后连贯，每个动作都要做实。通常在做一两个连贯动作后，可稍微停顿一下，调整重心，观察、选择线路，困难地段尽量快速通过，容易地段保持稳定、调整。可以按照连贯—停顿—连贯—停顿，间歇进行。连贯动作时，手脚、重心调整一定要及时到位，冲击到支点后要尽快恢复身体平衡。在必要时，可选择好地段稍作休息，放松双手。在进行练习时，可以把每个动作分解成几个步骤，仔细体会各个细节，分析如何才能节省体力。当动作定型后，就可以自动做出正确的动作。

休息在攀岩运动中也是非常重要的。攀岩者很容易忘记休息。大多数攀岩运动都属于有氧运动，有时也需要无氧代谢来提供继续攀岩所需的能量。在无氧代谢中，机体会产生一些无用的乳酸，并堆积在肌肉里，这不但降低了攀登的速度，而且还会引起肌肉僵硬或抽筋。因此，攀登中的适当休息，可以有效地调节呼吸、调节肌肉（提供血量，清除代谢废弃物并给予新鲜的氧气和营养），并且还可以检查随后要攀爬的线路。休息时也可以给手指或手上擦一点镁粉，这通常是为了对付光滑的岩石，或者是为了让手掌保持干燥。休息时，应尽可能使用拉直手臂的方式，这样可以减轻肌肉的紧张。使用膝盖卡住法、躯干支撑法、屈膝法、稳定地换手或者综合运用以上各种动作，都可以使手臂减轻负担。休息时要注意保持身体的稳定性，避免发生坠落事故。

三、野外攀岩

在野外攀登岩石、峭壁过程中所需要的特殊技术，称为攀岩技术。攀岩现已发展成为一项独立的运动，尤其是野外攀岩，因其特有的惊险性、技巧性、刺激性、竞争性和趣味性，吸引着越来越多的人，其影响也越来越大。在很多公园和游乐场所，也都建有攀岩场地。我国已将攀岩项目引入学校教学课程。

根据攀登者在攀登岩石的过程中运用的登山技术装备及攀登岩石的特点，可将攀岩技术分为徒手攀登法、利用器械攀登法、缘绳攀登法、结组攀登法、攀登裂缝法及山棱攀登法等。

（一）徒手攀登法（三点固定法）

攀登时，攀岩者的双手和双脚构成人体的四个支撑点（简称支点），当移动一手或一脚时，其他三个支点保持固定状态以维持身体平衡。简单来说，攀登的技术要领就是“三点固定”，在稳固三个支点的条件下才能移动第四点，其技术动作是：攀岩时身体要自然放松，以三个支点稳定身体重心，随攀岩动作的转换，身体重心要随之移动，这是攀岩平衡、稳定、省力和成功的关键。

在攀岩时身体切勿靠得太近，这样会影响对攀岩路线和支点的选择，同时使人容易较快疲劳。身体重心落在脚上，身体与岩面保持一定距离就不易碰到岩面，视野开阔，便于观察路线，寻找攀登支点。但在攀登人工岩壁时，身体可贴得近一些。在攀登过程中身体要舒展，上、下肢要协调用力，有节奏，上拉、下蹬同时用力，身体重心随支点移动。

三点固定法是攀岩的基本方法，它对身体各部位的姿势和动作要求如下：

1. 身体姿势

在攀登自然岩壁时，身体要自然放松，以三个支点稳定身体重心，在攀登过程中身体重心要随着攀登动作的转换而移动。身体和岩壁保持一定距离，上、下肢要协调舒展，上拉、下蹬要同时用力，身体重心一定要落在脚上，保持面向岩壁、三点固定支撑、直立于岩壁上的攀登姿势。

2. 手臂的动作

手在攀岩中是抓握支点，维持身体平衡，使身体顺利向上攀登的关键所在。手臂力量的大小和技术动作掌握得好坏会直接影响攀岩的质量、效果和速度。对于初学者来说，在不善于充分利用下肢力量的情况下，手臂的动作就显得更为重要。手的动作较复杂，虽然脚是支撑全身重量的，但如果没有手的辅助就无法攀登。在攀登自然岩壁时，手的动作变化要根据支点的不同而采用不同的方法，如抓、握、挂、抠、扒、捏、拉、推、压、撑等，如图9-1所示。

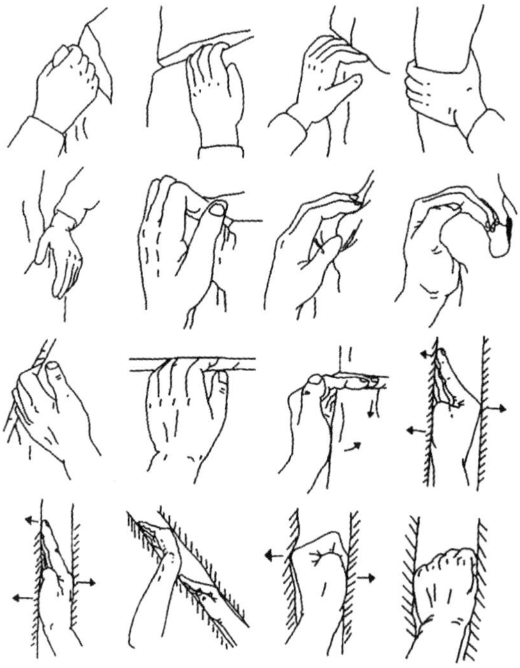

图9-1 攀爬时手的动作

3. 下肢的动作

双脚是全身重量的主要支撑点，在攀岩过程中，是否能快速、顺利、省力地完成攀登，能否充分利用腿部的力量非常重要。脚的动作要领是：两腿外旋，大脚趾内侧贴近岩面，两腿微屈，以脚踩稳支点维持身体重心，膝部不能接触岩壁。两脚踩在支点上维持身体重心，如图9-2所示。

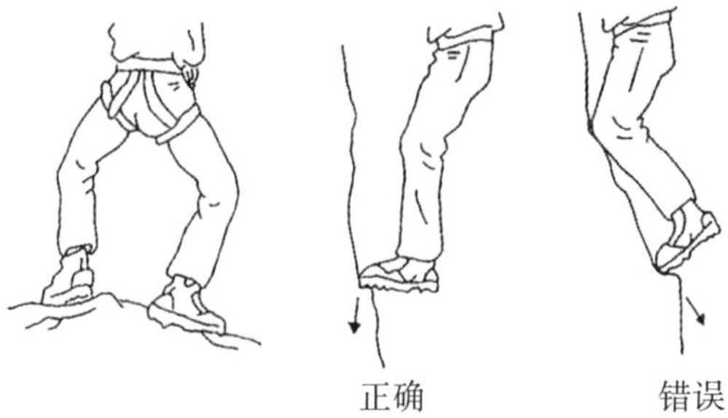

图9-2 脚的动作

在自然岩壁支点大小不一和方向不同的情况下，动作要灵活运用。但要切记，膝部不要接触岩石面，否则会影响脚的支撑和身体平衡。攀登时，要尽可能用全脚掌踏在凸出或凹入的岩石上，如果找不到适当的踏脚点就要看具体情况决定。如有的棱角或小台阶呈直角或斜坡状，那么踏脚时，就要根据其形状下脚。如遇到岩石裂缝，双脚需根据裂缝的形状、方向及大小而采用不同的动作。在有直角的裂缝时，将脚前部插入裂缝，脚跟比脚趾低，脚趾向下用力；在遇到纵向的裂缝时，由于裂缝的大小不同，脚的插入角度及用力方向不同，此时要把握一个原则，即调整好的脚能紧紧地卡在岩石缝中，这样才便于用力，如图9–3所示。

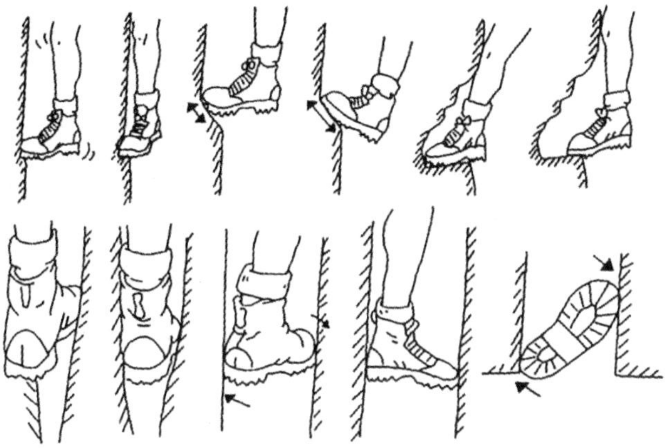

图9–3 脚掌踩踏、插入裂缝等动作

4.手脚全身协调配合

对技术还不够熟练的攀登者来说，上肢力量显得更为重要，攀登时往往是上臂引体，下肢蹬压抬腿，同时需要腰的动作配合来移动身体。如果仅仅靠上臂引体，攀登时手臂就容易疲劳，表现为手臂乏力、酸疼麻木，甚至逐渐失去抓握能力。失去抓握能力后，即使有好的下肢力量，也难以维持身体平衡。所以要学习攀岩，攀登者要首先练好上肢力量，上肢力量又要以手指和手腕、小臂力量为主，再配合脚腕、脚趾以及腿部的力量，使身体重心随着用力方向的不同而协调地移动，手脚动作的配合也就自如了。

（二）利用器械攀登法

根据攀登岩石峭壁时攀登者所使用的器械，可将利用器械的攀岩方法分成以下两种：

1.上升器攀登法

第一个攀登者登到岩石峭壁顶部后，在上方将主绳一端固定好，将另一端扔至峭壁下方，固定并拉紧。攀登者将上升器用扁带等连于安全带上，调整好长度（一般以手臂伸直的长度为宜），手握上升器，并将上升器卡于主绳上（图9–4）。一手握上升器，另一手在上升器下方握主绳，沿绳子的方向蹬伸双腿时向上快速推上升器，使身体不断沿主绳上攀。也可将连接身体和双脚的两个上升器分别卡于主绳上，利用腿部的屈伸动作，沿主绳向上攀登，如图9-5所示。

图9-4　上升器卡于主绳

图9-5　上升器攀登

2.抓结攀登法

抓结是一种绳结，抓结攀登是在没有上升器的情况下采用的攀登方法。其连接方法是用两根辅助绳在主绳的手握端打成抓结，另一端即连脚端打成双套结，不断向上攀登。在操作过程中，为了维持身体平衡，攀登者可利用岩壁的摩擦力向上抬腿，始终保持面朝岩壁的姿势，如图9-6所示。

图9-6　抓结攀登

（三）缘绳攀登法

当攀登的岩石峭壁的坡度小于90°时，在岩石顶部固定好主绳，将另一端扔至下方，攀登者可拉紧主绳，屈臂引体，一手迅速上移，另一手紧握向上攀登。向上引体时，身体后仰角度不宜过大，两脚随着屈臂引体及时有力地蹬踏岩壁。

蹬踏时以前脚掌为主，手脚要协调配合。为了防止滑脱，可在主绳上打结与身体连接，手握抓结向上攀登，或另增加一条主绳与攀登者身体连接，采取上方保护的方式助攀，如图9-7所示。

图9-7　缘绳攀登

（四）结组攀登法

攀登时，第一名攀登者带足所需器材和装备，按双人结组装置方式进行连接。具体操作是：先将小绳套两端挂上铁锁，一端的铁锁挂于主绳上，另一端铁锁要有次序排列，如图9-8所示。准备好后，在下方同伴保护下，第一个攀登者开始攀登，当攀登到适当位置时，安装好保护绳，做好自我保护，然后通知同伴攀登。后攀登者则在上方保护下攀登，攀登时要依次收回挂在支点上的铁锁，待后攀登者攀登到保护者位置时，继续按下方保护方法攀登。攀登时仍要依次打好岩石锥，挂上连接小绳套的铁锁。攀登者在摘取挂在身上的铁锁时，必须从前向后摘取，否则就会因绳套倒置而受阻。按此方法，两名攀登者交替保护进行攀登，直到登上崖顶。

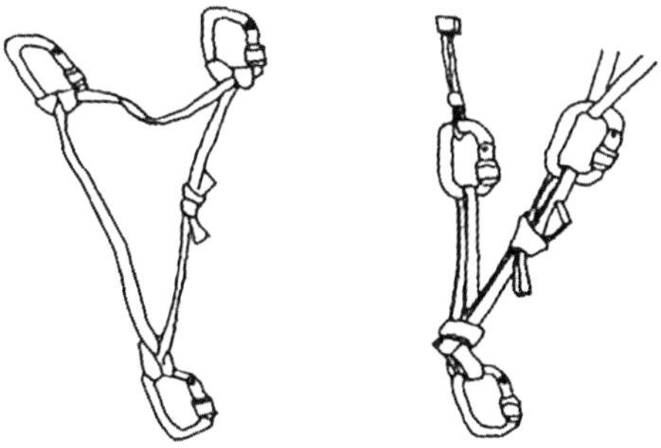

图9-8　结组攀登装置

（五）攀登裂缝法

攀登岩石裂缝技术仅适用于宽度不超过1米的裂缝。根据裂缝的宽度应分别采用不同的攀登方法。一般将攀登者攀登时所采用的姿势分为立式攀登、剪式攀登、坐式攀登和跪式攀登等，如图9-9所示。攀登岩石裂缝时，应根据裂缝的宽窄，将手和脚塞进裂缝，采取变换手法和脚法的方法取得暂时的固定，逐渐向上攀登。在攀登岩石裂缝的过程中，身体各部分还需要进行配合以完成攀登动作，有些过窄的裂缝及具有特殊地形的地段，可根据具体情况，采取相应的攀登方法。

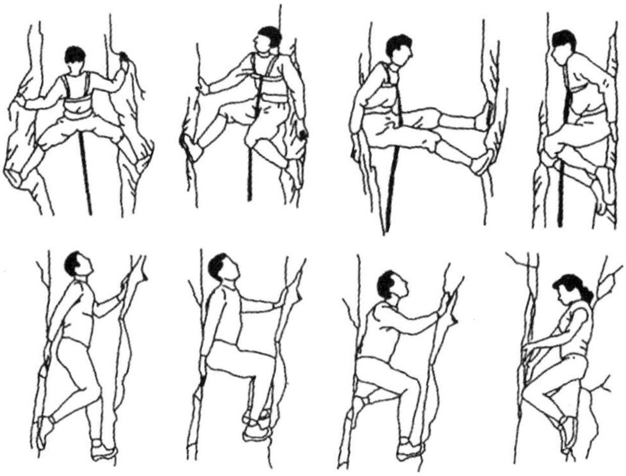

图9-9　立式攀登、箭式攀登、坐式攀登和跪式攀登

（六）山棱攀登法

山棱攀登法是一种沿山脊线（即山脉的棱线）进行攀登的技术，适用于火成岩、水成岩等不同类型岩场。其核心特点是利用山脊的岩角、凸起作为支点，通过平衡控制与路线选择实现高效攀登。相较于岩壁攀登，山棱攀登因视野开阔（可俯瞰两侧谷底）且支点丰富，常被视为更具趣味性的攀登方式。

1. 支点利用与平衡控制

岩角与凸起：山棱的岩角、岩峰可作为天然的把手点（手部支撑）和踏足点（脚部支撑），攀登时需交替使用四肢三点固定（如两脚一手或两手一脚接触岩壁），保持重心贴近山体以增强稳定性。

跨站刀刃棱线：若山脊狭窄如刀刃，需将双脚分跨棱线两侧，利用两侧岩壁的摩擦力支撑身体，并灵活调整手部支点位置。

2. 路线选择与迂回策略

避开障碍物：当山棱前方出现大岩块或小岩峰时，需快速评估绕行路线，通常选择从山棱两侧迂回，避免强行直上。

“之”字形路径：在陡峭山脊段采用“之”字形斜切攀登，减少直线坡度对体能的消耗，同时降低滑坠风险。

3. 呼吸与节奏管理

腹式呼吸配合步频：高海拔或高强度攀登时，采用深腹式呼吸以增加氧气摄入，呼吸节奏需与步伐同步，避免因急促呼吸导致缺氧。

间歇性休息：利用换腿时的短暂停顿（如支撑腿伸直时转移重心至腰部）实现局部肌肉放松，提升耐力。

（七）攀岩基本要点

一是尽量节省手的力量。攀岩是用手和脚，通过寻找岩面上一切可利用的支点，克服攀爬者自身的体重及所携带器械的重量向上攀登。所有攀爬者应该有攀岩应具备的手臂、手指、脚尖及腰腹力量。由于手臂力量相对有限，在攀登过程中，应尽量用腿部力量，而节省手的力量。

二是控制好重心。控制重心平衡是攀岩过程中最关键的问题，重心控制得好就省力，反之，就会消耗许多力量，同时影响了整个攀登过程。

三是有效地休息。在一条攀登路线中肯定是有些地方简单，有些地方难，要想一口气爬完全程比较困难（除非这条线对你来讲很容易），所以想爬得高一些，应该进行有效的休息，一般是到达一个比较合适的位置，以最省力的姿势，边休息边观察下一段要攀爬的线路。这一点在比赛过程中显得更为重要，因为正式比赛中，攀登路线是完全陌生的，而且只有一次机会。

四是主动调节呼吸。攀爬一条路线是一个连续的过程，从一开始就应该主动调节呼吸，不应等快坚持不住了再去调整。

五是保护操作规范、认真。攀岩运动中的保护是每个参与者都应该时刻注意的问题。

四、下降技术

在坡度超过45°的山坡、峭壁、雪坡上下降时，必须有相应的装备和技术。利用器械下降是登山中最常用的下降方法。其原理是利用主绳与连接于身体上的器械之间的摩擦，减缓并控制下降速度，从而达到安全下降的目的。

（一）利用下降器下降

将主绳一端在峭壁顶部根据下降时所采用的器械，有以下几种器械下降法：用布林结、“8”字结固定，另一端抛至下方，下降者在腰部系好安全带，挂好铁锁，然后将主绳按“8”字形缠绕于下降器上（图9-10），再将下降器和铁锁连接，左手握住下降器上方的主绳，右手在胯后紧握住从下降器穿绕出来的主绳。

利用下降器下降的动作要领：下降者面向岩壁，两腿分开约成80°角，蹬住崖棱，臀部后坐，使躯干与下肢约成100°角，将上方主绳搭于崖棱上之后，便可开始下降。下降时两腿分开，支撑身体平衡，用前脚掌蹬住岩壁，同时右手松绳，两脚随身体的下降而迅速向下移步，始终保持身体平衡，如图9-11所示。如果右手松绳，臀部后坐，而两脚仍停留不动，则会使身体失去平衡而有向后翻倒的危险。因此，右手松绳，两脚随身体重心的下移，及时向下倒脚，并保持两腿分开约80°角，支撑身体维持平衡，这是能否顺利下降的关键。右手松绳，两脚迅速向下移动，要协调配合，并有节奏。由于两脚呈上下支撑，身体向右倾斜，这样不但便于移动，而且可观察下降路线。下降速度的快慢主要看右手松绳的快慢。快松绳就要快倒脚，下降速度也就加快，一旦要停止下降，右手只要将主绳拉紧，即刻就能停下来。

图9-10　主绳按“8”字形缠绕于下降器上

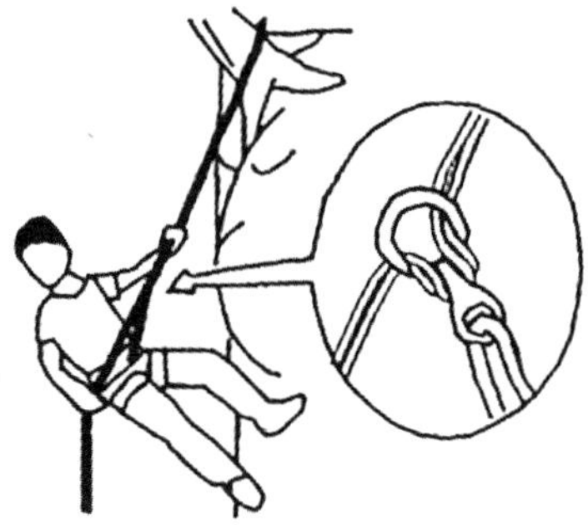

图9-11　利用下降器下降

（二）单环结下降

在没有下降器的情况下，可用铁锁和单环结连接，代替下降器。这种下降方法和动作要领与利用下降器下降的方法要领相同。

（三）坐绳下降

这种方法是利用主绳与身体的直接摩擦而下降的。坐绳下降首先要进行准备动作，面向固定绳端，两腿夹住上方固定好的主绳，将身后主绳沿右腿外侧绕至前面，经过腹、胸、左肩至背后，拉至右侧，用右手在胯后将其握住，握绳时虎口朝上。

下降方法及动作要领与下降器下降的方法基本相同。此方法适宜在只有主绳的情况下采用。下降时，应身着较厚耐磨的衣服，一定要熟练掌握动作要领，维持好身体平衡。经右大腿根部的主绳不能移位或脱离，右手始终握住主绳，随身体的下降逐渐松动主绳。下降速度要有节奏，不宜过快。

为了保证安全，攀岩者可采用双主绳练习，即用一条主绳下降，另一条主绳下端连接在下降者的胸绳上或腰部的安全带上，做上方保护，由保护者与下降者协调配合完成下降动作。初学者也可用胸绳在上端（右手握绳处）打抓结，这样，一旦动作失误，抓结可起到保护作用。

（四）缘绳下降

在坡度小于90°时，可采用缘绳下降法，只要有一条主绳就可进行下降操作。将主绳在岩壁上方固定，余下的主绳扔至崖下，下降者在主绳上打好抓结，另一端与腰部安全带上的铁锁连接。抓结到连接处的距离不能过长，也不能过短，以手臂伸开能抓住抓结为限。下降者面向固定点，两腿分开站到崖棱上时，一定要拉紧主绳，并抓住抓结，方可开始下降。

下降方法及要领：沿主绳依次向下倒手，在倒手时一手先将抓结捋下，两脚随着双手的下移，同时向下倒步，前脚掌尽量踩住凸起的岩石或棱角，以便减轻手臂的负担。倒手和移步要有节奏地协调配合，两腿稍分开，以便使身体保持平衡。倒手时握住主绳的手一定要抓紧，如图9-12所示。

图9-12　缘绳下降

（五）下降注意事项

无论采用何种方法进行下降，都应注意以下几点：

第一，下降前要有充分的心理准备，将自己全部注意力集中在动作要领上，这样既可消除恐惧心理，又便于熟悉下降动作的操作，使下降时的动作敏捷、准确。

第二，下降前要选择好下降路线，选择原则以坡较缓而且支点多的路线为好；对于同样困难程度的路线，应选择坡壁风化程度小、路程较短的线路。

第三，不论采取何种方法下降，为防止擦伤，都应戴手套进行操作。

（六）绳索回收

下降到目的地后必须收回绳索，能否顺利将绳索收回，主要在于上方固定的技巧。

1.活牵引结固定法

在上方固定时，利用凸出的岩石或树木做固定点，将主绳绕岩石一圈后，做活牵引结固定。绳子的长端扔至崖下，短的一头与辅助绳连接，其连接方法应打混合结。将绳端接好后，也将辅助绳扔至崖下，最后一人下来后，只要拉动辅助绳，上面的固定点就会解开。继续拉动辅助绳，就可一直把主绳拉下来。

2.双主绳法

在上方凸出的岩石上做一个人工支点（通常是打岩石锥）或直接利用凸出的岩石，用绳套作固定，将主绳双折挂在绳套上，下降者利用双股主绳下来后，拉动有结的一根主绳，便可收回绳索。

五、保护技术

在攀岩和下降的过程中，最大的危险是滑坠和摔落，它会给攀登者带来死亡的威胁。为了使攀登者有安全感，在攀登过程中有一些特殊的保护技术，只要能熟练地掌握，在发生危险时，可以使险情得以及时控制，并从险情中解脱出来。我们把防止攀岩过程中因动作失误、体力不支及其他意外情况而引起险情时，同伴为保护攀登者所进行的各种操作，统称为保护技术。

在攀登、下降、渡河、救护等技术操作中，为保证安全，都需要各种保护技术配合使用。攀登者在岩石、峭壁、滑坡、明暗冰雪裂缝等危险路段行进中，一旦失误，就会发生危险。保护的作用就在于出现上述情况时，使运动员脱离险境。行动中的保护，会使运动员有一种安全感，并产生积极的心理作用。

攀登者是在保护者通过登山绳给予的保护下进行攀岩的。登山绳的一端通过铁锁或直接与攀登者腰间的安全带连接，另一端穿过保护者身上与其腰间安全带相连的铁锁和下降器，中间穿过一个或多个固定的安全支点上的铁锁。保护者在攀登者上升时不断放绳（或收绳），在攀登者失手时，保护者拉紧绳索制止其坠落。发生突然坠落时，冲击力很大，直接用手握绳索很难拉住，冲击力主要是通过绳索与铁锁及下降器的摩擦力来抵消。因此，体重较轻的人可以保护体重较重的人。

（一）保护技术的种类

根据保护技术所使用的场合及范围，通常将保护技术分为固定保护、行进保护和自我保护三种。

1.固定保护

固定保护技术是对攀登者预设的专门保护。保护者将主绳进行某种固定，并选择有利的位置专门负责保护。在攀登岩石、峭壁、冰壁等技术复杂、危险性大的路段时多被采用。固定保护时，保护者任务明确，随时处于操纵保护装置、对攀登者进行保护的戒备状态。根据保护者与被保护者的相对位置，固定保护有交替保护、上方保护和下方保护三种保护方式。

（1）交替保护

结组攀登陡峭的岩壁或登雪山攀登冰壁时，多采用交替保护。具体方法是，在一个结组内同时只能有一个人行进。其他人停止行进，将冰雪锥或冰镐打入壁面，作为牢固支点，并将主绳在它上面按特定的要求缠绕固定。与行进者相邻的攀登者做好上述操作后，还要根据行进者的速度做收绳、放绳的动作。行进者走完主绳间隔的那一段距离后，停下来，重复保护者的动作。第二人便开始行动，依次反复进行。

（2）上方保护

保护者处于被保护者上方，这种保护方式多用于攀登峭壁时的保护。保护者在岩壁顶部，利用自然物（树、岩石等）或钢锥将主绳的一端固定。然后，将身体通过安全带、铁锁等结于主绳的相应位置，构成自我保护，以免攀登者失误坠落时被牵动。最后将主绳通过保护器与自己相连，主绳另一端抛给岩壁底部的攀登者。攀登者将绳端结于自己的安全带上，保护者随着攀登者的行进，不断收绳，使攀登者胸前不留余绳，但也不要拉得过紧，以免影响攀登者行动。

上方保护对攀登者没有特殊要求，发生坠落时的冲击力较小，较为安全。进行上方保护时，攀登者使用的器材主要有安全带、铁锁和下降器。保护者收绳时，应注意随时要有一只手握住下降器后面的绳索（或把下降器两头的绳索抓在一起），只抓住下降器前面的绳子难以制止坠落。

根据保护者所采取的姿势或装备的不同，上方保护分为站立式保护法、坐式保护法和器械保护法三种。

1）站立式保护法

保护者采用站立式保护法对攀登者进行保护时，应首先选好保护位置，做好自我保护，然后身体侧对岩壁站立。站立时先将一腿（左或右）迈出一步，脚蹬在有利的支点上，腿要伸直，脚尖指向攀登者，后面的腿稍屈成弓步，身体重心落在后腿上，形成保护姿势。保护者站立的重心不宜过高，否则一旦受力，保护者就有被牵动而摔倒的危险。

为了使保护绳不易脱落，保护者应在身上适当缠绕绳索（类似于胸腰保护绳），其方法是：先将保护绳的一端从左或右腋下由里向外在胳膊上绕一圈后握紧绳索，保护绳的上端经背部再从右或左肩搭下，用左右手在胸前握绳。保护者将保护准备工作做好后，就可通知攀登者进行攀爬。随着攀登者的逐渐上升，保护者要不断地将绳索收回，从而起到保护作用。

保护者采用的收绳方法是左臂或右臂屈肘拉绳，右手臂或左手臂伸直向回拉收绳子，左手或右手沿绳下滑握紧绳，右手或左手沿绳上移于胸前握绳，通过如此反复做好收绳动作，保护攀登者不断向上攀登。一旦攀登者失误而脱落，保护者应及时做制动动作，即在两脚站稳的基础上，左肩或右肩后撤，右肩或左肩迅速前压，使缠绕在身上的保护绳拉得更紧，从而使脱落者停止滑落。

在攀登者下降时，保护者要做放绳动作，其方法是在右手或左手（制动手）握紧绳索的前提下，左手或右手（活动手）沿绳移动，并同时将绳放出，活动手随绳的被拉出而移至胸前握绳，待制动手握紧绳，如此反复动作，绳索就会逐渐放出。

在保护中无论是收绳还是放绳，都不要把绳拉得过紧或放得过松，过松会失去保护作用，过紧则会影响攀登者或下降者的动作操作。

2）坐式保护法

保护者采用坐式保护法对攀登者进行保护时，首先选好有利地形，做好自我保护。保护者面对被保护者（攀登者），坐在地（岩石或雪坡）上，两腿自然分开，两脚蹬住较凸出的岩石等做支点。保护者应把保护绳在自己身上缠绕，将保护绳一端连接到被保护者，另一端（即固定端）经腰部向前拉紧，两手在腹前将固定端握住。

收绳方法：右手或左手收绳至腹前，同时左手或右手由腹前向外拉绳，收至腹前的右手或左手将经腰部缠绕于腹前的绳两边同时握住抓牢。左手或右手迅速收回到腰间并抓绳，同时右手或左手沿绳滑出并握绳，准备再次收绳。

放绳方法：右手或左手从腹部将绳向外拉出，左手或右手顺势握绳收回腹间并抓紧经腰部缠绕于腹前的两边绳索，右手或左手此刻迅速收回腰间握绳，左手或右手亦同时沿绳向外滑放握绳。

3）器械保护法

器械保护法是利用下降器和铁锁进行保护的方法，可根据地形条件采取站立式或坐式保护姿势。在攀岩训练和竞赛中多采用这种方法，其优点是省力、安全、操作简便，但必须具备一定的登山器材，如下降器、铁锁等，如图9-13所示。

图9-13　保护绳与保护器的连接

①利用下降器保护时，保护者首先要安装好保护装置，将绳索按“8”字形缠绕在下降器上，双手分别握紧从下降器绕出来的绳索。

收绳方法是左手或右手向下拉绳，同时右手或左手将通过下降器缠绕的绳拉紧，如此反复操作；放绳方法与收绳方法相同，但动作方向相反，将绳逐渐放出即可。一旦攀登者失误脱落，可做制动性保护，即保护者将一端的绳索向相反方向用力拉紧，就可使绳索停止滑动而使脱落者得到保护。

②利用铁锁保护。保护者要首先选好有利地形，做好自我保护，并安装好保护装置。这种保护实际上是在站立式保护的基础上增加了铁锁的保护，从而使保护的效果更加完善，主要原因是脱落时造成的牵动力会大大减弱。这种保护的收绳方法同站立式保护一样，是通过两个铁锁作为支点，加大绳索和铁锁的摩擦力而使保护奏效，但保护的制动性较差。

（3）下方保护

下方保护是保护支点位于攀登者下方的保护方式。攀登岩壁或冰壁时，如果没有上方预设的保护点，只能采用下方固定保护，即保护者的位置在攀登者的下方，如图9-14所示。其保护装置也是将主绳的一端在保护者附近固定，另一端让攀登者系在其穿好的安全带上。攀登者在行进过程中，保护者要不断做放绳动作。在攀登者失误滑脱时，因牵动保护者的拉力来自上方，故对保护者不构成威胁。一般情况下，处于下方的保护者可不设自我保护装置。

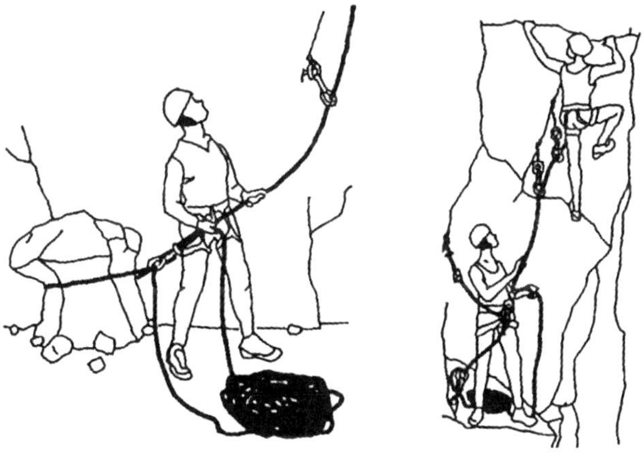

图9-14　下方保护

下方保护要求攀登者在上升过程中，不断把保护绳挂入途中安全支点上的铁锁中。这种保护方法要求攀登者自己挂保护绳，因此要求攀登者技术熟练。

（4）固定保护法的力学解释

登山保护技术能否对攀登者起到保护作用，关键在于两方面的力：一是保护者上肢对保护绳的握力和拉力；二是摩擦力，即保护绳在保护者身体上经过一定缠绕后产生的摩擦力。另外，保护绳在保护者与被保护者之间还有一个支点，上方保护支点就是崖角，下方保护支点就是攀登者预设的保护装置，这两个支点加大了对保护绳的摩擦力，从而提高了安全系数。

无论是哪种保护，要想一个人用绳索拉住一个同自己体重差不多而又突然下落的物体是根本不可能的。登山保护技术之所以能够奏效，是因为它并非只依赖保护者上肢对保护绳的握力和拉力，而主要是借助于来自两方面的摩擦力：一是保护绳在保护者身体上经过一定缠绕后产生的摩擦；二是保护绳在保护者与被保护者之间还有一个支点（上方保护中，该支点就是崖角；下方保护中，该支点就是攀登者打入的钢锥），从而加大了对保护绳的摩擦力。

2.行进中保护

行进中保护是指行进中不需要设置专人保护措施，只是在出现险情后依靠同伴及保护装置而采取的一种应急保护技术。最普通而简便的方法是用主绳将2～5名运动员的身体连接牢固，构成一个结组。结组行进中，一旦有人失误滚坠，同组其他人都要利用保护装置机敏地进行保护性操作，即立刻以最方便的姿势和最快速的动作，将冰镐全力插入冰雪、碎石或裂缝中，通过固定自己的身体来拉住滚坠者。

3.自我保护

不管是行进保护还是固定保护，攀登者一旦失误，都不能消极地依赖别人的保护，而要尽量做出各种自救动作，这叫作自我保护。特别是在采用行进中保护的情况下，如果发生失误滑坠，就要立即做出自我保护动作，即在向同伴高呼“保护”的同时，迅速将身体成俯卧姿势，并用全力使冰镐尖与坡面摩擦，以减缓下滑速度。

（二）保护中的注意事项

第一，保护前要对所使用的工具进行认真检查。

第二，保护地点要尽量安全，有利于保护者进行活动，严禁选址于雪崩、冰崩、滚石区等危险地带。

第三，保护者首先要做好自我保护，然后再保护别人。

第四，保护者不论采用何种保护方法，始终要有一只手抓住绳索；站立式保护一定要按其方法要领收绳、放绳，并要注意站立姿势的正确性。

第五，在攀登岩石时，一定要注意绳索的磨损。保护者要随时与攀登者进行联系，密切配合。被保护者没有到达安全地点前，保护者一定要注意力集中，以高度负责的精神，克服一切困难完成保护任务。

第六，在攀登岩石的保护作业中，所有人员要保持安静，听从指挥，杜绝一切事故的发生。

六、攀岩安全规范、注意事项

在我国，攀岩是一项新兴的体育活动，自然攀岩场地的地形复杂且危险，因此，在开展这项活动时一定要有安全保护意识，做到以下几点。

第一，攀登岩石峭壁前应对岩石进行细致的观察，识别岩石的质量和风化的程度，然后确定攀登的方向和路线；在观察清楚攀岩路线后，注意可能遇到的难点，并考虑好克服困难的方法。

第二，练习前，必须将攀登或岩降场地所用的保护绳设置好，保护绳的上方固定支点必须是两个点。

第三，在攀登岩石峭壁前还要做好准备活动，并确定必需的装备器材是否够用，保护装置是否牢固。

第四，练习前，必须检查安全带是否穿戴正确。检查包括：安全带主带是否在髂骨上方，安全带主带是否系紧，安全带主带是否反扣，连接保护绳的主锁丝扣是否拧紧锁好等。

第五，攀登时保持“三点固定”，以便更稳当地移动到另外的支点。对每一个支点都要选择最近的和最稳固的。

第六，保护者必须做好自身的安全保护，经常检查连接自身固定锚点的牢固性，绳子、绳结的情况及安全带的情况等。

第七，在练习过程中，必须经常检查锚点的牢固性和所系绳结是否松动，以及绳子的磨损情况。

第八，在岩降练习时，必须设置一根固定安全绳对练习者进行保护。练习者带好固定安全绳到岩壁边进行安装下降器的操作，完成安装下降器的操作后，装上保护绳，取下固定安全绳，再进行岩降练习。

第九，保护者必须认真观察练习者攀登或岩降的整个行动过程，及时收绳或放绳，及早发现问题并及时进行保护。

第十，攀登途中遇到浮石或松动的石块，一定不要乱扔，可放置在安全处或通知下面的同伴注意后再做处理。

第十一， 攀登岩石时，身体不要紧紧贴在岩石上。

第十二，攀登者和保护者要密切配合。在攀登过程中，切忌将草或小树枝等做支点。

第十三，攀岩时，要注意手脚的配合及保持身体的平衡。另外，在选择立足点时一定要使脚有可靠而便利的固定点。

第十四，攀岩时必须戴安全帽。攀岩时头脑要始终保持清醒，遇到意外情况一定要镇定。

第三节　户外实用游泳

我们的生活离不开水。祖国大江南北有着众多的江河湖海，可以作为开展水上户外运动的场所。水上户外运动内容丰富，其特有的刺激和惊险等特点受到了广大户外运动爱好者的青睐。如今，像户外游泳、漂流、潜水等运动已成为新潮的户外运动在我国开展，受到了年轻人的欢迎。本节将研究户外实用游泳运动的相关理论及实践方法。

一、游泳运动概述

游泳在水中进行，集水浴、空气浴、日光浴于一体，对人的健康具有积极意义。对于户外运动爱好者来说，在自然水域中游泳可谓是一种享受，不但能够强身健体，还能使身心放松。

游泳运动具有悠久的历史。在远古时期，生活在江河湖海一带的原始人类为了获得食物，谋求生存，在水中捕捉鱼、虾、蛙等动物。在捕猎的过程中，他们对鱼类、青蛙等动物在水中游动的动作进行观察和模仿，久而久之就学会了游泳。

现代游泳运动起源于英国。早在17世纪60年代，英国的不少地区就已经广泛开展了游泳活动。到了18世纪初，游泳运动传入法国，此后风靡全欧洲。1828年，世界上第一个室内游泳池在英国利物浦乔治码头成功建造，到了19世纪30年代，英国各大城市相继出现了这种泳池。1837年，在伦敦成立了世界上第一个游泳组织，该组织举办了英国历史上最早的游泳比赛。1869年1月，大城市游泳俱乐部联合会（现英国业余游泳协会）在伦敦成立，这是游泳运动发展为独立的运动项目的标志。该机构的成立推动了游泳运动的发展与传播，游泳运动先在英国占领的各个殖民地内传播，之后全世界逐渐开始流行这项运动。

游泳运动在长期发展过程中逐渐分为两大类。第一类是竞技游泳，包括爬泳、蛙泳、仰泳、蝶泳及混合泳；另一类是实用游泳，即救生技术，包括踩水、潜泳、侧泳、反蛙泳等。

在我国，游泳运动也有悠久的发展历史。随着我国游泳运动的不断发展，其逐渐成了人们进行锻炼健身的重要手段之一，深受广大群众的喜爱，游泳有“快乐的运动”之称。如今，有条件的城市居民通常在室内游泳馆内游泳，而在一些乡村地区，人们则在自然水域中游泳，这就是户外游泳。

在户外游泳中，自然水环境至关重要。自然水域中，水的温度较低，密度更大，因此有利于人体血液循环，促进人体肌肉力量的发展，使人有更好的形体，使身体各项素质得到全面发展，所以游泳运动往往是老少皆宜的，受到不同年龄段群众的喜爱，有着深厚的群众基础。

积极参与游泳运动能增强体质，提高健康水平。作为一项全身性运动，长期进行游泳锻炼可以促进人体各器官、各系统的协调与均衡发展，使健身者的身体形态、身体机能以及身体素质都能够得到改善与提高。

游泳运动的环境完全不同于田径、球类等运动。游泳运动在水中进行，在运动条件、运动形式以及运动结构等方面都有自己的特点。人们参与游泳锻炼，学习各种技术和泳姿，不仅可以强身健体，还能够锻炼顽强的意志品质。

在这个科技、信息、社会飞速发展的时代，社会各方面都有着激烈的竞争，人在社会中面临着更加严峻的挑战，为了更好地适应社会，在竞争中生存下来，人们需要具备坚韧顽强、吃苦耐劳、自强不息的精神品质，不断挑战自我，而游泳运动在塑造这些优秀品质上发挥着重要的作用。

因为户外游泳是在自然水域中进行，而不是在传统的室内泳池中进行，所以本节后面主要介绍一些在自然水域中非常实用的游泳救生技术。

二、游泳健身技术指导

（一）踩水技术

踩水又称为“踏水”或“立泳”，这是初学游泳必须掌握的一项基本技术。踩水的速度比较慢，但比较安全。在自然水域中，水流状况变化多端，时而平缓，时而湍急，健身者如果不了解水中情况，也不知晓水质是清澈还是浑浊，那么可以采用该技术。此外，在自然水域游泳具有一定的风险，如果看到有人溺水需要救护时，可以通过踩水技术来感知水面情况，从而向前、后、左、右方向移动并拖带溺水者，进行有效救护。

游泳运动中，水流的阻力是游泳的最大障碍。人体游进过程中依靠手臂和腿的动作完成，其中要克服水的阻力，这是针对各种泳姿而言的。在踩水时，不需要克服水的阻力，而要克服自身的重力。为了让身体浮在水中，需要手臂和腿不断划动，从而产生向上的升力。当身体浸入水中后，自身受到竖直向上的浮力作用，所以运动者掌握踩水技术后，只要手臂、腿稍微做一些动作，头部就可以浮出水面。如果踩水技术达到非常熟练的地步，游泳时只要腿动起来就能够使身体浮起来。

1. 身体姿势

踩水时，身体姿势如图9-15所示。

（1）身体稍向前倾，保持直立漂浮。

（2）始终将头部露在水面上，下颌贴近水面。

（3）两臂和髋部稍屈，手臂与胸齐平，掌心向下。

图 9-15

2.腿部技术

总的来说，腿部动作包括收腿、翻脚、蹬压，组成完整的动作周期。在这个周期中，脚是以近似椭圆形的轨迹进行运动的，动作如图 9-16 所示。

髋部稍屈，大腿与躯干形成 120°夹角，膝关节弯曲，小腿和足部外翻，脚掌成钩状，小腿和脚的内侧面朝下，两脚与两膝距离同宽。接着，稍微向下压大腿，膝关节内扣，小腿和脚的内侧面向下蹬压水，动作轨迹为弧形。小腿在膝关节快要弯曲蹬直时向大腿折叠，大腿稍向上抬，脚迅速外翻，继续进行下一轮的蹬压动作。

双腿的蹬压动作与蛙泳技术的腿部蹬夹动作非常相似，不同的是，踩水时大腿的动作幅度较小，小腿和脚掌的动作幅度较大。

蹬压时，基本上要一直弯曲两腿，连贯圆滑、周而复始地持续蹬压。

图 9-16

腿的蹬压技术有以下两种方式：

（1）两腿同时蹬压水

整个动作顺序为屈膝—脚掌外翻—蹬压水，下面具体分析：

①身体直立，髋部稍屈，蹬压水时弯曲膝盖收小腿，小腿尽量向大腿靠近。

②脚掌外翻，勾脚尖，膝盖稍微内扣，小腿和脚掌对准水。

②小腿、脚内侧、脚掌在大腿发力的带动下依次向外、向下、向内蹬压水。

④蹬压水的动作结束时，大腿与身体保持一定的角度，避免膝关节的充分伸展，两腿始终分开，避免因浮力减小后身体沉入水中。

（2）两腿交替蹬压水

两腿交替蹬压水，动作类似于两腿同时蹬压水的动作，最大区别为两腿交替完成。两腿动作按以下方法进行蹬压：当一腿完成蹬压水，屈膝向后收小腿时，另一腿依次向外、向下、向内蹬压水。两腿交替蹬压水的动作必须按照一定的节奏进行，这样身体的起伏较小，不会耗费太多体能。

3.臂部技术

踩水时，两臂稍屈，在胸前平举，两手同时向外、向内拨压水，双手平行于水面，运动轨迹呈弧形。要注意的是，双手向外、向内拨压水时，掌心的方向是不同的，分别向外下方和向内下方。

弧形拨压时，手掌与水平面保持30°～40°的角度，以前臂和手的摆动为主，上臂运动幅度较小，连贯圆滑地完成，周而复始，保持一定的节奏，如图9–17所示。

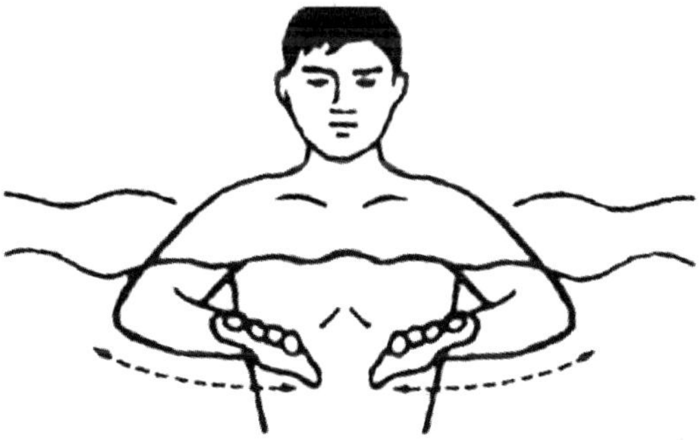

图9–17

手臂划动时，划水阻力（与手臂运动方向相反）和划水升力（与手臂运动方向垂直）共同构成了水对手臂的反作用力。当划水阻力与水面平行，两臂同时划动时，两臂的划水阻力相互抵消，所以身体不会移动。当两臂上划水的升力与水面垂直时，身体会克服重力上浮。

两腿蹬压水的方式不同，两臂拨压水的方式也会有相应的变化，具体如下：

（1）两腿同时蹬压时的手臂动作

如图9–18所示，两臂向外拨压水，两腿同时向上收回并翻脚，此时两臂向内拨压水，手臂拨压水的动作轨迹呈弧形。

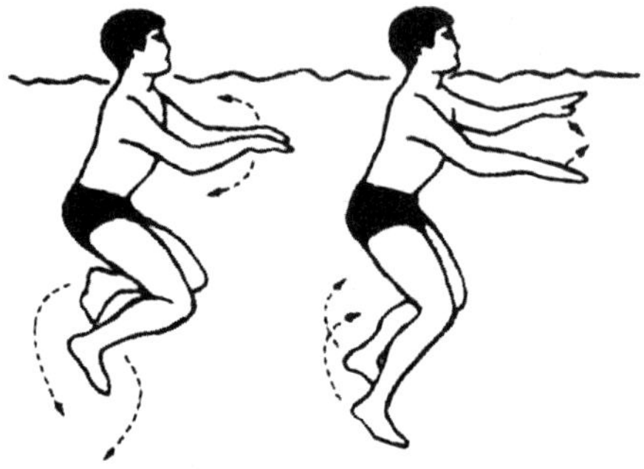

图9–18

（2）两腿交替蹬压时的手臂动作

如图9–19所示，一腿向下蹬压，两臂向外拨压水；另一腿向下蹬压，两臂向内拨压水，注意手臂拨压水的动作轨迹呈弧形。

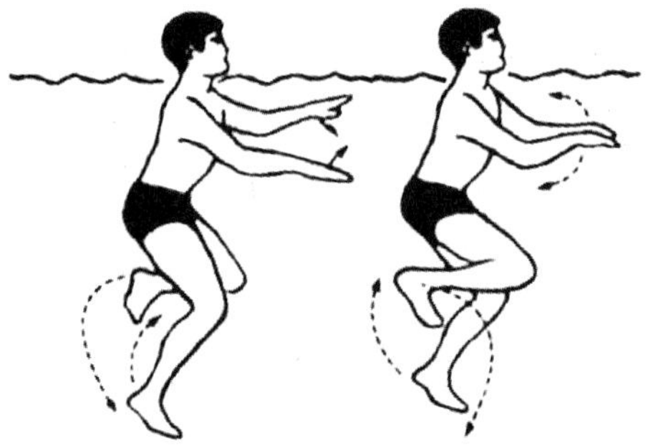

图9–19

4. 完整配合技术

踩水时，头部始终露出水面，自然呼吸，与动作相配合。

注意上肢与下肢保持协调，相互配合，这是确保身体在水中漂浮的关键。手臂与腿的配合方式是两腿蹬压水一次，两臂拨压水一次，而且两臂同时向外拨压水的动作与两腿蹬压水的动作几乎是同步的。总而言之，腿和手臂的动作同时进行，周而复始不停顿。

踩水过程中，手臂和腿的配合必须连贯，配合要有节奏，这是基本要求。此外，呼吸也要保持节奏，配合手臂和腿的动作自然呼吸。向前游进时，身体前倾，腿向侧方蹬水，两臂向后下方压水。向侧游进时，身体向侧面倾斜，腿向反侧蹬压水，与此同时手臂也向反侧拨压水，这是确保向自由方向踩水和移动的关键。

运动者熟练掌握踩水方法后，只靠两腿蹬压水就可以使身体漂浮起来。手臂与腿部动作的配合方式受到腿部蹬压方式的影响。

（二）反蛙泳技术

反蛙泳就是身体翻过来的蛙泳，也称为“蛙式仰泳”。反蛙泳是比较容易学习和掌握的一项技术，其动作自如，呼吸自然，体力消耗少，在长时间、长距离的游泳中也可以通过反蛙泳达到轻松休闲的目的。

游反蛙泳时，身体在水中仰卧，两腿像蛙泳一样蹬夹，两臂同时前摆入水，接着在身体两侧同时向后划水，如图9-20所示。

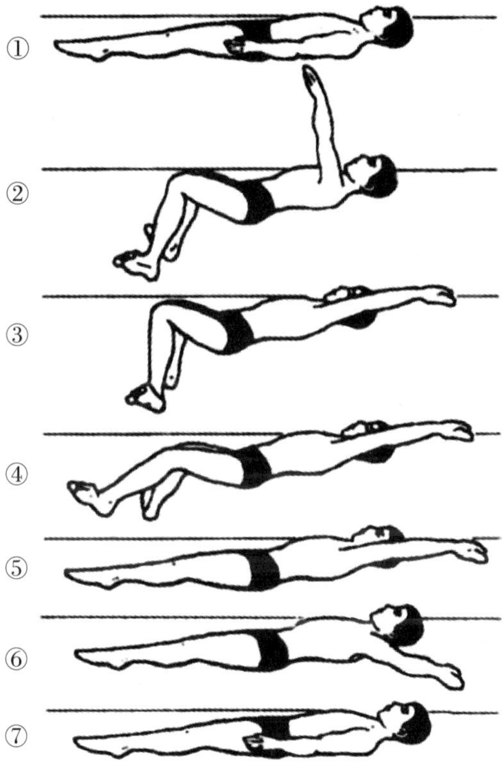

图9-20

1.身体姿势

仰卧于水中，身体自然伸直，腹背肌适度保持紧张，身体纵轴与水平面形成较小迎角，面部露出水面，目视后上方。

2.腿部技术

反蛙泳的腿部技术中，主要依靠腿部的蹬夹推动身体前移。收腿时，髋稍屈，臀部微微下沉，膝关节弯曲，小腿放松下沉折叠靠向大腿后，两腿左右分开，两膝距离与肩同宽。当小腿与大腿成90°时开始翻脚，大腿稍内旋，小腿和脚向外张开，勾脚掌，小腿和脚内侧与水面对准。

翻脚结束时，大腿和小腿成锐角，两脚跟之间的距离比双膝之间的距离稍宽。紧接着展髋、直膝，小腿和脚向后蹬夹水，运动轨迹呈弧形，两腿持续加速进行。

蹬夹的最后阶段，踝关节伸直，脚掌向后、向内、向下进行鞭打，之后两腿蹬直并拢，进入滑行阶段。

注意收腿、翻脚、蹬夹的动作要连贯、自然，不能有停顿，膝关节始终不能露出水面。

3.臂部技术

两臂动作始终贴于体侧的滑行姿势。

首先，两臂伸直，拇指领先提出水面，沿身体两侧垂直面向前摆动。摆过头部上方时内旋，小指侧转向下。

其次，两臂伸直，在肩前同时入水，之后肩部尽量前伸，使划水路线延长。

再次，两臂向左右两侧分开，手腕稍屈，掌心向脚，两臂伸直，向外、向后划水。划水至两侧与肩横线接近时，稍屈肘并下沉身体，成“倒高肘”的姿势，前臂和手掌形成良好的对水面，手臂在身体两侧用力继续向后推压水。

最后，结束划水时，两臂放于身体两侧，掌心向内，充分舒展身体，呈流线型前行。

4.完整配合技术

面部始终露出水面，手臂、腿的动作与呼吸节奏保持协调，但不受水的限制。空中移臂时吸气，手臂入水后闭气，划水时均匀呼气。

反蛙泳过程中，手臂和腿的动作交替完成，通过蹬腿与划臂推动身体前进。手脚的配合方式如下。

（1）两臂提出水面前移时，收腿、翻脚。

（2）两臂快要入水时，两腿向后蹬夹。

（3）蹬夹结束，两腿伸直并拢，两臂向后划水。

（4）划水结束后，两臂伸直，放在身体两侧，呈流线型向前滑行。

（三）侧泳技术

1.身体姿势

身体在水中侧卧，采取左侧卧或右侧卧姿势，根据个人习惯选择。头的一侧入水，身体纵轴与水平面形成较小的夹角，腿略低于肩部。游进时，伴随着手臂的划水，身体绕纵轴有节奏地来回转动，大臂与身体纵轴的夹角控制在45°～50°（图9-21）。这种转动能够很好地促进手臂划水和腿蹬剪水力量的发挥，此外，还有利于空中移臂和呼吸动作的顺利完成。

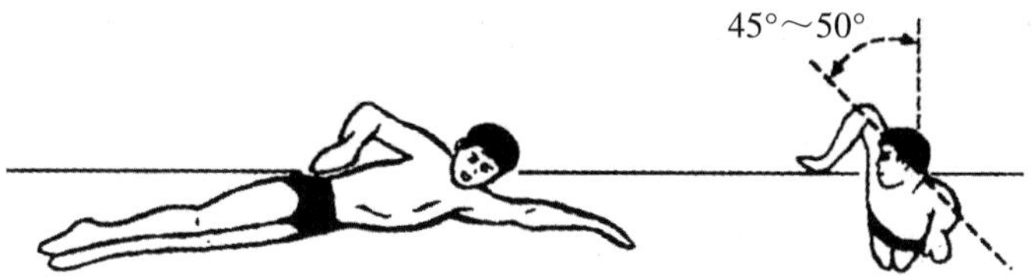

图9-21

2.腿部技术

（1）收腿

弯曲上侧腿的膝关节，大腿与水面平行向身前提收，踝关节放松，小腿在大腿后前移。此时，下侧腿展髋，屈膝，小腿折叠靠向大腿，以使脚跟与臀部靠近。

收腿结束时，上侧腿的大腿与躯干近似垂直，大腿与小腿之间保持45°～60°的角度；下侧腿伸展髋关节，大腿与小腿之间保持30°～40°的夹角（图9-22）。

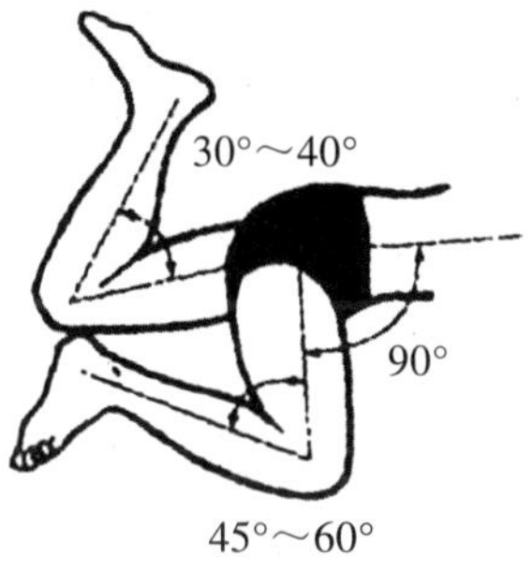

图9-22

（2）翻脚

收腿即将结束时，上侧腿勾脚尖，膝关节伸直，小腿与水面平行并稍向身前伸出，脚底和大腿后侧面向后与蹬水方向对准。下侧腿绷脚尖，脚背和小腿前侧面向后对准剪水方向（图9-23）。

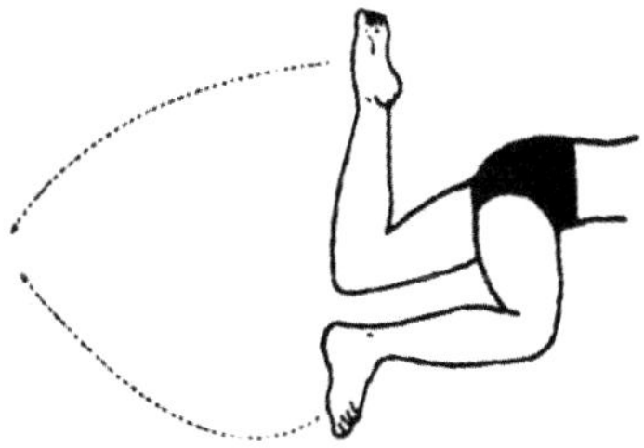

图9-23

（3）蹬剪

上侧腿伸展膝关节，大腿后摆，继续伸直膝关节，腿的后侧面及脚底与水面平行，向后加速蹬夹。同时，下侧腿膝关节伸直，脚背和小腿前侧面对水向后剪腿。当两膝伸直时，两腿形成剪刀状的姿势，直至两腿伸直并拢进入滑行阶段。

3.手臂技术

侧泳臂的动作通常为一臂划水后提出水面经空中前移，另一臂划水后在水下收手前伸，两臂交替进行。上侧臂提出水面经空中前移时，下侧臂在体下划水；上侧臂入水时，下侧臂收手；上侧臂划水时，下侧臂前伸。两臂于胸前有交叉的过程。上侧臂划水结束贴在身体一侧时，下侧臂在头前伸直。

4.完整配合技术

侧泳的完整技术要遵循1∶2∶1的原则，即在一个完整的动作周期中，蹬剪水1次，划水2次（左、右臂各1次），呼吸1次。

（四）潜泳技术

潜泳，又被称为“大划臂蛙泳”，是一种身体完全在水下进行的游泳技术。该技术没有装备限制，简单易行，特别适合潜水爱好者。潜泳技术主要包括潜深和潜远。

1.潜深

（1）头朝下潜深

下潜之前深呼吸，之后迅速低头、收腹、团身，身体向前翻转，头部向下。紧接着，两臂向下伸直，展开身体，在重力作用下入水。

两腿向上做蹬夹动作（技术要求同蛙泳），从而加速下潜。潜到一定深度时，身体逐渐转为水平，继续潜进（图9-24）。

图9-24

（2）脚朝下潜深

下潜之前，两臂用力向下压水，双腿用力蹬夹，使腰部跃出水面，同时深吸气。紧接着，两腿并拢伸直，伸直两臂，身体在重力作用下沉入水中。两手掌心向上，自下而上地拨水，使下潜加速。下沉到一定深度时，迅速低头团身，身体转至水平，继续潜进（图9–25）。

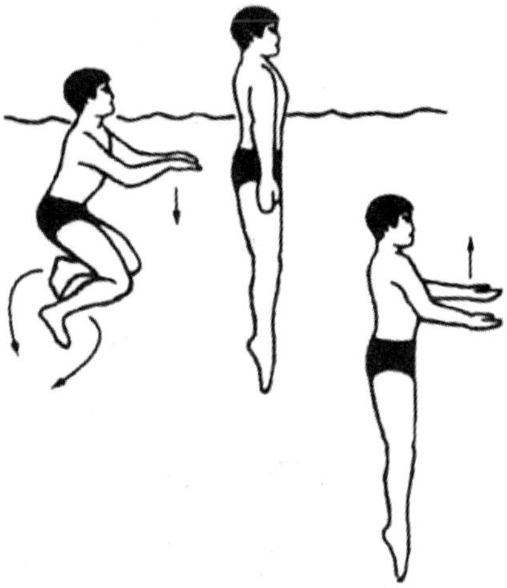

图9–25

2.潜远技术

（1）蛙式潜远

蛙式潜远的技术动作与蛙泳的技术动作基本相同，区别是蛙式潜远是在水下进行的，因此身体姿势、手臂与两腿的动作会有一些不同（图9–26）。

①身体姿势

避免过早上浮，躯干始终正对游进方向。头稍低，与躯干保持在一条直线上。

②腿部技术

腿部动作主要有四个环节，分别为收腿、翻脚、蹬腿和滑行，这四个环节紧密衔接，缺一不可。收腿过程中，屈髋幅度及两腿向侧分开的程度要小于普通蛙泳，从而更好地使身体保持流线型姿势，减小游进时的阻力。

③手臂技术

臂部动作也有四个环节，分别为外划、下划、内划和前伸，这四个环节也是紧密衔接的。两臂划水幅度可比普通蛙泳大一些，以增加推进力。两臂前伸时与下颌贴近，以减小游进时的阻力。

④配合技术

手臂与腿的配合和普通蛙泳一样，但可适当降低划水频率，从而延长滑行时间。向前游进时，需将臂、腿动作产生的推进力充分利用起来。

（2）长划臂潜远

身体姿势与腿部动作和蛙式潜远完全相同，但划臂方式和完整配合技术有所不同（图9–26）。

图9–26

长划臂潜远时，手臂与两腿的配合方式如下。

①两臂划水时，两腿伸直并拢。

②划水结束后，两臂放于身体两侧，掌心向上，身体充分伸直，呈流线型继续游进。

③收手前伸的同时收腿、翻脚。

④两臂快要伸直时，两腿向后蹬夹。

⑤蹬夹结束之后迅速划臂。

三、游泳健身练习

（一）踩水练习

1.陆上模仿练习

（1）双杠挂臂撑模仿踩水

身体悬挂于双杠上，双腿做踩水的技术动作，重点对椭圆形动作路线和连贯的动作方式进行体会（图9–27）。

（2）坐池边模仿踩水

坐在岸边，脚入水，双腿像踩水一样活动，注意体会小腿和脚的内侧面向下蹬压水的动作。

图 9–27

2. 水中练习

（1）扶边单腿踩水

侧对岸边，一只手扶于岸边，外侧腿提起，进行收腿、翻脚、蹬压的踩水动作练习。要求用小腿和脚内侧蹬压水，连贯完成动作，反复进行（图 9–28）。

（2）扶边踩水

双手扶在池边，上体稍向前倾，双腿做向下弧形蹬压、向上收腿翻脚的动作，动作要连贯，注意把握水的上浮力（图 9–29）。

图 9–28

图 9–29

（3）站立划水

站在水中，使水面与胸齐平。两臂稍屈，在胸前有节奏地向外、向内拨压水，移动轨迹为弧形，体会对水的反作用力。

（4）套绳踩水

练习者在他人协助下，将用软绳制作的套圈套在腋下，并在岸上提拉绳子一端，在深水区进行踩水练习。辅助者根据练习者的情况适时将绳子放松或拉紧，确保练习者的下颌始终露出水面，反复练习，练习者逐渐摆脱对绳子的依赖（图 9–30）。

踩水练习中，先尝试两腿同时蹬压水，直到在水中能够自如漂浮时，再练习两腿交替蹬压水。

图9-30

（二）反蛙泳练习

1.陆上模仿练习

（1）站立模仿划臂

自然站立，两臂进行反蛙泳划水动作的模仿练习。

（2）坐岸边模仿蹬腿

坐在岸边，上体稍向后仰，两臂在体后撑地，两脚入水，进行反蛙泳收腿、翻动、蹬夹动作的模仿练习。

2.水中练习

（1）反抓槽蹬腿

仰卧于水中，反臂抓住支撑物，进行反蛙泳技术腿的蹬夹动作练习。尽量伸展身体，避免两膝露出水面。

（2）扶板蹬腿

仰卧于水中，双手在体前抱打水板，根据反蛙泳腿的动作进行向前游进练习。

（3）滑行蹬腿

仰卧于水中，蹬壁滑行，两臂放于体侧，按照反蛙泳腿的动作进行向前游进练习，体会连贯的腿部技术（图9-31）。

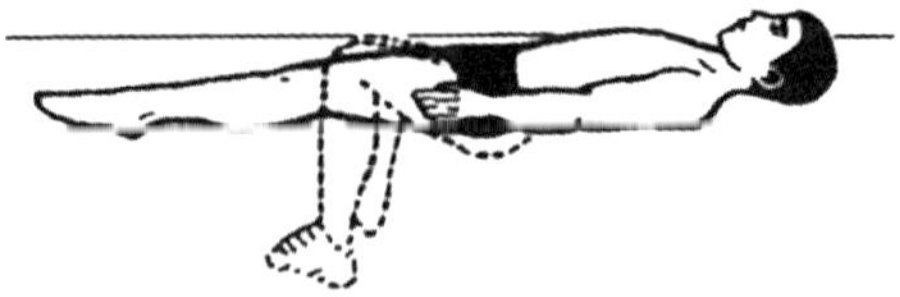

图9-31

（4）完整配合游

手臂、腿配合向前游进，伴随着有节奏的呼吸，进行完整的反蛙泳配合动作练习。

（三）侧泳练习

1.陆上模仿练习

（1）原地模仿划臂

两脚左右开立，上体微微前倾、侧屈，两臂进行侧泳划水动作练习，体会两臂不同的动作路线及交叉配合。

（2）原地模仿蹬剪腿

侧卧于地上，两腿进行水下蹬夹动作的模仿练习。

2.水中练习

（1）扶边蹬剪腿

一只手抓住岸边的支撑物，另一只手放在水下池壁上支撑身体，身体侧卧，两腿按照侧泳技术动作进行练习。

（2）扶板蹬剪腿

两臂一前一后地扶在打水板上，身体水平侧卧于水中，按照侧泳时腿的技术动作进行向前游进练习。

（3）侧向行进划臂

上体稍前倾，两臂交替划水，身体侧向游进，两臂适当用力，配合呼吸。

（4）完整配合游

蹬壁滑行之后身体侧卧，手臂与腿相配合，根据侧泳的技术动作要求进行向前游进练习，注意有节奏地配合呼吸。

（四）潜泳练习

1.陆上模仿练习

（1）自然站立，进行蛙式长划臂潜泳的手臂动作模仿练习。

（2）自然站立，进行蛙式长划臂潜泳手臂与单腿配合动作的模仿练习。

2.水中练习

（1）按照蛙式潜泳的技术动作，进行水下游进练习。

（2）按照长划臂潜泳的技术动作，进行水下游进练习。

（3）在较深的水域中进行踩水练习，两臂在体前用力向下压水，同时深吸气，两臂在体侧伸直，利用重力自然下沉。

（4）在较深的水域中进行踩水练习，深吸气后，迅速低头、收腹、团身，屈膝提臀下潜。

第四节　定向越野

一、定向越野概述

（一）定向越野的概念

定向越野就是利用一张详细精确的地图和一个指北针，通过指北针导航，按顺序到访地图上所有指示的点标，以最短时间到达所有点标者为胜。定向越野通常设在森林、郊外、城市和公园，也可设在校园里。定向越野既是一种户外休闲、娱乐运动，又是一种竞技运动。参加定向越野除需要指北针和地图外，不需要特殊的设备，是一种较为经济的运动项目。

（二）定向越野的起源

定向越野运动起源于北欧的瑞典。“定向”一词最早出现在1886年的瑞典，原本用于军事训练，意思是在地图和指北针的帮助下，穿越未知的地带。北欧斯堪的纳维亚半岛中的瑞典，国土崎岖不平，覆盖着一望无际的森林，散布着无数的湖泊、城镇和村庄，人们必须学会并具备精确辨别方向的能力，否则将会有迷失方向的风险。这样，地图和指北针就成为人们行走和生活的必需品，生活在半岛上的居民、军队人员变成了定向运动的先驱。

定向越野在我国处于发展的初期，是一项集智慧和体能于一体的活动。它本身的趣味性和神秘感吸引着人们，青少年对这类运动更感兴趣，但是定向越野也根据各类人群设置了不同的赛制，因此，定向越野的发展空间极大，将会受到各个年龄群体以及户外爱好者的青睐。

我国定向运动通常在公园、校园、山地等户外进行，发展初期为了让更多的人参与进来，比赛通常为不同年龄、性别、体能的人群提供参赛机会，并按照比赛的规模和竞技水平设计出不同难度的路线。

定向运动的参赛者年龄跨度很大，在欧洲，参加定向越野的人年龄最小的才3岁，最大的则已达80多岁。随着经济水平的提高，人们对健康和生活质量的重视与日俱增，越来越多的人投身于以回归自然为主题的户外运动，定向越野恰巧就是人们贴近大自然的一项户外运动。

定向越野既是一种户外休闲、娱乐运动，又是一种竞技运动，对选手的体力和智力要求较高。定向越野比赛是国际定向运动联合会（IOF，简称国际定联）正式承认的比赛项目之一，1983年传入我国，中国人民解放军体育学院组织了一次定向越野试验比赛，此次比赛算是首届，组织方面缺乏经验，准备不够充分，绘制地图方面也存在欠缺，但是定向越野有着本身的趣味性，吸引着运动员冒着大雨在茂密山林中跑完全程，显示出定向越野在我国发展的巨大潜力。现在我国开展较好的地区为江浙一带，以及湖南、广东、湖北、上海、北京、安徽等地。随着经济的发展，进行汽车定向越野的户外运动爱好者越来越多。

（三）定向越野的分类

根据运动形式不同，定向越野可以分为徒步定向、山地车定向、轮椅定向和滑雪定向四种。

1.徒步定向

徒步定向是最基本的定向越野方式，也是现阶段普及面最广、发展最快的定向越野方式之一，在山区、公园、校园都可以进行比赛，选择场地简单；也可以在白天、晚上或者多日进行安排，活动组织灵活；也可以根据距离，安排短距离、中距离、长距离等项目；根据性别和年龄可以分为少年组、青年组和老年组，进行计时赛或积分赛。比赛趣味性强，非常容易开展。

2.山地车定向

山地车定向是山地自行车和定向越野结合在一起的定向运动，是国际定向运动联合会承认的最年轻的定向越野方式，自2002年以来，每两年举行一届世界山地车定向越野锦标赛。山地车定向运动要求运动员具备高超的山地车技艺、快速的骑行速度和坚韧不拔的耐力，比赛场地可以安排在山区、公园、校园及野外等，考虑到环保和安全，运动员不能离开比赛规定的路线。

3.轮椅定向

轮椅定向是专门为伤残人士创办的定向运动，它也遵循定向运动的一般规则，是一项趣味性高、身体活动性强的专项运动。首届轮椅定向世界杯于1999年举行。

4.滑雪定向

东欧部分国家地广人稀，有着连绵不断的雪山和雪地，因而滑雪定向运动应运而生。它也是国际定向运动联合会承认的正式比赛项目。比赛场地设在雪地，滑雪滑道需要摩托雪橇开辟，并需开辟多条线路，供运动员在比赛中选择。滑雪定向运动员需要使用滑雪服装和装备，通过高超的滑雪技艺、速度和耐力来完成比赛。

（四）定向越野的特点

1.运动性与智能性

定向越野与其他体育运动项目相同，是一种以身体锻炼为主，结合智力锻炼的身体活动，但定向运动不仅需要身体运动，还需要大脑运动。定向运动员必须会使用地图和指北针，还要具备地理学、测绘学、军事地形学等相关知识以及运用这些知识的能力。

2.环境多变性与趣味性

定向越野是在森林、山区、野外、校园、公园、风景名胜区等野外环境中进行的。在不同的环境中，选手将面临不同的定向路线。正是因为定向越野环境多样，所以它更具趣味性。

3.游戏性与竞技性

定向越野的过程中也蕴含着游戏元素。从运动形式来看，通过一幅地图和部分点标来寻找实际位置，如同“寻宝游戏”，带有很强的游戏色彩。但定向越野比赛作为一种新兴比赛，其竞技性的特点也很突出。因为是比赛就存在竞争，定向越野除了单人比赛项目，还有双人、多人以及接力赛，竞争无处不在。正是因为这种竞争的激烈性，刺激着人们对这项运动的向往和追求，并投身到这项运动的训练和比赛中来，乐此不疲。

4.群众性与实用性

定向越野是一项群众性体育项目，男女老幼都能成为这项运动的参与者和爱好者。据有关报道，参加定向越野比赛的年龄最小者仅8岁，最长者80岁；定向越野还为伤残人群组织了轮椅定向越野，并对骑行、开车和滑雪爱好者专门组织了山地车定向、汽车定向和滑雪定向。由此可见，定向越野是一项大众化的体育项目。

定向越野的实用性同样十分明显，在瑞典，它最早就是军队的一种训练形式。现在，定向越野不仅可以作为军事训练的一项内容，还可以作为学校体育教学的一项内容。大学里开展定向越野和野外生存等课程，不仅要求学生学习、使用地图，而且提升了大学生的社会适应能力和生存能力。

（五）定向越野的锻炼价值

定向越野的价值可以分为健身益智价值、教育价值、娱乐价值和经济价值4个方面。

1.健身益智价值

定向越野作为一项体育运动，最基本的功能就是健身价值。定向越野是一项全身运动，最突出、最直接的影响就是强身健体，增强人体体质，提高人的跑步速度、耐力、柔韧性、力量、灵敏性等各项身体素质。经常参加定向越野，不仅可以强身健体，而且可以调节大脑神经，促进身心全面发展，同时还可以提高机体对疾病的免疫力，培养独立逻辑思维能力、独立解决实际困难的能力以及当机立断做出决定的反应能力。

定向越野也是一项有利于智力培育和发展的运动项目，可以作为大脑的“调节剂”。在定向越野运动中，可以学习到地理学、测绘学等方面的知识，通过对地图、地理标志的不断思考、判断，可以提升智力水平，培养方向感。

2.教育价值

定向越野在培养人的道德品质方面也有独到的作用，可以使参与者体会到团队精神和集体力量的强大，学会尊重同伴，提升相互鼓励、相互合作、奋力拼搏的精神，培养良好的个性及坚强的意志，同时能提高心理承受能力，对心理健康水平的提高也有一定的促进作用。

定向越野能陶冶人的情操，消除烦恼，缓解压力，让人回归自然，从而起到强化自然和谐的教育理念的作用。同时，参加定向越野能接触到不同的人群，可以积累丰富的社交知识和经验，提高社交能力。

除此之外，定向越野还能培养在新的、陌生的环境下的竞争意识和适应能力，以及对事业的进取心、坚韧不拔的毅力、绝不放弃和永不言败的精神。

3.娱乐价值

定向越野在发展过程中，娱乐价值赋予它更长久的生命，所以定向越野有另一称呼“寻宝比赛”。在“寻宝”的过程中，不仅仅要求运动员争分夺秒，更要求选手读懂地图上的信息提示语，将体能、智能相结合到达目的地。比赛选手就像在奔跑中猜谜语一样，一旦成功，所获得的成就感和荣誉感会深深地吸引选手继续前行。如今，定向越野为增强其娱乐性，还增加了很多个人项目，如室外百米定向、室内争分夺秒和障碍赛等。

4.经济价值

定向越野的经济价值体现在：定向越野装备的生产与销售；定向越野场地的建设；市场开发与运作；定向越野俱乐部的建设与市场运作；定向越野带动服务业的经营和发展；定向越野对旅游业的促进和推动；定向越野对媒体、出版发行行业的促进与推动；定向越野对赞助商和广告业的吸引力；吸纳一定数量的劳动者，为失业下岗人员提供就业机会。

目前，我国的定向越野仍处于推广和发展的阶段，各省市都在宣传定向越野，定向越野比赛将会广泛开展，可带动当地经济发展。随着我国经济的快速、健康、持续的发展和社会的不断进步，定向越野将会得到进一步的推广与普及，其经济价值也会随之显现。

二、定向越野基本技能

定向越野选手的技能可以概括为四个方面：在野外能够迅速地辨别方向；能熟练地使用地图和指北针；善于进行长距离的越野跑；既果断又细心，能够迅速选择最佳的行进路线。但是，在任何情况下，运动员辨别方向和使用地图的能力始终都是最基本的，下面着重介绍其方法。

（一）辨别方向

1.正确使用指北针

（1）辨别方向

当指北针的磁针静止后，其N端（通常都有标志）所指的方向即为北方。

（2）标定地图

先使指北针圆盒内的定向箭头“+”朝向地图上方，使箭头两侧的平行线与越野图上的磁北线重合或平行，然后转动地图，使磁针北端对正磁北方向，地图即已标定。

（3）确定站立点

选择图上和现场都有的两个明显地形点，并用指北针分别测出该两地形点的磁方位角，将所测的磁方位角图解在地图上。图解磁方位角时，要先转动指北针的分度盘，让指标分别对正所测的方位角值；再将指北针的直长边分别切于图上被照准的两个地形点符号，并转动指北针；待磁针与定向箭头重合后，分别沿直长边画方向线。两方向线的交点，即站立点在图上的位置。

2.利用地物判断

（1）房屋

房屋一般门朝南开，在我国北方尤其如此。

（2）庙宇

庙宇通常也是南向设门，尤其是庙宇群的主要殿堂。

（3）树木

树木通常朝南的一侧枝叶茂盛，色泽鲜艳，树皮光滑；向北的一侧则相反。同时，朝北一侧的树干上也可能生有青苔。

（4）凸出地物

例如，墙、地埂、石块等，其向北一侧的基部较潮湿，并可能生长苔类植物。

（5）凹入地物

例如，河流、水塘、坑等，其向北一侧的边缘（岸、边）的情况与凸出地物相同。

（二）阅读越野地图

定向越野所用的地图是由地图比例尺、地物符号、地貌符号、指北方向线和图例注记五大要素组成的，读图也要从这些方面入手。

1.地图比例尺

地图上某线段长与相应实地水平距离之比，叫作地图比例尺，即地图比例尺=图上长：相应实地水平距离。读图时应了解地图比例尺的大小、地图比例尺的表示形式等。图上量实地距离有直尺量算法和估算法两种。图上量出的距离，都是水平距离，而实地总是起伏不平的，实际距离往往大于水平距离。因此，在计算实地距离时，须将图上量得的距离加上适当的改正数。计算公式为：实地距离=水平距离+水平距离×改正系数。

2.地物符号

地面上的各种地物在地图上是用符号表示的，地物符号由图形和颜色组成。依比例尺表示的符号为轮廓符号，半依比例尺表示的符号为线状符号，不依比例尺表示的符号为点状符号。

为了提高地图的表现能力，专用定向越野地图采用不同颜色表示不同的地形内容，一般原则是蓝色表示水系，棕色表示地面起伏，绿色表示植被，其他内容用黑色表示。对于禁区或不可逾越的障碍还要用蓝色、黄色或专门符号表示。

3.地貌符号

地图上显示地貌的方法很多，定向越野地图采用等高线法表示地貌。等高线是由地面上高程相等的各点连接而成的曲线，按其作用不同，分为首曲线、计曲线、间曲线和助曲线四种。地貌的外表形态由山顶、凹地、山背、山谷、鞍部、山脊和斜面等地貌基本形态组成。

4.指北方向线

在专用定向越野地图上，绘有若干等距离平行且北端带有箭头（称指北矢标）的磁北方向线，即磁子午线，也称为指北方向线。

5.图例注记

越野图的注记主要分为三类：①地名注记。在越野地图上，地谷一般不标注，除非对运动员判定方向与确定站立点非常有用时才标明。②高度注记。分为等高线注记、高程注记和比高注记三种。③图外说明注记。包括比例尺、等高距、图名、图例、出版单位、用途要求等。

（三）定向越野图片与指北针的使用

在学习定向越野技能的阶段，须选择最合适的场地，用较多的时间进行使用越野图与指北针的训练，主要有标定地图、对照地形、确定站立点等。

1.标定地图

标定地图是为了使越野图的方位与现地的方向一致，这是使用越野图的最重要的前提。

（1）概略标定

越野图上的方位是上北、下南、左西、右东。当我们在现地正确地辨别了方向之后，只要将越野图的上方对向现地的北方，地图即已标定。这种方法简便迅速，是定向越野比赛中最常用的方法。

（2）利用磁北线（MN线）标定

先使透明式指北针圆盒内的定向箭头“+”朝向地图上方，并使箭头两侧的平行线与越野图上的磁北线重合（或平行），然后转动地图，使磁针北端对正磁北方向，地图即已标定。

（3）依直长地物标定

直长地物，是指现地和图上都有的直且长的物体，如直长的路段、河渠、土堤和电线等。用直长地物标定地图时，先在地图上找到与现地一样的这段直长地物符号，将地图放平转动，使图上的直长地物符号与现地直长地物的方向一致，经对照两侧地形确认无误后，地图即已标定。

2.对照地形

地图与现地对照，就是使地图上的各种符号和等高线图形与实地的地物、地貌一一对应。对照地形在比赛中的作用主要有两个：一是在站立点尚未确定时，只有正确对照地形，才能在图上找出正确的站立点位置；二是在站立点已经确定，需要变换行进方向时，只有对照地形，才能在现地找到已选定的最佳路线。

3.确定站立点

熟练地掌握在图上确定站立点的各种方法是学习使用地图的关键。

（1）直接确定。当自己所处位置是在明显地形点上时，只要从图上找出该地形点，站立点即可确定。

（2）利用位置关系确定。当站立点位于明显地形点附近时，采用位置关系法确定。

（3）利用“交会法”确定。当站立点附近无明显地形点时，可利用“交会法”确定站立点。

（四）定向越野基本技能训练

训练计划的实现，离不开切实可行的训练方法。基本的训练方法为“四级八步训练法”，这种训练方法是在运动员已掌握识图用图基本知识的基础上采用的。

1.读图训练

读图熟练程度关系到野外用图的准确与迅速，是取得理想成绩的基础。因此，读图训练主要是解决在准确无误前提下的快速读图问题，其关键是对地图上地貌的识别，主要原因是等高线显示地貌的立体感不强，不像地物符号那样直观、形象。因此，读图训练必须从培养运动员看图的立体感着手，以达到准确、快速读图的目的。具体步骤与方法如下：

（1）辅助法读图

辅助法读图，即利用在地图上画出的地貌骨架线进行读图。地貌骨架线是指山脊线、主要分水线、合水线。从地貌骨架线可以看出实地地貌的基本走向与形状，便于初学者进行具体地貌形态的细部研究。训练时，可先规定统一的颜色（一般山脊线、分水线用红色，合水线用蓝色），由运动员自我练习，达到一定熟练程度后，教练员限时让运动员在地图上标出地貌骨架线，然后由教练员评阅，并进行综合讲评。

（2）直接法读图

通过辅助法读图训练后，运动员有了一定的读图能力，即可进行直接法读图训练，即不画地貌骨架线，直接利用地图分析地貌总的升高或下降方向、主要山脊线的走向，再做细部分析。分析地貌总的走向时，先找到制高点，如较高的山顶，然后沿主要的山脊线判明主要走向。分析细部地形时，要在分析总的走向的基础上，根据等高线显示地貌的特点，结合地图上等高线的组合，逐片进行分析，判明哪是山脊、山谷及其相对陡缓、形状和走向。训练时，教练员先规定范围让运动员独立分析，并讲解自己的分析过程，有条件时可利用投影仪进行讲解，再由其他运动员补充说明，最后由教练员归纳讲评。经过练习，读图能力在准确、快速方面有很大提高。如能达到只要展开地图，就能较快地看出实地的立体起伏形状和地物分布的具体位置的能力，对野外用图是很有帮助的。

2.定点图地对照训练

所谓定点图地对照训练，即在野外固定点进行地图与实地详细对照。这是准确、快速进行地图与实地对照的关键。具体步骤与方法如下：

（1）先明确站立点，后对照地形

先明确站立点，即由教练员指出站立点在图上的位置。后对照地形则是由运动员以已知站立点为前提，自行对照站立点四周的地形。对照地形的具体方法见前文所述。

要强调的是，在这一步训练中，教练员可指定几个点进行反复练习，并要逐一检查与辅导，使运动员人人过关，因为这一步训练直接影响以下各步训练的效果。

（2）先对照地形，后确定站立点

这一步训练是指在生疏地区站立点不明确的情况下，通过对照地形来确定站立点。确定站立点的基本方法在前面已经介绍。教练员预先选择好较理想的训练地点，训练中结合具体地形引导运动员灵活运用不同的方法。

（3）单个运动中图地对照训练

这一步训练是在以小组为单位运动的基础上，运动员单独进行的训练。

在整个图地对照训练中，应以“准”为前提，即在准确无误的前提下，可逐步提高运动速度。在安排训练计划时，可逐次增加目标点（即检查点）的个数，可设置简易的检查点标志（如有编号的小红纸旗），便于检查和讲评。

3.模拟训练

模拟训练即模拟比赛而进行的训练。训练时，应由易到难、由浅入深、循序渐进。从训练量到训练难度，可分两步进行。

（1）轻量训练

轻量训练是指控制检查点个数和总距离的训练。模拟训练初期，应适当控制每段距离和全程距离，此时训练场地的地形条件都较简单；检查点个数不宜太多，检查点点标的位置应较比赛时明显易找。经过一段时间的训练后，可逐步增加距离与难度。在这一步训练中，对运动员的要求是准中求快、快中保准。

（2）超量训练

超量训练是指检查点的个数和全程距离达到或超过（控制在20%以内）比赛允许的最大值的训练；选择符合或稍难于比赛规定的训练场地，同时应每天更换训练场地；每次训练应提出全程最大允许耗时。允许耗时＝全程距离÷速度+各检查点作记时间之和。

这一步训练对运动员总的要求是“准”“快”并举。教练员讲评时，不但要讲评用图技能，而且还要讲评个人的运动速度。

三、定向越野的场地及器材要求

（一）定向越野的场地

1.比赛区域的地形

地形是地物和地貌的总称。地物是指地面上的固定物体，如居民地、建筑物、道路、河流、树木等；地貌是指地面的高低起伏状态，如山地、丘陵、平地、洼地等。由于地形对定向越野比赛的难易程度和用时长短有较大影响，因此要根据比赛需要选择地形。

2.对比赛区域地形的要求

（1）要有与比赛的等级相适应的难度，并保证其能够使运动员充分发挥自己的定向越野技能。

（2）比赛区域必须是所有选手都不熟悉或不太熟悉的，至少应防止赛区当地的选手在比赛中获得明显优势。为保证这点，有的国家规定，三年内不得在同一地点举行第二次比赛。

（3）比赛区域的选择与确定在赛前必须严格保密。通常情况下，合格的定向越野比赛地域应具备下列特点：中等起伏的森林地，植被适度、地形变化多样的有限通视地域，生疏的人烟稀少地区。当然，在组织一般的定向越野活动时，城市公园、近郊区以及未耕种或未长成的田地也是可供选择的地点。

3.起点和终点

定向越野比赛的起点与终点最好设在同一处，这样能方便比赛的组织工作。起点与终点一般设在地势平坦且面积足够大（与比赛规模相适应）的开阔地上。作为终点通道的地段，就更要平坦且有足够的长度，这样才能让裁判人员与观众看清楚跑回来的选手。

4.比赛路线

定向越野比赛路线通常按环形设计。

定向越野比赛路线的距离只是个相对准确的数字，因为它是按从起点经各检查点至终点的图上最短水平距离计算的。比赛路线的距离一般根据运动员的水平和比赛时间来确定。

比赛路线的质量标准，简单地说就是两点：一是具有可选择性，运动员能够根据自己的能力对前进的方向和路径进行选择；二是具有可判读性，只有这样才能迫使选手依赖识图用图的能力参加比赛，从而体现出定向越野的特点。

（二）定向越野的器材

开展不同等级、不同项目的定向运动，所需的物质条件也不尽相同。下面介绍的是个人徒步定向越野所需的基本物质条件，原则上这些物质条件也适用于其他定向运动项目。

定向越野的常用器材有以下几种。

1.号码布

号码布一般不超过24厘米×20厘米，号码数字的高度不小于12厘米，字迹要清晰，字体要端正。正规比赛还要求将号码布佩戴于前胸及后背两处。

2.指北针

指北针多由组织者提供，如要求自备，则可能会对其性能、类型做出原则上的规定。当今世界上已出现的指北针类型主要有简单式、液池式、透明式、照准式和电子式等。目前，国际上的定向越野比赛常使用由透明有机玻璃材料制作的指北针。

3.检查卡片

检查卡片主要用于判定运动员的成绩。用厚纸片制成，分为主卡和副卡两部分。主卡由运动员在比赛中携带，并按顺序将每个检查点的点签图案印在空格中，到达终点时交裁判人员验证。副卡在出发前交工作人员留底和公布成绩时使用。检查卡片的尺寸一般为21厘米×10厘米。若规定比赛完毕必须交回地图，可以将检查卡片的内容直接印在地图空白处，样式可自行确定。

4.地图

地图是定向越野最重要的器材，它的质量直接影响到运动员比赛的成绩和比赛是否公正，因此，国际定向越野联合会专门为国际的定向越野比赛制定了《国际定向运动图制图规范》。对国际定向越野图最基本的要求如下：

（1）幅面的大小：根据比赛区域的大小确定，赛区以外的情况不必表示。

（2）比例尺：通常为1∶15 000或1∶20 000，当需要时也可采用1∶10 000或1∶25 000。

（3）等高距：通常为5米，当需要时也可采用2～10米，但在一幅图上不得使用两种等高距。

（4）精度：至少要使以正常速度奔跑的运动员没有任何不准确的感觉。

（5）内容表示的重点：详细表示与定向和越野跑直接相关的地物、地貌。要利用颜色、符号等，详细区分通行路线的难易程度。

5.点签

点签是与检查点配合而起作用的，它提供给运动员一个到达检查点位置的凭据。点签的样式很多，但最常见的还是印章式和钳式。

检查点印章上雕刻着不同的图案或代码，最好选用能自动上印油的印章，否则在比赛时要另备印泥。检查钳用弹性材料制成，顶端装有钢针，钢针的不同排列使检查钳可以压出不同的图案印痕。

6.检查点

检查点用于检验运动员是否按规定跑完全程，为此，应设置专门的标志。检查点应在地图上准确地标示出来。

检查点标志是由三面标志旗连接组成的。每面正方形小旗，沿对角线分开，左上为白色，右下为红色。旗的尺寸为30厘米×30厘米，可以用硬纸壳、胶合板、金属板或布等材料制成。标志旗通常要编上代号（国际上过去曾使用数字做代号，现已规定使用英文字母），以便选手在比赛时根据旗上的代号判断是否找到了正确的检查点。

悬挂标志旗的方法分为有桩式和无桩式两种。

第五节　野外生存

一、野外生存概述

（一）野外生存的起源与发展

人类的发展历程就是一部野外生存发展史。究竟什么时候有了人类，这是考古学家和人类学家研究的课题。但是，有一点是可以肯定的：人类最开始一定是生活在野外的，他们没有工具，没有衣服，没有固定的食物，更没有住所，人类的祖先就是靠不断强化的野外生存本领繁衍生息的，也因此人类才有了今天的文明。

毫无疑问，人类的野外生存活动从有人类开始就一直没有停止过。因此，从这一角度出发，我们根本不用讨论野外生存活动的起源问题。我们祖先的原始生活方式就是一种标准的野外生存模式。他们生活在原始的自然环境里，茹毛饮血、构木为巢、钻木取火。

现在所开展的野外生存训练课程有许多训练科目源于祖先用过的生存手段和求生方法。如从野生的动植物中选择食物，钻木取火，用于保暖的草蓑衣、兽皮衣，在野外宿营中利用的山洞、雪屋、草帐等。

从某种意义上讲，现在的一些野外生存活动训练科目是对祖先生活方式的重演，是人类对原始生活技能的一种回归。只是人们在许多方面利用了现代技术和现代工具，如在太阳下用凸透镜取火，利用信号向飞机求救等。

探险活动促进了野外生存技能的发展。也许是为了财富，也许是为了寻求长生不老的仙药，也许是为了新的发现，人类的探险活动从人类开始定居以来就没有停止过。的确，探险活动给人类带来了不少好处，新大陆的发现、科学问题的证实、矿藏的开采等许多重大事件都与探险活动有密切的关系。探险活动本身既充满刺激、神秘，又危机四伏、困难重重。

在探险过程中，死亡随时都会降临在探险队员身上，每年死于探险活动的人不计其数。这些热衷于探险的人们也并不是一群不怕死的敢死队，用他们自己的话说，都是“有备而来”。他们不仅具备坚强的意志、健壮的身体，还有一套实用的野外生存技巧。这些人往往在探险之前都已经参加了各种专门的训练，其中野外生存技能是他们应对意外的看家本领。

战争对野外生存能力有促进作用。虽然战争给人类带来的灾难是巨大的，但从野外生存的角度看，战争也的确促进了野外生存的发展。在战争中，敌对双方经常处于内无粮草、外无援兵的境地。在许多情况下，谁能在野外环境中生存下来，谁就可能是最终的胜利者。在长期的战争环境下，士兵们发明了许多野外生存的技术和方法。现在的野外生存方法和工具中，有许多是士兵发明的，如炭火消毒法、弹药取火法、猫耳洞庇护所，以及瑞士军刀、丛林刀、反曲刀、野营铲等。

（二）野外生存的概念

野外，是与居住环境相对应的地域。野外不同于户外，前者更强调环境的原始性和自然性。因此，我们在理解本书所涉及的“野外”这个概念时，除“田野”“旷野”之外，更注重的是那些人口较少的自然生态环境。

生存，是维持生命的所有行为组合。从达尔文论述物种“适者生存”到现在市场经济条件下的生存理论，都是对小到一个生命个体，大到一个企业，乃至一个国家如何维持下去的诠释。在不同的环境状态下，生存有着不同的含义。在紧急关头，在极端恶劣的生态环境下，生存往往可以简单地理解为“活下去”。

我们可以把野外生存理解为：在远离居民点的山区、丛林、荒漠、高原、孤岛等复杂地形的区域中，在没有外部提供生命赖以维持的物质条件的情况下，个人或小集体靠自己的努力，在不太长的一段时间内，保存生命和维持健康的基本手段和方法的活动。

总的来说，“野外生存”就是猎捕动物和采食野生植物充饥，就地取材，构筑简易的露营遮棚，判定方位、迷途的处置，野外危险的自救等，即吃、住、行、自救四项内容。

（三）野外生存的类型

野外生存可分为被动性和主动性两种。

被动性野外生存是指由外界的不可抗力或不可预测的情况所致，如自然灾害、迷路、交通工具失事、战争等。这种情况不常见，但是也不能完全避免。积极主动参加野外生存训练，学习并掌握一些有关野外生存的知识和技能是很有必要的，应有防患于未然的意识，做好心理准备、知识准备和技术准备。

主动性的野外生存是指人们有计划、有准备地模拟某些场景或安排某些活动，让参加者经受考验和磨炼，战胜艰难险阻、战胜自我，安全地完成预定计划的过程。主动的野外环境适应、生存技能训练以及自我潜能的开发正是人类适应环境变化，充分发挥主动性的一个良好手段。

（四）野外生存训练的价值

一是学生在与自然的亲密接触中学会野外生存生活的基本技能。通过“野外生存生活训练”，学生可以掌握埋锅做饭、下河捕鱼、分辨可食用植物、搭建帐篷宿营、获取食物和水、看地图、使用GPS和指北针等基本的野外生存生活技能，学会如何处理有毒的动植物、受伤、迷路等紧急情况。

二是学生在挑战各种困难的过程中提高身心素质。通过“野外生存生活训练”，既可增强学生体能，又能培养其果断冷静、坚韧不拔、勇于探索、克服困难的意志品质。

三是学生在协同解决问题的过程中增强社会适应能力。通过“野外生存生活训练”，学生可以从最初的相互不默契、不融洽发展到活动中的和谐相处、彼此信任；从活动开始时的“以自我为中心”到后来的考虑他人、主动帮助他人，认识到团队精神的重要性。

四是学生在陶冶情操的同时培养审美情趣和环保意识。“野外生存生活训练”使学生深感“远离大都市的喧嚣，面对美丽、沉静的大自然，陶冶了情操，净化了心灵”；建立“爱护环境，从我做起，携起手来保护人类共同家园”的意识。

二、野外生存的基本技能

（一）搭建野外临时庇护所

1.山崖石滩地区搭建临时庇护所

扎营最基本的要求是避开风险，在山崖或石滩地区露营时，应找背风面或可以挡风的石头或凹处。凹地或岩石下面是较好的避风处，可以利用小树枝等适合的材料搭建顶棚。

2.森林地区临时庇护所搭建

在森林地区搭建临时庇护所的方法有很多。可以利用宽大的树叶、倒地的树干等各种材料和挖土坑等方法建立临时的庇护所。

（1）搭建圆锥帐篷

简单的圆锥帐篷很容易搭建：首先寻找相同长度的木棍，并把它们的一端系在一起，用来当作圆锥的顶端；然后将木棍的另一端均匀地分开，埋入地里；最后用防雨布、小树枝或树叶等遮盖物进行遮盖。

（2）利用倒折的树木搭建临时庇护所

倒折树木的一端要连在树干上，查看连接处是否牢固，以免落下时砸伤自己。可以将一些细枝编进大树里，以增加庇护所的防风性。

（3）利用两排茂密的小树苗搭建临时庇护所

除去中间的障碍物，将对应的树苗上部绑在一起，构成帐篷的支架，盖上防雨布或遮挡物进行遮盖。

3.寒带积雪地区临时庇护所搭建

在寒冷地区活动时，可以有效利用自然条件搭建庇护所，如雪屋、雪洞、雪沟等都是很好的御寒场所。

（1）雪洞

只要雪层足够厚，雪地里同样可以挖出雪洞。挖洞之前要确保雪足够厚实且紧密。雪洞不宜过大，否则容易崩塌。为了防止冷风直吹洞内，开口后可拐一至两个直角弯。进洞前要准备好一根足够长的木棍，用来疏通气孔。

（2）雪屋

如果长时间停留在寒冷的地区，用冰雪搭建房子是最理想的选择。先挖一条仅能容纳一个人爬行的地沟，将压实的雪块按螺旋形的方向垒放，直至往上收小封顶，缝隙用雪填满。

（3）雪沟

雪沟的深度要足够人躺进去，而且不会被风吹倒，还要有足够的宽度，保证睡觉翻身时不会碰到雪壁。用厚厚的云杉树枝覆盖雪沟，以免雪花落在脸上。

4.沙漠地区临时庇护所搭建

在沙漠中的临时庇护所应搭建在有植物的地方，最好是灌木丛，这样沙子不容易被吹走。通常，灌木丛周围的沙子会聚集在一起，形成一个较稳固的小沙丘。搭建临时庇护所时，可在小沙丘靠近植物的地方挖一个浅坑，并收集一些树枝与沙丘上的植物盖在浅坑上，以防沙子落入浅坑内。

（二）篝火技术

篝火释放的热量可以供人取暖、烘干衣物，还可以煅烧金属打制工具。此外，火苗产生的烟雾可以驱赶害虫，还可以作为求救信号。

1.篝火准备工作

点燃篝火要选择合适的地点，需要准备足够数量的火种、引火物和燃料。火种是供引火用的燃料，给予火种一点热量就可以将其点燃，如桦树皮、干草、细木屑等都是很好的火种选择。火种一定要保持干燥，平时要多注意收集火种。

引火物是可以将火势增大的材料，干燥的小树枝就是一种很不错的引火物。

燃料要根据当地的情况进行选择。木柴是最普遍、最方便收集的燃料之一，一定要选择那些已折断的树干或树枝。

2.篝火地点的选择

篝火应选在背风的地方，与露营区保持一定的距离。篝火最好设在靠近水源的位置，或在篝火旁准备一桶水或泥土、砂石等，以便发生火灾时及时灭火。

3.篝火堆积的方法

（1）圆锥形篝火

将木柴堆积成圆锥形是篝火堆积最常用的方法，圆锥形篝火的热量集中在最上端，适用于烧水煮菜。

（2）放射式篝火

适用于长时间生火，找一根比较粗大的木头放在最中间的位置，其他燃料像锥形一样堆在周围，周围可以不断加入燃料促使中间粗大的木头慢慢燃烧，并保持长时间燃烧。

（3）“井”字形篝火

将木柴呈“井”字形交叉向上摆放，在“深井”内放置细柴和引火物，“井”字形篝火很容易点燃，且通风好，可以产生大量的光和热。

（4）窝棚式篝火

找一根较大的木柴，将其用石块垫高，在木材左右以“人”字形放置较小的木柴并逐渐向中心推送，这种篝火燃烧时间较长，适于在其周围宿营，但要注意使篝火与营地保持一定的距离。

（5）星形篝火

找几根木柴，先用三根摆成首尾相接的三角形，然后把第四、第五、第六根木柴分别放在三角形的一个角上，以此累加，在中间放上细小的柴草。

（6）蜡烛式和支架式篝火

蜡烛式篝火是用一根比较粗的木柴，从中间劈成米字形，把引燃物放在中间点燃而成的；支架式篝火是用几根木棍架起易燃物而成的。

点燃篝火时，一定要小心，以防失火。烧火前要把周围的易燃杂草、枯枝落叶、宿营物品等清理干净，宿营结束离开营地前，要把篝火完全熄灭。

（三）野外迷路与求救

迷路是户外出行中非常普遍的现象，也是造成户外风险事故最重要的原因之一。迷路大多因为方向辨别出现错误。

1.迷路注意事项

在山野，尤其是在深山密林中行走时，稍不留神就会迷路，这时要保持沉着冷静，采取适当的措施尽快脱险。

（1）回到认识的地方

平时在行进、休息时要多注意观察周围的风景和标志，一旦迷失方向，最好回到自己认识的地方，用罗盘和地图确定所处的位置及目的地的方位，重新开始行走。

（2）做好山路标志

在山野行进时要注意曾经走过的人留下的用塑料袋、树枝或石头做的记号。走在前面开路的人，遇到特殊状况时，要做标记通知后面的人。

（3）减少体力消耗并寻求救援

如果迷路时天色已晚或者从山崖跌落受伤，动弹不得，无法按照预定时间到达目的地，这时应做深呼吸，保持镇静，不要贸然离开，可在原地露宿以减少体力消耗，同时想办法发出求救信号，静待救援。

2.求救方法

在野外，生存环境非常恶劣，各种灾难会不期而至，对野外生存者来说，及时了解自己所面临的困境，并通知别人，以求得救援是非常重要的。遇险求救时，要通过各种方式与别人取得联系，发出的信号要足以引起人们的注意。

（1）烟火信号

火光作为联络信号是非常有效的。燃放三堆火焰是国际通行的求救信号，将火堆摆成三角形，每堆火之间的间隔相等最为理想，这样安排也方便点燃火堆。如果燃料稀缺或者自己伤势严重，或者由于饥饿而过度虚弱，凑不够三堆火焰，那么因陋就简点燃一堆火焰也行。为保证可靠程度，在白天，烟雾是良好的定位器，所以要在火堆上添加胶片、青树叶等能散发烟雾的材料，使浓烟升空后与周围环境形成强烈对比，易引人注意。在夜间或深绿色的丛林中，白色浓烟十分醒目。添加绿草、树叶、苔藓和蕨类植物都会产生浓烟。黑色烟雾在雪地或沙漠中最醒目，橡胶和汽油可产生黑烟。

（2）地对空信号

在缺乏用来发信号的材料的环境里，可以通过染色或制作各种标志、图形来发出求救信号。

地面痕迹标志是一种重要的信号，可以在比较开阔的地面，如草地、海滩、雪原上制作地面标志，如用脚踩出或挖出图形信号、字母（如SOS）信号，并沿着图形、字母边缘用土、石头或树叶围起来，这会使字母、图形更加清晰。在雪地上，可以用雪将字母或图形堆起来，以引人注目。务必把图形或字母做得大一些，以便从飞机上能看到。推荐的尺寸是每个信号长10米、宽3米，每个信号间隔3米。

（3）声音信号

如隔得较近，可大声呼喊：三声短三声长，再三声短，间隔1分钟之后再重复。如距离较远，可击打石头或树干，方法同上。

（4）反光信号

利用阳光和反射镜即可射出信号光，任何明亮的材料都可加以利用，如罐头盒盖、玻璃、金属箔片等，有面镜子当然更加理想。持续的反射将规律性地产生一条长线和一个圆点，这是摩尔斯电码的一种，即使不懂摩尔斯电码，随意反射，也可能引人注目。无论如何，至少应掌握SOS代码。

（5）旗语求救信号

将一面旗子或一块色泽亮艳的布料系在木棒上，持棒运动时，在左侧长划、右侧短划，加大动作幅度，做“∞”字形运动。

（四）特殊环境的生存

1. 沙漠生存

进入沙漠前，要尽量多地了解相关的信息，包括路径、有特点的地形地貌、天气、动植物等，尤其重要的是要了解有关水源的信息。然后根据这些信息制订详细的行动计划。

沙漠中极其干旱，降雨少，水资源极度匮乏。在沙漠中行走会因多种因素导致人体缺水：人体水分以汗液形式大量蒸发，人体的少量水分也会从呼吸道带走。

在沙漠中，可以在干枯的河床外弯的最低点、沙丘的最低点、植物的根部取水。此外，沙漠中昼夜温差大，可以采用冷凝法获得淡水，也可以根据沙漠中的动植物来寻找水源。大部分的动物都要定时饮水，食草动物不会远离水源，一般只要找到它们经常路过踏出的小径，向地势低的地方寻找，就可以发现水源。

2. 海上生存

海上的生存状况比其他环境更为恶劣，要求也更为苛刻。飞机与船舶一般都携带救生设备，但在远海之中，即使拥有救生筏仍是困难重重。在海上生存有三大挑战，首先是食物与淡水的缺乏。当人体失去超过1/5的体液时，就会死亡。因此，一旦救急用的食物与淡水储备告急，必须利用各种可能的途径，从茫茫大海中获取食物与淡水，尽可能地维持自己的生命。

其次是海上的狂风巨浪引发的溺水危险。防止溺水的最好办法是利用救生器材，如救生船、简易救生筏、充气汽艇、救生带、救生衣等。遇到大风浪时，要穿上救生衣，放下风帆，并对救生筏进行进一步检查和加固。

最后是海洋动物的攻击危险，其中对人危害较大的是鲨鱼。为减少和避免海洋动物的攻击，应从多方面加以注意和防备：第一，不要将带有血的东西和其他废物抛入海中，因为很多海洋动物对血特别敏感，只要有少量的血腥味，便可将它们从远处引来；第二，避免在肮脏的水域游泳，不要将手臂和腿垂放在筏的边缘外面和水中，禁止在有危险海洋动物出没的区域内钓鱼。

3. 雪地生存

在雪地行进时，最危险的事情是身体热量散失过多，体温过低导致失温；长时间在雪地行进时还容易发生雪盲症；此外，当人处于极端寒冷的环境中时，很容易出现冻伤情况。为了安全起见，雪地行走不宜选择暴风雪天气；在有大风和极低温的时候，应特别注意防止雪崩。

雪地行进时要穿足够的衣物来防寒。在寒冷的户外，最好用衣物将头部包起来，如果不保护好头部，人体将会散失40%～45%的热量；保护好颈部、腕部和脚踝，以免失去更多的热量。雪地露营时，要准备一个舒适保暖的睡袋。在特殊情况下，要寻求一切可能生火取暖的方法。

当出现雪崩时，人们出于本能，会朝山下跑，但冰雪也向山下崩落，而且时速达到200千米/小时，因此向山下跑可能会被冰雪埋住，向旁边或地势较高的地方跑较为安全，这样可以避开雪崩区域。如果雪崩面积很大且离得很近以致无法摆脱时，可就近找一掩体，如岩石等躲在其后；如果被雪崩冲下山坡，要尽力爬上雪堆表面，平躺，用爬行姿势在雪崩面的底部活动，休息时尽可能在身边挖一个大的洞穴。在雪凝固前，试着到达表面；如果不能从雪堆中爬出，要减少活动，放慢呼吸，节省体力。

4.高原生存

缺氧是高原地区最大的生存挑战。高原地区由于大气压随海拔高度的增加而不断降低，海拔越高，空气越稀薄，氧分压也越低。因此，吸入肺泡的空气中的氧分压也随之下降，从而使动脉氧张力和动脉血氧饱和度降低，造成组织缺氧，影响身体的组织氧化过程，出现高原反应。

高原反应目前没有特别有效的药物治疗方式，因为致病成因是氧气的缺乏，所以，最有效的治疗和缓解方式就是吸氧。

但是，高原反应可根据症状对症用药：头昏头痛者可服用索米痛片、复方阿司匹林等镇静止痛药物；恶心呕吐者可服用颠茄片、阿托品、奋乃静、维生素B_6等药物止吐；烦躁不安者可用苯巴比妥、安定等镇静剂；明显水肿或反复出现水肿者可低盐饮食，服用钾盐及氢氯噻嗪等药物。除了西药治疗，还可以通过中医中药或藏医藏药予以相关治疗。需注意，出现高原反应很正常，可尽量让身体去适应高原反应，不要纯粹依赖氧气瓶，否则到了海拔更高的地方会更不适应。如出现严重的高原反应，应及时就诊，不可带病前行。

同时要保持良好的心态。到高原后行动要慢，逐渐适应高原后，再调整行为方式，做出行方面的安排。准备好相关药品以备不时之需。多吃水果，如苹果、桃子(大部分水果都有抗氧化作用)。在高海拔地区不要剧烈运动。

进入高原地区，要节制饮酒，也须注意对高原疾病的防治。在平原地区被视作小毛病的感冒，在高原地带却是相当危险的，因为许多高原肺水肿病例就是由感冒诱发的。在高原地区行进时，因为地形多变、地势复杂、体力消耗较大，故应注意在途中多次短暂休息，以恢复体力。要保证充足的睡眠，睡时可将枕头垫高。夏天高原地区光照强烈，应戴上有檐的帽子，避免中暑，同时可减少日光性皮炎的发生。在高原地区，人体由肺呼出及皮肤蒸发的水分多于平原地区，因此要及时补水，每人每日平均饮水量应不少于3.5升。

（五）野外行走的技能

1.野外行走技巧

出发前最好准备一根手杖或长棍，这样不仅能减少旅途的艰辛，还可以作为防卫武器，用来打草惊蛇，驱赶某些野兽。

在平路行走时，应保持行走的节奏。特别是刚开始出发时，应避免走得太快而造成疲劳，使情绪低落，影响后面的行程。有规律地调整休息，平均每走1小时应休息10～15分钟，坐下来观察队友的情况，必要时调整各自的负重以便更舒适一些。

上坡时身体前倾，步伐小，可采用外八字形步伐并保持匀速前进。

下坡时身体后倾，步伐小，可采用内八字形步伐，适当加快速度。

上、下很陡峭的山坡可采用侧身行走，或采用“之”字形路线横向行走，必要时使用安全绳。

2.特殊条件下野外行进注意事项

（1）热带丛林行进

在热带丛林中行进，为防止蚊虫、蚂蟥、毒蛇等叮咬，应穿靴子，并扎紧裤腿和袖口、领口，最好把裤脚塞进靴子里面，有条件的应戴手套。在鞋面上涂驱避剂和肥皂，可防止蚂蟥上爬。为了防止被毒蛇袭击，行进中可用木棍“打草惊蛇”，同时应注意树下有无毒蛇。休息时，要仔细观察后再坐下。

（2）夜行

一般来讲，夜间不会漆黑一团，尽管是这样，也不能完全看清一些物体，因此就会偏离方向，这时指北针会发挥作用。

树林中比开阔的地方会更暗一些，因此应尽可能沿开阔地行进，夜间观察物体时应观察其轮廓和边缘。

黑暗中听觉会更有用，如河中流水的声音，会告知它的流速。黑夜里应缓慢前进，步幅要小，重心前移之前应试探一下。如果是下坡，可以使身体重心后移，拖住脚走。

另外，眼睛对黑暗需要一个适应过程，一旦适应了以后，视力会有好转。但注意不要再让眼睛受光的刺激，否则恢复这种视力又需要相当长的时间。如果一定要用光，可以捂上一只眼睛，以保证另一只眼睛的视力不会下降。

（3）山地行进

山地行进时，既要注意节省体力的同时提高行进速度，又要注意不能迷失方向。为了安全快速地到达目的地，应力争做到“有道路不穿林翻山，有大路不走小路，走高不走低”。可沿山脊线行走，亦可沿山体斜面行走，这样便于夜间观察目标和确定行进方向。

行进中要密切注视，及时观察是否有断崖式滑坡，防止跌伤。上坡时身体重心前移，必要时手脚并用；沿山体斜面行进时，身体尽量向山体一侧倾斜，两脚侧面用力。

第六节　皮划艇

一、皮划艇概述

（一）皮划艇的起源与发展

1. 皮划艇的起源

皮划艇是由独木舟发展而来的。独木舟是人类祖先在原始社会就已广泛用于渔猎和运输的水上交通工具。原始的独木舟在世界许多地方都发现过，例如非洲的埃及、南亚的印度和西欧的荷兰等。在我国新石器时代遗址，如浙江的湖州钱山漾、余姚河姆渡，以及福建连江、广东化州等地，都出土过独木舟或船桨的残骸，这些文物已有5000～9000年的历史。

皮艇起源于格陵兰岛上的因纽特人所制作的一种小船，这种船用鲸鱼皮、水獭皮包在骨头架子上，用两端有桨叶的桨划动。

划艇则起源于加拿大，因此又称加拿大划艇。实际上，这两种艇都是从独木舟演变而来的，因此东南亚的一些国家和地区，如日本、韩国、朝鲜以及我国的香港和澳门等地都把皮划艇称为独木舟。

现代的独木舟运动——皮划艇始于1865年，苏格兰人麦克格雷戈以独木舟为蓝图，仿制了一条名为“诺布·诺依”号的小船，长4.57米，宽0.76米，重30千克。麦克格雷戈在1865—1867年间划船周游了法国、德国、瑞典等欧洲国家，并出版了《诺布·诺依千里行》一书，从而积极推广了皮划艇运动。1867年，他所创建的英国皇家皮划艇俱乐部，举办了第一次皮划艇比赛。

此后，皮划艇运动逐渐兴起，到19世纪末，皮划艇运动已成为欧美各国广泛开展的一项体育活动。但是，它比中国的“龙舟竞渡”晚了将近2000年。

2. 皮划艇的发展

在皮划艇运动的开展过程中，不少人为了提高船速，热衷于艇形的改造。19世纪末，德国工程师赫曼根据自己的飞行经验，将皮艇制造成鱼形，提高了船速。后来，英国造艇家弗龙德发现船体越长阻力越小，速度也越快，因此造船者纷纷加长船体。1923年，丹麦、瑞典、奥地利等国家组成了一个工作委员会，规定艇的长度为5.2米，宽度为51厘米，这一规定一直沿用至今。

1956年又出现了凹形船体。到1960年，横向的凹形轮廓线设计达到了顶点。1964年，国际赛艇联合会又制定了“无凹面”的规则，使艇的设计标准化。但是人们又设计了菱形皮划艇，1972年出现了玻璃钢艇。近年来，又出现了蜂窝结构的碳素纤维艇，而美国造船家为了提高船速，在皮艇外壳上制造了人工鲨鱼皮，其表面有一层平行的“里布勒特”沟纹，这些又细又密的沟纹，能使水流平稳地流过，而不会形成旋涡。但是这种设计未被国际赛艇联合会通过并认可。尽管如此，其精神仍是可嘉的，因为皮划艇运动必须协调人的技术、运动器材和水的作用三者的关系。随着皮划艇运动的广泛开展，各国相继成立了皮划艇俱乐部。

1924年1月，由丹麦、瑞典、法国和奥地利发起，在丹麦首都哥本哈根成立了国际赛艇联合会（I.R.K.），拟定了代表大会的章程和第一个皮划艇竞赛规则，规定比赛的艇种有皮艇、划艇和风帆艇，比赛的距离为1500米和10000米，比赛的形式有普通比赛和接力比赛两种。

1924年在法国巴黎举行的第8届奥运会期间，在塞纳河上进行了划艇表演赛。1936年在德国柏林举行的第11届奥运会上，皮划艇开始被列为奥运会正式比赛项目。

早在2000多年前，中国就有了与皮划艇运动十分相似的“划龙舟”比赛。现代皮划艇运动于20世纪30年代传入中国。英国人首先在上海设立了“划船总会”，后来俄国人又在东北设立了“水上俱乐部”，那时的皮划艇运动是专供外国人娱乐的。

1952年，我国首次制造出自己的皮划艇。1954年在北京市水上运动会上，设立了男子1000米和女子500米皮艇比赛项目。1974年，我国加入国际赛艇联合会。1975年，皮划艇被列为全国运动会的正式项目，同年我国开始参加世界锦标赛。

（二）皮划艇分类

皮划艇分为皮艇和划艇两个项目。皮划艇赛事分为两大类：速度赛和急流回转赛。

速度赛在静水域进行，而急流回转赛在动水域进行。小项分为男子12项和女子4项。

男子12项：静水项目，包括500米单人皮艇、500米双人皮艇、1000米单人皮艇、1000米双人皮艇、1000米四人皮艇、500米单人划艇、500米双人划艇、1000米单人划艇和1000米双人划艇；急流回转项目，包括单人皮艇、单人划艇、双人划艇。

女子4项：静水项目包括500米单人皮艇、500米双人皮艇、500米四人皮艇以及200米单人皮艇。

四个急流回转赛项目包括：男子单人皮艇急流回转赛、男子单人划艇急流回转赛、男子双人划艇急流回转赛和女子单人皮艇急流回转赛。选手在动水域要越过设有25个障碍门的水道。

获得包括罚时在内的积累时间最少的选手将成为获胜者。选手每接触障碍门一次，就要被罚时2秒。漏穿障碍门是最糟糕的犯规，每次漏穿要被罚时50秒。

（三）静水项目赛制

比赛在静水中进行，各路选手必须严格在自己的赛道内行进。

比赛用船分两种：划艇和皮艇。两种比赛用船的主要区别在于选手划桨的位置和所用划桨的种类。

划艇为开放式船只，选手持单片划桨在屈膝的位置划水。每只划艇可乘一名或两名选手，划桨选手仅限男性。

皮艇为封闭式船只，选手坐在艇内划水，用脚操纵一个机械舵来控制船体。所用的划桨两头均有桨叶。皮艇可乘一名、两名或四名选手。

（四）皮划艇场地

1.皮划艇静水项目场地设施

在奥运会比赛中，皮划艇静水比赛通常与赛艇比赛合用一个水上赛道，为满足赛艇比赛的需求，赛道必须满足以下最小测量范围的要求：长1400米（直线距离），宽120米，最小深度2米；航道旁边至少有一边直的河岸离第一条航道的最大距离为50米。

河岸是缓和的防浪斜坡，由大石块或其他特殊材料建成网状，使河水波浪翻滚但又不致溢出河堤。水面设置一条专用通道，让参赛者进入比赛区或训练区。

皮划艇静水奥运会比赛距离为1000米和500米。比赛采用9条航道，每条航道宽9米；在布置比赛航道时必须根据规则规定的“A1-bano”系统布置。在奥运会上必须使用自动起航器和电子计时系统。

比赛场地的重要设施之一是终点塔。这是比赛的核心区域，一般为4层或5层的小楼，作为终点计时系统操作室、终点计时裁判室、仲裁室、竞赛委员会办公室、终点录像室、广播室和媒体摄像室等使用。

另一个重要设施是艇库。艇库一般靠近上下水码头，与运动员活动区和其他比赛设施邻近。比赛艇一般存放在架子上，艇库有开放式和封闭式两种。在举办比赛时，也可把船停放在室外。

2.皮划艇激流回旋项目场地设施

赛道长为250～400米。其测量标准是从起点线至终点线之间水道中间宽度的最小值；赛道最小平均宽度为8米，水流落差一般大于5米，水深大于0.6米。热身和放松的水域一般在起点区域或终点区域。

赛道中有固定的和移动的障碍物。根据训练和比赛的需要，可以将障碍物组合成多种不同形式。比赛时，赛道中布置有18～25个水门。其中一部分是顺水流方向的顺水门，另一部分是逆水流方向的逆水门。其中至少有6个，最多有7个逆水门，比赛中运动员不要触碰门杆，顺利通过规定的顺水门和逆水门。

水门由两根悬垂的门杆组成。顺水门杆漆成绿白相间，逆水门杆漆成红白相间，最下面的一段均为白色。门宽指两门杆之间的距离，介于1.2～4米。门杆为圆形，长1.6～2米，直径3.5～5厘米，有足够的重量，刮风时不会有大的摆动。门杆下端距水面约20厘米，不接触水面。

运动员在比赛时必须按门的编号顺序通过水门。门号牌为30厘米长、30厘米宽，底色为黄色或白色，两面用黑漆写上20厘米高的号码。

（五）皮划艇器材

根据竞赛规则，参赛运动员有权使用自己的比赛用艇。

1.皮划艇静水项目比赛器材

现代皮艇和划艇的艇身大多为木制船架，用航空胶合板或玻璃钢做艇壳，外形呈流线型，表面光洁，又轻又窄，狭长如梭子一般。艇上除运动员的座舱敞开外，前后所有甲板完全封闭。

（1）静水皮艇

主要构件有脚蹬板、坐板、舵杆、舵绳、舵等。国际规则对皮艇的长度、宽度及最小重量均有规定。

运动员划桨时坐在船舱内，面向前方，两手各握一支两头有桨叶的桨，在船两侧轮流划水，并用脚拨动舵杆来操纵航向。划桨频率为130～150桨/分，艇速可达5米/秒以上。

皮艇舵是皮艇上的附属装置，是一个控制皮艇方向的简单装置，包括舵叶、舵轮、舵绳、舵杆等。舵杆在运动员的脚蹬板上，运动员划桨时两脚撑在脚蹬板上，需要皮艇转向时，就用脚拨动舵杆，舵杆围绕着一个固定的轴转动。当丁字形的舵杆转动时，牵动舵绳并带动连接在舵绳另一头的舵轮转动。

比赛规则规定：皮艇如果因为装舵而加长了艇体的长度，就要限制舵叶厚度。单人艇和双人艇的舵叶厚度不得超过10毫米，四人艇的舵叶厚度不得超过12毫米。

皮艇桨是运动员划动皮艇的工具。皮艇桨是桨杆两头都有桨叶的双叶桨。其主要结构特点是两片桨叶的方向呈垂直或接近垂直的交角。根据桨叶偏转的方向不同，分为左转桨和右转桨，运动员可根据其握桨习惯选择左、右桨。由于规则对桨叶的大小和形状没有严格、统一的规定，近几十年，皮艇桨的发展变化极为迅速。

各种桨的重量、长度、形状、桨叶及桨叶面积大小，可根据运动员身高、技术风格、力量大小、性别及艇种进行选择。

（2）静水划艇

划艇运动员在艇上单腿成跪姿，另一条腿成方步，两手上下握一支单叶桨。有左右桨之分，例如左桨运动员的右手在上握住丁字形的手柄，左手在下靠近桨叶处握住桨杆，右腿向前成方步，左膝跪在跪垫上。

划艇没有舵，运动员靠桨来维持平衡和控制方向。由于每划一桨后要提桨出水，然后到前面插桨划水，因此船速不如皮艇均匀，桨频可达70～80桨/分。

制造艇壳的原材料是航空胶合板或玻璃钢。划艇的长度、最小重量均有规定。

规则规定划艇制造时必须使船体纵轴的两侧对称，不能有舵及任何能控制航向的设施。

划艇可以完全敞开，如果有覆盖的甲板，则单人划艇封闭部分从船头量起不能超过150厘米，从船尾量起不能超过75厘米；双人划艇的敞开长度不少于295厘米；四人划艇的敞开长度不少于410厘米。单人划艇和双人艇可以完全敞开，但是最少敞开长度为280厘米；船的边缘（船舶上缘）可沿整个限定的敞开处延伸，最多延伸5厘米。

艇最多可有三个加固条，每个加固条的最大宽度为7厘米。比赛时，艇上不可放置任何电子或电动设备。划艇桨是运动员划动划艇前进的工具。划艇桨是头部有桨叶的铲状桨。单人划艇、双人划艇、四人划艇桨的规格稍有区别。

划艇桨一般用木材或玻璃钢制成，近年来发展为用碳素纤维做材料。碳素纤维结构使桨杆更加坚固、耐用、轻便而易于维修。桨杆的横截面通常呈圆形，这使桨叶有更好的方向性，有利于用力，也使桨杆具有更大的抗弯能力。

划艇桨的桨叶与皮艇桨不同，桨叶沿中心线呈对称状。不对称的桨叶会产生不平衡的表面，从而在动力作用下产生扭转力矩。划艇桨的叶面起着推进、操向和控制船平稳的作用。

2.皮划艇激流回旋项目比赛器材

皮划艇激流回旋的器材共有三种型号，规格尺寸不同。单人皮艇至少长3.5米、宽0.6米；单人划艇至少长3.5米、宽0.65米；双人划艇至少长4.1米、宽0.75米。

艇的最轻重量（以艇处于干燥状态时的重量为准）：单人皮艇9千克，单人划艇10千克，各种型号的双人划艇均为15千克。艇上的装饰是附件，不是艇的一部分。参赛艇的艇头和艇尾部分的最小半径，水平方向为2厘米，垂直方向为1厘米。艇上不允许装舵。

皮艇是带舱盖的艇，运动员坐在舱内用双叶桨划动；划艇不是带舱盖的艇，运动员跪在舱内用单叶桨划动。

二、皮划艇技术

（一）皮划艇基础技术

1.选桨和握桨

（1）皮艇运动员选桨时，两手正握桨杆，对称地放在头顶上，上臂与两肩平行，肘关节屈曲成90°，这时两手距离桨颈15厘米左右，如再加上两端桨叶的长度（桨叶一般长45～55厘米），即为该运动员较适宜的桨长。另一种选桨方法是运动员站立在平地上，一只手握桨竖立在身前，另一只手臂举起，用食指和中指能钩住桨叶顶端，即为适宜用桨。

（2）皮艇运动员的桨是一支两端为桨叶的桨，桨的长度根据身高而定，男子为216～226厘米，女子为214～224厘米。为了更好地用力，并减少空气阻力，两片桨叶做成偏转70°～90°。桨叶偏转角的大小可以根据运动员手腕关节的灵活程度而定。握桨时，可以用右手操纵转桨，左手空握；也可以左手操纵转桨，右手空握。握桨的距离十分关键，肘部弯曲90°，若角度稍大或稍小一些对某些风格也无影响。

2.皮艇的坐姿

运动员坐在船舱内的中线上以保持艇的平衡。两膝屈成120°～130°，躯干前倾5°～15°。运动员自然地正坐于船中，头部正直，颈部放松，两眼正视前方。

3.皮艇划桨技术

皮艇划桨是以两边相同的动作在左右两侧轮流重复划动，要求运动员动作高度协调。划桨一个周期动作的构成如下：

（1）入水和抓水

以左桨划水为例，桨叶入水时，上体应围绕纵轴最大限度地向右转动，肩轴和躯干一起转动约70°，左膝弯曲使臀部稍向前移动，而右膝微伸。这时左肩下斜，左臂充分前伸，左前臂与手成直线，右手在头旁，离右耳20～25厘米处。

桨叶入水时贴近船体，臀部、胸部、肩部、臂部等肌肉均紧张收缩，左脚撑住脚蹬板，桨叶与水平面成40°～50°角，入水点应超过自己的脚尖。桨叶入水，发力于腰部，同时转体蹬腿开始直臂拉桨。在入水阶段，桨叶的运动方向是向前、向下、向外。

（2）拉桨

抓水和拉桨之间没有间隔。力的传递是从抓水开始一直到拉桨结束。拉桨时腰部发力，躯干加速用力向左牵拉转动。左脚撑住脚蹬板，要有用力推艇向前的感觉。右臂屈臂支撑，右手高于下颌，与眼齐平。左臂直臂拉桨，由于螺旋桨的作用面，桨叶向后外方与艇的纵轴线约成36°角。在拉桨过程中，桨颈齐水平面；桨叶面则尽可能与船舶保持80°～90°角。

左臂拉桨时，左腿随着转体而进一步对脚蹬板产生更大的压力，而右臂微屈肘，努力控制划桨的有效垂直部位。划桨至大腿中部，左臂开始屈肘准备出水。在拉桨阶段，桨叶的运动方向是向后、向下、向外。

（3）恢复

恢复分为出水、放松和稳定三个部分。

①出水

拉桨臂拉桨至髋关节处结束，这时迅速提肘，手腕向外翻转，使桨叶从侧向滑出水面。桨叶出水应干净利索，出水太慢、太迟会影响船体速度，还会过多消耗运动员的体力。桨叶出水和入水一样，都是一个划桨动作过程中速度最快的阶段，艇速越快，出水和入水速度越快。

②放松

拉桨臂在一侧拉桨出水后，另一侧桨叶入水前，是放松和稳定的阶段。在放松阶段，运动员双肩下垂，大部分肌肉放松。这时拉桨手迅速向上挥桨，桨复位到肩的上方。

③稳定

稳定阶段是恢复的最后环节。运动员屏住呼吸，全身肌肉重新绷紧，为下一次强有力的入水做好准备。

整个划桨动作是一次连贯、协调的周期性运动，即使是恢复阶段，也应是轻快而流畅的，没有任何停顿，不允许艇的速度在两次拉桨之间有明显的减速现象。

（二）划艇的基本技术

1.选桨和握桨

由于单人划艇与双人划艇用桨的长度不同，运动员要根据用途来选桨。一般单人划艇桨的长度与运动员的身高相同，双人划艇桨的长度与运动员的眉梢齐平。两手握桨时，上手（推桨手）正握桨把（手柄），下手（拉桨手）握在距桨颈15～20厘米处。

2.划艇的跪姿

划艇运动员的姿势与皮艇运动员不同，他们采用跪姿划桨。

通常把支撑腿（平衡腿）的脚、跪腿的膝和脚这三点稳妥地放在一个钝角三角形的三个顶点上。支撑腿的脚趾朝划桨一侧稍向内转，而膝部正对着前方。支撑脚与跪腿的脚和膝部构成15°～20°的夹角，跪腿的大腿基本垂直于水平面，小腿向对侧偏移，与艇的纵轴成8°～25°角。跪垫高7～10厘米，跪腿的小腿与大腿成100°～120°

角，脚掌着地，搁在舱底板上，脚趾蜷曲。

桨手的身体重心应位于划艇的几何中心。身体高大或体重大的桨手，应跪在重心偏后的位置，而体重轻的桨手则应跪在重心偏前的位置。

3.划艇划桨的技术

划艇分左桨和右桨，划桨动作是单侧划行，因此，划艇比皮艇更难控制平衡。它的一个划桨周期也可以分为入水、拉桨、操向、出水、恢复和稳定阶段。

（1）入水

入水是从桨叶尖端触水到桨叶全部浸入水中的阶段。入水时，运动员的躯干前倾，转体伸肩，两臂伸直，推桨臂的肘部抬高，肩稍后移，手在头的上方。桨杆与水平面约成45°角，将桨叶快速插入水中。

（2）拉桨

桨叶入水后，推桨手迅速前推并撑住，使桨叶抓住水。拉桨手的肩后移，利用抬体和转体的力量直臂向后拉桨。从入水后到拉桨，运动员应将身体重量压在桨上。拉桨时腰背挺直，臀部肌肉紧张。拉桨手拉至跪腿开始屈臂。拉桨手的手腕先向内转，同时肘部向外翻，到上体抬至接近垂直时拉桨结束。

（3）操向（转拨桨）

在单人划艇上，由于桨手始终在艇的一侧划桨，力的作用会造成艇的转动。因此，在每一桨结束时，桨手用“J”形划法来控制舟艇的方向。桨手以推桨手的下压和转动“T”形桨把，拉桨手手腕内转上提，顺时针转动桨杆，将桨叶面转到与艇的纵轴线成30°～40°。这时好像桨手把水推离舟艇，从而使舟艇回到直线航向上。

（4）出水

紧接着操向动作结束，两臂继续向前上提桨，桨叶即迅速从水中提出。这时桨叶的运动方向是向前、向上、向外。出水动作必须快而轻柔，使桨叶出水时干净利落，不挑起水花。桨叶与水面成135°左右。

（5）恢复

桨叶出水后，运动员上身挺直，开始转动上体，并把桨继续向前上方推出。恢复阶段要注重肌肉的放松和调整呼吸节奏，以更好地保持动作的协调和连贯。

（6）稳定

稳定在恢复阶段的最后，运动员全身肌肉再度紧张，屏住呼吸准备下一次桨叶入水。

三、漂流运动

（一）漂流运动的定义

漂流（又称激流泛舟）是一种需要运用大量体力及冒险精神的刺激性活动。活动地点在水流湍急的河川中上游，参与者从上游处乘小舟或艇顺着水流而下，体验沿途风光与惊险刺激。漂流所使用的舟艇有独木舟、皮船和橡皮艇。独木舟及皮船多为单人操作，橡皮艇则为多人乘坐，且多以商业营利为主要经营方式，乘客不需要具备驾船技能。

（二）漂流所用的舟艇

1.独木舟

独木舟又称划艇，是一种用单根树干挖成的小舟，需要借助桨驱动。独木舟的优点在于其由一根树干制成，制作简单，不易漏水。它可以说是人类最古老的水域交通工具之一（另一种是筏子）。

在遥远的古代，人们发现树叶、树干在水里会漂浮，又发现树叶能负荷的重量很小，树干能负荷的重量却很大，树干越粗大，其所能承受的重量就越大。人们还发现圆柱形的树干在水里不稳定，会翻滚，人在上面坐立不稳，根本无法在这种圆柱形树干上面活动。人们用石斧、石锛、锸等工具，将圆圆的树干削平。后来，人们发现用火比用石斧加工木材更为方便。人们将树干上不需要挖掉的地方都涂上厚厚的湿泥巴，然后用火烧掉要挖去的部分。这样被烧的部分就形成一层炭，再用石斧砍，就比较容易了。独木舟就是这样制成的。

一般人对于独木舟的观念因为所接触的领域不同，所以对其认知也有所不同。有些人所认识的独木舟为海洋用的独木舟，有些人所认识的独木舟为激流用的独木舟，还有些人所认识的独木舟为休闲用的独木舟。不同的独木舟，在实际活动中所需要的技能和知识有很大差异。例如，激流独木舟需要对划船技能有较高的要求，而海洋独木舟则需要了解较多的海洋知识。

目前，独木舟的种类可分为花式独木舟、激流独木舟、海洋独木舟、中短途旅行艇、平台式独木舟和钓鱼艇等。

（1）花式独木舟

在独木舟活动中，花式独木舟算是一种新兴运动。花式独木舟体形较小，容积小，长度短，适合做花式动作，一般长度在175～210厘米，容积在150～230升，因为长度以及容积的关系，适合在平静的水面使用。

（2）激流独木舟

体积较大，适合小溪或短程河流勘探，长度依地形变化而有所不同，一般长度在220～300厘米，容积在250～300升。目前激流舟被分为两种，一种为奔流（river running），另一种为激流（creeking），通常river running激流舟的容积大约在250升，适合在3级以下的水域；而creeking激流舟容积在280～320升，是4级以上的水域和极限水域建议使用的激流舟。

（3）海洋独木舟

艇身修长，长度一般在4米以上，带尾舵，易于控制方向，适合长距离旅行和海上长距离划行。

（4）中短途旅行艇

船身宽大，平稳，适合新手短距离旅行。

（5）平台式独木舟

大部分用于休闲，也有许多冲浪舟是平台舟。

（6）钓鱼艇

专门为钓鱼爱好者设计的休闲艇，增加了钓鱼架、饵料盒等。

2. 皮船

皮船，又称兽皮船，是一种用兽皮制成的古代船舶。皮船出现在不出产木材、竹子的地区。最早的皮船是用兽皮缝制而成的，内中充气，成为一个气囊，气囊上铺木板，可以坐人载物。皮船大致分两类：皮筏和皮船。

（1）皮筏

皮筏又称皮筏子，古称革船皮筏子，是最简单也是最早出现的皮船。最早的皮船是一个用兽皮缝制而成的内中充气的气囊。气囊上可以铺木板，可以载人载物。要是将几个、几十个兽皮缝制的气囊扎在一起，就可以当船舶使用。皮筏子是一种简易的渡河、运载工具。可以单个使用，也可以多个相连，结队而行，做长、短途运输，分合灵活。除横渡外，只能顺流漂行，不能逆水而上。这种运载工具流行于中国甘肃、青海、宁夏境内的黄河沿岸，以兰州一带最为多见，成为这些地区的民间交通运输工具。现在在黄河沿岸，皮筏子已经变成一种旅游工具，坐皮筏子游览黄河已经成为一种时尚。

（2）皮船

皮船是用动物皮缝制，并用木制框架将其撑起的船。世界著名的皮船有库发皮船和西藏牛皮船两种。库发皮船是伊拉克特有的一种皮船，是用一种木材和皮革做成的小船。它的骨架是木制的，船体呈圆形，用皮革做蒙皮。蒙皮上涂有防水剂，这样可在河流中航行，保证船中不进水。

西藏牛皮船是西藏雅鲁藏布江、拉萨河等水域使用的皮船。牛皮船呈梯形，骨架是木制的，一头宽，约1.5米。一头窄，宽1米许，船长2米多，船深近1米。牛皮船载人或载物，只能顺流而下，到达目的地后，船夫扛船到上游，用桨支起皮船待运。此外，还有尖首尾皮船、笼篮皮船。尖首尾皮船的首尾尖向上翘起，笼篮皮船形如竹篮和灯笼。

3.橡皮艇

橡皮艇的种类繁多、型号各异，有部队渡江渡海作战用的军用艇，有武警防汛救援的防汛艇，有专门追求速度的挂机艇，有完全手动的皮划艇，有体验激流乐趣的漂流艇，有外形朴实的工作艇，有用于近海垂钓的钓鱼艇，等等。

制作橡皮艇的材质可以分为两大类：橡胶材质橡皮艇和PVC材质橡皮艇。橡胶材质橡皮艇的主要成分是天然橡胶，一般为手工制作，产量较少，优点是耐磨、耐热、耐臭氧、耐酸碱、抗撕扯、抗屈挠龟裂、气密性好、强度高、重量轻；缺点是工序繁杂、造价高、不够美观。PVC材质橡皮艇的主要成分是塑料，满足现代社会日益增长的娱乐需求，可流水线大批量生产，优点是成本较低，颜色艳丽美观；缺点是耐磨性、耐扎刮性较差，不易修补，使用寿命为6年左右，主要用于民用娱乐。目前市场上大多数漂流使用的橡皮艇就是PVC材质的。

（三）漂流的分类

按照广义的定义来分，激流有探险漂流、自然漂流和操控漂流三大类。前两大类在某种意义上讲又可归属自然漂流一类，有所不同的是，探险漂流不强调群众参与而重点在于探险，因此危险性较大。而狭义上的自然漂流与操控漂流，更多的是一种群众性的水上运动娱乐项目，我们通常所说的漂流，即指此漂流（也称休闲漂流）。

1.自然漂流

自然漂流一般是在水流比较浅且平缓的河道中进行的。自然漂流就是让每名游客自由自在地参与漂流活动，漂流组织者只提供必要的漂流艇、筏、桨等设备，并在沿途各个关键点上加以监督和保护，由游客自行完成整个漂流过程。这种漂流形式平稳有余而刺激不足，但对中老年漂流爱好者而言，却是一种很好的选择。

2.操控漂流

操控漂流就是由操控漂流艇的船工对漂流的过程进行有效控制，参与漂流的漂流者在船工的操控下漂完全程。严格说来，漂流者只是漂流艇上的乘客，他们在漂流中是根据船工的操控去完成漂流过程的。操控漂流一般是在水流较急、较深、地形复杂的高山河谷中进行。操控漂流过程惊险刺激，是游客较为喜欢的一种主流漂流形式。

按照漂流的距离，一般分为长漂、中漂和短漂三种。通常，长漂距离大多在10千米以上，比较惊险，适合于喜欢冒险、敢于挑战的年轻人；短漂距离一般在4千米以内，比较平静，适合不愿冒险者或进行漂流前的热身；中长漂一般长5～10千米，适合在短漂漂流后意犹未尽者。

按江河的流速，一般分为激流漂流和平水漂流两种，激流漂流惊险刺激，平水漂流悠然惬意。

按照漂流工具，可分为橡皮筏漂流、皮划艇漂流、竹筏漂流、羊皮筏漂流、小船漂流等，其中以橡皮筏漂流和竹筏漂流最为流行，它们正好分别代表漂流探险的两种基本类型，即激流漂流和平水漂流。

按照漂流的难度等级，可分为：第一级，水流平缓区域；第二级，大部分水域水流平缓，伴随轻微波浪（浪高在1米左右）；第三级，频繁的波浪，但对有经验的人来说仍能把握方向（浪高在1.5米左右）。

（四）漂流的起源与发展

漂流运动伴随着人类历史的发展而发展。它和许多娱乐、运动项目一样，源于人类最初的生活、生存、交通、战争等，从而发展成为一项参与性极强的娱乐休闲旅游项目及极富挑战性、竞赛性的体育运动。漂流最初源于因纽特人的皮船，印第安人的树皮舟，中国的竹筏、木筏等，这些都是为了满足人们生活、生存、交通、战争的需要，而真正广泛的漂流运动，是在第二次世界大战之后才开始发展起来。

第二次世界大战后，一些退役的充气橡皮艇，被一些喜欢户外活动的人发现，他们开始买来自娱自乐，后来，随着战后经济的复苏，户外活动有了较大市场，他们便着手改进橡皮艇的规格，完善各种装备、器材，不断提高技术，经营起了商业性的漂流旅游，这些人成为第一代商业漂流经营者。

20世纪七八十年代，商业漂流的发展日益完善，相关的产业也得到了很大的发展，例如专业船具、器材、装备、服装等。政府的职能部门也制定了有关商业性漂流的管理条例，如对经营者、经营河道的许可，桨手资格的取得，安全救护的保障，环境的保护，船具装备的安全，以及漂流河段难度等级划分等。

在我国，虽然江河漂流、急流探险的起步较晚，开发的河段较少，难度较低，参与的人员较少，使用的船具器材比较初级，桨手的专业技术技能不够全面。但可喜的是，近年来我国的群众性商业漂流已呈现出很强的发展势头，越来越多的人已能够接受并积极参与这项魅力独特的户外活动。尽管目前开发的河流多为尝试性的、短距离的、低难度的河段，船具也多为橡胶材料，器材装备较为简单，但我国幅员辽阔，特别是西部地区河流资源非常丰富，地域的民族文化也各有不同，可供开发用于商业漂流的河流很多。

20世纪80年代中期以来，我国的漂流探险事业经历了三个重要的历史发展阶段。

第一阶段是以1986年“长漂”、1987年“黄漂”为代表的启蒙阶段，活动中的牺牲和伤痛引发国人沉重的反思。我国的漂流探险沉寂了十余年。

第二阶段是以1998年“雅漂”“珠漂”“女子长漂”为代表的成熟阶段，这时，我国的漂流探险界已能够理性、平和地对待漂流，“珍惜生命”“还漂流以本来面目”口号的提出标志着我国的漂流探险者已走向成熟。

第三阶段就是在2004年实施的“科罗拉多大峡谷漂流探险”，它是现代经济条件下文化与商业相结合的产物，代表着我国漂流探险事业未来发展的方向。首先，走出国门，走向世界，与国际漂流探险事业和漂流探险文化进行全面交流与合作，是我国漂流探险事业未来发展的必然趋势。其次，有价值的漂流探险活动作为大众关注的特殊事件，必将在“眼球经济”或“注意力经济”的商业运作中扮演重要角色，企业、媒体、漂流活动之间的结合，商业的介入也为我国实施更大规模、更大范围、更高要求的漂流探险活动提供了物质基础。

四、漂流的器材与装备

（一）船及装备的准备

一是测试新的装备。在艰难环境下需要可靠的装备，因此要特别熟悉它们，尤其是在采用新设计的船和装备的时候。此外，对于新手或者身体状况不好的桨手来说，小容积的船可能带来额外的危险。

二是确保船和传动装置在出行前进行良好的保养。去越偏远、越困难的地方，所做的检查就应该越严格。

三是在非充气的船上安装一些安全环状浮袋，固定在每一端，使船体在进入大量水时能够浮起来。充气船应该有多个气室，并在下水前做充气测试。

四是要有结实、尺寸合适的桨或者橹来控制船，还要带足够的备件来应付远行或者艰难的旅程。

五是在急流中，迅速离开船的能力是必需的。要确保绝对没有在翻船时阻碍漂流者离开的东西，这些东西包括：

①防浪裙不能及时打开或者过早打开。

②船的装备太挤影响快速离开，尤其是在小体积的独木舟或者装甲板的船上，包括船中安装的横坐板没有足够空间，有时独木舟的支脚也会弄伤漂流者的脚。

③当船被波浪打翻，不合适的支撑物有时也会倒下压住腿，特别是当漂流者的体格不足以移动压在身体上的覆盖物时，这是很危险的。

④松散的绳造成的纠缠。小心附在船上的松散的绳子，所有东西必须紧绑并且要去掉剩余的绳子。不要在绳子的末端打结，因为它会卡在石缝之间。

六是要准备可以抓住的绳子以等待营救。推荐以下方法：

①独木舟和封闭式的船应该有0.635厘米粗的绳、其他设备造成的圆环或者可手

抓的地方。

②开放式的船必须有2.4～3米长、0.635厘米粗的绳构成的安全锚。这些绳必须牢固并且容易被抓住，且不能由于意外而松开。

③筏和船上应该有系紧的、穿过圆环的绳。绳索应该谨慎且可靠地装置好。

七是漂流者应清楚船只的载重能力，并且知道如何操控超载的船只。在简单的急流中，大部分的船只都有增加一个人的限额，但是不推荐开放式船只在急流中承载两人以上。

（二）漂流装备

1.安全帽

人的头部是很脆弱的，所以选一个适合的安全帽是非常重要的。安全帽在设计方面会考虑下面几个因素：坚固、吸振、牢靠；尽量保护头部，但以不影响视线、听力及平衡为主；有帽檐的帽子可以防止在翻滚的时候水跑到眼睛里。

2.救生衣

漂流时一定要穿着救生衣。选购救生衣时要注意尺寸，尤其身体在水中时，要保证救生衣能让下颌保持在水面以上。

3.鼻夹

漂流中一旦落水，水很容易跑进鼻子里，尤其是在流动的水流里，鼻夹可以很好地解决这个问题。

4.防寒衣

防寒衣有两种：一种是湿式防寒衣，另一种是干式防寒衣。湿式防寒衣大部分是指潜水衣之类的衣服，有很好的保暖功能，但防风防水能力不强；干式防寒衣，其主要功能不在于保暖，而在于防水。通常在穿干式防寒衣时，会在里面加穿保暖层。

5.裤子

一般的裤子即可，若是新手怕在急流中掉入水里撞到石块，可以考虑穿潜水衣材质的长裤。

6.防水裙

盖在独木舟的舱口，可以减缓水进入船内的速度，休闲舟（海洋、湖泊）和激流舟（急流、花式）的防水裙在材质及松紧度方面有一些不同。

7.漂流靴

即使在冰冻的水中，3毫米厚的氯丁橡胶靴垫也会使人的脚温暖，同时，耐磨的靴底能使脚在岩石地面上得到保护。

8.漂流手套

除了在热天，手套通常都很受漂流者的欢迎。一副好手套能让手保暖，不至于起水疱，同时还能更有力地划桨。

9.背包

背包应该选购既能保持包内物品干燥，又有方便的肩带和拎手的包，这对于有桨或无桨的漂流探险都是极为理想的。

10.收口包

对于短程漂流，此包可装大量物品而不太占地方，而且能使包内物品不会被水弄湿。

11.桨

（1）桨的分类

桨在材质方面一般有（铁）铝合金、玻璃纤维、碳纤维或木头等材质，大部分桨杆和桨叶为不同材质混合使用，在用途方面因人而异。在性能上以碳纤维为最优，在耐用度上以（铁）铝合金最坚固，在价格上以塑料最便宜，在质感上有些人则偏好木头材质。

从外观形态上，桨可分为单截、两截、四截三种。

单截桨：使用轻巧，因没有接合点，所以最为坚固，为大多数人所使用。唯一的缺点就是占空间。两截桨：携带方便，容易放在行李箱中，适合没有桨架的船。四截桨：大部分用在下溪的时候放在后舱作备用桨，长距离漂流或不易中途撤退的溪流里特别需要这种桨。

（2）桨的构成

桨是由桨叶和桨杆组成，因为使用的用途不同，桨叶的形状也有所不同，需要瞬间产生爆发力的有较大的桨面，如激流舟、花式舟。需要长时间划行的则使用较小的桨面，如海洋舟。不过大部分人在使用上，并不会感觉有太大差别。

（3）桨叶的角度

最早的独木舟是在海里使用的，所以桨的设计也是针对海洋环境来进行的。海里的海风比较大，所以在设计上会考虑桨叶的角度，当一边的桨叶插入水里划桨的时候，另一边的桨面则需要和前进的方向平行，以避免风阻效应，所以桨叶的角度最早期的时候是90°。不过在转桨面的时候手腕需要转动，这对手腕是一种负担，所以渐渐地有了较小的角度的设计，如60°、45°、30°、15°。在花式舟盛行后，因花式动作对时间的反应要求非常高，所以出现了0°的桨。在海洋桨方面，现在已经有了能根据不同的天气调整角度的桨杆。

五、实施与操作

（一）河道选择

1.河流的分析

在户外运动中，我们要学会对河流进行分析。一条河有多种状态：有时平静得像池塘一样，有时巨浪滔天，如同蛟龙翻海，有时还会涡流丛生。平静的水流和湍急的水流都是河流的组成部分，它们经常在平静和湍急的两种状态间转换。激流在大小和形状方面各不相同，在河流的某些地段，由于河面宽广使得水流缓慢；在某些地段，由于河道狭窄，水流则从中挤压而下，咆哮、奔腾向前；在某些地段，河床通道是直的；而在另一些地段，河床通道则狭长扭曲，使水流与崖壁产生冲撞；还有些地段有着巨大的落差，使河水形成瀑布。形成这些不同状态的河流主要与河床顺流而下的斜度、平整度、河床的宽窄度和水量这四个因素密切相关。

2.水域介绍

（1）主流

在溪流里，我们可以明显看到大部分水流快速地往下游流动，这就是所谓的主流。

（2）回流区

大部分的水流都会往下游流动，不过有些区域的水流却是缓缓地往上流动，这种区域被称为回流区。回流区产生于河道中的障碍物后方，最常见的是石头后方，有时产生于河道中的石头后方，因为回流区大多水流平缓，所以常常是划船者休息的地方。有些回流区较小或水流较乱，则需要比较好的划船技术才能停住，如果回流区的水流过大而造成船只不稳或遇到危险，这时就要改称它为洞。

3.旋涡

在主流和回流区之间会有一条分隔线，这条线称为旋涡，有时候这条线很明显，有时又因范围较广而显得不明显，这时候也可以称为涡流区。

4.国际水域的分级

等级一：一级水域。快速流动的水流，有一些浅滩和一点小波浪。障碍物较少，即使有也是很明显的。只要稍微受过训练就可以轻易避开。

等级二：新手等级。宽直的急流，河道清楚明显不需侦察。偶尔可能需要特殊的桨法，不过石头和中等波浪可以轻易被有经验的划船者避开，冲浪者很少会受伤，也很少需要团队的帮助。在等级二的最上级的激流，被称为“2^{+}”。

等级三：一般等级。中等的急流，不规则的波浪且不易避开，并且水花可能会盖过开口式独木舟。通常需要在快速的水流中使用复杂策略，在困难的水道和岩缝中需要良好的船只操控技术，大型的波浪或障碍物可能出现但是可以避免的。一般等级的水域可以发现强劲的回流区和强力的水流，尤其是在大水量的河流。略低或略高难度的急流通常被指定为“3^{-}”或“3^{+}”等级。

等级四：进阶等级。强劲有力且可预期的急流。在急流中需要有精准的船只操控能力。依据河流的特性，它可能有大而不可避免的波浪、旋涡或狭窄的水道，需要漂流者具备在有压迫的环境下做出快速操控的反应能力，快速又精准地进入回流区，以便用来侦察水流或者休息。通常比这种条件难一些的可以被视为“4^{+}”等级，而比这种条件简单一些的可以被视为“4^{-}”等级。

等级五：专家等级。极端漫长且具有阻碍性的，或者非常湍急的水流，使漂流者处于危险中。落差可能包含着巨大、不可避免的波浪、旋涡或陡坡，以及复杂且拥挤的急流和难度很大的路线。在两个深潭之间的急流可能长距离地持续下去，因而需要高度的体能。回流区可能很小，或者水流很乱，或者是不容易到达的。因为等级五存在的难度远远超过等级四，所以等级五用5.0、5.1、5.2等尺度来构成多重等级，每个等级都比上一个等级更加困难。例如，从5.0到5.1难度的增加，就像从等级四到等级五一样的难度。

等级六：极限及勘探等级。在这种水域，几乎没有人会去尝试划行，它代表着极端困难、不可预测以及危险的环境。出现翻船的结果是非常严重的，援救几乎是不可能的，专家团队只有在合适的水况下，通过紧密的侦察并采取所有的预防措施，多次试探，它的等级才有可能被适当地调整为5.x等级。

（二）漂流时的“读”河

在户外运动中，有经验的桨手每到河流的转弯处或险滩前，总会盯住河面仔细观察，这就叫作“读”河。在险滩，水急浪大，礁石众多。“读”河就是要找出那些隐藏的陷阱，并找出一条穿越险滩的最佳通道。要弄明白险滩是怎样形成的，对行船有什么危险，首先要搞清楚水流的几种基本形态。

1.险滩的舌部

当河床向下倾斜，平静的水面出现白色的浪花时，激流通常是在中心部分河床最深、流速最快的地方。在两岸靠边和稍浅的地方，河水受阻而降低流速，这样便形成了中间水流较快的现象，并且中心较快的水流力量较大，进一步冲走了石块和泥沙，清除了阻力和障碍，并形成一个“V”形的舌部，“V”形的顶端通常指向障碍最少、阻力最小的通道。

2.倒卷浪

完全露出水面的礁石容易发现，但有些藏在水下的礁石就暗藏危机。当水流过礁石的顶部，汇入礁石后面的憩流（止水）时，河水形成反向的流动（向上游方向流动），这种现象称作倒卷浪，出现在半隐半现的礁石的下游处。当礁石恰好处在水面之下，由于看不到水花，从上游方向很难发觉。要注意激流中较平静的地方，因为水下的礁石会使激流分流，而且水流过礁石表面时是平行的不起浪花的。如果上岸观察，就可以从下游方向来看，这时倒卷浪非常明显。有些礁石被激浪所覆盖，必须全神贯注地观察才可以看得出来。如果是较大的、潜藏较深的礁石，在其下游会有较大的倒卷浪，通常叫作“洞”，这种“洞”往往力量很大，可以轻易把船掀翻。有些“洞”像抽水马桶一样，一旦误入其中，好像被引力吸住，如陀螺般旋转，很长时间陷在里面。因此，要不遗余力地避开。

3. 直立浪

河水在陡峭下降的河床中流速较快，在较平缓的河床中流速较慢。当流速快的水流遇到流速慢的水流时，水流量无法及时排走，就会浪浪相叠摞起来，形成高高的直立浪。直立浪的大小与水量和落差有关。一般的直立浪都不会造成问题。如果直立浪很高但坡度平缓，最好的办法就是让船头对准浪尖，直接骑过去。如果直立浪看起来很陡峭，这是很可能翻船的，应该选择从浪的边缘部分通过。因为边缘部分往往角度较缓，高度也低些，但首先应该确认是直立浪还是水下礁石。水下礁石在激流冲过时也会激起冲天大浪，只不过礁石激起的浪散乱不齐，而直立浪则显得非常有规律。

4. 转弯

通常，最深和最快的水流在转弯处的外道。河水的流向是把船推向转弯的外道，而那里是礁石和其他危险情况较多的水域。一般要求在转弯时要把船调整在45°角，并保持在里道行驶。一旦有必要，利用河水的力量可以较容易地划到外道上去。但如果想从外道往里道划则很困难，因为要克服河水的全部阻力。

5. 洄水

礁石后面或两岸突出部分后面，河水的流向与主流相反，向上游方向流动，这称为洄水。河流转弯处，里道的憩流也称为洄水，尽管此处的水不流向上游方向，在主流和洄水交错的地方有条洄水线，也称为洄水栅。这条洄水栅非常隐蔽，没经验的新手看不出来，不会利用两股水流力量的话，有可能被困上数小时而划不出来，在洄水中打转。另外，需要特别注意的是，在洄水线处有两股不同方向的水流在“打架”，遇到强劲的洄水线，万一不慎也会平“地”翻船。洄水对行船是非常有用的，可以利用洄水停船上岸、侦察激流险滩、建立营救点、等待落后的同伴等，但那些旋转涡流状的洄水应该注意避开。

“读”河不是一门科学，没有精确的定理公式。“读”河如读书，不在乎字面，真正的意思要在字里行间去揣摩。“读”河，意不在河，在河之外。要把“读”河作为一门艺术来看待。在礁石与巨浪、涡流与“洞”组成的布满陷阱的险滩上，没有太明显的标志。桨手只能凭经验在激流险滩中划出一条想象中的通道，并力争沿这条通道穿过险区。另外，激流险滩从水平面上看时与从岸上看时是不一样的。因此，有经验的桨手在“读”河时已确立了备用方案，以便在无法进入原定路线时不致手忙脚乱。

六、皮划艇基本技能

自然漂流一般是在水流比较浅且平缓的河道中进行。这种漂流方式简单，操作容易。而操作漂流需要掌握一定的技术动作才能完成。皮划艇作为漂流常用的船只，具有携带方便、较易操控的特点。皮划艇是一项运动赛事，分皮艇和划艇（独木舟）两个项目，有静水项目和激流项目之分。在天然或人工湖面进行的比赛，称静水项目；在水流湍急的河道进行的比赛，称激流项目（操控漂流）。皮划艇是桨手乘坐一艘特制小艇，由一个或几个桨手面向前进方向划进的划船运动。皮划艇手需要坐在艇内，两手握住一只两端都有桨叶的桨，在艇的两侧左右轮流划桨来驱动前行。皮划艇有尾舵，由桨手两脚操纵。本部分将着重介绍以单人皮艇为主的操控漂流基本技能。

（一）基本动作

皮划艇技术是周期性的划桨运动，多次重复一种循环动作，运动员的手臂、躯干、上肢和身体各环节总是沿着一定的运动轨迹做动作，这种动作轨迹与划桨技术的合理性是有内在联系的。

1.握桨姿势

一般来讲，右手实握着桨称为控制端，左手虚握着桨称为辅助端，当双手往前伸直时，右手桨叶应与地面垂直，当桨放在头的正上方时，两手肘应弯曲成略小于90°，方为正确握法。

2.上下船

将桨杆紧靠于座舱口后方，着地端桨叶与地面平行，施力面朝上，座舱口与桨叶相隔，一手握住船舱口及桨杆，四指置于船舱口内缘，拇指紧贴桨杆，另一手则握住座舱口旁的桨杆，同样拇指紧贴桨杆，先将一只脚伸入座舱，臀部坐于座舱口后方，再将另一脚伸入座舱并顺势滑入座舱座位。

3.坐姿

运动员坐在船舱内的中心线上以利于保持艇的平衡。两膝屈成120°～130°，躯干前倾5°～15°。运动员自然地正坐在船中，头部正直，颈部放松，两眼正视前方。

（二）划桨技术

1.复位阶段

桨叶出水至前方手积极前侧引至最远处，由于桨的长度大于运动员的坐高，桨不能做前后运动，必须先经过侧向做外侧弧线运动，向上举桨。

特点是：躯干纵轴保持自然坐势，通过躯干一侧向前转动，带动肩轴向前转移，使人和桨完成外侧弧线的摆动。与此同时，两肩平行，以左手拉桨为例，左肩前移，肩轴前伸，并随躯干轴扭至艇的运动平面。这时左臂伸直，手臂的高度与水平面平行，与艇的纵轴线反向线成10°～15°的夹角，有利于入水桨角度的旋转，更有利于创造加速度。右手将桨提出，并向上抬过肩部，手臂和肩平行，肘关节的夹角为80°左右。此阶段的作用是以最短路线完成向前和侧向举桨的过程，使桨与艇的纵轴线成25°，为下一段插桨赢得最大的动作幅度及势能。

2.桨叶入水阶段

宽度缩小后的皮艇，平衡性起了变化，稳定系数减小，船体与水的摩擦力减小了。所以桨叶入水越靠近船沿，平衡能力就越低，速度也越快。因此，桨叶迅速向前下贴近船沿入水，此阶段是从高到低的运动，要完成桨叶的变换角度，势能变为动能，是一个加速度的过程，所以用时很短，但特点明显，左边躯干前侧，右边略有后拉，带动左臂顺势向前舒展，使桨在尽可能远处迅速插入水中。由于桨叶主要是向前下插入水中，与水平面的角度在整个划桨过程中是最小的，作用的一方是继续增大划桨幅度，为桨在水中划动赢得尽可能大的划程。

躯干、上肢肩带和手臂的肌群，在前一阶段的基础上继续向前下扭紧，为划桨动作各肌群用力储蓄能量。上方手积极前移，肘关节平推为左侧的躯干发力做准备。此阶段的艇无任何推动力，只受水和空气阻力的影响，而当桨叶入水时划桨，才是获得动力的阶段。

3.桨叶包水过程

桨在水中到垂直位，此过程是划桨过程中最为关键的，桨叶在水中的包水效果是速度的最佳体现。这段用时短，运动员通过突然憋气和躯干的发力，使上肢与躯干协调配合。同时躯干拉桨，上方手固定高度配合划桨手用力，当桨叶一入水很快地抓住水，这就是所谓的“包水”。

包水无水花出现，把桨叶全部埋入水中，在桨叶入水附近建立稳固的划桨支撑点。优秀运动员和一般运动员的主要区别就是对“桨叶的包水技术”的运用程度。“包水技术”的特点是主力量足，桨叶入水稳，正对水，桨叶支撑点无晃动、无移动，包水动作速度快，在瞬间能充分调动身体各环节肌力，增强桨对水的稳固支撑。上方手配合拉桨推桨，同时水对桨上产生巨大的反作用力。躯干的发力转动在先，其次是上肢发力拉桨，最终通过上肢、躯干、下肢连接、传递到脚蹬板上，从而推动艇前进。可见这一阶段是艇的速度变化最明显的阶段，可谓桨的包水加速过程。

4.提桨过程

持桨运动到垂直位时，水与桨的相互作用力达到最大之后，上肢的用力方向发生了改变，小臂弯曲外展，躯干的动作发力减小。此时桨的运动轨迹向外侧“八”字方向，便于桨叶出水。

5. 出水

当桨叶改变角度离开水面时，称为出水。此时运动员的躯干、上肢肌肉间歇放松，为下一个周期划桨做准备，要求运动员左边躯干减缓旋转。桨叶出水应迅速、果断，手臂与肘明显上抬，肘关节的高度低于肩关节，小臂的位置应高于耳，每一桨结束时保持艇速，保证艇匀速前进。因此出水必须干净利落，技术动作连贯。

6. 易犯错误

为了保持划桨动作流畅，要经常检查是否存在下列易犯错误：

（1）身体姿势不正确；

（2）躯干转动不足；

（3）每次划桨结束得太慢，出水点相对臀部太靠后；

（4）在上位的手伸得太前，导致一个低效的划桨角度；

（5）划桨时重心突然偏移，导致舟身左右摇晃；

（6）手腕用力过度导致弯曲。

（三）基本桨法

1. 直划

将右边身体往前倾斜30°～45°并把右桨往右前方伸出，大约在脚趾附近将桨叶插入水中，沿船身往后拉回至大约在臀部后拉出水面。在右桨拉出水面的同时，将左边身体往前倾斜30°～45°，左桨往左前方伸出，大约在脚趾附近将桨叶插入水中，沿船身往后拉回至大约在臀部后拉出水面。如此，反复地双边划桨，划桨时，桨尽量垂直靠近船身。

2. 倒划

在臀部附近将右桨叶插入水中，沿船身往前推回至大约在膝盖附近拉出水面。在右桨拉出水面的同时，将左桨桨叶在臀部附近插入水中，沿船身往前推回至大约在膝盖附近拉出水面。如此，反复地双边划桨，划桨时，桨尽量垂直靠近船身。

3. 前扫

左边：将身体尽量向左边转，眼睛看着要转向的目标（再练习试着看着左边的船尾），把右桨往右前方伸出，大约在脚趾附近将桨叶插入水中，沿船身往后拉回至臀部附近拉出水面。

右边：将身体尽量向右边转，眼睛看着要转向的目标（再练习试着看着右边的船尾），把左桨往右前方伸出，大约在脚趾附近将桨叶插入水中，沿船身往后拉回至臀部附近拉出水面。

常犯的错误：视线跟着桨的路线走，桨划到哪视线就跟到哪。

4.后扫

左边：将身体尽量向左边转，眼睛看着要转向的目标（练习时试着一直看着左边的船尾），把右桨往左后方伸出，大约在船尾附近将桨叶插入水中，沿船身往后拉回至膝盖附近拉出水面。

右边：将身体尽量向右边转，眼睛看着要转向的目标（练习时试着一直看着右边的船尾），把左桨往右前方伸出，大约在船尾附近将桨叶插入水中，沿船身往后拉回至膝盖附近拉出水面。

第七节 山地自行车运动

一、山地自行车概述

（一）山地自行车的起源与发展

1.山地自行车的起源

自行车是我们最常见的人力交通工具，骑上山地自行车征服艰难的路段总能让人产生一种成功的喜悦。20世纪初期越野赛跑应运而生，随着20世纪30年代初期第一个大车轮的制造，自行车在街道旁边行驶就容易得多了，当今的山地自行车运动是20世纪70年代初期才在农村逐渐发展起来的。现如今，山地自行车已发展成为一项单独的赛事，山地户外挑战赛中也少不了山地自行车的赛段。

20世纪70年代早期，美国加利福尼亚州的塔马尔帕伊斯是这一运动公认的发源地，加里·费歇尔·查里、康宁安、基思·班特杰、汤姆·里奇等，常常被尊奉为山地自行车运动的奠基人。每年都有成千上万的山地自行车运动爱好者来到这里，朝拜那些勇于挑战传统、意志坚定的运动发起者。这些先驱者把老式的游览用自行车和配有充气轮胎的自行车改造成能够在高低不平的地面上行驶自如的人力车，1979年凯利在《外面的世界》杂志发表了第一张山地自行车的风景照，这对新的体育潮流的出现起到了决定性作用。汤姆·瑞奇于1978年底制造出了他的第一辆山地自行车，1979年一家以“瑞奇山地自行车”冠名的公司成立，这就是山地自行车这个名称的来历。

2.山地自行车的发展

山地自行车产生以后，山地自行车比赛也被美国国家运动协会接受，并且随着比赛的不断发展，山地自行车运动也得到了一定的发展和改进。

1983年举行了美国山地自行车冠军赛，并且在该次比赛中，美国女子山地自行车水平让世界震惊。

1987年，在法国举行了一次非正式的山地自行车比赛。1988年便正式在欧洲举行比赛，德国的根德电气制造公司组织了全欧“根德挑战杯”赛，紧接着又于1991年举办了“根德世界杯”赛。根德公司为山地自行车运动的迅速发展创造了良好的条件和环境，并且为山地自行车的发展做出了极大的贡献。

1990年9月，24支国家自行车队在美国科罗拉多州多伦哥市参加了第一次正式的世界比赛。在越野和下山比赛中分别设置了3枚奖牌，越障碍、爬山项目的获胜者并无头衔。1991年举行了首届“根德世界杯”赛。

1996年，山地自行车越野赛成为亚特兰大奥运会的正式比赛项目，这标志着山地自行车最终在体育界有了一席之地。这是山地自行车历史中的一个里程碑，比赛在观众巨大的欢呼声中举行，并向全世界进行了转播，在那天，山地自行车骄傲地出现在大众面前。

（二）山地自行车骑行装备

为了舒适地骑行，我们应准备一些必要的装备。装备的舒适程度与实用性决定车手能否充分地享受这一运动。这些常用骑行装备包括以下内容：

1.骑行服装

在山地自行车运动中随时都会遇到恶劣的天气，因此，必须准备能防风、防雨的服装，尤其要注意防御寒风。

中医认为风是最危险的，风使毛孔张开，大多数情况是在一段时间之后让人得病。例如，慢性关节炎、肩痛、背痛、支气管炎和呼吸系统疾病都是典型的由风引起的疾病。如果骑行时没有充分的保护来抵御寒风，其后果是不堪设想的。有经验的运动员深知风的危险，并学会了怎样避开它。只有那些没有经验的运动员在寒冷的天气里穿短裤训练。下山的时候要穿上随身携带的雨衣，积极防雨也很重要。遇上恶劣的天气时，如果有好的雨衣也能照常进行训练。这种雨衣由内外两层高级合成的纺织纤维构成，内层吸汗，外层存热，因此它能使体温保持恒定。一件透气性好的雨衣是每个山地自行车运动员必备的。

2.手套

一副好手套的重要性仅次于骑行鞋，它可以保证在任何天气中或任何地面上都能使车手紧紧地握住自行车车把，同时还能够防止手掌起泡，使之保持舒适。一旦摔倒，车手通常手先着地，这时手套还能起到保护手上皮肤的作用，防止手掌严重擦伤。手指较长的冬用手套还能防止双手在比较冷的天气中抽筋。

3. 头盔

头盔是山地自行车运动员的必需装备，因为只要进行山地自行车运动就必然会摔跤。虽然大多数时候摔跤对身体不会造成很大的损害，但有时还是会出现头被擦破的情况，因此头尤其需要保护。头盔不仅能够救人性命，而且没有头盔也是不允许参加自行车比赛的。为了能让头盔最大限度地发挥保护作用，其大小必须合适。新购买的头盔的缚带和衬垫需要进行调整，目的在于保证头盔戴在头上比较舒适。同时还要保证所购买的头盔必须经过安检部门的检验，并有合格证。

4. 护眼镜

一副好的运动眼镜虽然不便宜，但能有效地防风，防止脏东西进入眼睛以及阳光直射。特别是在高速行驶的情况下，好的运动眼镜就显得尤为重要。除此之外，一副好的护眼镜不仅不容易破碎，而且能起到护罩的作用，从光学角度来讲也应该非常完美。选择护眼镜时，最重要的是重量轻，戴着舒适，镜片适合各种光线。同时还需要准备一条细绳挂在脖子上，以免摔倒时把眼镜甩出去。骑车时，当镜片被泥浆挡住，或者由于天气冷，镜片被水汽覆盖住时，需要把护眼镜摘掉。

5. 骑行鞋

有助于提高车手水平的另一个重要因素就是购买一双质量较好的骑行鞋。硬挺的骑行鞋不仅穿着舒适，还有助于最大限度地传送能量，减少骑车过程中的体力消耗，避免因为鞋底过软而造成的不适。选用带踏脚套的脚蹬，再购置一双质量相当不错的骑行鞋，即使骑行条件比较恶劣，也应该能够应付。

只要脚暖和，就能应付各种天气，也不会轻易着凉。冬季穿的运动鞋不要太小，应让脚有足够的活动空间，以保持顺畅的血液循环。鞋袜应高于脚踝，以保证运动的稳定性。

6. 饮水装置

体内水分的减少有可能会影响车手的表现。在任何形式的消耗体力的运动中，及时给身体补充水分是非常重要的。普通的水瓶也能够满足这一需求，但水瓶在自行车越野运动中用起来会不方便，因为水瓶有时会从瓶套中掉出来，最糟糕的是瓶嘴极有可能沾上泥巴。给水包是最佳的选择，坚固耐用，可以不用手就能饮水。一些饮水装置的外面还常常有用来储存食物、工具、钱币等各种物品的口袋。这种附属装置绝对是物有所值的。

7. 气筒

用脚踏式气筒比较省力，气筒上的压力表还能显示充气的数量。不过任何一种气筒，都必须放在带拉链的袋子里，或者紧紧地固定在车架上，以确保安全。目前，在市场上也能买到很多种质量上乘的双管气筒，使用非常方便。

二、山地自行车骑行技术

（一）山地自行车的基本操作技术

1.身体姿势

骑行姿势是首要学习的内容。骑行者在骑行时要将自己的上体放低，头部向前稍微倾斜，手臂和腰部适度弯曲，双手切勿用力握把。这样的姿势不仅有利于自身重心的降低，还可以起到缓解冲击力的作用。上下坡时，还要具体问题具体分析。下坡骑行时，身体的重心一定要始终保持在后面，如果坡度情况允许，车手的重心应该放在鞍座位置。上坡骑行时，身体的重心一定要放到鞍座后面，使双腿获得最大的杠杆作用。

2.热身

热身是骑行运动开展之前一定要做的准备运动，但很多车手因为麻烦或自负等原因常忽略热身的重要性，使自己的肌肉得不到较好的舒展。这样的结果就是影响运动效果，甚至造成身体损伤。热身运动有利于做好骑行前的准备，能够更好地锻炼心血管的承受能力，加强肌肉的舒展。先舒展肌肉，再慢慢地骑行，然后逐渐加速。这种有规律地增大运动强度能使身体逐渐从无氧运动过渡到有氧运动。

3.手的姿势

每个车手握把都有自己的习惯，因人而异，但有三点必须注意。

第一点，要以相对放松的状态骑行，后背挺直，肩膀放松，肘部微屈。

第二点，不要把车把握得太紧。这样，运动员上半身处于紧张的状态，难以灵活控制自行车的前行方向，手臂也更容易感到疲劳。

第三点，在骑车过程中，拇指和其他几根手指分开呈空拳状握住车把，拇指和其他几根手指一起放在车把上面。这样，碰到障碍物时，手就会从车把上滑下来。

4.踏蹬技巧

脚蹬是自行车为骑行者提供动力的关键，因此，掌握合理科学的踏蹬技巧能够最大限度地推动自行车前行。山地自行车是否能够持续快速地前行，不单由骑行者的腿部力量决定，并非骑得越快、用力越大就能在比赛中获得胜利。骑行者必须掌握踩动脚蹬的技巧，有节奏、有规律地做环形运动。通常而言，踏蹬方式有脚尖朝下式、脚跟朝下式和自由式三种，各具特色。所以，要有针对性地使用。

5.刹车技术

刹车能够为自行车提供很好的制动力，帮助骑行者控制自行车的行进速度。车手使用刹车装置时，并不需要将所有的手指都用上，只需要一两个手指即可，其他的手指可以握紧车把，控制自行车的行进方向。一般的自行车都有两个刹车装置，即前闸和后闸，前闸的刹车效果大多比后闸的刹车效果好。但是，根据地形和车闸刹车效果的不同，两个车闸应该谨慎使用。在陡峭的斜坡或者土质疏松的地面上骑行时，应尽量使用后闸制动。

6. 变速技术

变速装置的设计旨在更省力、更舒适，以缓解因出力不均而产生的疲劳。变速要选准时机。上坡、下坡、坎坷路段、逆风行驶以及疲劳骑行的时候，即为变速的时机。

（二）应对不同地形的骑行技巧

自行车越野运动的挑战性主要来自车手能否应付各种地形的考验。

1. 多石的地面

在岩石较多的地方骑车，平衡性不好把握，自行车很难控制。车手必须运用各种技能，骑在车上的时候要尽量放松，还要学会挑好走的路。在多岩石的地面上骑车，最好的方法就是要像冲浪一样“随波逐流”。下行时根据路况，要放开胆子，凭着一股冲劲，以较高的速度，迅速穿过去。车速越快，地面也就显得越平坦。但是，在这之前必须仔细研究这里的地形。

在多岩石的地面上骑行，车手会随着自行车左右摇晃，如果距离不是太长，可以采取俯卧的姿势，站在脚蹬上，降低身体重心，把自行车控制住。这样，一方面能够比较灵活地使自行车保持平衡，另一方面双腿还能更好地发挥杠杆作用，使前轮保持平稳转动。肘部下垂可以防止前轮上翘。要想改变骑车的方向，车手只需要把身体的重心从一侧移动到另一侧，再轻轻地推动自行车朝着某个方向前进即可。

2. 沙地

沙地常常让车手望而生畏，但应付这种地形的技巧与应付铺满碎石和沙砾的地形的技巧一样。遇到这种地形，自行车前轮很容易陷在沙里，车手也很难控制自行车的方向。大面积的沙地通常很难穿过，车手一般要扛着自行车步行前进。但对于面积较小的沙地，车手可以借助较高的车速，成功地穿过去。

进入沙地之前，自行车要达到一定的速度。把链条调到小一号或小两号的飞轮上，同时身体重心后移，减轻前轮上的重量，保证前轮不会陷在沙土中。用足力气，保证脚蹬以平稳的节奏转动，以保持自行车前进的速度，同时不要转动车把。这么做的目的是用最快的速度穿过沙地，不至于被沙土困住。如果在其他质地比较硬的道路上遇到沙土，通常沿着路边没有沙土的地方骑过去。比较潮湿的沙地，只要身体重心不在前轮上，并且用力均匀，一般能够成功穿越。

3.泥泞、杂草丛生的地形

在旷野骑车随时会遇到满是泥浆的路面、杂草丛生的地形，车手要有心理准备，也要掌握一定的技巧。

骑车外出不可能总会遇到干爽的天气，要有思想准备，因为随时都会遇到满是泥浆的路面。遇到这种情况，不要回避，要勇敢地面对。要知道，在下坡或爬坡的过程中，滑倒不足为怪，扛着自行车走也是经常的事情。车轮与车架接合的地方很容易积满泥巴，泥巴更是常常黏在轮胎上，致使自行车寸步难行。

如果有水，从水中骑过去，可以去掉泥巴，使问题有所缓解。遇到大面积的沙地、泥浆和水时，要保持身体的重心离开前轮，落到鞍座的后部；尽量不要急刹车，因为急刹车会减少轮胎与地面之间的摩擦力；也不要挺直后背，不然会失去控制。把自行车调到比较省力的挡位，让前轮从沙土、泥浆和水面上方轻轻地“飘”过去。

如果所经过的地方植被比较浓密（例如森林中铺满树叶或小草的地面），自行车骑起来会比较费劲，但一定不要用力太大，以免弄得自己心跳加快，筋疲力尽。有时这种地形还会使轮胎同地面之间的摩擦力减小，车手要像对待泥泞地形一样对待这种地形。在这种情况下骑车，需要对自行车及其相关部件的操作规程做一些调整。安装适于在泥泞环境中使用并能增加与地面之间摩擦力的轮胎。

4.坚硬的地面

在比较硬的地面上骑车最省力，骑起来也最舒服。这种地面就同公路一样，有时候比公路还要好——阻力小，车轮滚动的速度快。但是，如果地面比较潮湿或者上面覆盖着一层沙砾和树叶，就需要谨慎小心，注意降低和稳住重心，因为这种地形往往非常滑。

5.坡路

（1）上坡骑行技术

山地自行车运动是在山地中骑车，因此爬坡成了不可缺少的一部分。正确的骑车技巧有助于车手成功地应对各种各样的山道。能否驱动自行车向前、向上运动，取决于两个关键因素：一是动力传动系统的运转与力量的大小；二是车轮与地面之间的摩擦力。动力传动系统的运转与力量的大小同车手身体的强健程度和力气的大小直接相关。摩擦力则与骑车技巧、自行车轮胎的类型、车手身体的重心位置以及轮胎的压力有关。

对于短而陡的坡，运动强度很大。高强度运动持续的时间可能比较短，关键是车手要保持正确的骑车姿势。要想冲到坡顶，在助跑阶段就要积累足够的冲力。一般情况下，急转弯以后紧接着就要爬坡。这时，车手一般没有冲力，但一定要保持相当的牵引力。最好的办法是保持正确的骑车姿势，把身体的重心移到后轮上，不过前轮上也要保持足够的重量，以防自行车前翻。

遇到很长的上坡，由于运动强度和骑车技巧与爬陡坡时不同，应根据自己的体力状况及时调整传动比，也就是调节蹬踏用力时省力的齿轮来保持车子快速前进，不能等到骑不动车和速度完全降下来时再改变传动比，应坚决避免重新启动的现象出现。在坡路较长或有陡坡时，可适时使用站立式骑行方法，调节用力部位，让部分肌肉得到休息。

（2）下坡骑行技术

下坡时，车手应该牢牢记住的一句名言是："骑得越快，路面显得越平坦。"下坡骑行要勇敢机智，胆大心细，精力集中，两眼密切注视前方路面，随时准备果断处理路面上出现的任何情况；不仅要充分利用车子运动惯性滑行，重心后移，以手臂完全伸直为宜。同时，上体前倾、下压使胸部降到鞍座的高度（图9–32）。

图9–32

但在没有了解前面的地形之前，下坡的速度不应该太快。车手需要熟悉途中有什么障碍，以便能够安全地绕过去。即使对当地的地形比较熟悉，但最近没有在这里骑过车，尤其是近来天气不好，车手也应该先仔细地观察一下地形，以避免发生比较危险的意外事故。

下坡骑行过程中，免不了出现车速过快或有意外情况要使用刹车的情况，这时应主要使用后闸。如果后闸达不到理想的刹车效果，可以轻轻地按动前闸，但不要把前轮完全锁死。在下坡时最好不使用前闸，因为一旦摔倒，从自行车上往后摔要比从车把上向前甩出去安全得多。

6. 弯道

过弯道时的技术要求：转弯前要控制车速，用点刹的方法逐渐减速，尽可能用前后闸同时使，进入弯道后将闸放开，转弯时，身体和车子要保持一致，向里倾斜，上体和车子保持一条直线，以克服离心力。倾斜角度根据速度和弯道大小而定，但一般不得超过28°，否则就有滑倒的危险（图9–33）。

图 9–33

转弯时，车手还可以像专业摩托车手那样使内侧的膝盖触地。如果弯道不是太急，并且脚蹬离地面还有足够的距离，可以再蹬几下脚蹬，以进一步提高车速。有些车手喜欢将外侧的脚处于低位，并用脚使劲踩住，以减轻鞍座所承受的重量。这样，身体可以充分放松，同时又能增大内侧脚蹬与地面之间的距离，但这样做会影响平衡性。向下按压内侧的车把，以增加前轮与地面的摩擦力。

（三）山地自行车跨越障碍技术

1.骑车跳技术

（1）齐足跳

齐足跳是山地自行车运动中的常用技术，当骑行者遇到障碍物且没有可利用的斜坡和沟沿时，就可以采用这一跳跃技术。它可以在不中断骑行和不放慢速度的情况下，顺利跨越障碍物。齐足跳的具体方法分为以下几个步骤：

①对前方障碍物进行敏锐仔细地观察，控制自己的骑行速度在较为适宜的范围内。在车前轮临近障碍物之前，挺直上身，弯曲四肢，形成下蹲的姿势。

②在自行车前轮将要碰到障碍物的时候，双腿向下用力，按压自行车前轮，同时手臂发力将车把抬起。

③前轮离开障碍物后，要及时转动车把，双脚发力，向后上方向猛拉。此时，后轮会沿着前轮滑动的轨迹越过障碍物。

④注意时刻调整自己的重心。重心前移利于前轮安稳着地，重心后移方便后轮越过障碍物。这一过程需要一定的技术水平，勤加训练能保证效果最大化。

（2）借助斜坡跳跃

这一技巧类似于齐足跳。该技巧的关键在于保持身体放松，这样有利于提高动作的连贯性和安全性。借助斜坡和沟壑的边缘起跳，可以在自行车着地之前跨越相当长的一段距离。一般情况下，借助斜坡跳跃技术分为以下三个步骤：

①靠近：双眼正视前方，认真观察障碍物的大致轮廓。身体降低重心，四肢微

屈，呈下蹲姿势。

②跳跃：当车子接触到障碍物时，会被弹起一定高度，此时骑行者应该借助反冲力让自己挺立起来，并保持重心后移。当人、车同时悬空时，保持双腿与双臂微屈，用力下压车子，从而保证四肢在该过程中灵活地运动。

③着地：这一步骤可以分成两个阶段。第一个阶段是自行车成功着地。车轮着地顺序是先后再前。第二个阶段是车手复位。等到两个轮了都着地以后，车手身体的重心会随之降低。此时，四肢微屈，调节身体，坐回鞍座即可。

2.骑车过石块、圆木的技术

遇到比较大的石头、圆木时，最好避开，从旁边绕过去。要想从上面跳过去，则要看石头、圆木后面是否有足够的空间，自行车落地时是否安全。如果自行车速度较慢，石头又比较大，则需要特殊的骑车技巧。靠近大石头、圆木时速度要放慢一些，同时要选择动力传动速比较大的齿轮挡位。一般链轮、飞轮应选用中号的。比较小的石头或细圆木可以利用“齐足跳”技术跳过去。

为了便于了解和学习掌握，这里将前轮离地过“坎”技术的具体方法分为三个步骤，具体如下：

第一步：就在前轮要碰到障碍物的时候，向上猛拉车把，通过动力传动系统用力，就像自行车前轮离地时的平衡特技一样。需要注意的是，前轮抬起来后，其高度以能够爬上圆木和石头的边缘为宜。

第二步：等前轮安全地落在圆木上面时，身体重心尽量前移，保持前冲力，并迅速移动身体，卸去后轮上的所有负重。

第三步：继续蹬踏，让后轮落在障碍物上面。由于车手身体大部分重量落在前轮上，并保持着一定的前冲力，后轮能够爬到圆木顶部。此时，将重心后移，恢复正常的骑车姿势（图9–34）。

图9–34

3.骑车过沟壑的技术

穿越沟壑时，要尽可能地使自行车保持水平状态。如果被卡在沟中，轻者会颠簸一下，重者则会损坏自行车。具体要根据实际情况和需要，有针对性地调整技术方法。

（1）骑车通过一般沟壑的技术方法

小沟可以跳过去，如果沟比较宽，可以从沟底骑过去。前轮碰到沟边时，先把身体重心后移，使之离开前轮，然后推动前轮下到沟内。等到了对面的斜坡时，再提起前轮并从沟中冲出去。身体重心前移时，要继续蹬踏。这一技巧与跨越比较大的石头时所用的技巧相似。不过，这里不是从障碍物上面跃过去，而是从沟底冲出去（图9–35）。

图9–35

（2）骑车过“V”字形沟壑时采用的技术方法

由流水冲刷而成的“V”字形沟壑是比较难对付的地形之一。这种沟通常宽约50厘米，最深处也在50厘米左右。最简单的方法是把自行车从沟上面扛过去。除此之外，还有许多方法。最好的方法是在跨越沟壑时运用前轮离地平衡特技。后轮碰到沟底时，身体重心稍微前移，同时继续蹬踏，直到冲出沟底。

4.在土质松软的斜坡上重新发动自行车的技术

一旦自行车在斜坡上停了下来，重新起步并非一件易事。一般来说，这时候可以采取的方法主要有两种，具体如下：

方法一：车手必须下车，向前走几步，或者向后退几步，选择合适的地点重新发动。所选择的地方必须地势平坦，摩擦力大，比如一块比较平整的岩石。同时，选择传动速比不是太大的齿轮，只要能够应付当前的情况就行。如果太大，自行车还有可能会“抛锚”。选择好合适的齿轮以后，利用力量比较大的那条腿蹬动自行车，同时按住车闸。均匀用力，慢慢地松开车闸。等自行车开始向前运动时，把另一只脚也放在脚蹬上，然后平稳地用力、加速，直至回到预定的车道上。

方法二：把自行车斜停在车道上，等发动起来以后再把车头掉过来（图9–36）。

图9–36

第八节　沙漠探险

一、沙漠探险概述

（一）沙漠探险的定义

沙漠探险，英语叫desert adventures，是指探险者对沙漠的发现、调查、穿越和其他科学考察研究及探险旅游等活动。

近年来，沙漠探险受到越来越多的人的青睐，沙漠探险是一项“古老而又年轻”的探险运动，说到“古老”是因为人类早在几千年前就有游牧民族生活在沙漠边缘，那些民族对沙漠了如指掌，“年轻”则是因为沙漠探险不管是从实践上还是在理论上都是很少涉及的，有待于我们在沙漠探险上做出更多的工作，使得这方面的探险事业能得到安全而良好的发展。

沙漠是指沙质荒漠，地球陆地的1/3是沙漠。因为水很少，一般认为沙漠荒凉无生命，有“荒沙”之称。与别的区域相比，沙漠中生命并不多，但是仔细观察，就会发现沙漠中藏着很多动植物，尤其是晚上才出来的动物。沙漠地区大多是沙滩或沙丘，沙下也经常出现岩石。泥土很稀薄，植物也很少。有些沙漠是盐滩，完全没有草木。沙漠一般是风成地貌。

沙漠里有时会有珍贵的矿床，近代也发现了很多石油储藏。沙漠少有居民，资源开发也比较容易。沙漠气候干燥，也是考古学家的乐园，可以找到很多人类的文物和更早的化石。

（二）我国主要沙漠

我国主要沙漠的具体情况如下。

1.塔克拉玛干沙漠

塔克拉玛干沙漠，在维吾尔语中是指“进去出不来的地方”，人们通常称它为“死亡之海”。它位于南疆塔里木盆地中心，是我国最大的沙漠，仅次于非洲撒哈拉大沙漠，是全世界第二大流动沙漠。

在世界各大沙漠中，塔克拉玛干沙漠是最神秘、最具有诱惑力的一个，沙漠中心是典型的大陆性气候，风沙强烈，温度变化大，全年降水少，风沙活动频繁，沙丘形态奇特。最奇妙的是两座红白分明的沙丘，名为圣墓山，山顶经风蚀而形成“大蘑菇”。由于地壳的升降运动，红砂岩和白石膏构成的沉积岩露出地面，形成红白分明的景观。沙漠四周，沿叶尔羌河、塔里木河、和田河和车尔臣河两岸，生长着密集的胡杨林和灌木林，形成“沙海绿岛”，特别是纵贯沙漠的和田河两岸，生长芦苇、胡杨等多种沙生野草，构成沙漠中的“绿色走廊”。“走廊”内流水潺潺、绿洲相连。林带中住着野兔、小鸟等动物，为“死亡之海”增添了一丝生机。考察还发现沙漠中地下水储存量丰富，且有利于开发，有水就有生命，科学考察推翻了“生命禁区论”。在浩瀚的沙漠中，迄今发现的古城遗址无数，其中尼雅遗址曾出土东汉时期的印花棉布和刺绣。

2.古尔班通古特沙漠

它是我国第二大沙漠，位于北纬44°15′～46°50′、东经84°50′～91°20′，地处准噶尔盆地的中央。古尔班通古特沙漠由四片沙漠组成，西部为索布古尔布格莱沙漠，东部为霍景涅里辛沙漠，中部为德佐索腾艾里松沙漠，北部为阔布北-阿克库姆沙漠。

准噶尔盆地属温带干旱荒漠气候。年降水量70～150毫米，冬季有积雪。降水在春季和初夏略多，年中分配较均匀。沙漠内部绝大部分为固定和半固定沙丘，形成我国面积最大的固定、半固定沙漠。沙漠内植物种类较丰富，可达百余种。植物区系成分处于中亚向亚洲中部荒漠的过渡阶段。沙漠的西部和中部以中亚荒漠植被区系的种类占优势，如白梭梭、苦艾蒿、白蒿、囊果苔草和多种短命植物等；在沙漠东部和南部边缘，亚洲中部植物区系种类较多，如梭梭、蛇麻黄、花棒等。古尔班通古特沙漠的梭梭分布在古湖积平原和河流下游三角洲上，形成“荒漠丛林”景观。

沙漠的沙粒主要来源于天山北麓各河流的冲积沙层。沙漠中最有代表性的沙丘类型是沙垄。沙垄平面形态呈树枝状，其长度从数百米至十余千米，高度10～50米不等，南高北低。在沙漠的中部和北部，沙垄的排列大致呈南北走向，沙漠东南部沙垄呈西北—东南走向。在沙漠的西南部分布着沙垄-蜂窝状沙丘和蜂窝状沙丘，南部出现少数高大的复合型沙垄。流动沙丘集中在沙漠东部，多属新月形沙丘和沙丘链。沙漠西部的若干风口附近，风蚀地貌异常发育，其中以乌尔禾的“风城”最著名。

沙漠中风沙土广泛分布。沙漠南缘平原上发育灰棕漠土，1949年后已大量开垦。人为活动破坏了天然植被，造成沙漠边缘流沙再起和风沙危害。沙漠西缘有甘家湖梭梭林国家级自然保护区。

3.腾格里沙漠

它位于阿拉善盟阿拉善左旗西南部和甘肃省中部，东抵贺兰山，南逾长城，西至雅布赖山。腾格里为蒙古语，意思是“像天一样浩渺无际”。腾格里沙漠海拔达1200米。沙漠上沙丘、湖盆、山地、残丘及平地相互交错，其中沙丘多为新月形沙丘链，高10～30米，常向东南方向移动。腾格里沙漠还有大小湖盆400多个，多为淡水湖，可供人畜饮用，周围植物生长茂盛，为主要牧场，适合开展沙漠探险、观光等旅游活动。

4.乌兰布和沙漠

它位于内蒙古西部、宁夏东部、黄河西岸的乌兰布和沙漠，横跨阿拉善盟和巴彦淖尔市，历史上曾是“人民炽盛，牛马布野”“将军塞外游，杏花撒满头”的绿茵茵的富庶草原。现在的土地类型由沙丘、沙荒地、耕地和小片草原组成。这里的沙丘形态异彩纷呈：堆状沙丘分布在敖包图、敖包鲁格、吉兰泰地区；垄岗沙丘分布在白云敖包附近；格状新月形沙丘分布在契里盖、敖伦布拉格、敖包图等地；新月形沙丘分布在哈腾套海一带。

位于内蒙古乌海地区的乌兰布和沙漠部分与黄河水相连，每当夕阳西下，粼粼碧波，映衬“长河落日”“大漠孤烟”，构成一幅瑰丽多姿的塞上风景画。

5.库布齐沙漠

库布齐在蒙语中意为“弓弦”，像条黄龙横卧在鄂尔多斯高原北部，横跨内蒙古三旗。库布齐沙漠是我国第六大沙漠，也是距北京最近的沙漠。令京城人谈之色变的沙尘暴的源头之一就是库布齐沙漠。

6.浑善达克沙地

浑善达克为蒙古语，意为“孤驹”。相传成吉思汗西征时，所骑之马为其最心爱的“孤驹”经此沙地而得名。浑善达克沙地在锡林郭勒草原的中南部，呈东西走向。沙地中沙丘起伏，间有丘间低地和滩地。

这片沙地是我国著名的有水沙漠，在沙地中分布着众多的小湖、水泡子和沙泉，泉水从沙地中冒出，汇集后流入小河。这些小河大部分流进了昌都河，有的只流进水泡子里，还有的只是时令性河流。

浑善达克沙地水草丰美、景观奇特、风光秀丽，有人称它为“塞外江南”，也有人称它为“花园沙漠”，那里野生动植物资源比较丰富，是候鸟的产卵繁育地，还有很多珍稀的植物和药材。

7.巴丹吉林沙漠

它位于内蒙古自治区阿拉善右旗北部，是我国第三大沙漠，其西北部还有很大一片地域至今尚无人类的足迹，是世界上唯一高大沙山群分布密集的沙漠，一般海拔高度为1200～1700米，沙山相对高度可达500米，为世界沙漠之最，被称为“沙漠珠穆朗玛峰”。

8.科尔沁沙地

它是我国四大沙地中面积最大的一片沙地，位于东北和华北的交界地带。

（三）沙漠气候

极端干旱的沙漠气候，跨越纬度大，不同区域气温差别很大。根据所处纬度的不同，可分为低纬度沙漠和中纬度沙漠。低纬度沙漠也称热沙漠，分布在南北回归线附近的副热带高压区内，如非洲北部的撒哈拉沙漠、亚洲西南部的阿拉伯沙漠、澳大利亚中部的大沙漠等。中纬度沙漠也叫冷沙漠，分布在温带大陆内部，如我国的新疆和内蒙古一带及北美大陆西南部的沙漠等。

沙漠气候有以下显著的特点：

第一，降雨稀少，气候干旱。以我国的沙漠地区为例，年降雨量大部分为50～100毫米，最少的地方还不到10毫米。如位于塔克拉玛干大沙漠东南部的若羌县，年降雨量仅16.9毫米，而托克逊县城的年降雨量更少，只有5.9毫米。

第二，多风沙天气。大风刮起时，漫天黄沙，天昏地暗，流沙遍野；风停后，飞沙落地，形成一条条、一排排高低起伏、大小不等的沙丘群，最高的沙丘高达400米。

第三，冬季寒冷，夏季酷热，温度的年较差和日较差都很大。如我国西北地区的沙漠中，冬季1月份的气温都在-20℃以下，而夏季7月份的气温则在26℃～30℃以上，温度的年较差高达50℃，与年较差相比，沙漠地区的温度日较差更大。如吐鲁番盆地，夏季白天的极端最高温度曾达到82.3℃，而入夜后温度又可降至0℃以下，温度的日较差超过80℃。因此，在吐鲁番盆地一带流传着“早穿皮袄午穿纱，抱着火炉吃西瓜”的俗语。可见，沙漠气候中的温度变化，是世界各种气候中变化最为剧烈极端的。

二、沙漠探险行前计划

要进入沙漠地区旅行，一定要在行前做好充分的准备工作。要尽可能多地了解有关信息，包括路程、有特点的地形地貌、气候变化特点、动植物分布等，特别重要的一点是有关水源的信息，以及哪里有季节性河流和什么季节会有水等。一定要根据这些信息制订详细的行动计划。

徒步旅行于沙漠上的人只限于专门的探险家，而且也同样需要事先制订详细的行程计划和安排。而探险又总是和危险联系在一起，周密的计划、细致的准备会将风险降到最低，充分的行前准备也是探险者在困境中求生存的信心所在。

（一）选择合适的探险季节

在选择探险旅行季节时，应尽量避开炎热的夏季和多风的春季。我国的沙漠多分布在西北地区，属于干燥气候带，昼夜温差很大，夏季酷热，温度高达50℃～60℃，冬季严寒，温度低达-20℃～-30℃；雨量极少，大多数地区全年降水量不足250毫米；风多而大，特别是风口地带，狂风到来，飞沙走石，内蒙古至新疆一带的沙漠每年4

月有季节性强风，常形成沙流。从3月中下旬开始，一直到5月份，沙漠的天气变化可谓瞬息万变，风很大，沙暴频发，容易迷途并危及生命。沙暴到来时异常迅猛，当感觉到好像有声音从很远的地方传来时，仅在几秒钟之内，天地就变成了黄色，裹着沙尘的狂风铺天盖地卷过来。

（二）制订合适的探险方案

制订探险方案时首先要尊重客观事实，要在确保生命安全的情况下制订出力所能及的探险方案。

1.全自助式沙漠探险

全自助式探险方案的原则是完全依靠自己的力量或集体协作在沙漠中进行有限度的探险。比如冬季在塔克拉玛干沙漠进行探险，白天的气温在零下10℃左右，一般探险者所携带的食品、水及装备等物品，只能维持不超过7天的时间，行进的距离大约100千米。由于这是全自助式无后援的沙漠探险，探险者出发时要背负所有的装备和给养，因此第一天是在高负重情况下行进，对探险者的体能和毅力构成严峻的考验。根据探险的行程长短，可以在宿营地有计划地预留一部分食品作为返程时的补给，也可以减轻行进中的负担，加快行程的进度。

2.协作式沙漠探险

协作式探险又可分为无后援式和有后援式。

无后援式协作式探险是指进入沙漠后，就失去了后方的一切人力、物力的支援，只是在驼队的协作下行进，大多数探险队采用这种方式。但这种探险方式也是有限度的，因为骆驼在沙漠中负重也是有限的，每峰骆驼不能超过200千克。在冬季，骆驼每隔7～10天就要饮一次水，一次饮水量大约100千克，所以一般的探险天数都在10天之内，行程约在100～200千米。

有后援的协作式探险适用于长距离的沙漠穿越，属于兵团协同作战，耗资巨大。比如，在20世纪90年代初期，中日和中英探险队两次纵穿塔克拉玛干沙漠就采用了这种方法，即小规模穿越队伍在驼队的协作下，沿塔克拉玛干沙漠南缘100千米处东西向穿越，数支支援队用了上百峰骆驼，从沙漠南缘的国道出发，每隔15千米就向沙漠纵深100千米处投放补给品，以保证探险人员的物品供给，完成探险任务。

三、沙漠探险基本装备

在进行沙漠探险时，要准备一份精度好、比例尺是1∶200000或者1∶300000比例的地图。要随身携带指南针，也可以买一个GPS卫星定位仪，定位精确到10米以内。这样定向和绘制路线就有了保证，就能够避免徒步旅行时出现迷路问题。

沙漠温差很大，以10月、11月为例，白天地表温度可达50℃，夜晚则可降至0℃

以下，11月如遇寒流温度可降至-10℃以下，因此在沙漠探险中，冬季、夏季服装应一应俱全。白天沙漠的阳光会灼伤皮肤，可以选择长衫、长裤，但长裤在艰难的行进中会大大消耗体力，因而也可以选择短裤。最难忍的灼伤皮肤的情况很容易出现在后脖颈上，衣领的摩擦会让脖子疼痛无比，最简易的办法是戴顶遮阳帽，并在帽子后面压一块白手帕以阻挡强烈的阳光。

水是沙漠探险中永恒的主题。关于沙漠中如何饮水最好、最科学，有诸多说法，其中一种说法是可以常饮，但每次只喝一小口，这是最利于人体吸收的方法。

防晒油在沙漠中是不适用的。沙漠中的沙和海滩上的沙完全不同，它是极细的微尘，微弱的风和轻轻的脚步就会把它扬起。如果你擦了防晒油，这些沙尘会让皮肤变得像细砂纸一样粗糙。

一双合脚的沙漠靴是最重要的。一定要高筒、柔软，如果是新鞋，最好在进入沙漠前，先在城市中穿一两个星期，把鞋“磨合”好了再穿进沙漠。

太阳镜最好有两副。一副是平时使用，另一副是防风沙的，也可用摩托车镜或滑雪镜。

一个大号水壶、一筒爽身粉、手电筒、宽胶带、小圆镜、塑料袋等小物品都会在沙漠中给你带来意想不到的方便。比如，爽身粉可以擦在运动时经常被摩擦的身体部位上；小圆镜用于求生时反射信号，塑料袋用于防尘。

与骆驼为伍。一个人进行沙漠探险是非常危险的，所以沙漠探险在多数情况下是团队行为，每一个人都要发扬团队精神。也只有如此，才能体会到沙漠探险的乐趣。如果参加这种旅行，那么作为团员之一要尽快向驼工学习装卸骆驼，平均每一位团员大约要装配三峰骆驼，这些骆驼要驮着进入沙漠的装备、食品、饮用水以及骆驼自己的饲料，大约要有4个人一起工作才能装卸好一峰骆驼，所以每天早上和晚上装卸骆驼是团队精神最集中的体现。以2名驼工带8名探险队员为例，大约需要30峰骆驼，将所有物品捆上驼背，在大家熟悉操作方法以后，大约需要50分钟时间，这是一天旅行中最繁忙紧张的时刻。

挖井找水、做饭。第二次团队精神的集中体现是晚上露营后的挖井工作。假如是一次10天时间的沙漠探险活动，大约要挖3次井，这些井水是给骆驼饮用的，在沙漠中生长植物的地方，如芦苇、胡杨生长较多的地方，一般下挖到2.5米左右可以出水，这就需要大家轮流挖井，这项工作大约需要2～3个小时。

四、沙漠行进的技巧

（一）不怕走弯路

一望无际的沙漠，并不是一马平川。在沙漠中会遇到许多大的沙丘或沙山，一定要绕过去，切忌直越陡坡。要避开背风面松软的沙地，尽量在迎风面和沙脊上行走，因为迎风面受风蚀作用，被压得很实，比较硬，在上面行走比较容易，也省力气；而背风面主要是风积形成的，比较松散，在上面行走，陷入较深，比较消耗体力。如果没有驼队的话，踏着骆驼的蹄印走，可以节省很多体力。在沙漠探险中，在前面带路的人很重要，要能找出好走的路，并且采用慢行、每小时休息10分钟的方法，一般队伍一天行走不要超过直线距离20千米。在沙漠中负重行进，上下翻越松软的沙丘，会对膝盖造成很大的压力，很容易造成损伤。用手杖辅助行走能减轻膝盖的压力，也能节省很多体力。

（二）学会“夜行晓宿”

能够在沙漠中生存下来，取决于3个相互依赖的因素：环境温度、活动量及饮水的储存量。在阳光的直接照射下，即使不运动，所消耗的水分也是在阴凉处的3倍。在新疆的塔克拉玛干沙漠，在最热的季节，如果不带水，在有遮阴的地方休息能生存3天左右。如果在白天的太阳下行走，就只能生存1～2天。如果人们将水的消耗降低到最低限度，生存下来的可能性便随之增加了。“夜行晓宿”就是一个比较好的方法。另外，在炎热、缺水、干渴、焦虑的情况下，千万不要被海市蜃楼的假象所迷惑。

在沙漠中选择合适的地点搭帐篷至关重要。新疆的塔克拉玛干沙漠是流动性沙漠，千万不能将沙丘顶部和底部作为搭帐篷的地点，最合适的地方是可以挡风的沙丘中部。沙漠露营和其他地区露营是有所区别的。营地要选在避风的地方，又要防止被流沙掩埋，这类地方往往在沙丘之间的平地上；还要注意营地千万不可选择在红柳、胡杨树等植物附近搭设，因为在有植物的地方，往往寄生着一些有毒的虫子。

在冬季，不会有大风，也没有咬人的毒虫，露营地点的选择也比较随意。但冬季的夜晚非常寒冷，即使使用双层帐篷，帐内也会结很厚的霜。在沙漠中有许多枯死的树木，可以利用起来自己动手打造“火坑”，也就是挖一小坑，在上面烧火，然后用沙子掩埋，人睡在烧热的沙子上。这种方法很适用于全自助极限探险，探险者可以不带帐篷，以减轻重量。在营地整理好之后，可以烧一壶热水放进睡袋，给睡袋加热。睡觉前必须解完大小便，特别是大便，否则半夜起来难受不说，还容易迷路。在沙漠或干旱地区，灌木和杂草都是很干燥易燃的，可以用来做燃料，动物如骆驼等的粪便也可用作燃料。如果找不到天然燃料，可以用容器装入沙土，再掺入一些汽油和机油，点燃后也可以延长燃烧时间。

（三）掌握沙漠中判断方向的技巧

在广阔的沙漠上行走，因为视野空旷，难以找到定向的参照物，加上起伏的沙丘、高大的沙山和洼地，人们一般不可能走直线，所以，正确地判断方向是沙漠探险的先决条件。

1.用仪器判定方向

早期沙漠探险中常用的工具是罗盘和地图。运用这种方法首先要确切知道自身所处的位置，再根据地图标定目标地区的位置和方位，然后根据罗盘所指的方位行进。在沙漠中一般不可能走直线，用这种方法需要不断地校正方位，否则很可能会偏离预定目标。尤其在长距离的沙漠探险和穿越中，准确到达目的地或找到预投的补给品都是非常困难的。

个人卫星导航系统的普及使定位更为精确，在沙漠中迷路的可能性降到了最低，目前所有的沙漠探险队都使用GPS或北斗导航。

2.利用自然特征判定方向

（1）用北极星判定方位

北极星是正北天空中一颗较亮的恒星，夜间找到了北极星就找到了正北方。大熊座与仙后座位于北极星的两侧。我国位于北半球，因此可以常年在夜间看到北极星。

（2）利用太阳判定方向

太阳东升西落，是最可靠的“指北针”。太阳由东向西移动，而影子则由西向东移动。例如，在我国西部的沙漠，早晨8点，太阳从东方升起，一切物体的阴影都倒向西方，中午2点太阳位于正南，影子便指向北方，下午8点太阳位于正西，影子则指向正东。在塔克拉玛干沙漠边缘世代生活的维吾尔族驼工，就是靠这种方法在沙漠中行走的，绝不会迷失方向。当然还有一些比较精确的方法可以判定方向，如“立竿见影”法、手表判定法等都是在沙漠探险中很有用的方法。

（3）利用沙丘走向判定方向

风是塑造沙漠地面形态的重要因素，在我国西北地区，由于盛行西北风，沙丘一般呈东南走向，沙丘西北面是迎风面，坡度较小，沙质较硬，东南面背风，坡度大，沙质松软。另外，沙漠中的植物，如红柳、梭梭柴、骆驼刺等都是向东南方向倾斜。

但要注意的是，风向还会因地区不同而有所差别，沙丘的走向也有所不同，要得出正确的判断，必须事先掌握目标地区的气象和地貌，做好充分的行前准备。

五、沙漠求生的技巧

在沙漠中求生，要喝足水、带足水、学会找水的方法；不能在炎炎烈日下行动；出发前一定要告知他人自己的前进路线和出发与抵达的日期；在前进过程中要留下记号，以便救援人员寻找；学会寻找食物及发出求救信号的各种方法。要学会面对沙漠中的各种问题，掌握具体的求生技巧。

（一）应对沙暴

沙暴是非常可怕的现象，当天边涌起黑云，慢慢逼近时，就是沙暴要来的征兆。风沙的运动有其固有的规律，万一在沙漠中遇见沙暴，首先要凭目力观察选择逃避的方向，只要避过风的正面，大多都能化险为夷。要注意千万不要到沙丘的背风坡躲避，否则有窒息或被沙暴掩埋的危险。骆驼比较有经验，它会不时地抖动身体，如此一来就不至于被沙子掩埋。所以在遇到沙暴时，正确的做法是把骆驼牵到迎风坡上，用毡子把自己全身包起来，然后躲在骆驼的身后。这时候人也得学习骆驼的做法，要不时地动一动，这样才能够避免被沙子掩埋。

（二）应对高温

沙漠里夏天最大的危险就是高温。沙漠里人体脱水的速度是非常快的，不要等到渴了才想起喝水。等到真正感到口渴的时候，就根本不能喝水，基本上已经处于半昏迷状态。因此一进入沙漠地区，就要不停地喝水，哪怕不觉得口渴，不想喝水，也要一小口一小口地喝，否则极易出现生命危险。不过也别喝太多，只要保证不渴就行。

还要记得带维生素，如复合维生素片。千万不可脱去衣物，因为衣服不仅可以防止皮肤被强烈的阳光灼伤，还可以有效地阻止身体的水分流失。最好穿着宽松的衣服，让身体和衣服之间保持一层隔热的空气，最好将头和脚都遮盖起来。也可以找一个阳光不能直接照射到的地方躺下来休息，如岩石的凸出部分和干沟的岩壁所提供的阴影。

（三）流沙自救技巧

遇到快流沙时，要保持冷静的头脑，不要挣扎。慢慢地俯身躺下来，以扩大接触面积，增加浮力。尽可能减少重量，丢弃一切不必要的随身物品。缓慢地向实地匍匐前进，或滚过去。如果此时有第二个人在场，就可以用绳子、宽木板或树枝进行营救。

当遇到慢流沙时，只要能快速地拔脚离开即可。如果流沙的面积较大，也可按遇到快流沙的方式来处理。

当独自一人时，要用漂浮或游泳横渡，尽量扩大身体面积以增加浮力，保持冷静。

当有人陷入流沙时，另一人可以趴在安全边缘，以长树枝将受困者拉出。受困者切勿挣扎或惊慌，剧烈动作会加快下陷速度，可将身体靠在背包上分散体重，避免下沉。

如果陷入流沙后，大力挣扎或是猛蹬双腿只会让人下陷得更快。人们误以为通过摇动身体能使周围的沙子松动，从而有利于从流沙中脱困。其实这种运动只能加速流沙的沉积，增强流沙的黏性，胡乱挣扎只会让人越陷越深。此时受困者要轻柔地移动双脚，让水和沙尽量渗入挤出来的真空区域，这样就能缓解受困者身体所受的压力，同时让沙子慢慢变得松散。受困者还要努力让四肢分开，因为身体接触沙子的表面积越大，得到的浮力就越大。只要受困者有足够耐心，动作足够轻缓，就能慢慢地脱困。

（四）与骆驼建立好关系

进行沙漠探险时，要与骆驼建立良好的关系，因为骆驼是人们在沙漠中最值得信赖的朋友。骑骆驼时，为防止骆驼站起来或卧倒时将人甩下，要抓紧驼鞍或驼峰。平时不要靠近骆驼的后腿和头部，以防它踢人或用嘴喷人。骆驼虽然温顺，但受惊后却很危险，突然的响声和刺目的颜色都会刺激到骆驼。长途骑骆驼不要绷着劲，要顺着骆驼的步伐自然骑坐，随时调整坐姿，并适时下来步行一段。

（五）对付沙漠里的动物的方法

不要随便招惹野生动物，不要主动攻击它们。另外，沙漠里的一些小动物也不适合食用，如野兔。因为这些动物往往都携带有很多病菌，吃了之后难保安全。不要在很热的时候跳进河湖中，因为河湖中可能存在很多危险的动植物。

在沙漠中可能会遇到几种有毒的昆虫，不小心被它们咬到可能会危及生命。要时刻注意预防，以免被有毒昆虫侵袭。

1.树皮蝎子

这是一种小的浅色蝎子，成年个体的体长略超过5厘米。被它蜇到后，皮肤摸起来会很疼，还常常在伤处周围引起麻木感。过敏症状可能包括舌头肿胀和呼吸困难。出现这种症状应立即治疗。

2.黑寡妇蜘蛛

如果不小心被黑寡妇蜘蛛咬到，可能会引起肌肉抽搐、恶心、呕吐、头痛和高血压等症状，其他症状包括伤口附近溃烂，以及类似流感的症状。

3.毒蜥

这是一种稀有动物，受到《野生动物保护法》的保护。尽管它毒性强，却也很容易避开。在多数情况下，都是人们想去捕捉它而被咬伤的。如果被咬到了，最危险的事情就在于毒蜥咬住不放，不断把毒牙上的毒液排到伤口里。所以首先要让毒蜥松开口，可以把毒蜥的头浸没在水中，也可以用打火机灼烧其颚下。待毒蜥松口后，要用水冲洗伤口，待伤口出血后再进行进一步治疗。

4.蜜蜂、黄蜂、蚂蚁和其他虫子

被它们叮到后，伤口会发痒、发肿，还会伴有恶心、头疼和呼吸困难等症状。为防止被昆虫咬伤，不要把手和脚放在任何看不到的地方。在穿衣和穿鞋之前要把衣服和鞋子抖一抖，千万不要赤脚行走在沙漠里，也不要喷香水或穿亮色衣服。

在对付一般昆虫蜇伤时可以按照下面的方法操作：用肥皂水清洗伤处，或者用冰敷，在冰和皮肤之间垫一层布，布的厚度不要超过10毫米。如果可能，要将伤处抬高，以防止肿起，以便进行治疗。同时还应该在被昆虫叮咬后72小时内打一针破伤风疫苗。

（六）饮水问题解决方法

沙漠探险遇难者大都是因缺水所致。因此，在沙漠徒步旅行时，应尽量多地了解水源的信息。在沙漠中一旦迷失方向，在走出困境之前，一定要保证有足够的、干净的水喝，不然生存下来的希望很渺茫。在沙漠中，地表是没有水的，大部分地区也很难挖出水来，但沙漠大都是盆地，里面也有很多季节性河道。可以在干枯的河床外弯最低点或沙丘的最低点处挖掘，可能寻找到地下水。在长时间没有水喝，最终找到水时，千万不可拼命大口猛喝。快要脱水的人如果猛喝水，将会导致呕吐，从而使体内失去更多的水分。

1.保持体能水分不流失的方法

一般人在缺水的情况下，如果一直在能遮挡阳光的地方休息，气温为48℃时能坚持两天半，气温为21℃时则能生存12天。如果没有水，在白天气温达到48℃的情况下，采取白天休息、夜里行进的方法，可以走40公里。如果必须在白天阳光暴晒下行进，则不超过8公里。在同样条件下，如果有2升水，则可以走56公里，并坚持3天。如果每天有超过4.5升的水，存活的机会才会大幅度增加。为了防止身体内水分的流失，要尽量做到以下几点：

（1）多休息，少用力。

（2）不能喝酒，因为酒精必须从身体的各器官中吸取水分才能被分解。

（3）尽量待在阳光直接照射不到的阴凉处。如果找不到，也可以自己做一个遮挡阳光的东西。

（4）不要直接躺在燥热的地面上，如此一来，会加快水分的流失。

（5）尽量不要吃东西，或尽量少吃，或只吃含水分的食物，如水果、蔬菜等。高蛋白食物会增加身体的热量，加速体内水分流失。身体在缺水的情况下，会从各个组织器官中吸收水分来消化食物。

（6）不要用嘴呼吸，要用鼻子呼吸且不要多说话。

2.沙漠寻水方法

水在沙漠中是绝对重要的生命保障。人们不仅要知道如何保存体内的水分，还要学会如何在表面上看来滴水不存的地方找到地下水源。在沙漠气候的环境中，生活着一些适应干旱条件的动植物，如骆驼、沙鼠、沙蜥、仙人掌、胡杨、沙枣等。据不完全统计，我国沙漠中的野生植物至少有1000种，其中300多种可以做药材使用。

（1）根据沙漠中的植物寻找水源

1）适合找水的植物

①水源指示植物。在沙漠中找到这类植物，无疑是最让人兴奋的，如同找到沙漠中的绿洲一样。因为这类植物不属于沙生植物范畴，其生存需要相当多的水。它们的存在证明，其根下很浅的地方就是水源，至少是含水较多的沙层。这类植物以芦苇最为典型，一般芦苇根至多扎根2米，周围就是含水层，生长越茂盛含水越多，甚至可以找到泉眼，同时芦根（根状茎）也含大量水，可用于应急，其味甘甜。

一般芦苇多生长于季节河两侧或沙漠边缘地带，在塔里木盆地腹地也有大量分布。利用芦苇找水的方法是，观察其长势，如果是干枯死亡的芦苇丛，则其下无水，因为芦苇的生长受水位影响很大。除芦苇外，灯芯草、莎草丛下都有较浅的含水层，其形式与芦苇相似。

②湿沙指示植物。这类植物分布较广，植株密集，具有保水作用，但其耐旱，需水量明显比前者少，其根系附近的湿沙含水量也偏少。这类植物以梭梭和白梭梭灌丛和荚膜麻黄灌丛为典型，一般来说，它们根系深扎沙层3～5米，湿沙含水量一般不超过30%，其下几乎没有泉眼的可能，只能用于应急取水。

③直接利用植物。沙漠中的有些植物为了生存，在身体里储存大量水分，而这正好可以为人类所用。在上面说过的梭梭灌丛中，虽说取水不易，但却可能见到寄生在梭梭根上的肉苁蓉，俗称“大芸”。它单个重达1.2千克，有的甚至有3千克多，含水量一般为15%～30%，找到它就如同找到了天然水罐。剥去外皮，吞食其肉，不但解决了水的问题，而且其体内丰富的蛋白质还可充饥，可谓一举两得。

寄生于白刺（沙漠中常见的一种小灌木）根上的锁阳，个头虽比不上“大芸”，但含水量要比前者高不少，它色泽褐紫，形如棒槌，其肉洁白，入口香甜，也是充饥的佳品。

但寻找二者均要择时，因为它们在开花结果后会迅速干燥，就无食用价值了，而且一次不能食用过多，否则有副作用。锁阳食用过多容易出现呕吐、眩晕感等不良反应；“大芸”食用过多后，还容易出现四肢麻木等不良反应。

除上述植物外，寄生于蒿子根上的列当，无论是开黄花还是紫花，都可用于补水充饥，但其含水量稍低。在沙漠中还有一些具有肉质茎及肉质叶的植物，但大多不能用于补水，因为在沙漠中这类植物大多含盐量过高，或有毒性，千万不可轻易食用。

在沙漠边缘，多生长有一些野果，如唐古特白刺、黑枸杞和扁核木等，在能识别种类的前提下，可以食用以补充一定量的水分。

2）什么植物不适合找水

①根系极深的植物，如红柳、水柏枝和骆驼刺。

②极耐旱的植物，如骆驼蓬、猪毛蒿、驼绒藜等，它们极耐旱，能从空气中获得大部分水分。

③盐碱指示植物，如胖姑娘，其下的水为盐碱水，不适宜饮用。

（2）根据沙漠中的动物寻找水源

大部分的动物都要定时饮水。食草动物不会远离水源，它们通常在清晨和黄昏到固定的地方饮水，一般只要找到它们经常路过踏出的小径，向地势较低的地方寻找，就可以发现水源。发现昆虫是一个很好的接近水源的标志。尤其是蜜蜂，它们离开蜂巢不会超过6.5千米，但它们没有固定的活动时间规律，需要耐心细致地观察。大部分种类的苍蝇活动范围都不会超过离水源100米，如果发现有苍蝇活动，那么有水的地方就在附近。还有很多动物的血和昆虫的汁液也可以用来解渴。

在沙漠中根据动物寻找水源时要注意的问题是，肉食动物通常可以从它们的猎物体内得到水分，所以它们可以在较长时间内不饮水，因此在肉食动物活动的区域不一定能找到水；肉食性鸟类如老鹰也可以很长时间不饮水；看到爬虫类动物时，也不代表能够在它周围地区找到水源，因为它们很可能靠吸取露水或从猎物身体内得到水分，会长期不饮水。

（3）采用冷凝法获得淡水

由于沙漠地区的昼夜温差很大，因此可以采用冷凝法获得淡水。如果发现了潮湿的沙土，可以在地上挖一个直径约90厘米、深约45厘米的圆形坑，用透明塑料布将坑罩住，这样就做成了一个简易的太阳蒸馏器。坑里的空气和土壤就会迅速升温，从而产生蒸气。当水蒸气达到饱和时，会在塑料布内面凝结成水滴，滴入下面的容器，从而得到水。在昼夜温差较大的沙漠地区，用这种方法一昼夜可以得到1升多的蒸馏水。用这种方法还可以蒸馏过滤无法直接饮用的脏水。

值得一提的是，在沙漠中多数地下水含盐碱很高，又苦又咸，人不能直接饮用，必须用蒸馏等方法处理后才能饮用。一些水洼也会储存一些水，但是，这些水很不干净，会有一些动物在里面喝水或者洗澡。因此最好带上净水过滤器，或者是过滤净化的药片。

（4）其他取水方式

高纬度的山地沙漠地区，空气稀薄，很少有植物生长。在高纬度的地方行进时需要付出更多的体力，增加身体对水的需求。多岩石的高原沙漠地面有许多坚硬或碎裂的岩石，还可能有一些沙丘，地势广阔、平坦，基本上没什么起伏，不过露出地面的岩石可以遮挡阳光，也可用来隐蔽和躲藏。还可作为天然的蓄水池，降雨之后可能会蓄有雨水，可以在这些地方仔细寻找水源。有时动物或鸟类的痕迹，如小径、粪便，或者飞行着的鸟，也会指出水源所在。

第九节　攀冰运动

一、攀冰运动概述

攀冰源于登山运动，是登山运动的基本技能之一。攀冰主要攀爬的冰壁是自然冰壁，现在也有人工浇筑的冰壁和模拟冰壁。攀冰运动是一项依靠冰爪、冰镐、冰锥以及和攀岩运动可以共用的一些设备，再结合脚法和镐法进行的冬季运动。

（一）攀冰运动的起源与发展

早期的冰壁攀登存在于高山探险中大坡度冰面或者陡峭冰壁的攀登过程中。从20世纪初期开始，攀冰运动慢慢发展成为一项专门的运动。在早期的登山探险运动中，难以逾越的冰壁障碍刺激着攀冰装备和攀冰技术的形成、演变和发展。20世纪70年代，乔伊纳德融合“法式技术”和“德式技术”的特点，提出了适合各种冰壁线路、打破地区之间技术壁垒的“现代技术”，成为现代攀冰运动开始的标志。优良的攀冰设备和成熟的攀冰技术使欧美攀冰运动提升到了更高的水平。攀冰运动从20世纪80年代开始成为欧美国家的新潮运动，攀冰爱好者不断增加。2002年，国际登山联合会（UIAA）攀冰委员会成立，成为领导全球攀冰运动普及、发展最权威的机构。

我国攀冰运动较之欧美起步晚、发展慢、发展水平低、关注度低、研究少、宣传少、赛事少。攀冰运动在20世纪90年代进入我国，但是从2017年开始，我国才有了以全国攀冰锦标赛为代表的官方主导的攀冰赛事。根据《奥林匹克宪章》规定，只有在至少25个国家或地区和3大洲中广泛开展的运动项目才可列入冬季奥林匹克运动会比赛项目。我国庞大的人口基数以及这些年成功在国内推广普及攀岩的经验，对攀冰运动的普及有极大的经验优势。

（二）攀冰运动发展价值

1.攀冰运动的体育美学价值

攀冰运动一直被称为“冰壁上的芭蕾”。攀冰运动的体育美学存在于整个攀冰活动过程中。第一，攀冰的环境如同一幅在冬日大地、蓝天白云下的雪画，洁白无瑕的冰壁，如同流水般的冰瀑，悬垂在半空的冰挂都是在自然生态环境中形成的，因此极具观赏价值，无论是对攀冰爱好者还是观众来说，都是提高自己欣赏美、鉴赏美的时刻；第二，攀冰是一项克服重心向上的运动，对形体有着一定要求，在冰壁上舒展活动的攀登者在白皑皑的冰壁中特别亮眼，这体现了运动员的形体美；第三，攀冰运动本身具有美学价值。对于攀登者来说，攀冰主要是在洁白的冰壁上挥动冰镐，踢入冰爪，移动身体，这具有体育运动本身的动态美，而且整个过程如同在冰壁上作画；第四，攀冰运动具有健康向上的人文美。攀冰运动追求回归自然，重视自我感受，激发自我潜能，是一项对体质和意志有很高要求的运动。

2.攀冰运动的生态学价值

首先，攀冰运动的冰壁、冰瀑、冰挂是在自然环境中形成的。

其次，攀冰运动主要是在寒冷冬季进行，受到冰质和天气的影响。冰壁是开展攀冰运动的首要条件，天气的好坏和冰质的情况不仅影响着攀冰运动能否顺利进行，还影响着攀爬过程中攀冰参与者的人身安全。正是攀冰运动对自然环境的依赖，所以攀冰运动的开展需要重视对冰壁冰质的研究、对天气的考虑，对攀冰环境的保护，比如，冰瀑和冰壁上方的保护、攀冰场地的保护等。

再次，攀冰运动是人与自然互动的产物，体现了“天人合一”的生态观。

总之，攀冰运动源于自然，对自然生态环境有很强的依赖性，重视生态环境的保护，符合绿色产业、朝阳产业的体育产业发展方向。所以，攀冰运动具有生态学价值。

3.攀冰运动的经济学价值

首先，攀冰运动发展符合现代社会经济发展转型升级的发展趋势，是绿色产业、朝阳产业，是我国冰雪产业的一部分。攀冰运动的发展有利于实现我国“三亿人上冰雪”的战略目标，是我国冰雪旅游产业的一部分。

其次，运动赛事是新的经济增长点，大型体育赛事是提高城市知名度、促进体育产业发展、提高城市知名度的快速、有效、经济、环保的途径。一方面，自2015年来，攀冰世界杯分站赛在全球的赛事次数逐渐增多，为攀冰赛事承办地的经济发展带来了许多积极的影响。另一方面，运动项目的发展、推广离不开资金的投入，攀冰的奥运潜力会吸引一些赞助商关注这项运动，在赞助商获得回报的同时可以促进攀冰运动自身的发展。

再次，攀冰运动拥有与传统运动项目相比更刺激、更具挑战的特点。它也是在现代人民生活水平提高、消费需求升级的时代背景下进一步发展的，它丰富了大众体育项目。这些使得攀冰如攀岩运动一样吸引了越来越多人的关注，尤其是年轻人。攀冰运动对设备、技术、场地有着严格且高品质的要求。攀冰运动的发展将带动相关产业链产品的研发与发展，从而创造一定的产值。

总之，攀冰运动在推动项目本身发展、转变经济发展方式、发展体育产业、满足消费需求、加快城市发展等方面创造了很大的经济价值。

4.攀冰运动的奥运战略价值

近些年，国际奥委会取消了一些极少人关注或者发展不佳的奥运项目的奥运资格，增加了一些呼声高、发展好、符合人们新的需求的运动项目。攀岩、小轮车等项目就是在这种背景下入奥的。攀冰运动是最有望加入冬季奥运会的运动项目之一，也是目前国际登山联合会积极推动的一个运动项目。

一方面，攀冰入奥的发展目标会促使国际登山联合会攀冰委员会的各会员组织努力发展本地区或者本国的攀冰运动事业。另一方面，攀冰运动是一项刺激、时尚、充满生命力、极具观赏价值的冬季高空极限运动。作为新兴的运动项目，攀冰入奥会丰富奥运会项目，增添奥运活力，符合创新发展精神，凸显时代面貌，不断提高奥运赛事品质。

二、攀冰装备介绍

攀冰需要准备的主要器材有冰镐、冰锥、头盔、冰爪、绳索（防水）、安全带、保护器、手套、攀冰服装和高山靴等。其中，攀冰需要的安全带、上升器、下降器、手套、绳索等基本装备和攀岩需要的装备一样。

（一）冰镐

冰镐分为基础型冰镐和技术性冰镐两类。现代攀冰运动主要靠技术型小冰镐完成。冰镐长度一般为40～55厘米。在攀登过程中，用小冰镐一手一支代替双手攀登。按照镐把特点分成直把技术冰镐和弯把技术冰镐，直把技术冰镐适合一些坡度相对较缓的冰壁，而弯把技术冰镐则适合陡峭垂直的冰壁和一些屋檐使用。小冰镐的镐头都具有尖头，另一面分为铲头（图9-37）和锤头（图9-38）两类。锤头的主要用途是在冰壁及冰岩混合壁上打入岩钉等固定保护点，铲头一般用于劈砍台阶，在保护点设置时去除表面的松雪和腐冰。

图9-37

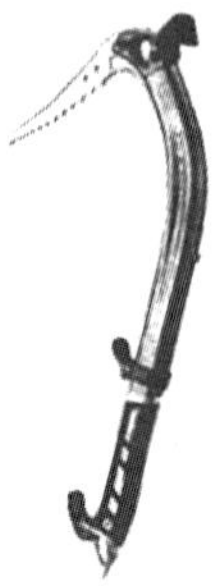

图9-38

（二）冰锥

冰锥是攀冰运动的必需装备之一。冰锥在攀冰运动中起到固定主绳、保护安全的作用。在现代攀冰运动中，保护点的设置和冰上下降等技术操作都离不开冰锥。冰锥由摇柄、柄头、挂耳、锥身、螺纹和锥齿构成（图9–39）。

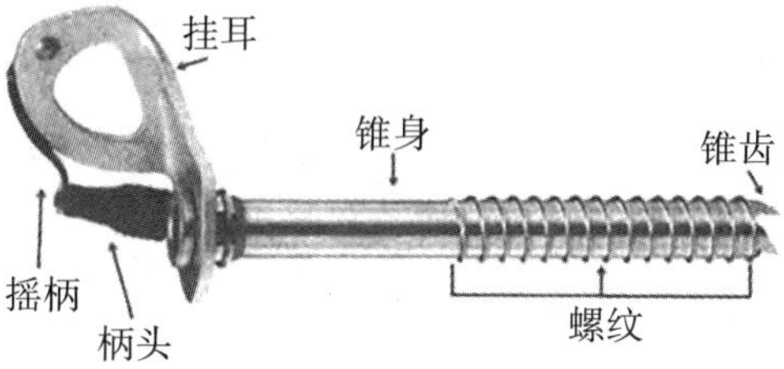

图9–39

1.冰锥的使用方法

在适合的冰面上，用冰镐凿出一个可容纳锥齿的起点，通过锥齿咬住冰面，在旋转摇柄的过程中，冰锥不断插入冰面，螺纹迫使碎冰从中空的管道中排出。通过旋转摇柄把螺纹全部拧入冰面，再把摇柄折叠后根据预期的拉力方向旋转挂耳，再连接快挂。

2.冰锥使用注意事项

（1）要选择有足够强度的冰面进行攀登。

（2）冰锥使用位置的选定。冰锥的稳固性确保了攀冰运动的安全进行，要选择在高密度下凹或者平整的优质冰况处设置冰锥。切忌在有裂缝、流水、松软、气泡、融冰或者有岩石等劣质冰况处设置冰锥。

（3）冰锥设置角度的选择。冰锥在冰壁中设置的角度分为水平放置（垂直于冰面）、向下放置和向上放置三种。20世纪末，克里斯·哈姆斯顿（Chris Harmston）进行了冰锥角度的最初研究，通过试验发现冰锥向上放置保护强度最大。水平放置是冰锥设置中保守的放置方式，它的保护强度大于向下放置。但是向下放置的方式在攀冰运动冲坠中，由于冰锥受力，冰锥下面的冰更容易破裂，冰锥的稳固性更容易受到破坏。

（4）冰锥螺纹完全进入冰面，螺纹具有一定的摩擦力，进而可以确保冰锥与冰壁完全咬合，确保冰锥设置的稳固和安全。

（三）冰爪

在攀冰运动中，冰爪主要是通过攀爬者自身的重量将前齿刺入冰面，使攀爬者在光滑的冰面上得到稳固，从而不断向上攀爬。冰爪的齿数各有不同，一般10齿以上的冰爪前面才有前立齿，也才能适用于大角度冰壁攀爬。根据冰爪与高山靴的固定方式，冰爪可以分为全卡式冰爪（图9-40）、全绑式冰爪（图9-41）、半卡式冰爪（图9-42）三类。全卡式冰爪固定性好，不易松动，穿脱方便，但必须搭配高山靴使用。全绑式冰爪利用绑带将冰爪绑在鞋子上，可以配合任意的登山鞋使用，但是它穿脱不便，固定程度不如全卡式冰爪，而且绑带容易被冰冻结。半卡式冰爪结合了两者的优点，但同时也兼具了两者的不足之处。

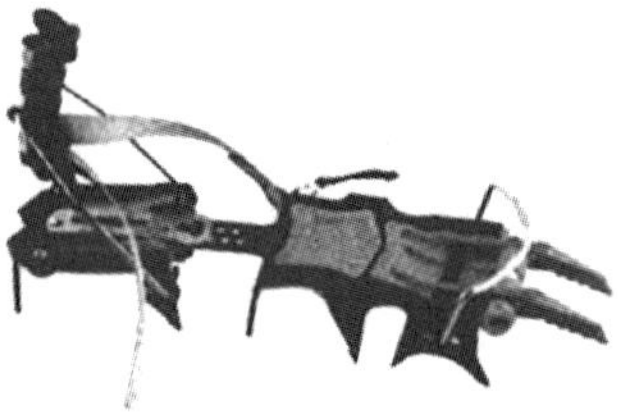

图9-40

图9-41

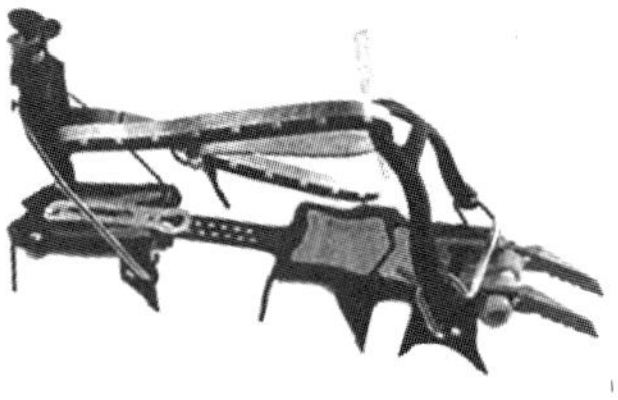

图9-42

（四）高山靴

高山靴具有适应雪地、冰面运动的特质，鞋子外壳强韧、质地硬，内套柔软保暖，穿着舒适、安全并且耐用。高山靴在攀冰运动中搭配冰爪一起使用。不同的高山靴并不适合所有的冰爪，在购买冰爪和高山靴时要注意两者是否匹配。

（五）头盔

在面向冰壁挥动冰镐往上爬的过程中，碎冰块往下掉落，佩戴头盔可以避免被掉下来的冰块砸中。

（六）攀冰服装

只有在一定的低温条件下，才有可能形成冰壁。只有保暖、轻便、舒适、排汗的户外运动服装才能保证攀登者在寒冷天气中顺利攀冰。攀登者佩戴的手套要防水、保暖、摩擦力大，手套的厚度不能影响攀登者对器械的使用。

三、攀冰基本技术

（一）不穿冰爪攀登

攀登高山的人常常会碰到一小段冰地或是结冻的雪地，想要不穿冰爪来穿越这些路段，就需要边爬边平衡，从一个平衡姿势转移到另一个平衡姿势。在每个平衡姿势上，内脚（上坡脚）要踏在外脚（下坡脚）的前上方；用上坡手握住冰斧，在身体和双脚都平衡后才可以往前挥移，而且只有在已将冰斧往前挥移时，脚才可以往前移动；把重心从一只脚转移到另一只脚上，如同斜板攀登一般。攀爬时要留意冰地表面是否有可以作为落脚点的不平整处，如冰杯（被太阳照融的小凹陷）或嵌住的岩石。

如果坡度太陡，无法在攀登时保持平衡，又不打算穿上冰爪，需要另选一条路线前进，或是在冰面上砍出步阶。对最早期的攀冰者来说，砍步阶是攀登陡峭冰面和经过硬雪坡时唯一可用的技巧。面对短暂的结冰地形，不至于浪费时间来穿上冰爪，当冰爪损毁、攀登者受伤或经验不足时，就可以砍步阶。就算是已经穿上冰爪，也可以用冰斧砍出一个小步阶，让脚踩得更稳，或是当作一个可以休息的小平台。

利用冰斧的扁头来砍出步阶的方法有两种，一种是用与冰面几乎平行的动作来回挥动冰斧砍步阶，另一种是将冰斧垂直砍入冰面，挖出一个格洞步阶。在砍步阶时，务必要用腕带将冰斧连接在手腕上，既有助于支撑出力的手，又可避免失手把冰斧弄丢。

1.挥砍步阶

最常使用的砍步阶技巧就是挥砍法，在中等角度的斜坡上来回挥动冰斧。如果要挥砍上坡步阶，先以平衡姿势站好，用内手（上坡手）握住冰斧，砍出两个步阶。用肩膀出力来挥动冰斧，利用冰斧的重量连续挥砍，把步阶上的冰清理干净，用扁头把一堆堆的碎冰挖起铲掉，再用扁头和鹤嘴完成步阶。

2.格洞步阶

格洞步阶通常运用于较陡峭的冰坡上，每个步阶都要稍微向冰坡里倾斜，以防靴子向下滑动或是滑出步阶外。在比较缓和的斜坡上，步阶可以稍微浅一些，只需容下靴子的一小部分即可；但在比较陡峭的斜坡上，步阶要足以容纳靴子的前半部分才行，步阶的间距要便于所有队员使用。用来在陡峭冰坡上直接上坡的格洞步阶间距大约与肩膀宽度相同，每个步阶的间距都要容易踏到。这些步阶既要当作落脚点，也要当作手攀点，所以每个步阶应该有一个微凸边缘供手攀握之用。

3.阶梯步阶

如果下山时决定要砍步阶，最简单的方法就是砍出一条由格洞步阶组成的阶梯步阶。如果想要连续砍出两阶，先以平衡姿势站定，面部朝斜坡向下望，在站立处下方连续砍出两个步阶。等到新步阶完成，先踏出外脚（下坡脚），再踏出内脚（上坡脚）。如果决定一次砍一阶，依然要先以平衡姿势站定，先砍出外脚（下坡脚）的步阶，然后将外脚向下踏到步阶上，接着砍出内脚（上坡脚）的步阶，并踏上内脚。有些登山者会选择以垂降的方式下山，而不采用砍步阶的方式。

（二）冰爪攀登

攀冰者通常会视坡的陡缓程度、冰面状况、技术能力以及信心高低来决定采用两种基本技巧——法式技巧和德式技巧。虽然两种技巧各有其优点，但是现在的攀冰者会将两者融合使用。要在变化多端的高山环境中进行攀冰，就必须同时掌握这两种技巧。

1. 法式技巧

法式技巧也称“脚掌贴地”，最初源于1913年法国阿尔卑斯地区，以发明地命名。法式技巧主要用于在60°以下的缓坡上用一支大冰镐攀爬，采用“两点支撑，一点移动”的技术，通过冰爪行走，把重量分散在脚底，通过脚掌着地，保证所有的齿都能踩进冰里（图9-43）。法式技巧是攀登平缓到陡峭的冰面或硬雪面时最容易、最有效率的方法。良好的法式技巧不但需要平衡感、韵律感与流畅感，而且在冰爪和冰斧的运用上也要有信心。

图9-43

2. 德式技巧

1938年，德国人和奥地利人使用带有前齿的冰爪攀登艾格峰，“德式技巧”由此诞生。德式技巧主要是用两支小冰镐在60°～90°的陡峭地形上进行前齿攀登，采用“三点固定，一点移动”的技术，保证冰爪前齿全部插入冰面（图9-44）。和法式技巧一样，良好的前爪攀登动作不但需要平衡感和韵律感，还要把身体的重量平衡地放在冰爪上。无论是将冰爪踢入冰面、装置工具，还是在冰面上攀爬，动作敏捷都是很重要的。

图9-44

3. 混合技巧

混合技巧由法式技巧和德式技巧演变而来。和攀岩一样，在攀登冰面时踏出的步伐必须敏捷而果断，这样才能维持平衡、减少疲劳。脚掌贴地的技巧一般用于低角度斜坡，因为冰爪的齿钉易于刺入这种地形；前爪攀登的技巧大部分使用在坡度陡于45°的斜坡和坚硬的冰面上。大部分登山者会融合运用这两种技巧，也有人将这种融合称为“美式”技巧。

无论采用哪种技巧，最重要的就是在使用冰爪时要快速而有信心。在低缓或中等斜坡上多加练习，有助于培养在陡峭斜坡上所需的技巧、信心和果敢的态度。

不论是采用法式技巧或德式技巧，在移动时，技术高超的攀冰者会和高明的攀岩者一样审慎周密：踢入冰斧前爪钉齿时要谨慎小心，身体重量由一只脚移到另一只脚时要轻快、平顺。大胆是纯熟运用冰爪的必要条件，不要去管所在位置的暴露感，注意力要完全集中在攀爬动作上。大胆并不是蛮勇，它是经验所产生的自信和技术，它是在冰塔与冰峰上多次练习后所培养出来的，同时随着练习路段与难度的增加而更趋成熟。

这些技巧中的任何一种都不限于特定状况下使用，而且各种技巧在许多冰地与雪地情况下都很有用。在练习这些技巧时，要记住“尖锐的冰爪是最好用的冰爪”，只需利用身体的重量就可以牢牢地固定住冰爪。

（三）绳攀技巧

攀冰者通常会结绳攀登。攀登冰坡时可以使用一条标准的单绳，也可以使用两条绳索。

1.冰地固定点

现代的冰螺栓可以在冰上为攀登者提供稳固的保护装置。然而，固定冰螺栓要花很多时间和精力，因此先锋者在冰壁上架设的固定点通常会比同样长度的岩壁所架设的点更少。攀冰者也可以利用自然地形来做防护，有机会要多练习用左右手设置固定点。

（1）天然固定点

在冰天雪地的高山峻岭中，很难找到现成的天然固定点。好的天然固定点或许不是冰壁本身，而是路线旁边的岩石或是从冰中突出的岩块，矮树丛和树木也可以成为天然固定点。

（2）冰螺栓

冰螺栓的置入方式有各种变化。必须先考虑几个严肃的问题：这片冰的性质如何？它的深度够不够？这个固定点会承受多大力？施力的方向如何？哪个螺栓要留在装备串上？哪个螺栓稍后会用到？观察、估计、判断和经验都可以帮助回答这些问题，并根据这些问题设置固定点。

每个冰螺栓的设置都不同——这是攀冰的重要事项之一，它会随着状况的不同而改变。天然的凹陷处是很好的选择，因为在这种地方，冰螺栓造成的断裂线不太可能会延伸至表面。反之，在凸出处置入冰螺栓可能会导致严重的碎裂，使固定点不牢靠，甚至无法使用。一般说来，旋入冰螺栓的位置至少要相隔60厘米才可以降低危险，因为一个固定点的断裂线可能会延伸到另一个固定点，导致两者的强度变弱。

旋入冰螺栓的程序因冰况而异，不过基本的程序大致相同。

第一，为了在设置时可以有最大的力量，要将冰螺栓的设置位置保持在臀部和肩膀的高度之间。开始时先用冰斧鹤嘴或柄尖钻出一个小孔，作为冰螺栓前几排螺纹或齿钉的固定点。钻小孔时动作要轻柔，以手轻拍即可，以免冰面碎裂。另外，起始洞也可以用旧的鹤嘴洞替代。

第二，接着从洞孔处开始把冰螺栓往里面钻，依照设定的角度稳稳地一边用力压，一边将冰螺栓旋入冰里，把它一路旋到底，螺栓的挂钩应该紧贴冰面并指向预期的受力方向。在冰螺栓挂钩上挂上一个钩环、快扣，或可以减轻冲击力的带环，然后扣入绳索中。

第三，继续攀登。附有尖齿的冰螺栓可以完全靠手钻入冰里。若是行不通，可以利用另一个冰螺栓或攀冰工具的鹤嘴施加在螺栓跟上的杠杆力量。附有可旋转圆头的冰螺栓在旋入与拔出时比较快速与容易，因为扣一个钩环在螺栓跟上，由这个钩环来旋入与拔出。

如果冰壁上面罩着一层软雪或碎冰，先用冰斧的扁头或鹤嘴把它清理干净，等到坚硬、牢固的冰面露出来后再钻起始洞。如果是极端烂碎的冰层，先用工具挖出一个水平的大步阶，再把冰螺栓垂直插在步阶上。如果冰层表面碎裂，只要一边轻轻用鹤嘴将碎掉的冰块往旁边扫开，一边继续旋入冰螺栓，就可以稳固地设置冰螺栓。

攀爬极端陡峻的冰壁是一项令人身心俱疲的运动。为了节省精力，继续有效率地行进，攀冰者应该尽量减少冰螺栓的设置。如果冰地非常坚实，或是坡度并不陡峭，整段斜坡或许只要架设一两个固定支点即可。除非是烂碎的冰地，否则每个固定支点各装一个冰螺栓即可。攀登安全主要取决于攀冰工具和冰爪的置入点以及技巧，而这也决定了所需要设置的冰螺栓数目。

在练习时，要能单手置入冰螺栓。在极端陡峭的冰壁上设置冰螺栓是一项艰难的任务，可以试着在路线上的天然休息点上设置冰螺栓。要使用腕带，在设置冰螺栓时，别因为一直抓着攀冰工具的握柄而累垮。若需要额外的支撑，或是需要使用两只手时，将设置稳固的攀冰工具的腕带滑到手臂处悬挂。

在坡度中等或陡峭的斜坡上，可以在装置冰螺栓前先砍出一个供脚站稳的步阶。但斜坡若极端陡峻，以至于很难砍出步阶时，利用冰爪前排齿钉站稳，有效率且充满自信地完成冰螺栓的设置，然后继续攀爬。

在拔出冰螺栓后，管内的冰柱要清除干净，否则会冻在里面，使这个冰螺栓暂时失去作用。攀登前可以在冰螺栓里喷些润滑油或渗透油。有些冰螺栓的内部呈圆锥状，便于移除冰柱。可以用甩动的方式移除内部的冰柱；如果不行，可以试着用攀冰工具的橡胶握柄轻扣，或是靠着靴子的边缘轻敲。不要拿冰螺栓去碰撞坚硬的东西，如攀冰工具的头部或冰爪，那样只会令齿钉和螺栓纹凹陷，让冰螺栓难以插入冰面，尤其是在寒冷的环境下。如果冰螺栓里面的冰柱已经冻结，可以用鹤嘴或一段硬杆将冰推出来，或是用温暖的手握住冰螺栓，向内呼气让冰融化，也可以把它放在外套的口袋里融化。

2.设置冰地固定点

攀冰者在进行确保或垂降时有好几种固定点装置可供选择，包括V字线、冰栓等。

（1）V字线

V字线固定点是一种很受欢迎的确保装置，因为它既简单又容易架设。这种装置是由一位优秀的苏联登山专家维塔利·阿巴拉克夫于1930年发明的。V字线固定点其实只是钻入冰里的一个V字形通道，加上由一条辅助绳或伞带穿入通道后打个结所形成的绳环。不管是拿来测试还是直接使用，V字线固定点都十分稳固，但是它的强度和构成它的冰层是一样的，要有坚实的冰层，才会有坚实的V字线固定点。可以设置并相连多个V字线固定点，以形成一个受力均等的固定点系统。制作V字线固定点的步骤如下：

①把一根长22厘米的冰螺栓钻入斜坡里，角度要比预期的受力方向高出10°，同时向侧边倾斜约60°。

②把冰螺栓拔出到一半的位置，置于原处作为标志。在距离第一根冰螺栓大约20厘米的坡面上钻入第二根冰螺栓，瞄准的角度要和第一个洞孔在底部相交。接着取出两根冰螺栓。

③利用一条7厘米宽的强力纤维材质辅助绳或1.3厘米宽的管状伞带穿过V形小通道。需要用V字线工具将通道底部的绳索或伞带从另一边的通道钩出来。

④抓住绳子的两头，让绳子在通道里来回磨动，以将两个孔洞交界处的尖角磨掉，否则尖角可能会在坠落时把绳子割断。要把这条绳子或伞带打个结，形成一个绳环。

⑤在0.6～1米远处设置一个冰螺栓，用一条带环将冰螺栓和V字线固定点扣在一起，作为后备保护。若要系绳垂降，直接将绳子穿过伞带结成的绳环，垂降完成后便可将绳索拉出绳环。

在热门攀冰路线的确保或垂降平台上会看到很多弃置的V字线固定点。就像其他固定点一样，在利用这些固定点之前，要先仔细检查它的完整性，检查绳环是否受损，也要检查绳结是否牢固。有时绳结末端的绳尾会冻结，就像绳环的一个安全部分；要确定垂降绳是牢牢地系在绳环上，而不是穿过绳环；然后检查V形通道的完整性，看看外围的部分是否已经融化，是否会因此变得太浅，让确保设置变得不安全、不稳固。如果对这个固定点有疑虑，就架设一个后备确保点，或者干脆重新架设一个确保点。

（2）冰栓

冰栓可能是攀冰固定点装置中用途最广的一种。如果把两个冰栓连在一起，一个拉力往上，一个拉力往下，就会成为一个多方位的确保点。冰栓的强度和它的大小与冰面的坚硬程度成正比。如果冰栓是由坚硬、稳固的冰块做成，它就有可能比登山绳还强固。冰栓有一个最大的也是唯一的缺点，就是设置需要花费较长时间。要设置冰栓，只需一把冰斧与良好的冰地。冰地的结构要一致，没有裂痕，也没有小洞。用冰斧的鹤嘴砍出冰栓的轮廓，接着利用冰斧的鹤嘴和扁头在轮廓周围往外挖出一个至少15厘米深的沟。将冰栓两侧和上半部挖深，侧看呈牛角状，以免绳索从冰栓上半部脱出。这是设置冰栓时最需要注意的地方，因为一不小心，冰栓就会碎裂。

3.冰地确保

和其他攀登方式一样，攀冰者可以采取行进确保法或固定式确保法。此外，攀冰者也可以选择靴子与冰螺栓并用的确保法。

（1）行进确保法

行进确保法可为攀冰者提供介于绳索确保与不用绳索攀登之间的防护措施。在面对暴风雪或雪崩的威胁时，行进确保法可以让队伍快速行进，而在这种时刻，行进速度越快，队伍就越安全。这种确保法在从平缓到中等坡度的冰坡上也很有用，因为攀冰者不会在这种环境下坠落，而固定式确保法又太耗费时间。

无论是攀冰、攀岩还是雪攀，行进确保法在设置上都大同小异。队伍的成员（通常只有两人）同时行进，先锋者边攀爬边架设固定支点，并把绳索扣上，后攀者则边攀爬边回收这些装置。这主要是为了让彼此之间始终至少有两个固定支点，以防坠落的突然发生。固定支点的适当间距，通常是当先锋者设置新的固定支点时，后攀者正好可以拔取最后一个固定支点。

比起真正的绳索确保，行进确保法安全性较差，因此在决定是否该采用行进确保法时，需要以丰富的经验为基础，做出正确的判断。

（2）固定式确保法

如同攀岩及雪攀，攀冰的固定式确保也需要一位确保者、一个确保固定点以及几个固定支点。

先设置一个确保固定点。在以绳索确保先锋者爬上一段绳距后，由他设置另一个固定点，然后确保后攀者爬上绳距。绳队队员可以轮流当先锋，也可以始终由同一位队员担任先锋。先锋者应该在绳距结束之际留意下一个良好的确保点，如坡度较缓和冰面的凹陷处，或是一个很快就能砍出平台的地方。砍步阶时要将一把攀冰工具置入身旁的冰中，作为临时防护；砍出的步阶要足够大，足以面对冰面，双脚呈外八字站可以保证脚掌贴地。如果冰壁陡峭，或许只能砍出一个仅能容纳一只脚的简单步阶。

1）确保固定点

一个冰地确保用的标准固定点需要用到两个冰螺栓（冰栓或V字线固定点亦可作为确保固定点，不过它们的装设比较费时，主要用在垂降）。把第一个冰螺栓装设在前方，稍靠侧边，大约在腰际至胸部之间的高度。接着扣入一个钩环，打一个双套结或8字结，将自己紧紧系在登山绳上，然后告诉下方的确保者解除确保。将第二个冰螺栓装在身体前上方，约高于第一个冰螺栓0.6～1米的位置，位于第一个冰螺栓的另一侧。最理想的状况是第二个冰螺栓的设置位置可以让行进继续，不挡住路线。把第一个冰螺栓上的登山绳拉到第二个冰螺栓上面，打个双套结绑好，两根螺栓之间应该没有松垂的绳段。另外一种方式是用带环扣在两个冰螺栓上，然后设置一个平均分摊力量的系统。

在第二个冰螺栓上的钩环扣上快扣或吸能带环（如果螺栓眼大到可以扣住两个钩环，也可以扣在它上面），然后把连接下方队员的这端绳索扣入快扣或吸能带环的钩环上，这个确保点的设置就完成了。

2）确保方式

确保时可选择采用确保器、意大利半扣或坐式确保等方式，无论是哪一种，固定点的设置都相同，选择标准或许仅在于习惯和对固定点的信赖度。坐式确保是动态的，确保时需要做出一些动作，一旦发生坠落，坠势会较慢地止住，不过对固定点和固定支点的冲击力量较小。相较之下，使用确保器和意大利半扣可以很快止住坠落，但对固定点和固定支点的冲击力会较大。

①确保器。确保器和意大利半扣既容易装设，使用时又有效率，因此这两者的使用被许多攀冰者视为标准程序。确保器通常会扣在坐式吊带上，也可以直接从固定点上以绳索做确保。确保先锋者时，确保者通常面对冰壁；若是确保后攀者，确保者可以面对冰壁，也可以背对冰壁。

如果是面对冰壁确保后攀者，确保绳要穿过固定点设置在上方的冰螺栓，经由这个冰螺栓来直接拉住第三个攀登者。当第二个队员爬到确保位置，并继续往上爬成为先锋者时，这个冰螺栓就成为新绳距的第一个固定支点。

如果是背对冰壁确保后攀者，确保绳就要直接穿过安全吊带上的确保器，与固定点连接的方式和攀岩时的固定式确保法一样。

②坐式确保。面对冰壁，把确保绳穿过腰际上的控制钩环并绕过人的背后，再将

绳索扣在第一个冰螺栓上“加扣上去”的钩环，最后再用制动手握住这段绳子，坐式确保便大功告成。也可以用背对冰壁的方式来坐式确保后攀者，在绳索可能因僵硬与冻结而卡在确保器里的状况下，坐式确保尤其适用。

③靴子与冰螺栓并用确保，这个确保方式可以用在平缓的冰坡上。先设置一个冰螺栓，扣上钩环，然后将确保绳穿过钩环。用上坡脚踩住冰螺栓，脚要和受力方向垂直。脚踩的位置要让冰爪的中排齿钉穿过钩环，注意不要让冰爪踩到绳子。将绳索的确保端绕过脚面，从脚踝后面绕回来，然后用上坡手握住。要利用缠绕在脚踝上面的绳索弧度大小来控制绳索的摩擦力，这和靴子与冰斧并用确保非常相似。

（四）垂降

想要在陡峭的冰壁上下降时，垂降是最常用的方式。冰地垂降的考虑和攀岩时的垂降一样，但在固定点的选择上有很大差异。攀岩时多半可以利用天然固定点，如一块凸岩或一棵树，但攀冰时往往需要自行设置固定点。使用最广泛的垂降固定点是V字线固定点和冰螺栓。冰螺栓通常会用来作为冰地固定点的后备，直到最后一名队员要垂降时再把冰螺栓取回，所以是在没有后备的情况下垂降的。

四、保护方法

攀冰中的保护方法与攀岩非常相似，只是需要注意冰上保护点没有岩石结实，不能经受很大的冲坠，因此绳子相对攀岩要打得紧些，以减少脱落时的冲坠距离；保护员要保护好自己，接近冰壁时必须戴上头盔，时刻注意上方攀爬者和落冰；如果需要站立在冰面上，保护员需要穿上冰爪，最好在冰面上用冰锥将自己固定。另外，在攀冰保护中最好能够使用抓结，因为攀冰场地比起攀岩场地突发性的危险更多；不能使用自动保护器，因为在寒冷或结霜时它会失灵。

第十节　桨板

一、桨板概述

（一）桨板的产生与发展

桨板即立桨浪板（stand-up paddle boarding，SUP），桨板是近年来逐渐风靡全球的运动。最初，冲浪教练为了管理众多的学员，直立站在冲浪板上能获得更好的视野，便于观察周遭情况，也利于远处过来的涌浪。当时还没有专门的桨板冲浪板，用的是普通长度的冲浪板和单面的桨。当代桨板运动也是同冲浪运动一样，是从夏威夷群岛开始流行起来的。20世纪60年代早期，夏威夷一队名为“Beach Boys of Waikkiki”（威基基海滩男孩）的冲浪爱好者，站在加长的冲浪板上为学习冲浪的游客们拍照，因此，“Beach Boy Surfing”也是桨板的另一个别称。

目前，在全球温暖的海岸旅游度假地，桨板的流行趋势势不可挡，更因为受到诸多专业冲浪选手、社会名流及明星的追捧，所以在世界各地可以涉足的安全水域都能看到桨板运动。

2008年10月3日，美国海岸警卫队将桨板定义为船只，为此要求桨板的玩家们在进入特定水域时，必须穿戴相应的救生衣。

2009年，知名冲浪推广机构“冲浪中国”首次将桨板冲浪带入国内，在“2009冲浪中国嘉年华”上亮相，使国人第一次近距离接触这一时尚潮流运动。

目前，在我国已经有众多冲浪点，有很多玩家开始体验这一非常易于大众接触的运动。

（二）立桨板活动特性

桨板，即站在冲浪板上使用一支长桨划水移动，如同用竹竿划竹筏，像冲浪板，又像划船。可以在有白浪的激流、海滨及静水河流上活动，是热门的新兴运动游憩项目。

在海岸沙滩旅游区，桨板爱好者与冲浪爱好者比较志趣相投，桨板比冲浪板多了一根桨，更方便冲浪手捕捉到适合的海浪，也利于观察远处即将到来的涌浪。这更有助于冲浪手保持站立平衡。在离岸不远的浅海区，桨板不追逐大浪，而是随着浪潮移动起伏，能体验与冲浪不同的乐趣。

在淡水激流中，表面浪的规模不能与海浪相比，但是河流里的多种湍流、漩涡需要冲浪者具备更精细的技巧，保持站立平衡。对于一般大众，新手入门多从湖泊、静水河流上开始站立平衡的练习，然后再练习速度与障碍转弯技巧。

桨板适合不同年龄层的多种兴趣需求，设备价格也更为大众化，长度一般为3～4米。板越大，浮力越强，站立越稳。板越尖细，速度越快，但是转弯不便。技巧熟练后，可换用短小圆头的短板，动作更为灵活。

（三）桨板设备需求

由于桨板失去平衡落水的概率很高，所以参与者必须穿上救生衣，在湖泊或深水海域划行桨板最好还要系上脚环与脚绳，便于落水后拉回自己的桨板。初学者宜选较宽的桨板，熟练之后再选取较窄的桨板。

（1）桨板种类

SUP浪板与一般冲浪板类似，大多采用玻璃纤维、聚酯等材料制作，有些使用环氧树脂泡沫板（浮力大、经济、易折断）制作。桨板的种类如图9-45所示。

图9-45　桨板种类说明

①竞赛SUP（race），板身细长，使用坚韧且弹性好的碳纤维，适用于静水短距离竞速冲刺。

②静水SUP（cruiser），尖头方尾，板身长，适合大水域长距离巡航，转弯也比较灵活。

③圆头SUP（all round），前后圆头，板身较长，适合初学者，且适用于各种环境。

④休闲SUP（explore），前后圆尖，板身中宽，行驶稳定，适合瑜伽、钓鱼、摄影等多用途。

⑤激流SUP（whitewater），前后圆宽，板身中短，耐撞击，适合激流中多礁岩的环境。

⑥冲浪SUP（surf），尖头方尾，板身短，适合在大海中进行冲浪运动。

⑦充气SUP（inflatable），材料采用坚韧尼龙布或合成橡胶，胶垫坚韧浮力大，便于收存与搬运，普及度日益提高。

⑧其他还有花式表演板（pro performance）、综合创新板（innovation）、儿童板（kids）、风帆板（wind SUP）等多种样式。有些SUP浪板长度约3～4米，板的正面会设计浅凹壳（利于站立稳定、加大浮力），或者有防滑橡皮垫，类似冲浪板有1～3个尾舵。

（2）SUP站立桨（board）

长度与划浪者身高相当的长桨，一端为桨叶，另一端为握把。桨叶大多由合成塑料或橡胶制成，耐撞击。桨柄通常由铝合金或合成塑料制成。桨叶也根据海浪、河浪、静水或竞速环境与目的的不同，设计不同的款式。

二、桨板行动准则

（一）桨板的动作技巧

桨板冲浪的技巧有站立技巧、划桨技巧和划水姿势等。桨板的易操控性以及其玩法的多样性，造就了这项水上运动风靡全球。它是一种健康的有氧运动，老少皆宜，同时也是适合初学者的水上运动。

1.站立技巧

（1）板子放在浅水处，站在板子旁边，桨就像支架一样靠在板子边上，桨叶插进水里。

（2）一只手抓住板子边缘的中间部，一只手始终拿着桨。

（3）跪倒在板子中后部，再把桨放平在桨板上。

（4）跪着感受板子的平衡点，使板子的头部不会翘起，尾部不会沉到水里。

（5）用手握牢板子的一边，使其保持稳定。

（6）当感觉准备好之后，先站起一只脚，然后站起来，站立的位置就是之前膝盖跪着的位置。当然，也可以由同伴看护板子，自己站立起来。

2.划桨技巧

（1）当在右边滑的时候，右手握着桨的下部，左手握着桨的上部。

（2）保持胳膊是直的，用身体带动划桨。

（3）划桨的时候，用上边的手向下推。

（4）先把桨叶插到水里，然后用力把它拉到脚踝处，让它出水。

（5）刚开始可以慢慢来，不必要一开始就用很大的力气。

（6）在刚开始划桨时，用较小的推动力来划桨，会进一步增强划动效果，划得更远。

（7）想要保持直线，两边要轮流划，每4～5次换一边。

（8）换边划桨时，顺便交换手的上下位置。

3.划水姿势

（1）站着划行

①双脚尽可能保持平衡，与肩同宽，站在桨板的中部。

②保持双脚向前，膝盖弯曲，背挺直。

③用臀部保持平衡，而不是用上身。

④保持头肩部挺直和稳定，用臀部来调节身体位置。

⑤目视前方，不要只盯着脚。

（2）坐着划行

①尽量保持身体的平衡。

②双脚伸直，更能保证划行的平稳度。

③坐着划行相对容易很多，保持重心在桨板中间即可。

（3）跪着滑行

①掌握平衡，最大限度地使用核心力量。

②双膝跪于板上，根据需要调整位置，直到感觉板子足够稳定。

③保持头肩部挺直和稳定，用腿部来调节身体位置。

（二）桨板运动注意事项

（1）近海的桨板动作与冲浪类似，有划水出海、水面上越浪、翻转追浪、驾浪平衡、返回沙滩等几个动作。

（2）非专业的游憩桨板，上手容易，只要穿好救生衣，安全性很高。

（3）在激流河川里使用桨板，最好戴上安全头盔，以免头部意外碰撞岩石。而且要确认最小水深有1米，浪板及尾舵才不易被撞坏。

（4）近海的桨板与其他同水域活动者（冲浪者、游泳者、船舶）要保持4～6米的距离，避免互相干扰。

（5）湖海等大面积水域，必须系好安全脚绳，落水时才能抓回SUP浪板。

三、立桨板规划准则

（1）可以冲浪的海域都适合桨板活动，两者的冲突干扰不大。但立桨板也常在浅海区活动，应与游泳、潜水区分开，避免相互冲突和干扰。

（2）静水水域（湖、河、平静海湾），桨板可与非比赛中的划艇、赛艇、竹筏共享水域。但是赛艇速度较快，宜保持一定距离。

（3）旅游主管部门可以调查区内最适宜桨板活动的水域以及危险的水域，划设安全的活动场域，警示暗流暗礁等危险水域。

第十一节　登山

登山是古今中外广为推崇的一项强身健体的活动。人们利用闲暇之时，攀登高山，走进大自然，呼吸新鲜空气，欣赏迷人的风景，这有助于增进健康、祛病延年。

登山可以健身。在登山过程中，手的抓、拉和下肢的蹬、踏、跨越等动作，可增强全身肌肉和关节的力量，提高柔韧性。登山时，人体需要大量的氧气和能量，从而使心跳和呼吸加快加深，有助于锻炼心肌和呼吸肌，预防心血管系统和呼吸系统的疾病。

登山可以健心。登山过程中，不仅要克服沿途多变的恶劣环境，而且还要战胜身体疲劳和肌肉酸痛等不适，因而有助于培养战胜自我、不怕困难的意志品质。峰回路转，景色各异，看群山林海、绿涛起伏，听天风云鹤、飞瀑松声，可陶冶性情、开阔心胸，消除不良情绪。

一、登山运动概述

（一）登山运动的产生与发展

1.世界登山运动发展史

人类的生活、生产劳动实践是体育运动产生的基础与渊源，登山运动也是如此。世界上有许多山，有高入云霄的喜马拉雅山，也有海拔只有几百米的小山，如北京的香山、济南的千佛山等。俗话说，“靠山吃山，靠水吃水”，长期生活在山上或山区的人通过上山砍柴、打猎、伐木及采掘野果、野菜、药材和矿藏等手段，取得各种生活和生产资料。在远古时期，洪水泛滥时，人们上山去躲避洪水。人类社会出现部落、民族和国家后，人们又常常上山去躲避入侵的敌人，或依山打击敌人。在商品交换形成后，人们又赶着马匹，翻山越岭与外族进行商业和文化的交流。人类的生活与山有着密切的关系，登山也就由此得到了不断的发展。在我国，民间还流传着许多登山的传统习俗，如人们在重阳节登高进行健身和旅游，许多文人墨客也非常热爱游览登山，以尽情享受“会当凌绝顶，一览众山小”的快乐。为了登上峰顶，人们充分发挥着自己的聪明才智。1786年之前就有人使用登山镐、绳索等专门器械，并掌握了雪崩、滚石、冰崩、高山缺氧等有关知识。随着登山专门技术的逐步发展，登山逐渐从旅行活动中分离出来，于18世纪末成为一项专门的体育运动。

（1）现代登山运动的诞生（1786年）

现代登山运动诞生于18世纪欧洲西部的阿尔卑斯山区。阿尔卑斯山横贯法国、意大利、瑞士和奥地利等国家，此山的主峰是位于法国境内的勃朗峰，海拔4810米，是西欧的第一高峰。阿尔卑斯山以其复杂的山体结构、气象特点及丰富的动植物资源，吸引了许多科学家的注意。1760年，法国的年轻科学家德·索修尔（生于日内瓦），在考察阿尔卑斯山区时，对勃朗峰的巨大冰川及高山植物产生了浓厚的兴趣，然而他自己的攀登未能成功。于是，索修尔在山脚下的霞慕尼村口贴了这样一张告示：为了探明勃朗峰山顶的情况，谁能够登上它的顶峰或找到登上顶峰的道路，将获得重金奖赏。布告贴出后，一直没人响应，直到1786年6月，才由霞慕尼村的医生巴卡罗揭下了告示，并经过两个月的准备，与当地的石匠巴尔玛结伴于当年8月8日登上了勃朗峰顶峰。因此，1786年被定为现代登山运动的诞生年。一年后，德·索修尔带上所需的仪器，以巴尔玛为向导，率领一支20多人的队伍再次登上了勃朗峰。巴尔玛、德·索修尔等人成为世界登山运动的创始人，从此揭开了现代登山运动的序幕。由于现代登山运动兴起于阿尔卑斯山区，因此登山运动又被称为“阿尔卑斯运动”。

（2）阿尔卑斯黄金时代（1786—1865年）

1786年现代登山运动诞生后，阿尔卑斯山区的登山运动发展极为迅速，尤其在1850—1865年。这一时期，阿尔卑斯山的杜富尔峰、埃克兰峰、芬斯特拉尔霍恩峰等20多座海拔4000米以上的山峰先后被征服。1857年，世界上第一个国家性质的登山组织——英国登山俱乐部成立。1865年，英国登山运动员爱德华·温珀等人登上了当时被人们认为无法登顶的马特洪峰。至此，以阿尔卑斯山为中心的登山运动达到了高潮，这一时期被称为“阿尔卑斯黄金时代”。

（3）阿尔卑斯白银时代（1890—1917年）

1865年以后，阿尔卑斯山脉的20多座海拔4000米以上的山峰被登山者征服后，登山者又向从未有人攀登过的、更为难攀的和更为艰险的阿尔卑斯诸峰前进。这时的登山运动难度很大，主要是坡度大，路线上有冰雪地段，不但难以通过，而且还有很大的危险性。为了克服难度，避免滑坠、滚石或雪崩等危险，人们开始研究和使用一些辅助装备来进行攀登。1890年7月，英国登山家马默里首创钢锥、铁锁、绳结等登山工具，用来制造人工支点（手可抓握、脚可蹬踏的支撑点），使人与保护工具灵活地连接在一起。由于创造了上述的工具和装备，登山成为技术性很强的登山运动。马默里用新的技术登上了一些针状山峰，使登山运动在技术上有了重大突破，开创了“技术登山运动”的时代。马默里等人在技术登山上的重大成就，把登山运动提高到了一个新的水平，这是登山史上的一个重要转折点，它标志着登山运动一个新时代的开始，并把登山运动从西欧阿尔卑斯低山区引向高山区。因此，人们又把“技术登山运动”叫作“马默里运动”或“马默里攀登法”。然而遗憾的是，马默里在1895年8月首次向海拔8000米以上的山峰冲击时不幸遇难。1890—1917年，是世界登山技术不断取得发展和进步的新时代，这一时期在世界登山运动史上被称为“阿尔卑斯白银时代”。

（4）阿尔卑斯铁器时代（1918—1938年）

继马默里之后，各国运动员不断改进和研制新式的登山装备和工具。各种各样的钢锥、冰镐、冰锥、岩石铁锤、金属小挂梯、钉鞋、铁架背包等相继出现，这些装备和工具为登山运动增加了大量的钢铁制装备，这是马默里时代所无法比拟的。因此，人们把这一阶段称为“阿尔卑斯铁器时代”。在这个时期，登山技术比马默里时代又进步了许多，当时被马默里等人认为无法超越的“阿尔卑斯三大北壁”，即马特洪峰的北壁、大乔拉斯峰的北壁和艾格峰的北壁，成为英、法、德、意等国登山运动员进攻的目标。到1938年夏，“阿尔卑斯三大北壁”被全部征服。在世界登山史上，“阿尔卑斯铁器时代”，也就是登山运动员向“阿尔卑斯三大北壁”发起挑战的时代。

（5）喜马拉雅黄金时代（1950—1964年）

1950—1964年，登山运动又进入了一个重要的发展阶段。1950年6月，法国运动员赫尔佐格和拉什纳尔首次登上了海拔8091米的安纳普尔纳峰，这次攀登他们两人付出了血的代价，一人冻掉了双脚，另一人冻掉了一只手。1953年5月29日，英国登山队的埃德蒙·希拉里和丹增·诺尔盖从南坡登上了珠穆朗玛峰，这是人类登山史上首次成功登上世界最高峰。1964年5月，中国登山队许竞、王富洲等10名运动员首次成功地登上完全坐落于我国境内的唯一一座海拔8000米以上的高峰——希夏邦马峰，创造了10名队员集体登上海拔8000米以上高峰的世界纪录。至此，从1950年至1964年，国际公认的地球上14座海拔在8000米以上的高峰已全部被人类征服。在世界登山史上，这段时间被称为“喜马拉雅黄金时代”。

（6）喜马拉雅白银时代（1964—1979年）

1964年，中国登山队征服名列世界第14位高峰的希夏邦马峰，标志着世界登山史上人类“向海拔8000米以上高峰进军”的“喜马拉雅黄金时代”的结束，从而也迎来了又一个新的高山登山时代——“喜马拉雅白银时代”，即从1964年至1979年，各国登山运动员在过去攀登海拔8000米和7000米以上高峰经验的基础上，从14座海拔8000米以上山峰各个不同的角度和路线上，继续创造新的、难度更大的攀登路线和人数纪录（包括妇女登上了海拔8000米以上的高峰，创造了女子登顶珠穆朗玛峰的新纪录）。在这一时期，意大利登山家梅斯纳、奥地利登山家哈贝勒两人不使用氧气瓶从东南山脊登上了珠穆朗玛峰，打破了过去认为不使用氧气瓶不能攀登海拔8000米以上高峰的纪录，开创了人类攀登珠峰的新纪元。这一时期的登山活动为20世纪80年代世界登山新高潮做了多方面的准备，在世界登山史上被称为“喜马拉雅白银时代”。

（7）喜马拉雅铁器时代（20世纪80年代）

自“喜马拉雅白银时代”结束后，世界登山运动向新难度（新路线、不同季节、无氧攀登等）登山阶段迈进。尤其在20世纪80年代，各国登山队在攀登海拔8000米以上高峰的活动中，连创奇迹。日本、意大利、美国的登山家先后突破了喜马拉雅山区的“冬季禁区”“雨季禁区”和“路线禁区”。日本、波兰、意大利、南斯拉夫、苏联、美国等登山队又开辟了六条攀登珠峰的路线，还出现了高水平的“高山纵走”（沿着一条山脊上山，连续登上同一条山脊上的两座或两座以上山峰的登山活动）的攀登方式。这些成就形成了20世纪80年代的登山高潮，在世界登山史上将这段时期称为“喜马拉雅铁器时代”。

2. 中国登山运动发展史

我国是一个多山的国家，登山历史悠久，早在汉朝就有了登山探险的记载。司马迁所著的《史记》中曾详细记述了通过天山、昆仑山、葱岭山区“葱岭通道”的经过：汉武帝曾派遣张骞出使西域的使者，打通了这条贯穿东西的山区要道，这是我国有文字记载的最早的登山探险活动。自西汉时期开始，我国就有了农历九月九日重阳节登高的习俗，这一习俗直到今天还广为流传。唐代高僧玄奘为深入研究佛学，解答佛经中的疑难问题，前往阿富汗、巴基斯坦和印度，途中经历的艰难险阻不计其数，他还成功地登上了海拔6000多米的葱岭北隅陵山。17年后，他带着1300多卷佛经又翻山越岭返回长安。玄奘在佛教、地理、历史、翻译和登山等学科方面的重大贡献和卓越成就，深受全国人民的崇敬。唐代是我国古代政治、经济、文化艺术各方面都十分繁荣的时代。此时的登山活动也十分盛行。人们经常攀登“五岳”，即东岳泰山（山东）、南岳衡山（湖南）、西岳华山（陕西）、北岳恒山（山西）和中岳嵩山（河南）。此外，我国著名的四大佛教名山——峨眉山（四川）、普陀山（浙江）、九华山（安徽）和五台山（山西），以及其他雄伟秀丽的山峰，也是人们攀登的目标。唐代著名诗人李白非常喜欢登山，在有关登山的诗篇中，他以雄奇奔放和极度夸张的笔调描写了四川山区道路的艰难险峻。

到了明代，我国著名的旅行家、地理学家徐霞客，从20岁起就开始了长达30多年的登山旅行生涯，游历名山大川，写了详尽的名山游记《徐霞客游记》，为后人留下了宝贵的古代登山活动史料及高山科学考察资料。徐霞客在登山考察中做出了很大的贡献，他对我国的岩溶地貌、山川源流、火山温泉及山川动植物生态都进行了深入的考察。

以上事实生动地证实了我国登山活动的历史是相当悠久的。无论是以葱岭为中心的高山登山活动，还是以内地“五岳”等秀丽山峰为主的一般性登山活动，都曾经是十分活跃的。从历史文献上看，我国早在公元前100年左右就有文字记载的登山活动，到公元7世纪，玄奘等人已到达过海拔6000米的高度，公元8世纪，李白也登上海拔3767米的太白山峰，而欧洲人直到18世纪末才登上了海拔4000米以上的高峰。与欧洲早期登山活动相比，在时间及高度上，我国都处于领先地位。但作为现代登山运动，我国起步较晚。

（1）我国运动员首次登山活动

1955年初，苏联全苏工会中央理事会向中华全国总工会发出邀请，希望全国总工会能派人去苏联学习登山技术。同年5月，中华全国总工会派许竞、师秀、周正、杨德源4人赴苏联参加高加索登山营学习。他们和苏联运动员联合组成中苏帕米尔登山队，成功登上了帕米尔高原海拔6673米的团结峰和海拔6800米的十月峰，这是我国运动员的首次登山。

（2）我国成立登山队

1956年3月，中华全国总工会在北京西郊八大处举办了登山训练班，培训出一批登山运动员，这批登山运动员共计55人。结业后，从55名学员中选出35人组成了登山队，这是中华人民共和国成立以来的第一支登山队，定名为“中华全国总工会登山队”。1956年4月25日，成立不久的中华全国总工会登山队，在苏联专家的指导下，由队长史占春等32人登上了我国青藏高原以东的最高峰——秦岭山脉的主峰，海拔3767米的太白山。在太白山顶，按照国际惯例，队员们把全体队员签名的登山纪录放在空罐头盒内，藏在用石头垒的石塔里，作为这次攀登胜利的标志。队员们举着冰镐欢呼首战告捷，表示要在更多的山峰上留下我国登山运动员的足迹。1957年，中华全国总工会登山队登上了四川省西部海拔7556米、攀登难度很大的贡嘎山顶峰。这是我国运动员第一次独立组队进行的攀登活动，也是首次独立征服海拔7500米以上高峰。我国登山队独立攀登贡嘎山的成功，刷新了我国登山运动的纪录。以此为标志，我国现代登山运动进入了蓬勃发展的新时期。

1958年，国家体委将登山列为正式的体育运动项目。同年4月8日，在北京成立了组织、管理和推进登山运动的唯一的全国性组织——中国登山运动协会，并计划攀登珠穆朗玛峰。1960年5月25日，我国登山运动员王富洲、屈银华、贡布在队长史占春和队员王凤桐、刘连满的协助下，经过两个月的艰苦拼搏，首次从北坡成功地登上了世界第一高峰——珠穆朗玛峰，从此中国登山队跻身世界登山的先进行列。

1974—1981年，中国登山队曾借用北京怀柔水上学校暂作训练基地。由于该地区的地理环境条件对登山运动员的陆上训练和休整来说较为理想，经国家体委批准，中国登山队把水上学校的旧址改建成了登山训练基地。

（3）中国女子运动员征服世界高峰

1959年7月7日，中国登山队潘多、西绕、周玉瑛、王义勤等8名女队员与25名男队员一同登上了帕米尔高原上海拔7546米的慕士塔格峰，打破了法国登山家科根创造的世界女子登山高度纪录。1961年6月17日，我国藏族女子登山运动员潘多、西绕同两名男子运动员一起成功地登上了海拔7530米的公格尔九别峰，创造了当时女子登山的最高纪录。1975年5月，中国科学考察登山队9名队员（其中有一名女运动员潘多），再次征服被称为“地球第三极”的珠穆朗玛峰，创造了男女混合一次登上世界最高峰人数最多和女子登山高度最高的两项世界纪录。

（4）20世纪80年代后的中国登山运动

由于“喜马拉雅黄金时代”的辉煌，地球上14座海拔8000米以上的高峰被各国运动员征服后，从登山运动的高度来看已达到了顶点。我国登山运动员和其他国家的登山运动员一样，不断选择奇、险、难的路线攀登，向一个又一个高峰挑战。1987年2月24日，中国、日本、尼泊尔三国经14次磋商，在北京签订了《中日尼1988年珠穆朗玛/萨迦玛塔友好登山协定书》，制订了三国登山队分别从珠峰南北两侧攀登会师峰顶的计划，并于1988年5月5日，中、日、尼三国登山队员顺利实现了顶峰会师、南北跨越、顶峰电视实况转播等举世瞩目的创举。

1988年7月4日，我国第一个用于登山训练的人工岩场在北京怀柔水库旁建成。到了20世纪90年代，根据国际登山运动的发展趋势，我国也在努力开展攀岩运动。这是一个有惊无险、易于在学校开展的体育项目。我国攀岩水平与世界水平差距较大，即使在亚洲也有一定的差距。可喜的是，我国攀岩运动的后备军进步迅速。

在2000年10月21日中国怀柔登山基地举行的“同仁堂杯”第二届亚洲青年攀岩赛暨第八届全国攀岩锦标赛上，韩国队包揽了14～15岁年龄组、16～17岁年龄组、18～19岁年龄组的男子冠军，日本队夺得两个年龄组的女子冠军，中国的李春华赢得了16～17岁年龄组的女子冠军。

（二）登山运动的分类

1.高山探险

高山探险是登山运动项目之一，是运动员在器械和装备的辅助下，经受各种恶劣自然条件的考验，以攀登高峰绝顶（一般指雪线以上）为目的的登山活动。

高山探险对登山者（通常是训练有素的专业登山运动员）有着较高的要求：

第一，登山者要有良好的身体素质和坚强的意志。在登山过程中，登山者将面临滚石、陡壁、雪坡、狂风、严寒及高山缺氧等多种困难和难以预料的险情，登山者必须具有良好的身体素质、坚强的意志和对各种恶劣自然条件的高度适应能力。

第二，登山者还应具备一定的科学技术知识，能运用各种登山技术装备，排除各种险情，胜任行军、露营和炊事工作，还要学会使用通信、摄影、气象观测和科研等器材。

第三，登山者还要有结合相应专业进行综合科学考察的能力。高山探险所涉及的山区，往往是一般科学工作者平时难以深入的地区，而登山运动员在高山缺氧的环境中，比一般科学工作者活动能力强。登山运动员有自己的学科专业或相应的学科知识，就可独立或协助科研人员进行有关学科的科学考察。中国登山队已成功攀登贡嘎山、慕士塔格峰、公格尔九别峰、珠穆朗玛峰、希夏邦马峰、托木尔峰、纳木那尼峰、南迦巴瓦峰等世界著名高峰，高山探险是我国最早达到世界先进水平的运动项目之一。我国登山运动与科学考察第一次有计划的结合，始于1957年攀登贡嘎山。这次登山活动邀请了北京大学、北京农业大学、武汉医学院、成都中心气象台的6名科学工作者参加，对贡嘎山的气象、地质、地貌等进行了考察，同时进行了一些高山生理学研究，初步收集了一些有价值的资料。1960年，在国家体委的组织下，由中国科学院及有关科研单位、大专院校的46名科学工作者组成的考察队，第一次对珠穆朗玛峰进行了全面的科学考察。

2.竞技登山

竞技登山运动又称技术登山，是登山运动项目之一。它是一种运用熟练的攀登技术和各种技术装备，专门攀登悬崖峭壁或冰壁的登山活动。早在1865年，英国登山家埃德瓦特就首次使用钢锥、铁链和登山绳索等简易装备，成功攀上险峰，从而成为攀登技术的创始人。1890年，英国登山家又改进了攀岩工具，发明了打楔用的钢锥、钢丝挂梯以及各种登山绳结，使攀登技术发展到了更加成熟的阶段。

在欧洲许多登山家将登山的目标转移到亚洲高山区的同时，西欧以阿尔卑斯山为中心的竞技登山运动也活跃起来。欧洲登山界把各种陡峭难攀的岩壁划分出6个不同难度等级，开展攀登竞赛。到了20世纪70年代，欧洲攀登能手已不满足于6个难度级别，于是出现了第7级的高难度等级，20世纪80年代又出现了第8级的特高难度级别。目前，在攀登技术上有两种不同风格，一种是以苏联运动员为代表的力量型，一种是以法国运动员为代表的技术型。两种类型虽近乎平分秋色，但技术型似乎更具魔力，故有人将此运动誉为“高山上的芭蕾”“岩壁上的艺术体操”。

3.攀岩

攀岩运动是一项不用攀登工具，仅依靠手脚和身体的平衡攀登陡峭岩壁或人造岩墙的竞技性运动项目。该项运动源于20世纪50至60年代，1974年被正式列为国际竞技体育运动项目。

通俗地讲，攀岩运动就是在岩壁上比赛攀登本领的一项活动。根据竞赛规程，攀岩比赛可分为“难度攀岩”（攀登的难度、技巧）及“速度攀岩”（攀上陡壁的速度）两种。

攀岩是高山探险活动中通过陡峭的冰雪岩石地形的一种基本攀登技术，曾是训练登山运动员的一种手段。自20世纪50年代开始，苏联和欧洲的一些人将攀岩作为一项新的运动项目开展起来。1965年，世界第一面人造岩墙在英国威尔士建成。1974年9月，苏联和捷克斯洛伐克的登山组织在苏联克里米亚举办了首届“国际攀岩锦标赛”，有来自12个国家的213名选手参加了比赛。在第一届国际攀岩锦标赛的基础上，由苏联倡议，国际登山联合会决定，每两年举行一次“世界攀岩锦标赛”和“世界杯攀岩赛”。攀岩运动的技术水平不断提高，规则也日益完善，现已形成了个人单攀岩赛、双人结组攀岩赛、自选路线攀登赛和集体攀登赛4个比赛项目。目前，国际登山联合会正在努力争取将攀岩比赛列为奥运会项目。为了达到此目的，50多个会员国将逐步建立地域性“攀岩委员会”，统筹安排各地区的攀岩赛事。1990年9月成立的“亚洲攀岩委员会”，1992年11月在韩国举办了第一届亚洲攀岩锦标赛。亚洲攀岩运动起步较晚，但进步很快，尤其是在韩国、日本，攀岩运动已具有相当规模。我国于1987年10月在北京怀柔首次举办全国攀岩邀请赛（后改称全国攀岩锦标赛），并邀请日本队、中国香港队参赛。

1988年举办了第二届“伊里兰杯”全国攀岩邀请赛，1989年10月在河南焦作市举办了第三届“焦作杯”全国攀岩赛，以后每年举办一次个人单攀岩赛（分男子单人和女子单人攀登比赛）。这种比赛不仅比攀登技巧（包括技术水平和技术装备的应用），还比通过全部路线的时间（从出发地点到岩壁顶部或又从顶部返回出发点所用的时间）。比赛是在同一地形上进行的，由运动员一个个地进行攀登。1998年7月，在华山举办了“钟楼杯”国际攀岩邀请赛。1999年9月，第八届亚洲攀岩锦标赛在华山举行。

除此之外，按照项目要求，攀岩比赛分为个人单攀岩赛、双人结组攀岩赛、集体攀登赛和自选路线攀登赛4个项目。怀柔举行了首届全国攀岩邀请赛，日本队、中国香港队应邀参加了比赛。

双人结组攀岩塞：每组两人结组进行攀登，路线由裁判员选好并指定。与单人攀登赛不同的是，两人必须结组攀登。除比赛攀登技术和速度外，还要比赛互相保护的技术。

自选路线攀岩赛：主要是运动员自己选择登上岩壁顶部和下降的路线。在距离攀登岩石坡面500～800米的地方，运动员用裁判员提供的望远镜和绘图工具选择路线，并在绘图板上标明自己选好的路线。实地攀登时，不能离开自己事先确定的路线20米。这种比赛不仅比攀登技术和攀登速度，同时还比路线选择得好坏。

集体攀登赛：这种比赛与正规登山活动一样，参加者事先组成小队（4～6人），背负全套登山装备（睡袋、帐篷、炊具、保护器材、绳索、冰镐等），通过事先指定的路线，按指定地点搭设和拆除帐篷，途中交替保护。比赛内容包括攀登技术、小队战术、保护技术、通过全部路线的时间等。这个项目也可进行小队自选路线攀登。

攀岩运动员在攀登时虽设有安全保护装置，如绳索、铁锁等，但不允许使用，只能靠运动员的两手两脚抓蹬岩面上凸起的支点、棱角或裂缝，移动四点中的一点向上攀登，这就需要勇往直前的气魄、充沛的体力和精湛的攀登技巧，因而这项运动极富挑战性。尤其在紧张的比赛中，运动员不但必须发挥出自身的全部力量，还要集耐力、柔韧性和平衡能力于一体，利用岩壁上那些难以把握的支点向上攀登，完成腾挪、蹿跳、引体向上等动作，使观众在惊险的表演中得到一种美的享受，所以，人们又把这项运动誉为“峭壁上的艺术体操”“岩壁芭蕾”等。

4.普通登山活动

由于登山装备和技术等各种条件的限制，广泛开展探险登山和攀岩比赛是不可能的，但是与旅游和群众性体育活动相结合，组织一些难度较低、装备条件要求简单的登山活动和攀岩比赛是十分现实和有意义的。

普通登山活动有两种：旅游登山和定向登山比赛。

旅游登山是旅游和登山相结合的活动，历史悠久，但现代人的旅游登山还是在20世纪70年代初随着登山运动的发展而兴起的。20世纪80年代以后，在我国，由于中国登山队的成就及其在野外科学考察中的特殊贡献，而且登山运动本身又能锻炼人的身体和意志，群众性的大型登山活动也随之逐步开展起来。一些大专院校先后成立了登山队，这些登山队主要利用假期，组织青少年登山夏令营，并普及登山基本技术和知识。另外，还根据国家登山任务的需要，选派队员参与国家任务。1984年9月，中国登山协会和全国体育总会群体部、宣传部联名发出倡议，为了进一步丰富广大人民群众的业余文化生活，把“九九重阳登高”这一传统民俗活动逐步恢复起来，并因地制宜地开展多种多样的群众性登高游山等体育活动。东岳泰山向来以“五岳独尊”“登泰山而小天下”闻名海内外，而泰安人历来就有“阳春三月，岱山踏青”的传统。1985年3月13日，泰安地区和泰安市联合举行了万人登山活动，大约有2000人登上了泰山的顶峰。为保持这一传统，促进经济文化交流，自1987年农历九月初九重阳节开始，中国登山协会与泰安市共同举办了第一届“泰山国际登山节”，来自世界数十个国家和地区的上万名运动员参加了九九重阳节登泰山比赛，现已成为国际著名的群众登山活动之一。在拉萨市、秦皇岛市、张家口市等地，近年来也都举办过规模盛大的万人登山活动。在北京，自1984年10月3日在香山公园由700名初、高中学生参加的北京市“九九重阳登高活动”开始，每年的九九重阳节，都会有群众在此举行登山比赛活动。自1996年1月1日开始，中国登山协会与北京市体委一起，在每年的元旦——新的一年开始之际，组织数万名群众参加八达岭元旦万人登长城活动，该活动成为北京市重要的群众登山活动。

定向登山比赛是一项普通登山活动，它在欧洲、日本等国开展得较为普及，与旅游登山的不同之处在于它是一种比赛性的登山活动。因此，组织起来比旅游登山更严密，也更具有程序性。通常要事先选定一座山峰，攀登难度不宜太大，以登顶为目标，将参加比赛的登山者分为若干个小组，从一个出发点同时出发，按事先规定的路线越过草坡、山间河流或小溪（难度稍大时还会有冰雪坡），选择宿营地点，攀登岩石峭壁等，登上顶峰后下山返回原出发地点或指定地点。在路线上，每一段特殊地形，如渡河点、峭壁、宿营地等处，都设有裁判员。裁判员对各组通过特殊地形时的路线选择、通过方式、技术装备的使用、攀登技术的运用、宿营地点的选择（地点选择是否安全、生活是否方便、帐篷搭设是否合理等）进行评定。这种登山比赛要求参加者受过较为系统的训练，因此多在大专院校和军队中举行。

（三）登山运动的健身价值

树丛、阳光、山路，甚至雨雾，这一切对人类来说是登山运动中的必然选择。由于喜欢登山运动，现在许多大学生将登山作为健身的首选，因为它不仅贴近自然，更能开阔心胸，陶冶情操。

1.极佳的空气浴场

不必花钱，不必寻找，山野就是一个巨大的空气浴场，做做空气浴，对身体大有好处。

（1）提高身体对外界的适应能力

人体的体温调节能力是通过产热、散热来保持平衡的。身体受到冷空气的刺激时，就会通过神经反射，使体温调节能力马上活跃起来，加快新陈代谢，产热加强、散热减弱，机体保持平衡。所以，一旦气候骤然变冷，也能适应，不至于生病。山里的空气新鲜，煤烟尘埃少，空气流通好，是进行空气浴的极佳场所。在山里，人们穿的衣服以感到不太冷为宜，这样可以利用气温与皮肤温度之间的差异形成刺激，促使体温调节功能更加完善，以适应外界的变化。

（2）改善血液循环

山里的新鲜空气中氧气丰富，负离子浓度高，可以提高血液里氧的含量和新陈代谢水平，同时增强机体的抵抗力，预防呼吸系统疾病。人体的心血管和呼吸系统的生理功能得到增强，改善骨髓的造血功能，从而使人体里的红细胞和血红蛋白含量增多，心脏的输出量增多，肺活量增大。在登山的过程中，随着海拔的增加，氧气会逐渐变得稀薄，登山能够提高我们在缺氧情况下的耐力，使呼吸功能得到提高。同时，空气浴中的冷空气浴（6℃～14℃）和凉空气浴（15℃～20℃）都适合在山里进行锻炼。

2.有氧耐力训练

如果长期根据自己的身体特征进行锻炼，可以提高有氧耐力。有氧耐力是生命活动中重要的运动能力。有氧耐力是指心血管耐力，也是我们长时间维持有氧运动的能力。在运动能力中，有氧耐力与健康关系最密切。

生命活动最基本的功能是心肺功能，有氧耐力运动对此有很好的作用。有氧运动时，由于增加了参加血液循环的血量，从而心脏充盈，使心脏每搏动1次向大动脉输出的血量增加，每分钟射出的血量也随之增加，这对维持心脏的正常功能和生命活动很有利，对预防中老年人的心血管疾病也有直接的作用，同时还能保持老年人旺盛的精力，达到延缓衰老的目的。

3.促进毛细血管功能

肌肉运动有发挥爆发力的无氧运动和发挥耐力的有氧运动。如提起一袋重物所用的肌肉在瞬间产生爆发力，而登山是需较大耐力的有氧运动，这就要求在登山过程中以愉快为宜，而且只要休息几分钟便可恢复体力，这样的运动持续下去，才是恢复血管弹性的最佳运动方式。由于缓慢输送出去的血液会达到身体的各个角落，并能给肌肉的末梢毛细血管输入氧气，可促进毛细血管功能。

4.减肥

现代人可以说是到了“见胖色变”的地步。肥胖可以直接或间接地引起冠状动脉硬化、高血压、糖尿病、脂肪肝、胆结石、乳腺癌等疾病。根据世界卫生组织肥胖特别工作小组发布的调查结果，肥胖可能导致大约30种疾病，所以通过减肥来预防疾病引起了人们极大的关注。

刚刚结束登山活动后，大多数人感到吃不下东西，这是正常的反应。适宜的运动强度会使机体的脑胰腺素水平升高，脑胰腺素有抑制食欲、增加机体产热的作用，因此人们在爬山后常常会感到食欲降低，摄食量下降。研究表明，登山除了在运动时消耗能量外，运动后体内乳酸及脂肪酸的氧化，以及运动消耗的糖原储备的恢复也需要消耗能量。此外，爬山引起的内分泌变化、体温升高以及运动后休息时的代谢率高于运动前，且至少持续1～2小时，甚至更长时间。

登山是很好的减肥方式，能提高肢体的运动能力，改善人体的协调性、灵敏性和平衡性，使登山者的肌肉系统特别是下肢肌肉变得结实而发达。随之而来的好处便是疾病的减少，或控制疾病的发展和蔓延。

5.脑力劳动者的身体“修护场”

随着工业化进程的加快，越来越多的工作需要脑力劳动者承担。一定程度的脑力劳动会起到健康长寿的作用，但如果长期伏案工作，这些人除了动脑、动手之外，身体的其他部位极少活动，这样对健康十分不利。长时间的低头伏案，会使流到脑部的血液受到限制，导致氧及养料的不足，易引起头昏脑涨，胸部得不到充分的扩展，这样肺活量就会变小，影响机体对氧和二氧化碳的充分交换，心脏得不到很好的锻炼，心肌的收缩能力弱，新陈代谢缓慢；另外，还会出现肌肉松弛无力、下肢浮肿、便秘、胃下垂、神经衰弱等症状。所以工作之余进行锻炼能促进全身血液循环，改善大脑营养状况，增强脑细胞活力，使大脑生理功能得到增强。对于脑力劳动者来说，郊游和登山更显得重要。

二、登山运动实践技术

（一）登山步行技术

登山步行技术是登山最重要的基本技术。如果登山者用一般人那种步伐去登山，是很容易疲劳的。熟练的登山者有其独特的步行技术，这种步行技术能够保持身体平衡，步伐节奏适中，随时调整呼吸。

登山步行技术种类较多，下面就详细介绍几种较为常用的步行法。

1.上山步行法

上山步行法与平地步行法基本上没有太大的区别，但上山却比走平地耗费体力，因此，需考虑各种条件，如登山者本身的身体状况、登山时的气象条件、团体及个人的能力与装备等。

开始登高时，需特别注意的是步伐不要太快。在低洼的地方行走时，除溪谷外，大体上不会有困难，但开始登高后，山路就显得崎岖不平。因此，开始登高时步伐要小，但速度则要保持和走平地时一样，不要因岩石或树根的阻碍而踌躇不前。

不同的地形，步行的方法也有一定的差别。下面详细介绍在两种不同地形上进行登山运动的步行方法。

（1）登陡坡时采用的步行法

登陡坡时，不要直线登高，如路够宽时，可蛇行蜿蜒而上，山越高越陡，就越需要如此。如果陡坡的山路太窄而无法蛇行时，就需渐渐降低速度，不慌不忙地以深呼吸调整步伐。

背着重装备登陡坡是登山活动中最辛苦的，但也是最令人回味的。上坡时，登山者满头大汗，双腿麻木，全身骨头好像要散架了。登山者不但没有时间去思考，也没有心情去欣赏那如诗如画的风景，满脑子想的只是往上爬，这就是登山的最高境界。

登山者一开始登陡坡，就要尽可能以队伍前进的速度为准，调整自己的呼吸与步伐，并尽可能保持走平地时的速度。如果前面的登山者速度太快致使自己无法赶上时，不要勉强去赶，可请领队通知前面的登山者，请他放慢脚步。如果前行者是自己的伙伴，就可直接请他走慢一些。如果自己感到痛苦、疲劳不堪或体力不支，应立即通知同行的人。

（2）登草坡和碎石坡时采用的步行法

草坡和碎石坡是山间分布最广泛的一种地形。在海拔3000米以下的山地，除了悬崖峭壁以外，几乎都是草坡和碎石坡。因而，攀登草坡和碎石坡是每个登山者必须掌握的一项基本技能。

登草坡和碎石坡时通常采用的步行法主要有两种：一种是直线攀登法，另一种是之字形攀登法。

①直线攀登法。直线攀登法适用于攀登坡度在30°以下的山坡。上升时身体稍向前倾，全脚掌着地，两膝弯曲，两脚呈八字形，迈步不要过大过快。

②之字形攀登法。之字形攀登法主要适用于攀登坡度大于30°的山坡，这种攀登法能够降低直线攀登时的难度和滑坠的危险。“之”字形攀登法是指按照“之”字形的路线左右斜越、盘旋而上的攀登方法（图9-46）。采用这种方法攀登时，腿要微微弯曲，上体前倾；内侧脚脚尖向前，全脚掌着地（主要用脚外侧蹬地），外侧脚的脚尖稍向外撇（主要用脚跟蹬地）。除此之外，在采用“之”字形攀登法行走时，为了更好地保持身体平衡，还要注意向左转弯时，要先迈左脚，向右转弯时也要先迈右脚。

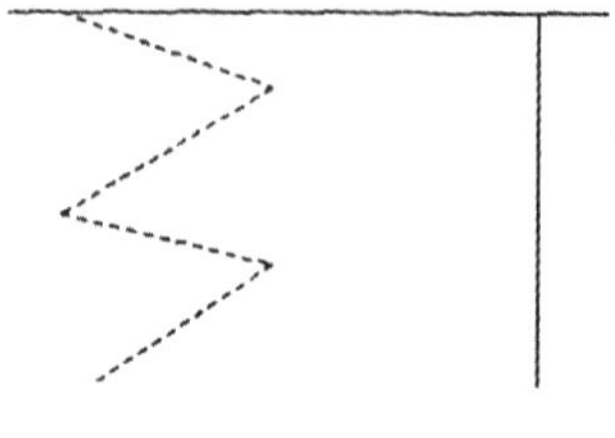

图9-46

2. 下山步行法

下山时消耗的能量较少，几乎和平地行走差不多，但是，下山发生意外的情形却比上山时多。一般来说，下山的步行法要根据具体的地形进行一定的调整，以达到理想的下山效果，并降低发生危险的概率。

（1）下坡度小于30°的山坡采用的步行法

在下坡度小于30°的山坡时，一般是两腿微微弯曲，膝关节放松，用脚跟先着地，身体重心先放在两脚跟上，然后过渡到全脚掌，将整个身体的重量压在脚上，步子要小而有弹性（这种下法速度较快）。

（2）下坡度大于30°的山坡采用步行法

在下坡度大于30°的山坡时，仍需采用“之”字形路线斜着下山。一般是内侧脚用脚掌和脚外侧蹬地，外侧脚用脚跟和脚内侧蹬地；身体向内后方（即山坡方向）倾斜以保持身体平衡。

3. 山脉棱线步行法

一般所说的登山大都指走山脉棱线，但也有从溪谷攀登没有小径的岩壁，以达山顶的登山法，这只是为特殊目的而用的登山法。无论如何，走棱线仍是登山活动中最常见的活动。但山的棱线有各种不同的形态，具体应根据实际情况适当调整步行的方法，以达到理想的登山效果，从而减少发生危险的可能性。另外，由于在山间行走容易迷路，因此做相应的标记也具有非常重要的作用。

（1）在深山应该设立石堆等作为登山标记

有经验的登山者，一到自己没有把握的地点，就会立即堆砌石堆、绑布条或割开草。一旦真的迷路，就可找堆砌的石堆、布条或割开的草等各种标记，以便寻找正确的路线。等雾散后，也可上树梢望四周，或尽量站在高处寻找山的棱线。

在人迹罕至的深山，这种标记就成为登山者的重要路标。在光秃秃的岩石山上，如果没有别的东西可做标记时，只要在岩石上摆一些石头，就可成为显著的目标，对登山者来说颇有助益。

（2）在草木繁茂的地带，应在较高的树枝上设置标记

如在草木繁茂的地带，石堆的作用就不大了，反而是割草辟小径或在树枝上绑布条的方法比较有效。

（二）渡河技术

有时候在登山的过程中可能还会遇到山涧的河流。这些河流的水文情况不同，有的缓慢，有的湍急，有的清澈见底，有的浑浊不堪。因此，要想在登山过程中顺利渡过河流，就需要对这些河流的情况有所了解，并且掌握必要的渡河技术。为此，在涉水渡河时首先要对河流进行实地考察，了解河流的深浅、流速及河床的结构，待准确

掌握河流相关信息后，再确定渡河的地点和方法。

一般情况下，渡河可根据人数多少来进行分类，如单人渡河、双人渡河和多人渡河。

1.单人渡河法

单人渡河法顾名思义就是一个人凭借自身能力渡河的方法。单人渡河需要渡河人找到一根长棍，以感知河底的情况。在渡河时，木棍的支点与人的两脚要形成一个稳定的三点支撑，且木棍的落点力争在水的上游一侧。渡河时，两脚移动过程中，身体重心需始终保持略向上游倾斜的状态，依靠木棍的支点，两脚站稳后再移动木棍。在渡河双脚交替移动时，起脚不要太快、太高，步幅不要太大，务必要保证有两个支点稳定后再移动另一个支点。如遇到水流较为湍急的河流，为了提高安全系数，渡河人可在腰上系一条保护绳，绳子由岸上的同伴固定，如此可以使渡河人在不慎遇到危险时多一层保护。

2.两人渡河法

两人渡河法是两名渡河人共同协作完成渡河的方法。两人渡河的方法是两人面对面站立，双手相互搭肩，然后做横向侧跨步前进。这种两人渡河法的关键就在于两人在渡河移动脚步的过程中必须保持步调一致，否则会造成两人移动不稳，增加摔倒的风险。

3.多人渡河法

多人渡河法是两人以上的团队渡河方法。常用的多人渡河法包括三至五人一组的“墙式”渡河法。具体的构成方式为三人或五人站成一列横队，相邻的成员互搭肩膀，面向对岸前进。此外，还有一种方式叫作“轮状”渡河法，即四五个人围成一个圆圈，互搭臂膀，朝着水流方向像车轮一样转动，横渡前进。

（三）休息

登山对人的体能消耗是非常大的。在整个登山的过程中需要根据情况合理安排休息时间，以此获得短暂的体能恢复，这一时间内还能整理准备、进食饮水，并对即将攀登的路程进行细致的研究。为了取得理想的休息效果，要注意休息时间的掌握以及休息活动的安排，具体如下。

1.休息时间的安排

第一次休息时间的安排可于开始登山的20～30分钟后进行。这次休息主要是为了缓解刚刚开始行进后可能出现的不适感，如调整行装、整理装备、增减衣物等。这次休息后，此后的每次休息时间间隔为50～60分钟，每次休息10分钟左右。另外，在登山行进的关键节点处也要安排休息，这些节点主要为登山者按不同海拔高度设置的大本营。在大本营的休息要更为充分和全面，还可以在此时间内对照地图确定所处位置和观察周围地形，并做好必要的记录。

实际上，对于休息时间的安排是一种较为灵活的计划，单一的固定休息间隔与休息时间并不现实，也不科学。由此，休息时间安排的合理程度是判定一个登山领队水平高低的标准之一。因为休息时间的安排与分配需要根据路线难易程度、天气状况、全程计划时间以及队员身体情况而定，如果不能将这些因素考虑周全，制订的休息计划可能就会拖延团队的行进时间，抑或不能满足队员体能恢复的需求。

2.休息活动的安排

依据休息时间的不同，可以将休息分为短暂休息和较长时间休息两种。这两种休息过程中登山者的休息内容有一些差别。

（1）短暂休息

短暂休息的主要内容是让登山者调整呼吸、解除疲乏、短暂恢复体力。如果休息时间特别短暂，如5分钟，那么就不要坐下和卸下装备，只需手拄登山杖、弯曲上身，将上体重量移到登山杖上，便可使肩部和腰部得到暂时的放松。如果是10分钟甚至更长一些时间的休息，可在地上铺上防潮垫后坐下，并将一些易于拿放的装备放下。

（2）较长时间休息

较长时间休息的主要内容是进餐和恢复体力。为此，在卸下装备后可先做一些简单的放松活动，然后开始准备进餐环境，如铺设防潮垫、生火、烧水等。休息场所的选择应讲究一些，一般来说，这个地点多为背风、景致好的地点，但应将安全性放在第一位。

第十二节 滑翔伞飞行运动

一、滑翔伞飞行运动概述

（一）滑翔伞的起源和发展

1.滑翔伞的起源

滑翔伞，英文译为“para-glider”，是一种柔性翼悬挂滑翔飞行器，是降落伞与滑翔翼的结合体。它具有高升阻比气动性能、优良的滑翔能力、良好的稳定性和操纵性，并能像传统的降落伞一样方便地折叠包装，体积小、重量轻，便于携带搬运，在坡度和风向适宜的山坡上即可起飞进行滑翔飞行，升空后还可以借助热气流或动力气流，向上攀升至几百米甚至上千米的高空，像鸟儿一般自由翱翔。

滑翔伞的起源是伴随着登山运动发展而来的，它起源于阿尔卑斯山区登山者的突发奇想。20世纪70年代末80年代初，阿尔卑斯山区的一些登山者厌倦了登山后再疲惫地下山，开始设法寻找一种快速的下山途径。1978年，法国登山家贝登用一顶方形降落伞从山腰起飞，并成功降落到山下，一项新奇的运动从此诞生。这引起许多登山家纷纷效仿，并对降落伞进行改进，将降落伞与滑翔翼相结合，制造出了利用山坡地形起飞，能够在空中自由翱翔的滑翔伞。尽管如此，它还只是流行于少数登山者之间的冒险行动。直到1984年，法国登山家菲隆（Roter Fillon）从阿尔卑斯山的勃朗峰上成功飞出，才使滑翔伞在一夜之间名声大噪，迅速在世界各地风行起来。

（二）滑翔伞的发展

最初的滑翔伞是借鉴飞机跳伞使用的翼形方伞，它以下降为主，下降速度快，安全性能好，但是滑翔比小，滑翔距离短。经过将近30年的发展和演变，现代的滑翔伞改进成圆弧翼形，其滑翔性能已与当初有了天壤之别，在山坡上即能起飞，完成盘旋、滑翔、爬升、越野、滞空等飞行动作，可以留空10多个小时，直线航程达到370千米。可以说，现代滑翔伞已经彻底摆脱了降落伞的概念，而成为一种真正的飞行器。它拥有良好的稳定性和操纵性，具有体积小、便于携带搬运等特点，它的全部装备加在一起只有20～30千克，装进一个伞包就可以背着它游走于世界各地，能为众多渴望飞翔的人们插上翅膀，实现飞行梦想，因而颇受航空运动爱好者的喜爱。它体现了一种人与自然的交流与相融，备受崇尚自然者的喜爱。

近几年，西方国家的这项运动发展普及很快，瑞士、奥地利、德国、西班牙等发达国家都拥有众多的飞行高手，在亚洲，日本、韩国、中国台湾等经济发达国家和地区的滑翔伞运动十分普及，在众多航空运动项目中，它已成为参加人数最多、普及范围最广的航空体育运动。

我国自1989年开展滑翔伞运动以来，每年在全国各地举办数次各类滑翔伞比赛和飞行表演活动，宣传普及了航空科技知识，同时也扩大了滑翔伞运动的影响，从而吸引了越来越多的飞行爱好者投身到此项具有挑战性、探险性、娱乐性和趣味性的飞行活动中来。滑翔伞运动不受年龄和体力限制，只要无心脏病、恐高症和高血压，发育良好，思维正常，并且对自己的身体充满信心的人，都可一试。

二、滑翔伞飞行装备

滑翔伞飞行需要配置一整套专业的装备器材，方可参与这项运动，整套装备大致可分为飞行系统装备、飞行防护装备、飞行仪表器材及其他辅助装备。

（一）飞行系统装备

1.伞头

伞头，也叫伞翼，由伞翼面、伞绳、组提带组成。伞翼用双面涂层、抗紫外线辐射、色彩鲜艳且不透气的抗撕裂涤纶聚酯织物缝制，有上下两个翼面，前缘有进气口以便充气，中间是能相互贯通的翼肋，以便保持伞翼在充气时刚性的平衡。伞翼是滑翔伞飞行运动中唯一能够产生升力并载着飞行员升空飞行的关键装备。伞翼根据面积大小，可分为XS（特小）、S（小）、M（中）、L（大）、XL（特大）等型号。伞翼根据飞行性能，又可分为1类、1-2类、2类、2-3类、3类等型号。

2.座袋

座袋上有肩带、胸带和腿带将飞行员固定住，使飞行员在飞行时能够安全舒适地坐在上面，方便操纵滑翔伞飞行。座袋背部放置有厚实的泡沫，在遇到撞击时可以保护背部。座袋底部有防刺穿玻璃纤维板，防止降落时被尖锐的物体刺穿。另外，有的座袋背部设计有储物袋，可以装一些食品、水及其他小物件，座袋底部设计有副伞舱以放置救生副伞。座袋有几种类型，最常见的有传统坐式座袋、半躺式的船型座袋和轻便的空气座袋等，建议初级学员采用传统坐式座袋。

3.副伞

副伞，其实就是一具降落伞，由抗撕裂的尼龙格子布和尼龙绳缝制，折叠后放置于座袋底或座袋侧的副伞舱内，在飞行中碰到伞翼出现大折翼、溃伞、伞绳缠绕伞翼等导致飞行员无法控制滑翔伞继续稳定飞行的紧急情况时，飞行员用手将其从副伞舱内拉出并向外抛出来，飞行员就会像普通飞机跳伞员那样缓缓降落回到地面，避免从空中直接坠落撞击地面导致伤亡事故，从而保证了飞行员的生命安全。副伞是滑翔伞飞行中非常重要的装备，也是滑翔伞飞行员在空中遇到紧急情况时唯一的救援设备，由此可见副伞的重要性。但是，副伞使用时必须在距离地面50米以上的高度抛出，才能完全打开，发挥其救生作用。

4.加速杆

加速杆是悬挂在座袋套带下方并且平行的杆子，通过座袋上的滑轮连接到伞头A组提带上，并且由双脚来操控。当用脚将加速杆向外蹬时，滑翔伞伞翼的攻角增加，从而使滑翔速度加快。

（二）飞行防护装备

1.飞行头盔

飞行头盔由碳钢或者凯夫拉纤维制成，有面罩式（全盔）和半盔式两种，质轻，视野宽广，是飞行员在起飞和降落时预防头部撞击受伤的必备护具。同时，在温度很低的高空中飞行时，有一定的防风保暖作用。为了有效地保护头部和面部免受意外撞击伤害，建议采用面罩式头盔（全盔）。因此，挑选一个合适的头盔很重要。合适的头盔即当人们在转动头部时头盔并不会移位，且头盔上不能有突出物，以免与伞绳缠绕。

2. 飞行靴

在起飞和降落时，为了避免扭伤或者猛烈的触地降落对脚掌和脚踝关节造成的伤害，有保护脚踝的支撑垫片的飞行靴成为最佳的选择。为了避免与伞绳缠绕，靴子上也绝对不能有钩状物。

3. 手套、护肘、护膝

飞行手套的材料要坚韧耐磨、薄厚适当，以预防因伞绳摩擦所造成的灼伤。戴上后手指活动自如，以便操控伞翼。护肘和护膝要能耐冲击，在起飞和降落时能防止肘部和膝部磕碰伤。

4. 太阳镜

飞行时应当佩戴太阳镜，原因是：一是防止太阳的紫外线对眼睛造成伤害，在强烈的阳光下方便查看飞行的航线情况；二是若不慎降落于树林、荆棘和灌木丛中，能有效地防止眼睛被伤害。

5. 飞行服

飞行服是由冬季防风保暖或者夏季轻巧透气的布料制成，设计有许多快速便利的拉链，方便穿脱。而它特殊的制作材料也降低了飞行时的空气阻力，增加了滑翔距离。同时，其鲜艳闪亮的色彩使其在天空中飞行时容易被识别。

（三）飞行仪表器材及其他辅助装备

1. 对讲机

对讲机是滑翔伞飞行的必备品之一，是飞行员与地面指挥员和其他飞行员之间有效联络沟通的工具，选购一部高功率、全频段、电池续航时间长、通话性能优越的对讲机，使用的频率和在同一个地点的其他飞行员的频率一致即可，确保在需要帮助时，能及时便捷地联系上。

2. 高度表

高度表，也叫高度计、升降仪，是查看飞行高度的仪器。通过仪器上发出的“嘀嘀”提示声的频率，飞行员可以判断飞行时的升降情况，感知上升或下沉气流区。它是寻找上升气流飞行、动力气流飞行、热气流飞行、长途越野飞行的实用工具。

3. 卫星导航定位仪

卫星导航定位仪是滑翔伞长途越野飞行的必备利器之一，它可以查阅地图信息，记录飞行路径，了解飞行的高度、速度、方向，查看地理方位经纬度坐标，上传飞行路径信息等。

4.风速计

风速计是用来在起飞场或者降落场测量风速的仪器，以便了解风速和风力大小是否适合飞行。风速计显示的读数一般用米/秒（m/s）表示。

5.风向筒

风向筒采用质地柔软、轻薄而颜色鲜艳的尼龙布料缝制而成，放置于起飞场或降落场，便于飞行员观察判断风向和风力大小，以利于起飞和进场降落。

三、滑翔伞的结构与飞行原理

（一）滑翔伞的结构

1.伞翼

又叫作伞衣，伞衣的翼形、厚薄、展弦，决定了滑翔伞的飞行特性（图9-47）。伞衣可分为上翼面、下翼面，用抗撕裂涤纶聚酯布料制作而成。

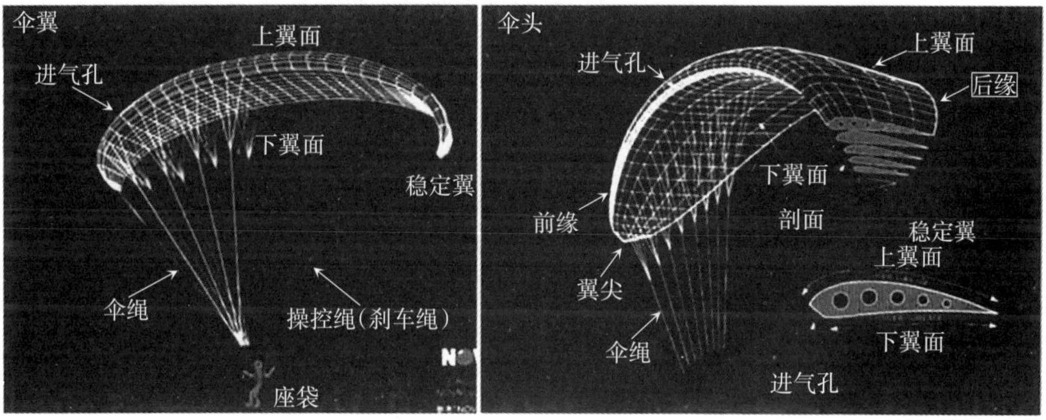

图9-47 伞翼的结构

2.伞绳

又称吊绳，分A、B、C、D组，连接到组提带上，采用直径小、强度高、变形小的防弹纤维材料制作，它的内芯为凯夫拉纤维材料，外层为聚酯纤维的护套，以防紫外线照射而降低强度并增加耐磨性。别小看这火柴棍粗细的伞绳，每根的拉力可达40千克以上。

3.控制绳

又称刹车绳，左右各有一条，其下方各有一个握环，向下拉或向上放，可改变伞翼后缘，进而改变滑翔伞的升、阻特性，达到转弯与刹车的目的。

4.进气孔

两个气室形成一个进气孔，进气孔位于伞衣与伞绳的连接处。

5.气室

每一个气室都有一个进风口，也有将部分进风口封闭的设计。

6.隔间通气孔

伞衣内部的通气孔、隔间数直接影响滑翔伞的表面平整度，从而影响伞的性能。其内部的通气孔起到保持伞内空气压力平衡的作用。

7.稳定翼

增加伞在不稳定气流中的稳定性，犹如船舵一样的作用，是早期滑翔伞或训练伞、初级伞的设计，但现代的滑翔伞设计已经由伞翼两端弯弯的翼尖来取代了。

8.组提带

连接伞绳及套带之间加强的部分，也可做一些飞行动作，一般常见的有三组、四组之分。

9.座袋

由肩带、胸带及腿带连接而成的舒适的空中座椅，可支撑飞行员的重量，利用挂钩与组带和伞翼连接。

（二）滑翔伞的飞行原理

滑翔伞之所以能飞行，是空气动力学原理在起作用。如图9–48所示，滑翔伞侧剖面的翼形，根据伯努利原理，当气流经过翼形的上、下表面时，由于空气流经上表面的距离比下表面长，在同一单位时间内流速较快，产生低压区，下表面相对产生高压区，高压向低压流动，因而向上抬举滑翔伞产生升力。通过改变翼形的厚度、弧度、展弦比等，亦可改善其升力特性。

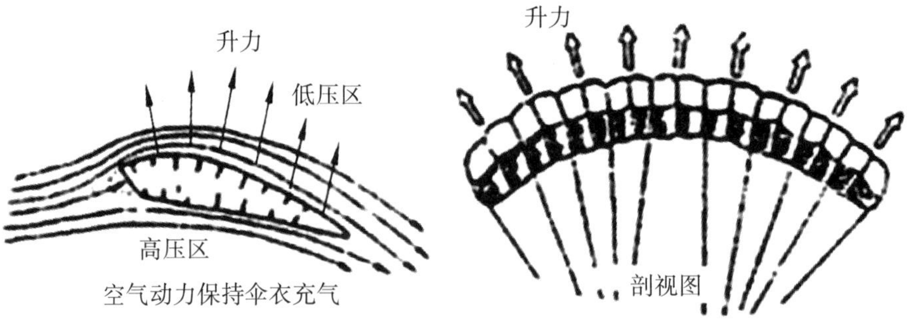

图9–48　滑翔伞的飞行原理

滑翔伞的构造，在上下两层伞布中间缝有隔间，隔成若干个气室，隔间越多越有利于伞翼的平整度，但是会增加伞的重量；伞翼没有充气前，就像一块杂乱的布料和绳子的结合体，没有实质的形状、结构和翼形，但是当气室迎风充气后，翼形结构形成，飞行员利用操纵绳操控滑翔伞至适当攻角，靠身体重力所产生的速度向前飞行（或者滑行）。

四、滑翔伞飞行对场地和气象的要求

选择飞行场地要根据当地的地形、地貌、山体形状、走向以及飞行区域的气象条件等因素综合考虑。重点要注意坡度、形状、地面、大小、环境和交通等因素。

（一）起飞场地

（1）较为理想的起飞场地的坡度为20°～30°（最好为30°左右）。坡度过于陡峭使人难以站稳，这对起飞时伞衣充气、起伞和助跑加速都不利。

（2）起飞场地应正对常年风向，前方空域要开阔，地面应平整，最好有绿草覆盖，旁边不应有树木等障碍物。尤其在助跑加速段的地面上不能有凸起的石块、树根以及大的凹坑，以防止钩挂伞具和在助跑时被绊倒或扭伤脚踝。

（3）起飞场要放置风向筒，以便飞行员观测风向、风力大小。起飞场宽度应在20米以上。起飞助跑段也应有足够的长度，以保证在起飞失败时不至于发生危险，并提供腾空后落地再次加速助跑起飞的机会。

（4）交通要方便。最好有可供车辆上山的道路和停车场。

（5）供初学者使用的训练场地高度不宜过高。开始飞行训练时的高度以50～60米为好，待熟练掌握技术后再增加起飞点的高度，逐步提升。山坡不应有深的山坳或大的高低起伏，因为在风吹过这些深凹的地面时会产生涡流，这对刚起飞、离地高度不高的滑翔伞在飞越该地域时，因乱流作用极易造成伞衣变形而发生危险。

（二）着陆场地

（1）着陆场地通常选择在与起飞场地相对应的山下长宽各为50米的平地上，应尽量远离障碍物，如树林、池塘、湖泊、河流、高压线、建筑物和村庄等有可能危及人身安全的地域和人口稠密区。

（2）着陆场地要设置风向筒，以便飞行员进场降落时能判断风向，从而安全地逆风降落。地面要平整、松软，面积越大越好。尤其是对初学者，训练时要保证其降落在选定的场地上。着陆场切不可选在山地斜坡上，因为降落时难以判明离地高度，操纵失当会造成冲击力过大或站立不稳而跌倒，易造成人员损伤。

（3）交通要方便。靠近道路有利于对飞行人员和伞具的回收。

（三）气象条件

山区气象变化通常较复杂，选择场地时应根据地形地貌进行初步分析判断。前往飞行场地前，最好上网或拨打天气预报热线电话查询当地气象情况，或向本地飞行员咨询、了解当地飞行场地的气象特征。当风速、风向变化较大，尤其在风速超标时，宁可耐心等待，切不可冒险飞行。以下的训练飞行气象条件可供参考：

风速：2～4米/秒较理想，最大值不能超过5米/秒。

风向：正对风向最理想，要是侧风，其最大偏侧角度不得超过30°。

阵风：在10秒钟内的风速最大变化为2～2.5米/秒（无变化时是最理想的状态）。

五、滑翔伞飞行技术

（一）伞具铺放和检查

1. 铺伞

根据风向把伞包放在下风位置，取出伞衣和背带系统。先把伞衣顺翼展方向向两侧拉开铺平，再将伞绳和组带朝上风方向拉直、理顺。左、右两侧的伞绳和操纵带分别放置在伞衣中心线两侧。铺展伞衣时要注意使伞衣中心线与风向一致。铺伞时，伞衣下翼面朝上，使进气口朝上并正对风向。

2. 伞具检查

（1）伞头：型号、载重与人体重量是否匹配。检查缝合部位有无拉伤或跳针，织物有无撕裂、破洞或擦伤。

（2）伞绳：有无断裂、缠绕、打结或磨损的迹象。

（3）操纵带：伞绳与组带的连接部位应完好、牢固。连接扣环应处于拧紧锁闭状态。

（4）座袋：副伞是否放置在副伞舱内，把手锁针是否锁好。

（5）检查腿带、腰带、胸带扣具是否牢固，将其调整到合适的松紧。

对伞具检查中发现的问题或故障应及时排除。如在外场难以排除，则应放弃飞行，切不可带故障飞行。检查伞具时，应分别抬起各组操纵带并轻轻抖动，各伞绳应相互分离，无缠绕或打结现象。若有异常不要硬拉，应用手将它们仔细分离理顺。

（二）正起伞或反起伞

1. 正起伞

飞行员背对铺开的伞翼，将伞翼的左右组带分别连接到座袋左右挂钩上，进行起伞练习时，先戴好头盔，穿好护具，而后穿上座袋。通常坐式座袋先穿肩带，后将腿带、腰带和胸带系好，并将它们调节到合体、松紧适度。准备起伞时，学员正对风向站好，双脚呈前后弓箭步。从后操纵带上将操纵棒的绳圈取下，握在手中，双手再分别握住左右A组的组带，上举至与肩平，目视前方，做好伞衣充气和起飞准备。听到教练员下达“起伞”指令后，此时应上体前倾，双臂同时用力拉动前操纵带，伞衣在风力作用下会迅速充气胀满升起，伞衣上升时双手会感到抵抗力（阻力）。当伞升起与身体垂直角度在75°～85°时，松开A组组带，向下稍带刹车棒，控制伞翼速度，同时应抬起头观察一下伞翼状况，若伞翼状态良好，即压低重心大步向前跑动。随着奔跑速度的加快，会有伞翼升力将人体向上提升的感觉，这时就要同时稍微下拉两根操纵绳刹车，使伞翼减速，并适当加快奔跑速度，将伞翼保持在头顶上方位置，继续加速，直到伞翼的升力将飞行员带离地面，拔地而起升入空中。

2.反起伞

飞行员正对铺开的伞翼，将伞翼的左右组带交叉连接到座袋挂钩上，左手握住左右A组提带，右手操控刹车绳，将伞翼逆风拉起来控制在头顶上方，最后转身迎风并控制伞翼，准备向前助跑起飞。反起伞和正起伞一样，都是为了将伞翼拉起，并维持在头顶上方，以利于起飞。除此之外，反起伞比正起伞多了一个转身的动作。相较于正起伞，反起伞难度小一些，并且有利于飞行员观察伞翼的状况，所以，反起伞已经成为滑翔伞飞行运动中采用最多也是最实用的起伞方式。但是反起伞也有其局限性，那就是在无风或者风力比较微弱时不适用。在这个时候，就必须采用正起伞的方式才能将伞翼充气并拉起来。

注意：在起伞助跑过程中，伞翼有向一侧倾倒的趋势，要及时纠正。方法是：拉动相反一侧的操纵绳（即向右倾时拉左操纵绳，向左倾时拉右操纵绳），同时略向侧倒方向跑一点，使伞衣重心恢复到中央位置。操纵绳下拉幅度的大小应据伞翼倾斜程度而定。倾角大，下拉幅度也应大些。在操纵纠偏的同时应抬头观察伞翼恢复情况，一旦正常就应停止操纵。

（三）滑翔伞空中基本操控技术

滑翔伞空中基本操控技术是指飞行员在起飞场经过起伞—助跑—被伞翼的升力带离地面后，在空中飞行时对滑翔伞进行的一系列基本操控技术动作。

1.坐进座袋

飞行员起飞后，可以舒适地坐进座袋内操控滑翔伞进行飞行。需要注意的是，飞行员在助跑获得升力刚刚起飞离地时，不得立即坐进座袋内，需等飞离山体3～5米后，方可坐进座袋内进行操控。其原因是预防起飞时升力不够，飞行员再次触地时便于再次加速向前助跑以获得足够大的升力，从而成功起飞，避免起飞失败或者跌倒受伤。

2. 左右转弯

飞行员在空中飞行时，为了控制滑翔伞的航向，通过下拉左右刹车棒（也叫操纵棒）来控制滑翔伞的飞行方向。当飞行员将左右刹车棒都上举松开至耳朵位置时，滑翔伞将向前直线滑翔、直线飞行；当飞行员想往左转弯飞行时，只要拉下左边的刹车棒到肩部以下位置，1～2秒之后，滑翔伞就开始往左转弯。转到需要的方向后，慢慢将刹车棒松开到耳朵位置，转弯即完成，滑翔伞将继续朝这个方向飞行。当飞行员想向右转弯时，其操纵方法和向左转弯时一致，只是方向相反。

3. 360°盘旋（转弯）

当飞行员处于上升的热气流中心时，拉下伞翼一侧的刹车棒至肩膀以下位置并保持不放，滑翔伞即朝一个方向做环形飞行，转弯半径的大小和下拉的刹车棒的多少有密切关系，飞行员可以根据飞行实际需要适当调整转弯半径。在做360°盘旋（转弯）动作时，高度损失会很大，所以练习时必须在离地150米以上的高度进行。

4. “S”形消高（转弯）

就是将连续进行的左转弯和右转弯连接在一起，形成一个“S”形的飞行航迹。这个动作是飞行员在快要进入降落场时还有高度，为了能够准确地降落在预定的降落场上所走的飞行轨迹，以达到消高的目的，最后以最适合的高度进入降落场。

5. “8”字消高

这个动作是飞行员在降落场上方，因为高度太高无法降落时采用的消高方式，其飞行轨迹像一个数字“8”，由此得名。需要指出的是，“8”字消高也可以用来在热气流里向上攀升高度。

6. 螺旋下降

这是一种有效快速地降低高度的操纵方法，有点类似于360°盘旋，但与360°盘旋所不同的是，其刹车棒下拉的量更大（腰部以下），伞翼以刹车棒下拉的一侧为中心，快速旋转下降。建议初级飞行员不要做这一类的动作。

（四）进场降落

进场降落是滑翔伞飞行技术中非常重要的一个环节，通过滑翔飞行、左右转弯、消高的操控飞行，最后以合适的高度进入降落场降落。以下为滑翔伞降落时的基本操作步骤，即：对正风向—出座袋—稍带刹车减速—离地1米时刹车棒带到底—触地后向前小跑—转身放倒伞翼。

1. 对正风向

滑翔伞降落时，一定要逆风降落，切忌顺风降落，以免高速触地而受伤。故飞行员在进降落场时，要注意观察降落场上风向筒指示的风向和风力大小，及时调整飞行方向以对正逆风方向。

2. 出座袋

进入降落场上方，飞行员在距离地面大概3米的高度时，要从座袋中直立起身并保持双脚一前一后的站立姿势。

3. 稍带刹车减速

伞翼载着飞行员继续向前滑翔一段距离的时候，双手缓慢匀速地带刹车至肩部或胸部以下位置减速（根据风力大小而定，风越大越少带，反之亦然），防止伞翼飞行速度过快。

4. 离地1米时将刹车棒拉到底

继续向前滑翔，飞行员两脚离地面越来越近。当飞行员两脚离地面高度在1米时，双手用力将刹车绳向下猛拉到底（臀部以下），飞行员即可两脚一前一后轻盈地降落。

5. 触地后向前小跑

由于向前的惯性作用，触地后飞行员要快速地向前小跑，以消除向前冲的惯性，防止摔倒。

6. 转身放倒伞翼

飞行员向前小跑消掉往前冲的惯性之后，双手将刹车棒拉到底，顺势立即转身，将伞翼放倒，避免强风使伞翼将飞行员拖倒在地而受伤。